Manfred Hutter
Iranische Religionen

Manfred Hutter

Iranische Religionen

Zoroastrismus, Yezidentum, Bahāʾītum

DE GRUYTER

ISBN 978-3-11-064971-0
e-ISBN (PDF) 978-3-11-065617-6
e-ISBN (EPUB) 978-3-11-065749-4

Library of Congress Control Number: 2019938939

Bibliografische Information der Deutschen Nationalbibliothek
Die Deutsche Nationalbibliothek verzeichnet diese Publikation in der Deutschen Nationalbibliografie; detaillierte bibliografische Daten sind im Internet über http://dnb.dnb.de abrufbar.

© 2019 Walter de Gruyter GmbH, Berlin/Boston
Umschlagabbildung: Ohne Titel III, Blaue Reihe, 150 x 190 cm, Acryl auf Leinwand, Aatifi 2015
© Atelier Aatifi / Repro: Wolfgang Holm
Druck und Bindung: CPI books GmbH, Leck

www.degruyter.com

Ohne Titel III, Blaue Reihe, 150 x 190 cm, Acryl auf Leinwand, Aatifi 2015
© Atelier Aatifi / Repro: Wolfgang Holm

Der afghanisch-deutsche Maler und Grafiker Aatifi (geb. 1965 in Kandahar) hat aus der klassischen Kalligrafie eine eigenständige, abstrakt-skripturale Formensprache entwickelt. Kalligrafische Fragmente werden mit Stilmitteln und Techniken moderner westlicher Kunst verwoben in einen zeitgenössischen Kontext ohne jeden Textbezug gesetzt. Seine Bildsprache lebt von reduzierten Formen, expressiver Farbigkeit, Kraft und Dynamik, Tiefe und Raum – seine Werke sind frei interpretierbar und universell verständlich. Für den Künstler stellen sie kulturen- und länderübergreifende Brücken zur Kommunikation zwischen den Menschen dar.
Bereits in Afghanistan, wo der Meisterkalligraf an der Universität Kabul Malerei studierte, erhielt Aatifi drei bedeutende Nationalpreise. Seit 1995 im Exil in Deutschland lebend, zeugen international beachtete Ausstellungen wie „Aatifi – News from Afghanistan" im Pergamonmuseum Berlin 2015 von der Relevanz seiner künstlerischen Arbeit. www.aatifi.de

Inhalt

1	Einleitung —— 1	
2	**Der religionsgeschichtliche Rahmen —— 6**	
2.1	Zur kulturellen Situation vor den Achämeniden —— 6	
2.2	Die religiösen Verhältnisse unter Achämeniden, Parthern und Sasaniden —— 8	
2.2.1	Politik und Gesellschaft der Achämeniden (559 bis 330 v. Chr.) —— 8	
2.2.2	Die Zeit der Partherherrschaft (247 v. Chr. bis 224 n. Chr.) —— 11	
2.2.3	Das Großreich der Sasaniden (224 bis 651 n. Chr.) —— 13	
2.3	Die Zeit des islamischen Iran —— 16	
2.3.1	Die ersten Jahrhunderte des Islam im Iran —— 16	
2.3.2	Die erste Hälfte des 2. Jahrtausends —— 20	
2.3.3	Iran von den Safawiden bis zu den Qāğāren —— 22	
2.3.4	Das 20. und 21. Jahrhundert —— 25	
3	**Der Zoroastrismus —— 28**	
3.1	Religionsgeschichte als Identitätsstiftung und -deutung —— 31	
3.1.1	Theologische Legenden über Zarathustra als „Religionsstifter" —— 31	
3.1.2	Mündliche und schriftliche Traditionen —— 36	
3.1.3	Zoroastrier, Mazdayasnier oder Parsen? —— 43	
3.2	Weltbild in Theorie und Praxis —— 45	
3.2.1	Der Kosmos —— 45	
3.2.2	Die göttliche Welt —— 50	
3.2.3	Der Mensch von der Geburt bis zum Tod —— 57	
3.2.4	Ethik und religiöses Verhalten —— 65	
3.2.5	Religion in Zeit und Raum —— 72	
3.3	Die Religionsgemeinde in gesellschaftlichen Kontexten —— 85	
3.3.1	Priester, Laien und Organisationsformen —— 85	
3.3.2	Veränderungen und Herausforderungen im 20. und 21. Jahrhundert —— 92	
3.3.3	Zoroastrismus in der Diaspora —— 96	

4 Das Yezidentum — 101

- 4.1 Religionsgeschichte als Identitätsstiftung und -deutung — 104
- 4.1.1 Šaiḫ ʿAdī ibn Musāfir als historische und mythologische Person — 104
- 4.1.2 Von der oralen Tradition zu Ansätzen einer Schriftreligion — 108
- 4.1.3 Religion als Identitätsmarker — 114
- 4.2 Weltbild in Theorie und Praxis — 116
- 4.2.1 Der Kosmos — 116
- 4.2.2 Die göttliche Welt — 121
- 4.2.3 Der Mensch von der Geburt bis zum Tod — 127
- 4.2.4 Werte und Verhaltensweisen — 133
- 4.2.5 Religion in Zeit und Raum — 138
- 4.3 Die Religionsgemeinde in gesellschaftlichen Kontexten — 145
- 4.3.1 Gruppierungen, Hierarchien und religiöse Funktionsträger — 145
- 4.3.2 Veränderungen und Herausforderungen im 20. und 21. Jahrhundert — 148
- 4.3.3 Yeziden in Deutschland — 150

5 Das Bahāʾītum — 154

- 5.1 Religionsgeschichte als Identitätsstiftung und -deutung — 156
- 5.1.1 Die „Zwillingsoffenbarer" Bāb und Bahāʾuʾllāh — 156
- 5.1.2 Schriftliche Offenbarung und das Selbstverständnis als „Buchreligion" — 161
- 5.1.3 Der Weg von der persischen zur globalen Religion — 165
- 5.2 Weltbild in Theorie und Praxis — 167
- 5.2.1 Die Schöpfungsvorstellungen Bahāʾuʾllāhs und ʿAbduʾl-Bahās — 167
- 5.2.2 Transzendenz und Erkennbarkeit Gottes — 171
- 5.2.3 Der Mensch von der Geburt bis zum Tod — 174
- 5.2.4 Ethik und Verhaltensweisen — 178
- 5.2.5 Religion in Zeit und Raum — 184
- 5.3 Die Religionsgemeinde in gesellschaftlichen Kontexten — 190
- 5.3.1 Organisationsformen und Funktionsträger — 190
- 5.3.2 Veränderungen und Herausforderungen im 20. und 21. Jahrhundert — 194
- 5.3.3 Die Bahāʾī im deutschsprachigen Raum — 199

6 Iranische Religionen im Vergleich: Ein kurzes Resümee — 203

- 6.1 Gemeinsame Themen und der Zweck einer vergleichenden Perspektive — 203

6.2	Religion und (politische) Herrschaft —— **206**	
6.3	Die Situation als religiöse Minderheiten im Iran —— **207**	
7	**Anregungen zu vergleichenden Betrachtungen und zum Studium —— 211**	
7.1	Religionen in der politischen Geschichte des Iran —— **211**	
7.2	Entstehung, Abgrenzung und Identitätsstiftung —— **212**	
7.3	Lehrinhalte und theologische Systematisierungen —— **214**	
7.4	Individuelles und kollektives religiöses Leben —— **215**	
7.5	Die gesellschaftliche Verortung der Religionsgemeinschaften im Ursprungsgebiet und in der Diaspora —— **217**	

Literatur —— 219

Namens- und Sachregister —— 230

1 Einleitung

Iran wird oft als „islamisches Gebiet" gesehen – was zwar richtig ist, aber zugleich den religionshistorischen und gegenwärtigen Pluralismus verdeckt. Daher sei eingangs in Erinnerung gerufen, dass zur iranischen Religionswelt bis zur Gegenwart neben dem Islam genauso das Christentum und Judentum gehören,[1] vor allem aber der bis ins späte 2. Jahrtausend zurückreichende Zoroastrismus. Ferner sind die eng miteinander verwandten Religionen der Yeziden und der Yāresān (Ahl-e Haqq) zu nennen, erstere hauptsächlich im Kurdengebiet außerhalb der Staatsgrenzen der Islamischen Republik Iran verbreitet, letztere innerhalb dieses Staates. Beide Religionen existieren in einer islamischen Umgebung, wobei genuin iranische Traditionen die Basis beider Religionen sind, auch wenn sie teilweise durch islamische Einflüsse verändert wurden. Ebenfalls enge Beziehungen zum schiitischen Islam weist die Frühzeit der Bahā'ī-Religion auf. In der Forschung treten diese islamischen Elemente bei der Beschäftigung mit der Bahā'ī-Religion manchmal stärker in den Vordergrund als die Berücksichtigung der iranischen Motive. Dies hängt mit dem Selbstverständnis der Bahā'ī-Religion hinsichtlich der substanziellen Einheit aller Religionen zusammen, weshalb iranische Elemente in der Tradition der Bahā'ī nicht stärker betont werden als andere Religionen.

Der Vollständigkeit halber darf man nicht vergessen, dass zur „iranischen Religionswelt" auch heute nicht mehr vorhandene Religionen gehören, einerseits diejenige der Elamier in vorchristlicher Zeit, die noch in der Zeit der Achämeniden im Westen Irans ein wichtiger Faktor im religiösen Pluralismus war, ferner eine Religion, in deren Mittelpunkt der indo-iranische Gott Miϑra stand. Einige Elemente dieser uns nur noch teilweise erschließbaren „Miϑra-Religion" haben zur Entwicklung der so genannten „Mithras-Mysterien" im Römischen Reich beigetragen, aber auch in den religiösen Vorstellungen der Yeziden sowie der Yāresān klingen Traditionen dieser Religion noch an. Als eigenständiges Religionssystem ist diese – vor allem im Westen Irans verbreitete – „Miϑra-Religion" wohl noch in vorchristlicher Zeit verschwunden. Genauso ist der Manichäismus[2] zu erwähnen, der seinen Anfang und seine Blüte – im Gebiet des heutigen Iran – während der frühen Sasanidenzeit hatte; noch vor dem Ende des 3. Jahrhunderts n. Chr. wurden die Manichäer im Kernland der Sasaniden verfolgt, so dass viele von ihnen nach Syrien, Ägypten, in das Mittelmeergebiet bzw. in ostiranische Gebiete ausweichen

---

[1] Hutter 2013: 210–219 als Überblick zum Forschungs- und Literaturstand dieser beiden Religionen im Iran.
[2] Reck 2013; Hutter 2015b.

mussten und ihre Religion entlang der Seidenstraße bis nach China verbreiten konnten. Dadurch war der Manichäismus bis zum Beginn des 2. Jahrtausends in manchen Teilen Zentralasiens eine nicht unbedeutende religiöse Größe, verlor aber schrittweise gegenüber dem Buddhismus[3] und der Expansion des Islam nach Zentralasien seine Bedeutung.

Diese kurze Skizze religiöser Vielfalt macht deutlich, dass sich die Rede von „Religionen Irans" bzw. „iranischen Religionen" nicht auf die Grenzen des heutigen Staatsgebietes der Islamischen Republik Iran beschränken darf. Denn dabei handelt es sich um eine einschränkende Grenzziehung, die erst seit der Mitte des 2. Jahrtausends n. Chr. während der Safawiden-Zeit entstanden ist. Andere und ältere Epochen zeigen häufig größere Ausdehnungen des „Iran". Die verwendeten Begriffe „Iran" bzw. „iranisch" reichen daher über den heutigen Iran hinaus und werden hier primär sprachlich definiert, was – über das Medium Sprache – eine kulturgeographische (und nicht politische) Verwendung der Begriffe bedeutet. Das heißt, als iranisch wird all das bezeichnet, dessen sprachlich-materielle Hinterlassenschaft den iranischen Sprachräumen zugewiesen werden kann.[4] Demzufolge behandle ich in dieser Monographie die folgenden „iranischen Religionen":[5] den Zoroastrismus mit den vor allem in altiranisch-avestischer und mittelpersischer Sprache überlieferten Primärquellen, die Religion der Yeziden (und Yāresān) mit ihren lange Zeit nur mündlich tradierten kurdischen Texten und die Bahāʾī-Religion mit ihren neupersischen (und arabischen) normativen Schriften. Diese drei Religionen sind – hinsichtlich ihrer Entstehung – zugleich

---

3 Zum Buddhismus im Ostiran vgl. Hutter 2013: 206–210; Vaziri 2012: 15–28.
4 Die für das Buch relevanten iranischen Sprachen sind vor allem Avestisch, Mittelpersisch und teilweise Neupersisch für den Zoroastrismus, Nord-Kurdisch (Kurmancî) für das Yezidentum sowie Neupersisch für das Bahāʾītum, zuzüglich Arabisch wegen der religionshistorischen Beziehungen der Bahāʾī-Entstehungsgeschichte zum Islam. Wenn originalsprachliche Begriffe im laufenden Text als Fachbegriffe verwendet werden, so ist deren Plural jeweils mit -s gebildet, vgl. z. B. die Singularform Yašt neben der Pluralverwendung Yašts oder Qewl neben Qewls. Für die wichtigsten Regeln der Umschrift dieser Begriffe siehe Hoffmann/Forssman 1996: 41–43 (avestisch), MacKenzie 1971: x-xv (mittelpersisch), Omarkhali 2017: 9–11 (Kurmancî) und Toulany/Orthmann 2013 (neupersisch).
5 Als „iranische" Religionen unterscheide ich diese drei Religionen dabei von jenen Religionen Irans, die in den iranischen Kulturraum Eingang gefunden haben und dort als „iranisierte Religionen" eine Form angenommen haben, durch die sie sich von ihrem außeriranischen Erscheinungsbild deutlich unterscheiden. Besonders augenfällig ist die „Iranisierung" beim Manichäismus und beim Buddhismus im Ostiran, in geringerem Maße sind aber auch beim Islam bzw. Judentum solche Iranisierungsprozesse beobachtbar. Lediglich das Christentum, die „Apostolische Kirche des Ostens", hat sich bei ihrer Verbreitung im Iran mit ihrem ostsyrischen Erscheinungsbild weitgehend gegenüber einer Iranisierung abgegrenzt, obwohl viele Christen in der Sasanidenzeit iranische Namen trugen, die auch von Zoroastriern verwendet wurden.

geeignet, den Begriff „iranisch" in unterschiedlichen Bedeutungen zu skizzieren, wobei auch einschränkende Teilbereiche, die den Religionen ein spezifisches Gepräge geben, sichtbar werden.

Der Zoroastrismus ist ursprünglich ostiranisch, d. h. geographisch etwa im Gebiet der heutigen Staaten Turkmenistan, Usbekistan sowie der nördlichen Teile Afghanistans zu verorten. Die „Westexpansion" dieser Religion hat dazu geführt, dass der Zoroastrismus weite Teile des iranischen Raumes in vorislamischer Zeit geprägt hat. Beginnend mit Bewohnern des Achämenidenreichs (559 bis 330 v. Chr.) über Parther (247 v. Chr. bis 224 n. Chr.) und sasanidische Perser (224 bis 651 n. Chr.) waren teilweise auch kurdisch sprechende Volksgruppen Teil dieser Religion, die zudem im Ostiran unter Baktriern oder Sogden im 1. Jahrtausend n. Chr. sowie bis in die Gegenwart unter Tadschiken – immer neben anderen Religionen – praktiziert wurde. Genauso ist die Verbreitung des Zoroastrismus in Indien bei den Parsen zu beachten, weshalb man im Zoroastrismus sicherlich die „gesamt-iranische" Religion schlechthin sehen kann.

Die Religion der Yeziden ist „eingeschränkt iranisch", da ihre Sprachträger Kurden sind. Aufgrund der Zugehörigkeit zur Religion durch Geburt und nicht durch Konversion dauert diese enge Verbindung bis zur Gegenwart prinzipiell an, auch wenn Tendenzen einer „Distanzierung" von Kurden, die dem sunnitischen Islam angehören, bestehen. Durch Abgrenzung von kurdischen Sunniten betonen Yeziden gegenwärtig häufig eine eigene religiös-ethnische yezidische (und nicht kurdische) Identität. Solche Identitätsprozesse sind mit der komplexen Entstehungsgeschichte der Religion verbunden, die aus einer islamischen Umgebung und Vorstellungswelt gespeist wird, ohne den iranischen Anteil der Religion zu minimieren. Aber diese Entstehungs- und Entwicklungsgeschichte ist oft auch eine konfliktgeladene Geschichte der Verfolgung oder Unterdrückung der Yeziden in ihrer muslimischen (kurdischen) Umgebung. Eng verwandt mit der Religion der Yeziden sind die religiösen Vorstellungen der Yāresān in den kurdischen Gebieten der Islamischen Republik Iran. Dass in dieser Studie zu „iranischen" Religionen die Yāresān nur am Rande im Zusammenhang mit den Yeziden behandelt werden, ist vor allem der Tatsache geschuldet, dass im deutschsprachigen Raum inzwischen eine große Zahl yezidischer Migrant(inn)en lebt, so dass deren religiöse Konzepte und Praktiken bevorzugt dargestellt werden sollen.

Die Bahā'ī-Religion ist ursprünglich als persische Religion zu charakterisieren, die im schiitischen Kontext entstanden ist. Allerdings setzt bereits früh im Wirken ihres Begründers Bahā'u'llāh ein religiöser Wandel zu einer „nicht-persischen" Religion mit universellem Anspruch ein, die – vom theologischen Selbstverständnis der Bahā'ī ausgehend – auch Islam, Zoroastrismus, Judentum und Christentum „rezipiert". Im Kontext iranisch-persischer nationalistischer Interessen bedeutet dies, dass man wegen dieser „un-iranischen" universellen

Ausrichtung diese Religion genauso ablehnt wie aufgrund des Anspruchs der Bahā'ī, als nach-islamische Religion auch den (schiitischen) Islam abgelöst zu haben.

Die äußerst kurze Charakteristik zeigt die Leitidee, aber auch die Dynamik des Begriffs „iranisch" für diese Darstellung. Denn er erfasst sowohl Kontinuitäten als auch spezifische Propria, die die Religionsgeschichte Irans in unterschiedlichem Ausmaße prägen, wobei manches bis in die Gegenwart Auswirkungen hat. Um dies zu verdeutlichen, behandle ich den Zoroastrismus (Mazdaismus), das Yezidentum (mit Seitenblicken auf die strukturell vergleichbare Religion der Yāresān) und das Bahā'ītum[6] in einem weitgehend gleichen dreiteiligen Aufbau, der eine Religionsdefinition widerspiegelt, die ich wie folgt formuliere:[7] „Religion ist demnach ein System, das ausgehend von einer identitätsbegründenden Komponente (beispielsweise ein [fiktiver] Stifter, ein Ur-Ahne, eine „Ur-Schrift") durch gemeinsame Anschauungen und Weltdeutungen (d. h. „Lehre und Praxis") eine Gemeinschaft (in durchaus unterschiedlich dichter Organisationsstruktur) konstituiert."

Ohne dabei strukturelle Unterschiede zwischen den drei Religionen zu verwischen, sind daher in einem jeweils ersten Unterkapitel die Entstehung der Religion und deren maßgebliche Quellen als Teil der „Identitätsstiftung und -deutung" dargelegt. Das längere zweite Unterkapitel skizziert das Weltbild, zentrale Lehrinhalte und deren praktischen Konsequenzen in Ritual und Ethik. Das jeweils abschließende dritte Unterkapitel behandelt die Religionsgemeinschaft als „soziale Gruppe" und ihre (hierarchischen) Schichtungen sowie Veränderungen durch die geographische Verbreitung außerhalb des Entstehungsgebietes. Durch diesen parallelen Aufbau werden bei kontinuierlicher Lektüre Gemeinsamkeiten und Unterschiede des „iranischen Anteils" der drei Religionen leicht sichtbar, aber es werden auch Veränderungen und Religionskontakte im Laufe der Geschichte aufgezeigt.

Der Aufbau des Buches erlaubt noch zwei andere Zugänge zur Lektüre. So ist es möglich, auch nur das Kapitel über eine der Religionen zu lesen, falls nur Kenntnisse über diese spezifische Religion angestrebt werden. Da aber eine Religion nie in Isolation von anderen existiert, ist es nützlich, diese Lektüre – zur Kontextualisierung – mit dem sechsten Kapitel, das ein kurzes Resümee zu allen hier behandelten Religionen zieht, abzuschließen. Für einen am Vergleich ein-

---

6 Diese Begriffe werden – ohne dass damit exakte semantische Differenzierungen intendiert wären – auch wechselweise mit „Religion der Zoroastrier/Yeziden/Bahā'ī" und ähnlichen Oberbegriffen verwendet; lediglich die Verwendung des Terminus „Parsismus" bzw. „Parsen" bezieht sich ausschließlich auf die indische Ausprägung des Zoroastrismus bzw. seiner Anhänger.
7 Hutter 2012: 195.

zelner religiöser Thematiken interessierten Leserkreis bietet das Buch durch den grundsätzlich parallelen Aufbau der drei Kapitel über Zoroastrismus, Yezidentum und Bahā'ītum die Möglichkeit, schnell einen Einblick beispielsweise in das Menschenbild dieser Religionen zu erhalten, indem nur diese Abschnitte gelesen werden. Dabei bleibt es jedoch der Leserschaft überlassen, daraus entsprechend den eigenen Interessen vergleichende Schlussfolgerungen zu ziehen oder daraus weitere Anregungen für die Vergleichende Religionswissenschaft abzuleiten. Dafür sind im siebenten Kapitel eine Reihe von Impulsfragen zusammengestellt.

2 Der religionsgeschichtliche Rahmen

2.1 Zur kulturellen Situation vor den Achämeniden

Der Achämenidenherrscher Dareios I. (522–486 v. Chr.) beschreibt das ganze Gebiet seines Machtbereichs in der dreisprachigen Inschrift auf dem Felsen über dem heutigen Ort Bisotun folgendermaßen (§ 6):

> Es kündet Dareios, der König: Dies (sind) die Länder, die mir zuteil wurden; nach dem Willen Ahura Mazdās war ich ihr König; Persien, Elam, Babylonien, Assyrien, Arabien, Ägypten, (die Völker,) die am Meer (wohnen), Lydien, Ionien, Medien, Armenien, Kappadokien, Parthien, Drangiana, Areia, Choresmien, Baktrien, Sogdien, Gandāra, Saken, Sattagydien, Arachosien, Mekrān, im ganzen 23 Länder.[1]

Diese Aufzählung ist idealisierend, sie spiegelt – wenngleich aus der Perspektive der Mitte des 1. Jahrtausends v. Chr. – die Größe Irans wider. Hinsichtlich unserer Fragestellung nach iranischen Religionen bedeutet dies, dass der dafür in Frage kommende historische und geographische Raum weit über die Grenzen der heutigen Islamischen Republik Iran hinausreicht. Dabei sind – geht man in die vor-achämenidische Zeit zurück – unterschiedliche Verhältnisse östlich bzw. westlich des heutigen Iran zu berücksichtigen.

Im großen Gebiet, das im Wesentlichen das heutige Turkmenistan, Nord-Afghanistan und Teile von Usbekistan umfasst, zeigte sich bereits im späten 3. Jahrtausend eine bronzezeitliche kulturelle Blüte, wofür Victor I. Sarianidi im Jahr 1974 die Bezeichnung „Baktrisch-Margianischer Archäologischer Komplex" einführte.[2] Kulturelle Übereinstimmungen innerhalb dieses Gebietes betreffen die Lehmziegelarchitektur bei befestigten Siedlungen, Form und Produktionsart von Keramik sowie die Art der Körperbestattungen mit vergleichbaren Grabbeigaben. Nach Mike Teufer ist die Bezeichnung Baktrisch-Margianischer Archäologischer Komplex als „Ausdruck eines überregionalen Netzwerkes der Mittel- und frühen Spätbronzezeit (2500–1800 v. Chr.) zu verstehen, das durch standardisierte Formen der materiellen Kultur gekennzeichnet ist."[3] Es wäre zwar unzulässig, wollte man bereits hier von Iranern sprechen, jedoch kann man für das späte 2. Jahrtausend diesen Raum als Siedlungsgebiet unterschiedlicher iranischer Gruppen vermuten. Im Avesta finden sich – aus der religiösen Sicht zoroastrischer Priester – zwei Textpassagen (Vd. 1; Yt 10:13 f.), die in Form einer mythologischen Geo-

---

1 Schmitt 2009: 38 f.
2 Siehe dazu Teufer 2018: 75 f.
3 Teufer 2018: 81.

graphie eine Liste jener Länder nennen, die Ahura Mazdā geschaffen hat.[4] Soweit die Liste sich auf historische Verhältnisse deuten lässt, zeigt sie die östliche Ausdehnung iranischer Gebiete. Im Südosten reichen diese Gebiete über Sistān (Drangiane) bis nach Pakistan, im Nordosten erstrecken sie sich über Parthien und Choresmien nach Sogdien und Baktrien, d. h. es sind davon moderne Staaten wie Turkmenistan, Usbekistan und Tadschikistan betroffen. Für die Religionsgeschichte ist dabei interessant, dass diese Gebiete nach Zentralasien hineinreichen, d. h. in ein Gebiet mit teilweise nomadischer Lebensführung. Chronologisch ist ferner beachtenswert, dass – bis spätestens zur Mitte des 2. Jahrtausends – die noch nicht voneinander getrennten (späteren) Inder und Iraner – als so genannte Aryā – in diesem Raum gemeinsam lebten. Aus dieser Zeit resultiert, dass die iranischen Religionen Gemeinsamkeiten mit der indischen Religionswelt aufweisen.

Im Südwesten des heutigen Iran waren seit dem 4. Jahrtausend die Elamier ansässig, wo sie eine eigenständige Kultur mit eigener Sprache entwickelt haben.[5] Aufgrund der geographischen Lage bestanden rege Wechselbeziehungen zwischen Elam und Mesopotamien, die bis zum Ende der elamischen Geschichte unter den Achämeniden im 5. Jahrhundert v. Chr. anhielten. Mit dem ältesten kultischen Großbau, einer zweistufigen Ziqqurat aus Susa um 4000 v. Chr., erfanden die Elamier einen Tempelbautyp, der in Südmesopotamien rezipiert wurde, wobei die „Tempeltürme" Mesopotamiens bezüglich der Größe hinter den elamischen Vorbildern zurückblieben. Von den Elamiern selbst wurden solche Kultbauten bis in die mittelelamische Zeit gepflegt, wie der berühmte Tempel von Dūr Untaš (Čoqā Zanbil) aus dem 13. Jahrhundert zeigt. Beziehungen zwischen Elam und Mesopotamien brachten auch einen teilweisen kulturellen Austausch, indem elamische und mesopotamische Götter miteinander gleichgesetzt werden konnten. In den letzten Jahrzehnten ist dabei in der Forschung deutlich geworden,[6] dass v. a. im 7. und 6. Jahrhundert Elam im Hochland von Fars einen wichtigen Einfluss auf den in der Mitte des 6. Jahrhunderts beginnenden Aufstieg des Achämenidenreiches ausübte, bis Elam unter Dareios (521/520) in das Achämenidenreich einverleibt wurde, aber auch dann noch die persische Verwaltung prägte.

---

4 Vgl. Grenet 2015: 24–28; Humbach/Faiss 2016: 35–62. – Die Schreibweise Ahura Mazdā in der avestischen Überlieferung der Zoroastrier geht von zwei (zunächst in der Reihenfolge nicht fest miteinander verbundenen) Wörtern aus, die im Altpersischen jedoch zu einem Wort und Eigennamen (Ahuramazdā) verschmolzen sind; die mittelpersische Namensform Ohrmazd setzt den in der Reihenfolge der beiden Namensglieder fixierten altiranischen Gottesnamen fort.
5 Vgl. Carter 2017. Für einen Überblick zu den religiösen Vorstellungen der Elamier siehe v. a. Henkelmann 2008; Ders. 2011 sowie – mit teilweise deutlich anderer Sicht – Koch 2011: 24–79.
6 Vgl. die Beiträge in Álvarez-Mon/Garrison 2011.

Dadurch tritt aber zugleich die Rolle der Meder im Nordwesten, d. h. im kurdischen Gebiet des heutigen Iran, etwas in den Hintergrund.[7] Seit dem 9. Jahrhundert haben wir Hinweise auf diese iranisch-sprachige Volksgruppe in assyrischen und babylonischen Texten. Es ist deutlich, dass die Meder ab dem 8. bzw. 7. Jahrhundert v. Chr. eine politische und kulturelle Machtentfaltung aufwiesen, nachdem sich verschiedene Stämme unter Führung des Deiokes zusammengeschlossen hatten. Gemeinsam mit den Chaldäern zerstörten die Meder unter Führung von Kyaxares das neuassyrische Reich (612). Allerdings verloren sie in der Mitte des 6. Jahrhunderts ihre Eigenständigkeit, als ihr Herrscher Astyages dem Aufstieg des Achämenidenreiches nicht länger Widerstand leisten konnte und 549 die medische Hauptstadt Ekbatana (Hamadān) von den persischen Truppen erobert wurde.

2.2 Die religiösen Verhältnisse unter Achämeniden, Parthern und Sasaniden

2.2.1 Politik und Gesellschaft der Achämeniden (559 bis 330 v. Chr.)

Kyros II. (559–539) entfaltete ab der Mitte des 6. Jahrhunderts seine überregionale Macht. Dieser altpersische Herrscher war Nachkomme von elamischen Herrschern in Anšan, allerdings markierte er mit seiner neugegründeten Hauptstadt Pasargadai bewusst einen politischen Neuanfang. Die Herrschaft der Achämeniden[8], die nach dem (legendarischen) Ahnherrn der königlichen Familie, Haḫāmaniš, benannt ist, ist durch archäologische Hinterlassenschaften sowie durch zahlreiche schriftliche Quellen relativ gut bekannt: Es handelt sich dabei u. a. um altpersische Inschriften aus dem Iran, aramäische und lykische Inschriften aus dem politischen Einflussbereich der Achämeniden im Westen, um elamische Verwaltungstexte aus der Fars, dem Kernland der Achämeniden, um „Fremdberichte" der griechischen und teilweise der ägyptischen Tradition sowie um Texte aus der Hebräischen Bibel.

Dieser Quellenbestand spiegelt die maximale Erstreckung des Reiches von der türkischen Ägäisküste bis Ägypten und im Osten bis zum Indus wider, wodurch die

---

[7] Eine ausgewogene Analyse der klassischen griechischen sowie der keilschriftlichen Quellen bietet – v. a. für die politische Rolle Mediens im 6. Jahrhundert – Rollinger 2010. Einen umfassenden Überblick zur Forschungsproblematik, was als „medisch" identifiziert werden kann, bietet nun Rossi 2017.
[8] Vgl. die Gesamtdarstellung der Geschichte der Achämeniden von Waters 2014; siehe auch Briant 1996 sowie Wiesehöfer 1994: 25–148. Zur Quellenlage siehe auch die Hinweise bei Skjærvø 2013: 549f.

Grenzen des Achämenidenreiches – und auch des iranischen Kulturraums – weit über die heutige Islamische Republik Iran hinausreichen. Diese Größe bedeutet auch, dass es eine Vielfalt von Religionen gab. So sind im Südwestiran noch autochthone Traditionen der Elamier lebendig geblieben, nachdem die politische Selbstständigkeit Elams durch Kyros beendet wurde. In den westlichen Provinzen des Achämenidenreiches ist – nach der Eroberung Babylons im Jahr 539 – auch der Einfluss der mesopotamischen Religionswelt ersichtlich. Gegen Ende seiner Herrschaft konnte Kyros auch weite Teile Ostirans unter persische Kontrolle stellen. All dies wirkte sich auf die religiöse Situation aus, so dass es unzulässig wäre, den Zoroastrismus, wie wir ihn aus den (jung)avestischen Quellen rekonstruieren können, als flächendeckende Religion des Achämenidenreiches zu betrachten. Vielmehr umfasst das Pantheon der Achämenidenzeit Götter sowohl „iranischen" als auch „elamischen" Ursprungs, so dass die „persische" Religion der Achämenidenzeit als „heterogeneous unity of religious beliefs and cultic practices that emerged from a long Elamite-Iranian coexistence"[9] charakterisiert werden kann.

Skizziert man die historischen Linien, so steht die Dynastielinie, zu der Kyros gehört, in Spannung zu jenem Strang der Dynastie, dem Dareios (522–486) angehört. Dareios betont in der Bisotun-Inschrift (§ 70 mit Unterschieden zwischen der altpersischen und elamischen Fassung) seine eigene Abstammungslinie, um sich dadurch von Kyros abzugrenzen, den er auch an keiner einzigen Stelle der Inschrift erwähnt.[10] Kyros erfährt durch Totschweigen eine *damnatio memoriae*, da Dareios – obwohl er der neunte Herrscher der königlichen Familie ist – einen vollkommenen Neuanfang demonstrieren will, um mit der Traditionslinie, die über Parsagadai bis zu Elam und Anšan zurückreicht, zu brechen. Dazu dient auch die Gründung seiner Hauptstadt Persepolis aus dem Nichts.

In der Politik und Königsideologie der Achämeniden spielt die Berufung auf die Unterstützung Ahura Mazdās immer wieder eine Rolle, indem sich die Herrscher als Beauftragte des Gottes in ihrer weltlichen Tätigkeit verstehen. In einer wahrscheinlich aus Hamadān stammenden Inschrift betont Dareios II. (424–404) – ähnlich wie seine Vorgänger – dies auf folgende Weise:[11]

> Es kündet Dareios, der König: Ahura Mazdā hat dieses Land mir verliehen; nach dem Willen Ahura Mazdās bin ich König auf dieser Erde. Mich soll Ahura Mazdā schützen und mein Haus und das Reich, das er mir verliehen hat.

---

9 Henkelman 2011: 98. Siehe auch die Diskussion zur Frage, ob die Achämeniden Zoroastrier waren oder nicht, bei Skjærvø 2013: 562f.
10 Vallat 2011: 275–277.
11 Schmitt 2009: 184, § 3.

Diese und ähnliche Textstellen erlauben die Verknüpfung dieser Beauftragung zur Herrschaft mit der v. a. im Yt. 19 (einem Text des so genannten Avesta) bezeugten Vorstellung vom königlichen x^varənah; dabei handelt es sich um den „Glücksglanz" als eine von Ahura Mazdā (und eventuell anderen Göttern) verliehene Eigenschaft, deren Besitz einen Menschen von seiner Umgebung hervorhebt bzw. deren Verlust den Menschen empfindlich in seinen Fähigkeiten einschränkt. Diese göttliche Verleihung von „Herrschaftskraft" mag dabei durchaus der größere gedanklich-ideologische Hintergrund der zitierten Inschriften mit der Verleihung der Herrschaft über das Land durch Ahura Mazdā sein.

In einer Inschrift aus Persepolis[12] ist davon die Rede, dass das Land „vor Feindesheer, vor Missernte (und) vor Trug" beschützt werden soll. Diese drei Begriffe formulieren dabei ein „religionspolitisches" Programm, das ausdrückt, dass die Feinde des Königs auch Feinde der Religion sind. Denn alle drei Wörter haben eine theologische Konnotation:[13] Das „Feindesheer" (altpers. hainā) ist mit dem avestischen Begriff haēnā (Yt. 10:8; 19:54) zu vergleichen, womit ein Dämonenheer bezeichnet wird; dieses Heer und die Hexe „Missernte" (avest. dužiiāiriia) werden durch die Hilfe des Gottes Tištriia überwunden, wie eine andere Stelle im Avesta (Yt. 8:50–56) zeigt. Genauso ist der Begriff „Trug, Lüge" (altpers. drauga, avest. drug) das genaue theologische Gegenteil zur „Wahrheit" (altpers. arta, avest. aša), auf der die Weltordnung beruhen soll und worauf sich die achämenidischen Könige berufen. In programmatischer Weise drückt dies der mehrfach verwendete Herrschername Artaxerxes (altpers. A-r-t-x-š-ç- [Artaxšaçā] „dessen Herrschaft durch arta / Wahrheit geschieht") aus.

Xerxes (486–465) stand bei seinem Regierungsantritt vor der Herausforderung, das riesige Reich zu bewahren. Allerdings scheiterte er, die Griechen zur Anerkennung der persischen Ansprüche zu zwingen, so dass die militärische Niederlage gegen die Griechen bei Salamis (480 v. Chr.) einen maßgeblichen Rückschlag für eine weitere Expansion des Reiches bedeutete. In religionspolitischer Weise interpretierte auch Xerxes Aufstände oder Opposition gegen seine Politik wie seine Vorgänger, indem er Opposition gegen die Herrschaft auch als Opposition gegen Ahura Mazdā ansah, was die berühmte so genannte Daiva-Inschrift[14] widerspiegelt. Nach seiner Niederlage gegen die Griechen und seiner Ermordung brachen Nachfolgekämpfe aus, aus denen zwar Artaxerxes I. (465–424) als Sieger hervorging, allerdings war damit auch der Höhepunkt der Achämenidenherrschaft überwunden. Aufstände in Baktrien und Ägypten schwächten die Herrschaft, ein Prozess,

---

12 DPd § 3, Schmitt 2009: 116.
13 Hutter 2015a: 552f.
14 Schmitt 2009: 167f.; vgl. Skjærvø 2013: 555; Hutter 2015a: 561f.

der sich im 4. Jahrhundert fortsetzte und in der Zerschlagung des Reiches durch den Makedonen Alexander im Jahr 331 endete.

Während des politischen Niedergangs des Achämenidenreiches im 4. Jahrhundert kann man jedoch einige religionsgeschichtliche Veränderungen beobachten. Dazu gehört der „Aufstieg" der Göttin Anāhitā, indem diese aus dem Ostiran stammende Göttin durch die „Verschmelzung" mit einer westiranischen (wahrscheinlich mit der Venus verbundenen) Göttin und durch die Übernahme von Wesenszügen der babylonischen Ištar zur iranischen Hauptgöttin der vorislamischen Zeit avancierte. Ebenfalls scheint es in dieser Zeit – wohl unter mesopotamischem, vielleicht auch elamischem Einfluss – zur anthropomorphen Darstellung von Göttern gekommen zu sein. Diese Tradition setzt sich in der Partherzeit fort.

2.2.2 Die Zeit der Partherherrschaft (247 v. Chr. bis 224 n. Chr.)

Nach Alexanders Tod (323 v. Chr.) dauerte es rund zwei Jahrzehnte, ehe in Nachfolgekämpfen Seleukos I. im Jahr 302 v. Chr. die Herrschaft über den Iran für sich gewinnen konnte, wodurch bis nach der Mitte des 3. Jahrhunderts der Iran unter hellenistischer Herrschaft blieb. Die seleukidischen Herrscher haben sich aber nicht der religiösen iranischen Traditionen zur Stützung ihrer Herrschaft im Iran bedient, so dass man in dieser Hinsicht die Seleukidenzeit als „Fremdherrschaft" charakterisieren könnte. Dadurch kam hellenistische Kultur in den iranischen Kulturraum, was einerseits den religiösen Pluralismus Irans um neue Facetten erweiterte, andererseits die iranische Kultur auch in eine Krise führte. In Reaktion darauf gelang es Arsakes ab der Mitte des 3. Jahrhunderts, im Nordosten des heutigen Iran und im angrenzenden Turkmenistan eine neue lokale Herrschaft – mit der Hauptstadt Nisa – zu etablieren, die die seleukidische Oberherrschaft über Iran in Frage stellte. Parthische Texte v. a. aus Nisa sowie griechische Überlieferungen stehen – neben archäologischen Ausgrabungsbefunden – als Quellen für die Rekonstruktion der parthischen Kultur und Geschichte zur Verfügung.

Nach dem Beginn der Herrschaft von Arsakes und den Arsakiden-Clans bzw. der Parther, wie sich diese iranische Bevölkerungsgruppe nennt, dauert es bis in die Mitte des 2. Jahrhunderts v. Chr., bis sich die Parther soweit etabliert haben, um Mesopotamien, den heutigen Iran und östlich daran anschließende Bereiche unter eine gemeinsame, iranisch geprägte politische Führung zu bringen. Dadurch entstand in der Folge das Großreich der Parther,[15] auch wenn es die Ausmaße des

---

15 Zum Forschungsstand und zu den Quellen und ihrer Auswertung siehe Hackl/Jacobs/Weber

Achämenidenreiches v. a. in der Westausdehnung nicht erreichte. Die Errichtung dieses Großreichs geschah unter Mithradates I. (171–139), wobei unter Mithradates II. (124–88) der Höhepunkt der parthischen Macht erreicht war: Mesopotamien konnte wieder unter die Herrschaft des Partherreiches gebracht werden, die wichtige Stadt Dura Europos am Eufrat in Syrien wurde erobert und erstmals geriet Armenien unter parthischen Einfluss. Zwar erreichte Armenien in der ersten Hälfte des 1. Jahrhunderts v. Chr. – auch durch die Eroberung westlicher Gebiete des Partherreichs – faktisch seine politische Unabhängigkeit, öffnete sich aber – zumindest im Hofzeremoniell – weitgehend iranischem Einfluss. Eine Niederlage gegen die Römer schwächte Armenien, so dass der politische Einfluss der Parther wieder zunahm. Dies führte dazu, dass es im weiteren Verlauf der Partherzeit gelungen ist, in Armenien nicht nur eine von den Parthern abhängige Dynastie zu installieren, sondern es fasste auch eine Form des Zoroastrismus Fuß, die sich noch im 4. Jahrhundert – im Kontext der in Armenien einsetzenden Christianisierung durch Tiridates (um 298–330) – als dominierende Religion dem aufstrebenden Christentum widersetzte. Denn trotz des erstmaligen Verbots des Zoroastrismus auf der christlich-armenischen Synode von Aštišat (365) lebte die iranische Religion – wenngleich zusehends in den Untergrund gedrängt – als Ausdruck des Pluralismus weiter.

Für die Religion der Parther[16] fehlen Primärquellen fast vollkommen, aber auch umfangreiche Sekundärquellen bzgl. der religiösen Vorstellungen sind kaum vorhanden. Daher ist die Religionsgeschichte dieser Zeit – im Vergleich zu den Achämeniden bzw. Sasaniden – noch immer wesentlich schlechter bekannt. Offensichtlich kann man für die Parther eine Tradition feststellen, die mit der Pflege des Ahnenkultes, der Verehrung des Herdfeuers und eines königlichen Feuerkultes schon unter den Achämeniden bekannt war.[17] Dies deutet darauf hin, dass die Parther in den uns fassbaren religiösen Vorstellungen eher westiranisch beeinflusst waren. Bestattungspraktiken der Parther spiegeln eine Vielfalt an unterschiedlichen Vorstellungen wider und die Königsgräber der Parther dürften sich in Nisa befunden haben, wie Isidor von Charax (Ende 1. Jahrhundert v. Chr.) berichtet. Insgesamt zeigt sich, dass die Parther sich kaum bemüht haben, die religiösen Vorstellungen innerhalb ihres Herrschaftsgebietes bzw. ihrer Untertanen zu normieren, so dass sowohl iranisch-zoroastrische Traditionen als auch hellenistisch Beeinflusstes nebeneinander existierten.

2010. Zur Darstellung der Geschichte vgl. Wiesehöfer 1994: 163–204 sowie (teilweise ungenau) Ellerbrock/Winkelmann 2012: 46–68.
16 Jacobs 2010: 145–164; Ellerbrock/Winkelmann 2012: 245–271.
17 Jacobs 2010: 150.

2.2 Die religiösen Verhältnisse unter Achämeniden, Parthern und Sasaniden — 13

Bruno Jacobs formuliert daher bzgl. der religiösen Vorstellungen im Partherreich – und dem Umgang der parthischen politischen Eliten mit den verschiedenen Völkern – zutreffend, dass „ihr Verhältnis zu ihnen fremden Kulten im Reich von Äquidistanz geprägt war".[18] Als bekanntes Beispiel für diesen religiösen Pluralismus kann man die monumentale Anlage auf dem Nemrud Dağ in der Kommagene (Türkei) nennen. Sie zeigt, dass Antiochus I. (69–30 v. Chr.) sich bemühte, iranische und hellenistische Komponenten miteinander zu verschmelzen: Die von ihm vorgenommene Identifizierung der Götter Zeus und Ahura Mazdā bzw. Apollon und Miϑra wäre ohne den religiös akzeptierten Pluralismus der Parther nicht möglich gewesen. Zum Pluralismus der Partherzeit gehört im Ostiran auch der Buddhismus,[19] der im baktrischen Gebiet (heute Afghanistan) neben dem Zoroastrismus existierte.

Armenien war ab dem 1. Jahrhundert v. Chr. Streitobjekt zwischen Parthern und Römern. Dies führte nicht nur zu einem mehrfachen Wechsel der Oberherrschaft über Armenien, sondern auch zu militärischen Auseinandersetzungen zwischen Römern und Parthern. Auch der Anspruch auf Syrien und Mesopotamien war Thema dieser Spannungen. Die Auseinandersetzungen zwischen dem Partherkönig Vologaises IV. und den Römern in den Jahren 161 bis 165 endeten zugunsten der Letzteren und das nördliche Zweistromland und Syrien wurden römisch. Im Jahr 195 errichtete der römische Kaiser Septimius Severus die römische Provinz Mesopotamia. Diese Schwächung der parthischen Herrschaft ermöglichte es Lokalkönigen in der Fars, sich schrittweise unabhängig von den Parthern zu machen und ihren Herrschaftsbereich im Südwesten Irans in den ersten beiden Jahrzehnten des 3. Jahrhunderts auszubauen. Pābag (und seine Söhne Āburh und Ardaxšīr) erhoben sich ab 205 erfolgreich gegen die Parther, und Ardaxšīr besiegte 224 den letzten Partherkönig Ardawān IV., wodurch der endgültige Herrschaftswechsel über den gesamten Iran von den Parthern zur neuen Dynastie der so genannten Sasaniden vollzogen war.

2.2.3 Das Großreich der Sasaniden (224 bis 651 n. Chr.)

Mit der Herrschaft der Sasaniden setzte im Iran eine neue Ära ein, die auch dem Zoroastrismus – zumindest nach Ausweis unserer Quellenlage – einen neuen Aufschwung bereitete.[20] Neben (oft jüngeren) zoroastrisch-mittelpersischen

---

18 Jacobs 2010: 154.
19 Vgl. Hutter 2013a: 206; Vaziri 2012: 18 f.; Rezakhani 2017: 61–64.
20 Vgl. Wiesehöfer 1994: 205–295 für einen Überblick zur sasanidischen Geschichte. Für die Anfänge der Sasanidenherrschaft vgl. auch Rezakhani 2017: 27–30, 41–45.

Quellen, die v. a. Einblick in die Entwicklung der Religion geben, stehen uns mehrere Inschriften einzelner Herrscher sowie des Priesters Kerdīr und griechische und lateinische Textzeugnisse als wichtige Quellen für diese Zeit zur Verfügung. Ardaxšīr konnte alle Gebiete des ehemaligen Partherreichs – mit Ausnahme von Armenien – wieder unter einer zentralen Herrschaft vereinen, wobei dieser Aufstieg zur Macht auch zu ersten Spannungen mit dem römischen Reich führte. Hinsichtlich der Staatsideologie betont der – allerdings erst in islamischer Zeit entstandene – Tansar-Brief, dass es schon unter Ardaxšīr zu einer Förderung zoroastrischer Traditionen gekommen sei, die eine zoroastrische „Staatskirche" darstellen; denn Staat und Religion gelten als Zwillinge aus einem gemeinsamen Mutterschoß, deren Zusammenwirken für beide Seiten von Nutzen ist. Historisch wird man dem zwar nicht in jeder Einzelheit Glauben schenken können, aber die Tendenz ist zutreffend, dass unter den Sasaniden eine systematische Verbindung zwischen Religion und Staatswesen einsetzte. Auch wenn damit der innerzoroastrische Pluralismus nicht verschwand, wird das Bemühen zoroastrischer Priester erkennbar, so gut es geht normierend in die Gesellschaft einzugreifen.

Teil dieses religiösen Pluralismus ist der Manichäismus. Diese Religion geht auf Mani (216-277 n. Chr.) zurück, der eine Religion verkündete, die iranische und gnostisch-christliche Elementen verbindet.[21] Als Grundlehre kennt Mani einen ausgeprägten Dualismus zwischen Licht und Finsternis sowie zwischen Gut und Böse, der mit der Lehre von den „Drei Zeiten" gekoppelt wird: Ursprünglich existierten die beiden Prinzipien Licht und Finsternis unvermischt nebeneinander, dann kam die Zeit der Vermischung der beiden Prinzipien, bis in der Endzeit der Zustand der unvermischten Existenz beider Prinzipien wieder hergestellt werden wird.

Diese Lehre hatte Mani dem Sasanidenherrscher Šābuhr I. (240–272) mehrfach vorgetragen, wobei er seine systematische Lehrschrift über die beiden Prinzipien unter dem Titel *Šābuhragān* dem Herrscher widmete. Mani nahm dabei nicht nur besonders stark auf zoroastrische Traditionen Bezug, sondern erhob vor dem zoroastrischen Publikum zugleich den Anspruch, nichts anderes als Zarathustras Lehre in einem neuen Kleid zu verkünden. Šābuhr favorisierte Mani eine Zeit lang, weil diese Religion ihm als einigendes Band seines Vielvölkerstaates geeignet erschien. Unter Šābuhrs Nachfolgern änderte sich die Situation für den Manichäismus, da der zoroastrische Priester Kerdīr vom letzten Viertel des 3. bis zum ersten Jahrzehnt des 4. Jahrhunderts maßgeblichen (religions-)politischen Einfluss am Hof gewinnen konnte. Mani starb im Gefängnis. Nach seinem Tod hat der Manichäismus in der weiteren politischen Geschichte im iranischen Zentral-

---

21 Hutter 2015b: 478–484; siehe auch Reck 2013: 171–175.

gebiet keine Bedeutung mehr, allerdings bleibt das gnostisch-manichäische Gedankengut weiter lebendig und beeinflusst nicht nur Denkrichtungen innerhalb des Zoroastrismus, sondern manches gnostisch-esoterisches Denken wirkt sich – fast ein Jahrtausend nach Mani – noch auf Vorstellungen der Yeziden und Yāresān aus.

Unter Kerdīr kam es zur Verfolgung von Nicht-Zoroastriern, die es im großflächigen Sasanidenreich – außerhalb des iranischen Kerngebietes – in großer Zahl gab. In einer seiner Inschriften aus den 80er Jahren des 3. Jahrhunderts zählt Kerdīr folgende Religionen auf:[22] Juden, Buddhisten, Hindus, syrisch und griechisch sprechende Christen, Täufer (Elkasaiten) und Manichäer. Ihre Heiligtümer ließ der Priester zerstören und in zoroastrische Kultstätten umwandeln. Auch wenn die Inschrift als Propaganda der Religionspolitik Kerdīrs gelten muss, spiegelt sie einen religionsgeschichtlichen Wandel wider: Vom späten 3. Jahrhundert an lässt sich eine Entwicklung beobachten, die den Weg zu einer sasanidischen Staatskirche eröffnet. Zwar sind – anders als Kerdīr behauptet – die in der Inschrift genannten nicht-zoroastrischen Religionen im Iran nicht verschwunden, aber es werden nunmehr die Götter Ohrmazd (Ahura Mazdā), Mihr (Miϑra) und Anāhīd (Anāhita) als Garanten der Herrschaft und des Wohlergehens des Landes im Staatskult verehrt.

Im 4. Jahrhundert – auf dem Höhepunkt der Spannungen zwischen den Sasaniden und dem oströmischen Reich – kam es während der Regierungszeit Šābuhrs II. (309–379) wohl unter der Federführung des Priesters Ādurbād ī Mahraspandān zu einer Verfolgung von Christen.[23] Dabei ist aber zu betonen, dass dieses Vorgehen neben religiösen Motiven zweifellos von politischen Motiven geprägt war, da die Christen als mögliche Kollaborateure mit römischen Interessen gesehen wurden. Um solchen religionspolitischen Vorwürfen nicht weiterhin ausgesetzt zu sein, kam es im ostsyrisch-iranischen Christentum zu einer Entwicklung der Abkopplung von der Christenheit im oströmischen Reich, indem der Metropolit von Seleukia-Ktesiphon (im heutigen Irak gelegen) sich als Oberhaupt der „Perserkirche", der „Apostolischen Kirche des Ostens", gegenüber dem Westen verselbstständigte. Dadurch vermochten die Christen nicht nur ihre Stellung gegenüber dem staatlich favorisierten Zoroastrismus und der von zoroastrischen Werthaltungen geprägten Gesellschaft deutlich zu verbessern, sondern diese Form des Christentums nahm vom sasanidischen Kerngebiet aus auch in den folgenden Jahrhunderten – bis in die islamische Zeit hinein – eine aktive Missionstätigkeit in die östlichsten Gebiete des Sasanidenreiches bis nach Marv in Turkmenistan und Samarkand in Usbekistan auf.

---

22 Gignoux 1991: 69f. – Für Kerdīrs Rolle in der Neuorganisation des Zoroastrismus im späten 3. Jh. siehe Skjærvø 2013: 558f. sowie Panaino 2016.
23 Frenschkowski 2015: 469–472; Hutter 2013a: 214f.

Nachdem im frühen 5. Jahrhundert ein Ausgleich mit Rom begann, erwuchsen den Sasaniden im Osten mit den Hephtaliten neue Gegner, da diese ihre politische Macht auf Baktrien und Sogdien ausweiteten und dort die Vorherrschaft der Sasaniden verdrängten.[24] In kriegerischen Auseinandersetzungen wurde König Pērōz in den Jahren 465 und 484 zweimal geschlagen, was zu innenpolitischen Unruhen führte, in deren Verlauf ein gewisser Mazdak eine religiös-sozialethische Reform propagierte.[25] Erst mit der Herrschaft von Xusrō I. (531–579) kam es zu innenpolitischer Ruhe und Stabilität, gefolgt von erneuten Auseinandersetzungen mit dem oströmischen Reich. Kurzfristig konnte der sasanidische Machtbereich durch die Eroberung Südarabiens und die Zerschlagung der Herrschaft der Hephtaliten im Osten nochmals ausgeweitet werden. Möglicherweise hat die große Ausbreitung des späten Sasanidenreiches auch – im Kontext von Handelsbeziehungen – dazu geführt, dass sich ab dieser Zeit erstmals Zoroastrier in Gujarat an der indischen Westküste niedergelassen haben.[26]

Unter Xusrō II. (590–628) kommt es zu einer letzten kurzen Expansionsphase; 614 eroberte er mit seinen Truppen Jerusalem, musste in den folgenden Jahren aber weite Gebiete im Westen nach militärischen Auseinandersetzungen an die Römer abtreten. Von dieser Schwächung erholte sich das Sasanidenreich auch unter seinen Nachfolgern nicht mehr. Die erste große Niederlage der Sasaniden gegen arabische Truppen im Jahr 633 durch die Eroberung der Stadt al-Ḥīra in Mesopotamien und die Schlacht von Nehāwand im Jahr 642 markieren den Niedergang des Sasanidenreiches, das mit dem Tod von Yazdgird III. im Jahr 651 endet. Damit ist ein Einschnitt in die iranische Religionsgeschichte gegeben, da nunmehr – soweit Religion in politische Überlegungen einbezogen wird – der Zoroastrismus als iranische Religion seine Bedeutung als Gestaltungsfaktor der politischen Macht verloren hat.

2.3 Die Zeit des islamischen Iran

2.3.1 Die ersten Jahrhunderte des Islam im Iran

Der Untergang des Sasanidenreiches bedeutete keine sofortige flächendeckende Islamisierung Irans. Denn es war nicht die Absicht der arabischen Truppen, alle Unterworfenen sogleich zum Islam zu bekehren. Daher dürften im 7. Jahrhundert nicht mehr als etwa 7.000 Familien im Iran sich dem Islam zugewendet haben.

---

24 Zum Verhältnis der Hepthaliten zu den Sasaniden siehe Rezakhani 2017: 125–134, 148–153.
25 Crone 1991.
26 Cereti 1991: 14–16.

Zwischen 770 und 865 dürften ca. 40% der iranischen Bevölkerung zum Islam übergetreten sein, bis zum Beginn des 11. Jahrhunderts waren es schließlich 80 Prozent.[27] Die unbekehrten Zoroastrier konnten durch die Zahlung einer Landsteuer (arab. *ḫarǧ*) und einer Kopfsteuer (arab. *ǧizya*) als *dhimmis* („Schutzbefohlene") ihrer Religion weiter nachgehen. Diese Landsteuer war dabei bereits eine sasanidische Verwaltungseinrichtung, die von den neuen Machthabern in theologisierter Form übernommen wurde, indem sie auf die „Ungläubigen" beschränkt wurde. Wegen dieser Steuerpraxis lag es daher nicht im Interesse der islamischen Machthaber, die Zoroastrier sofort zu bekehren, weil sie durch diese Steuerleistung besser den politischen Interessen der neuen Machthaber dienen konnten.

Der Herrschaft des Umayyaden-Kalifats standen ab Beginn des 8. Jahrhunderts im Iran Sympathien für die Schia, d. h. für die „Partei" ʿAlīs, gegenüber, wobei auch die ʿAbbās-Familie unterstützt wurde. Unter der Führung von Abū Muslim führte dies schließlich zum Sturz des Umayyaden-Kalifats und zur Errichtung der Herrschaft der Abbasiden (ʿAbbāsiden) (749/750). Die Rolle, die Abū Muslim dabei in Khorasan (Ḫorāsān) spielte, ist für die islamisch-iranischen Beziehungen nicht unwesentlich. Erwähnenswert ist seine Rolle in der Beseitigung des „häretischen" Zoroastriers Bih'āfrīd,[28] der versucht hatte, den Zoroastrismus an den Islam anzupassen. Dazu unterband er u. a. einerseits die Verwandtenheirat, Weingenuss, Feuerkult und das „Murmeln" der zoroastrischen Schriften, andererseits verehrte er Zarathustra als großen Propheten und setzte sich – entsprechend zoroastrischer Tradition – für den Schutz der Haustiere sowie für die Errichtung von Brücken und Wegen ein. Den „orthodoxen" Priestern ging diese Synthese zu weit, so dass sie sich in dieser innerzoroastrischen Auseinandersetzung an Abū Muslim um Hilfe wandten. Als Abū Muslims Macht schließlich zu groß wurde, fürchtete der zweite Abbasiden-Kalif al-Manṣūr um seinen Einfluss und ließ Abū Muslim im Jahr 755 ermorden, was in der Folge zu einem von Zoroastriern initiierten Aufstand in Khorasan führte.

Mit der Abbasidenzeit setzte insofern eine neue Epoche islamisch-iranischer Beziehungen ein, als die Abbasiden (mit ihrer Hauptstadt in Bagdad) großes Interesse am Iran hatten, weil sie sich für den Aufbau ihres Reiches auf die Verwaltungserfahrungen und Traditionen des untergegangenen Sasanidenreiches stützen wollten. Dadurch konnten viele Iraner gute Positionen im Staatsdienst einnehmen – unter der Voraussetzung, dass sie Muslime wurden.[29] Dies führte am Ende des 8. bzw. am Beginn des 9. Jahrhunderts zu einem Wandel in der religiösen Demogra-

---

[27] Vgl. Stausberg 2002a: 272. Zur schrittweisen (und langsamen) Verbreitung des Islam siehe auch Choksy 1997: 86–93.
[28] Spuler 1952: 196 f.; Choksy 1997: 40.
[29] Vgl. Spuler 1952: 190; Amighi Kestenberg 1990: 64 f.

phie: Als muslimischer Iraner konnte man Karriere machen, während man als zoroastrischer Iraner mit immer größeren Nachteilen unter der (nominell bis 1258 bestehenden) Abbasidenherrschaft rechnen musste. Der ursprüngliche Gegensatz Araber vs. Iraner verschob sich zu einem Gegensatz Muslime vs. Zoroastrier.

Wegen dieser Arabisierung begannen einzelne Konvertiten, iranische Traditionen ins Arabische zu übersetzen, so dass Iraner in dieser arabisierten Form ihre eigene Geschichte in der islamischen Kultur wiedererkennen konnten. Dabei spielten lokale Fürsten, die *dehqān*, eine Rolle, die durch den Übertritt zum Islam nicht nur ihre Stellung bewahren konnten, sondern auch Kulturträger wurden.[30] Das bekannteste Beispiel dieser Kulturtradition als Identitätsmerkmal ist eine Konstruktion, die die Islamisierung Irans gefördert hat: Es handelt sich um die Legende von ʿAlīs Sohn Hosein, die der Historizität entbehrt, aber für das Selbstverständnis iranischer Muslime wichtig ist. Hosein soll nach dieser Legende eine nach der Eroberung Irans gefangengenommene sasanidische Prinzessin geheiratet haben, nämlich Šahr Bānu (die „Herrin des Landes"). Šahr Bānu ist kein Eigenname, sondern ein Titel der Göttin Anāhitā, d. h. die Göttin als Repräsentantin Irans vereinigt sich mit Hosein, dem schiitischen Imām. Der (schiitische) Islam im Iran wird dadurch eine „iranische" (und *nicht* arabische) Religion und Iraner bewahren dadurch ihr kulturelles Erbe trotz des Wandels der Religion.

Während dieser Veränderungen im Laufe des 9. Jahrhunderts steht der Zoroastrismus vor der Herausforderung, das religiöse Erbe zu sammeln und zu redigieren, bevor es der Vergessenheit anheimfällt. Auch verlagerte sich die geographische Verbreitung in die Randgebiete, so in den Osten und Nordosten nach Khorasan, Gilan und Mazandaran, d. h. in Gebiete, die weniger ertragreich waren als die alten sasanidischen Kerngebiete (Fars, Khuzestan [Ḥusestan], Medien/Aserbeidschan).[31] Zwei Orte, umgeben von Wüste, nämlich Yazd (mit Umgebung) und Kermān, dürften in jener Zeit einen Zuzug (als Rückzugsgebiet) von Anhängern der alten Religion erfahren haben, der v. a. Yazd bis zur Gegenwart charakterisiert.

In Verbindung mit der veränderten religiösen Situation im Iran ist die so genannte *Qesse-ye Sanjān* (Sanǧān) zu erwähnen, eine neupersische Erzählung in poetischer Form, die angeblich die Auswanderung von Zoroastriern nach der islamischen Eroberung Irans nach Indien widerspiegelt. Als Quelle für die Rekonstruktion der ersten Jahrhunderte nach der Sasanidenherrschaft ist der Text jedoch wertlos, da es sich dabei um eine zoroastrische Deutung der eigenen Geschichte in Indien aus der Sicht der priesterlichen Tradition des Verfassers, Bahman Kai Qobād Sanjāna, aus dem Jahr 1599 handelt. Als solche ist die Erzählung zwar ein interes-

---

30 Vgl. Spuler 1952: 186; Choksy 1997: 58.
31 Spuler 1952: 191f.

santes Zeugnis für die zoroastrische Priesterschaft im 16. Jahrhundert in Indien, aber keineswegs historisch aussagekräftig für den Iran.[32]

Es ist unübersehbar, dass die politischen Ereignisse zu einer fortschreitenden Marginalisierung des Zoroastrismus führten, die die religiöse Vitalität in Mitleidenschaft zogen. Daran änderten weder einzelne Aufstandsversuche zu Beginn des 10. Jahrhunderts etwas noch die Tatsache, dass die Lokaldynastie der Samaniden (874–999) in Khorasan ihre Herkunft auf Bahrām VI. Čōbīn (vom Ende des 6. Jahrhunderts) zurückführt oder die Buyiden im 10. Jahrhundert sich auf den Sasanidenkönig Bahrām V. als Legitimation für ihre dynastischen Ansprüche berufen. Vielmehr sind solche Legitimitätsansprüche muslimisch-iranischer Herrscher von der Absicht bestimmt, sich als iranische Regenten von einer Arabisierung abzugrenzen. Dieser iranischen Identitätsbewahrung dient auch das so genannte *Xwadāy Nāmag*. Im Jahr 957 hatte ein iranischer Muslim, dessen Familie anscheinend drei Generationen vorher zum Islam konvertierte, mit Hilfe von vier zoroastrischen Priestern das *Xwadāy Nāmag*, das „Königsbuch" der sasanidisch-zoroastrischen Zeit, das bis in die heroenhafte Frühzeit Irans zurückreicht, aus dem Mittelpersischen ins Neupersische in arabisch-persischer Schrift übertragen. Diese neupersische Textversion des „Königsbuches" diente schließlich zu Beginn des 11. Jahrhunderts Ferdousi als Vorlage für das *Šāhnāme*. Das *Šāhnāme* als „Nationalepos" hält dabei die (legendarische) Erinnerung an die vorislamische Zeit Irans bis zur Gegenwart in literarischer Form lebendig.

Fasst man diese historische Skizze des gesellschaftlichen und religiösen Umbruchs vom Zoroastrismus zum Islam zusammen, so wird deutlich, dass dieser Wandel schrittweise geschehen ist, wobei man mit Janet Amighi Kestenberg folgende Stufen nennen kann:[33]

1) Schon in der vor-islamischen späten Sasanidenzeit gibt es Tendenzen zur Konversion zu anderen Religionen (v. a. zu Christentum und Mazdakismus).
2) Die arabische (abbasidische) Übernahme des sozio-politischen Systems bewahrt vor-islamische Gesellschafts- und Verwaltungsstrukturen.
3) Dadurch entwickelt sich bis ins 10. Jahrhundert fortschreitend eine muslimisch-iranische Bevölkerungsmehrheit auf Kosten des Rückgangs der Anhänger des Zoroastrismus.
4) Der Einfall der Mongolen im 13. Jahrhundert mit der Zerstörung traditioneller zoroastrischer Zentren sowie die Verfolgung von Zoroastriern und anderen

---

[32] Vgl. die Diskussion bei Williams 2009: 205–221. Die oben erwähnten möglichen Handelsniederlassungen in Gujarat, von denen anscheinend auch in der islamischen Zeit weiter (wirtschaftliche) Kontakte zum Iran gepflegt wurden, könnten dabei den Anknüpfungspunkt für die Geschichtskonstruktion und -fiktion Bahmans gewesen sein.
[33] Amighi Kestenberg 1990: 60.

Nicht-Muslimen durch einzelne muslimische (Lokal-)Herrscher rückt dabei im 2. Jahrtausend den Zoroastrismus unwiederbringbar in eine quantitativ völlig marginale Position als Endpunkt dieses tiefgreifenden religionsgeschichtlichen Wandels.

2.3.2 Die erste Hälfte des 2. Jahrtausends

Obwohl der Iran weiterhin dem abbasidischen Kalifat unterstand, etablierten ab 1055 die Seldschuken de facto ihre Herrschaft über den Iran.[34] Da die Seldschuken zum Turkvolk der Oghusen gehören, bezeichnet man die folgenden Jahrhunderte manchmal als turko-mongolische Ära oder als iranisches Mittelalter. Dabei entwickelten sich Institutionen und Legitimationsvorstellungen, die bis ins 19. Jahrhundert den iranischen Raum beeinflussten. Prägend ist dabei, dass der militärische Bereich tendenziell in turkstämmigen Händen lag, während das Verwaltungswesen in den Händen einer persischen Elite lag. Die Veränderungen im Iran unter den Seldschuken haben wahrscheinlich – allerdings in eher geringem Ausmaß – eine Migration von Zoroastriern nach Gujarat bewirkt, wo ab dem 12. Jahrhundert die ersten gesicherten Zeugnisse über die Anwesenheit von Zoroastriern vorliegen, die in Indien wegen ihrer Herkunft aus Persien „Parsen" genannt werden.

Im (religions-)kulturellen Bereich ist das Aufkommen von islamisch-mystischen Orden hervorzuheben, die gegenüber den früheren Sufis, die sich individuell oder in einer kleinen Gruppe einem Lehrer anschlossen, nunmehr als größere und gut organisierte Gemeinschaften auftraten. In diesem Kontext sind die Anfänge des Yezidentums zu verorten, wobei Šaiḫ ʿAdī ibn Musāfīr (gestorben 1161 n. Chr.; kurd. Şêxadî) als „Begründer" oder „Reformer" des Yezidentums betrachtet wird.[35] Der Scheich stammt aus dem Geschlecht der Umayyaden und lebte als islamischer (sunnitischer) Mystiker. Sein Grab in Lališ (arab. Lāliš) im Nordirak galt zunächst als lokales muslimisches Heiligengrab, das die Mitglieder des ʿAdawiyya-Ordens (d. h. die Anhänger des Mystikers [Šaiḫ] ʿAdī) besuchten, um „ihren" Heiligen zu verehren. Die geographische Lage des Wirkungsortes von Šaiḫ ʿAdī ermöglichte seinen Anhängern, auch nicht-muslimische Vorstellungen und Mythologien westiranischer Herkunft in ihre religiöse Praxis aufzunehmen. Dadurch kam es mehr und mehr zum Zerwürfnis mit der „orthodoxen" Sunna, was

---

34 Gronke 2003: 41–49.
35 Kreyenbroek 1995: 27–36. – Šaiḫ ist die arabische Form des Ehrentitels, der im Kurdischen als Şêx wiedergegeben wird.

letztlich im Jahr 1415 in der Zerstörung des Grabmals von Šaiḫ ʿAdī in Lališ gipfelte,[36] das sich in den zweieinhalb Jahrhunderten nach seinem Tod zum religiösen Zentrum der Gemeinschaft entwickelt hatte.

In vergleichend-religionsgeschichtlicher Hinsicht sind – obwohl in organisierter Hinsicht jünger als die Yeziden – hier auch die Yāresān oder Ahl-e Haqq zu nennen.[37] Bei dieser Gruppe handelt es sich ebenfalls hauptsächlich um Kurden, deren Verbreitungsgebiet in Lorestān, im Gebiet von Hamadān und in Iranisch-Aserbeidschan sowie in kurdischen Gebieten Iraks liegt; im Irak werden sie meist als Kākāʾī bezeichnet. Manche der Grundzüge ihrer Lehren zeigen, ähnlich denen der Yeziden, vorislamisch-iranische Vorstellungen, aber auch mystische Elemente. Manches Yāresān-Gedankengut geht zwar bis in die vor- und frühislamische Zeit zurück, allerdings hat erst Solṭān Sahāk im 15. Jahrhundert als Führungspersönlichkeit verschiedene kurdische Gruppen zu einer fest organisierten Gemeinschaft zusammengeführt.[38] Seit diesem Zeitpunkt spricht man daher von Yāresān, die sich als religiös-ethnische Gemeinschaft von der islamischen Umgebung unterscheiden.

Das 13. Jahrhundert ist durch die Eingliederung des Iran in das mongolische Weltreich gekennzeichnet,[39] als die ersten Feldzüge von Činggis Qan zwischen 1219 und 1223 ostiranisch-islamische Zentren wie Marv (im heutigen Turkmenistan) und Nišāpur zerstören. Zwei Generationen später errichtete sein Enkel Hülegü das Ilḫānat (ab 1256). Der Ilḫān Arġun (1284–1291) machte den tibetisch-mongolischen Buddhismus im Iran zur politisch dominierenden Religion.[40] Arġuns Sohn Qāzān trat jedoch 1295 zum Islam über. Unter Qāzāns Nachfolger Ölğeytü dürfte es zwar noch einige Buddhisten im Iran gegeben haben, und auch in den beiden Zentren Tabriz und Solṭāniye scheinen unter ihm noch buddhistische Geistliche gewirkt zu haben. Dennoch war damit das Ende des iranischen Buddhismus erreicht und unter Ölğeytüs Nachfolger mussten alle Buddhisten zum Islam konvertieren. Denn die Mongolenherrschaft im Iran nährte ihre Identität durch das Erbe von Činggis Qan und durch die Betonung des Islam. Auch die Dynastie der Timuriden (1370–1506) im ostiranischen Raum mit Zentren wie Samarkand (im heutigen Usbekistan) oder Herāt (im heutigen Afghanistan) prägte die iranisch-islamische Kultur. Quellen, die uns aus dieser Zeit Einblick in den Zoroastrismus geben, sind kaum vorhanden, doch hat die Westexpansion der

---

36 Açıkyıldız 2010: 45; Spät 2018: 565–567.
37 Vgl. zu den Yāresān Kreyenbroek 2014; Hosseini 2017.
38 Hamzeh'ee 1990: 56–60.
39 Vgl. allgemein Spuler 1952.
40 Vgl. dazu Sagaster 2016: 394–396; ferner Vaziri 2012: 111–122.

Mongolen nicht nur für diese Religion, sondern im kurdischen Raum auch für die Yeziden negative Auswirkungen gehabt.

Im 15. Jahrhundert setzten vermehrt Wechselwirkungen zwischen Indien und Iran ein, die in religionsgeschichtlicher Hinsicht aufschlussreich sind.[41] Denn nunmehr begannen die Parsen regelmäßige Gesandtschaften in den Iran zu schicken, v. a. um die theologische Einheit zwischen dem sich entfaltenden indischen Zweig der Religionsgemeinschaft mit dem iranischen Zweig zu bewahren. So etwa kam ein gewisser Nariman Hošang von Broach in den Iran, um in Yazd die „richtige" Form der Religion bei den iranischen Priestern kennenzulernen. 1478 kehrte Nariman nach Indien zurück, ausgestattet mit zwei Manuskripten und einem langen „Sendschreiben" (revāyat) für die Parsen-Gemeinde in Navsāri. Als Ergebnis weiterer indischer Gesandtschaften ist eine Reihe von vergleichbaren iranischen Sendschreiben aus dem 15. bis zum 17. Jahrhundert erhalten geblieben. Diese beinhalten theologische Anweisungen für die Parsen-Gemeinden von den iranischen Priestern, die v. a. Fragen des Rituals und des Religionsrechts betreffen.

2.3.3 Iran von den Safawiden bis zu den Qāǧāren

Das Jahr 1501 gilt allgemein als Gründungsdatum der Safawiden-Dynastie (1501–1722) im Iran.[42] Šāh Esmāʿil (1501–1524) eroberte als Führer der (noch sunnitischen) Ordensgemeinschaft der Safawiden mit seinen Stammesangehörigen die Stadt Tabriz von den Turkmenen. Religionsgeschichtlich bedeutsam ist der mit Šāh Esmāʿil vollzogene Wandel vom sunnitischen zum schiitischen Islam. Zwar propagierten schon die Buyiden und die Ilḫāne die 12er-Schia, die bis zur Gegenwart wirksame Veränderung der Rolle von Religion in der Gesellschaft geschah jedoch durch die Etablierung der Schia zur staatstragenden Religion – auf Kosten von Sunna und Sufitum. Die Orientierung an der Schia entsprach zugleich dem politischen Kalkül einer Opposition gegenüber den sunnitischen Osmanen. Dadurch begann mit der Safawidenzeit im Iran die Verbindung von Theologie und Machtpolitik, was auch zur Klerikalisierung des schiitischen Islam (im Unterschied zum sunnitischen Islam) und zur Entwicklung der herausragenden gesellschaftlichen Rolle der Religionsgelehrten führte.[43] Abweichende – islamische wie nicht-islamische – Glaubensüberzeugungen gerieten dadurch ab der Safawidenzeit und der sich etablierenden schiitischen Staatsreligion in die Defensive,

---

41 Vgl. zu diesen Beziehungen zuletzt Cantera 2014: 133–162.
42 Gronke 2003: 68–82.
43 Vgl. Brunner 2013: 192–194 mit weiterer Literatur.

wobei sich Zeiten oder Aktionen der Verfolgung mit Phasen der Duldung bzw. relativen Religionsfreiheit die Waage hielten. Diese Entwicklungen des 16. Jahrhunderts – der Zeit des Aufbaus des Safawidenreiches – setzten sich unter Šāh ʿAbbās (1587–1629) fort. Er verlegte die Hauptstadt des Reiches nach Esfahān, im Zuge dessen diese Stadt durch Gartenanlagen, Palastbauten und Wohnviertel ausgebaut wurde. Trotz der klaren schiitischen Ausrichtung der Politik ist dabei erwähnenswert, dass die neue Hauptstadt auch Juden, (armenische) Christen sowie in geringerem Ausmaße auch Zoroastrier als Bauleute bzw. Neuansiedler anzog.

Ebenfalls begann während seiner Regierungszeit eine enge Verbindung zwischen dem Herrscher und der schiitischen Hierarchie, so dass der Iran in eine grundlegend schiitische Gesellschaft umgewandelt wurde, in der sunnitische Religionsgelehrte an den Rand gedrängt bzw. verdrängt wurden. Die Spannungen zwischen den Safawiden und den Osmanen betrafen immer wieder auch das kurdische Siedlungsgebiet als zentralen Streitpunkt, mit dem Ergebnis, dass Kurden – unabhängig von der Religionszugehörigkeit – oft auf der Verliererseite waren. Dabei lag es im Interesse der Osmanen, zur Stärkung der eigenen Macht durch Verwaltungsreformen die bislang weitgehende Autonomie der kurdischen Stämme zurückzudrängen. Zusätzlich nahmen von osmanisch-sunnitischer Seite religiös motivierte Übergriffe auf Yeziden zu, so dass die Yezidengeschichte ab dem 16. Jahrhundert zu einer Geschichte zunehmender Verfolgung und Flucht wurde. Als Beispiele seien die Verfolgung der „häretischen" Yeziden im Jahr 1671 durch den osmanischen Muftī Aḥmad Muṣṭafā Abū al-ʿImādī erwähnt, ferner Strafexpeditionen gegen die Angehörigen der Religionsgemeinschaft, die mehrfach von den Gouverneuren in den Provinzen Diyarbakır, Bagdad oder Mosul durchgeführt wurden.[44]

Mit dem Tod von Šāh ʿAbbās im Jahr 1629 begann der Niedergang der Safawidenzeit. Aufgrund einer für den Iran nachteilig verlaufenden Auseinandersetzung mit dem Osmanischen Reich mussten im Jahr 1639 große Teile des (heutigen) Irak mit den wichtigen schiitischen Heiligtümern Karbalāʾ und an-Naǧaf an die Osmanen abgetreten werden. Die Zeit der zunehmenden Schwäche des Reiches wirkte sich negativ sowohl auf die sunnitische Opposition als auch auf die Zoroastrier aus. Letztere mussten unter Šāh ʿAbbās II. (1642–1666) in schlechtere Wohnviertel in der Hauptstadt umziehen und unter dem letzten Safawidenherrscher Soltān Hosein kam es zu einer weitgehenden Verfolgung der Religionsan-

---

44 Zu den Yeziden unter der Osmanenherrschaft und teilweise unter den Safawiden siehe Kızılhan 2014: 17f., 21–23; Kartal 2016: 40f.; Tagay/Ortaç 2016: 48f.; Spät 2018: 567f.

gehörigen, die zur Bekehrung zum Islam gezwungen wurden. Auch der Feuertempel der Hauptstadt wurde zerstört.

Als im Jahr 1719 die Afghanen in den Iran einfielen, wurden die zoroastrischen Zentren aufgrund ihrer Lage im östlichen Iran von diesen Kämpfen – wie der Iran insgesamt – nachteilig betroffen, wodurch auch das religiöse Leben einen Rückschlag erlitt. Mit dem Untergang der Safawiden-Dynastie im Jahr 1722 verlagerte sich aber auch die schiitisch-islamische Bildung insgesamt aus dem Iran zu den schiitischen Zentren im Irak. In den folgenden Jahrzehnten herrschten durch eine Machtteilung zwischen dem Norden und Nordosten unter Nāder Šāh Afsār mit der Hauptstadt Mašhad und dem Süden unter Karim Ḫān Zand mit der Hauptstadt Šīrāz zumindest teilweise gefestigte politische Verhältnisse. Allerdings setzten in der zweiten Hälfte des 18. Jahrhunderts erneute Kämpfe um die Gesamtherrschaft über das Land ein, aus denen die Qāğāren (1796 – 1925) schließlich siegreich hervorgingen.

Bereits der erste Qāğāren-Herrscher verlegte als Ausdruck des dynastischen Neuanfangs die Hauptstadt nach Teheran (Tehrān).[45] Unter Fath ʿAli Šāh (1797– 1834) sowie während der langen Regierungszeit von Nāseroddin Šāh (1848 – 1896) kam es zur Modernisierung Irans, aber auch zu westeuropäischer und russischer Einflussnahme und zur – mit dem osmanischen Reich[46] konkurrierenden – Einbeziehung der Qāğāren in die Weltpolitik des 19. Jahrhunderts. Dies alles bereitete schließlich den Boden für die Schaffung einer Reform und für die Verfassungsrevolution mit der Veränderung der Herrschaft in eine konstitutionelle Monarchie und führte zum Aufkommen eines persischen Nationalismus zu Beginn des 20. Jahrhunderts.

Da für die Qāğāren – anders als für die Safawiden – die Schia keine grundlegende Rolle ihrer Herrschaftslegitimation bildete, war es den schiitischen Gelehrten möglich, ein politisch-theologisches Konzept zu entwickeln, demzufolge der Beste der Gelehrten als so genannte „Quelle der Nachahmung" (arab. marǧaʿ al-taqlīd) die Führung der schiitischen Gemeinde bis zur Wiederkehr des verborgenen zwölften Imāms Muḥammad ibn Ḥasan al-Mahdī übernehmen solle.[47] In Erwartung der Wiederkehr des Imāms entstanden auch millenaristische Bewegungen, da sich im Jahr 1844 das Verschwinden des zwölften Imāms im Jahr 873 zum tausendsten Mal entsprechend dem islamischen Mondkalender jährte.

Die religionsgeschichtlich wichtigste Neuerungsbewegung[48] geht auf ʿAli Muḥammad (1819 – 1850) zurück, der sich zu Beginn der 1840er Jahre in den

---

45 Vgl. Gronke 2003: 85 – 99.
46 Zur Situation der Yeziden zu dieser Zeit siehe Kızılhan 2014: 24 – 30.
47 Brunner 2013: 187 f.
48 Hutter 2009a: 17 – 22; Eschraghi 2010: 171 – 175.

schiitischen Zentren des Irak aufgehalten hat und dort mit dem mystisch-philosophischen Gedankengut der Anhänger von Šaiḫ Aḥmad al-Aḥsā'ī vertraut wurde. Ab 1844 initiierte er in seiner Heimatstadt Šīrāz eine Bewegung, die wegen des Ehrentitels „Bāb" (arab. „Tor, Pforte") für ʿAlī Muḥammad als Bābismus bezeichnet wird. Innerhalb weniger Jahre trennten sich die Anhänger des Bābismus vom Islam und nach dem Tod des Bāb im Jahr 1850 entwickelte sich der Bābismus unter der Führung von Bahā'u'llāh weiter. Im Januar 1853 wurde dieser jedoch aus Teheran verbannt und musste ins Exil ins benachbarte Osmanenreich gehen, wo er aus dem Bābismus die Bahā'ī-Religion formte.

Die Qāǧāren-Ära brachte für die wirtschaftliche Situation der Zoroastrier in der ersten Hälfte des 19. Jahrhunderts keine Verbesserung. Die Zahl der Religionsangehörigen war gering, wobei zunächst nur wenige Zoroastrier sich in der neuen Hauptstadt Teheran niederließen, wohl nicht mehr als 50 Personen bis zur Mitte des 19. Jahrhunderts. Das demographische Zentrum der Religion waren weiterhin Yazd und die umliegenden Dörfer, wo rund 90 Prozent der insgesamt nicht mehr als 7.100 iranischen Zoroastrier lebten. Um ihre wirtschaftlich und gesellschaftlich prekäre Situation zu verbessern, schickten die Parsen aus Bombay (Mumbai) im Jahr 1854 Mānekǧī Limǧī Hātaryā (1813–1890; engl. Schreibweise: Maneckji Limji Hataria) mit Geldmitteln in den Iran.[49] Während seiner dreieinhalb Jahrzehnte andauernden Tätigkeit konnte er nicht nur eine materielle Stärkung der Gemeinde in die Wege leiten, sondern auch die Bildung der Religionsangehörigen verbessern. Die meiste Zeit seines Wirkens im Iran verbrachte Mānekǧī in Teheran. Dadurch war er – abgesehen von Besuchen in den zoroastrischen Kerngebieten – von der Mehrheit der Religionsangehörigen zwar getrennt, aber dies wurde durch die räumliche Nähe zu politisch und diplomatisch einflussreichen Kreisen am Hof wettgemacht. Somit konnte er sich erfolgreich für die gesellschaftliche Stellung der Zoroastrier bei den qāǧārischen Autoritäten einsetzen, so dass es 1882 gelang, die viele Zoroastrier finanziell belastende Kopfsteuer abzuschaffen und damit Zoroastrier steuerlich mit der muslimischen Bevölkerungsmehrheit gleichzustellen.

2.3.4 Das 20. und 21. Jahrhundert

Die konstitutionelle Revolution zwischen 1906 und 1911 veränderte die Qāǧāren-Zeit insofern, als dadurch die absolute Macht des Šāh eingeschränkt wurde und zugleich auch ein – bis heute nicht bewältigter – Ausgleich zwischen islamisch

---

[49] Boyce 1969; Amighi Kestenberg 1990: 147 f.; Stausberg 2002b: 154–164.

und westlich geprägter Gesellschaft gesucht wurde. Als 1921 ein militärischer Staatsstreich unter Rezā Ḫān geschieht, ist de facto das Ende der Qāǧāren-Ära gegeben, obwohl dieser sich erst 1925 zum Šāh krönen lässt und damit die nur aus ihm und seinem Sohn Mohammad Rezā Šāh bestehende Pahlavi-Dynastie begründet. Unterstützt von der Armee konnte Rezā Šāh zur Modernisierung des Landes beitragen, musste jedoch – zugunsten seines Sohnes – 1941 abdanken. Mohammad Rezā Šāh setzte die Modernisierung des Landes fort. Die so genannte „Weiße Revolution" im Jahr 1963 führte aber zur Opposition klerikaler Kreise unter der Führung von Āyatollāh Ruhollāh Ḫomeini (Khomeini), der schließlich von 1965 bis 1978 in an-Naǧaf im Irak im Exil lebte. In diesem schiitischen Zentrum arbeitete er seine politisch-religiöse Lehre aus und bereitete dadurch die Islamische Revolution vor.[50] Im Zusammenhang von Mohammad Rezā Šāhs Nationalismus und dem Versuch, den Einfluss muslimischer Kreise dadurch einzudämmen, wird der Zoroastrismus mehrfach für diese politischen Anliegen des Šāh instrumentalisiert. Der Zoroastrismus wird als iranisches Kulturgut in den Vordergrund gerückt, was einen – von Zoroastriern keineswegs durchgehend gutgeheißenen – Höhepunkt in den groß angelegten Feiern zum 2500-jährigen Jubiläum der iranischen Monarchie im Jahr 1971 hatte. Rund die Hälfte der etwa 30.000 Zoroastrier lebte dabei gegen Ende der Pahlavi-Ära in der Hauptstadt Teheran, wohin sich der demographische Schwerpunkt der Religion seit dem Ende des 2. Weltkrieges verlagert hatte. Die Orientierung des Šāh am Westen und seine tendenzielle Zurückdrängung des islamischen Einflusses aus der Politik betrifft auch die Bahā'ī-Religion, die aufgrund dieser Politik – anders als unter den Qāǧāren und nach der islamischen Revolution – seit den späten 1950er Jahren[51] – weniger Repressionen ausgesetzt ist.

Die islamische Revolution – beginnend mit Protesten von Theologie-Studenten in Qom im Januar 1978 über das Massaker an Demonstranten auf dem Žāle-Platz in Teheran am so genannten „Schwarzen Freitag" (8. September 1978) bis zum Sturz des Šāh (16. Januar 1979) und der Rückkehr Khomeinis in den Iran am 1. Februar 1979 und ferner zum Referendum über die neue Verfassung der Islamischen Republik Iran (2. Dezember 1979) – veränderte die gesellschaftliche

---

50 Gronke 2003: 99–109; Brunner 2013: 188; Steinbach 2005: 249f.
51 Siehe dazu Yazdani 2017, die differenziert die unterschiedliche Haltung von Mohammad Rezā Šāh analysiert. Dabei ist zu sehen, dass bis 1955 die Situation der Bahā'ī dadurch negativ beeinflusst wurde, dass der Šāh erst seine Stellung im Iran sichern musste, wozu er auch Zugeständnisse an den schiitischen Klerus machen musste. In den danach folgenden zwei Jahrzehnten gab es zwar mehr Sicherheit für Bahā'ī, allerdings auch eine sehr unterschiedliche Behandlung einzelner (vgl. die Beispiele bei Yazdani 2017: 81f.).

und politische Struktur des Landes nachhaltig.⁵² Khomeinis Regierungslehre, die auch Grundlage der Verfassung ist, stellt den obersten Religionsgelehrten als höchste Instanz des Staates dar, wobei diese Rolle es Khomeini erlaubte, auch missliebige politische Konkurrenten auszuschalten. Nach seinem Tod im Jahr 1989 hat sein Nachfolger Ḥāmene'i (Khamene'i) diese Doktrin dahingehend verändert, dass er zwar eine Trennung von geistlicher und politischer Autorität und Macht wiederhergestellt hat, jedoch unter höherer Wertigkeit der geistlichen Autorität in der Islamischen Republik. Hinsichtlich der Religionspolitik der Islamischen Republik ist die Anerkennung von Judentum, Christentum und Zoroastrismus als legitime Religionen in der Verfassung (§ 13) festgeschrieben. Die Bahā'ī-Religion und die Yāresān sind jedoch davon ausgeschlossen, so dass Angehörige und Einrichtungen dieser beiden Religionen bis zur Gegenwart Repressionen und gesellschaftliche Benachteiligung erleiden.

---

52 Gronke 2003: 109–114; Brunner 2013: 195–197; Steinbach 2005: 254–257.

3 Der Zoroastrismus

Die Bezeichnung „Zoroastrismus" ist vom Namen Zōroastrēs abgeleitet, der die griechische Wiedergabe des in den avestischen Texten genannten Zarathustra[1] ist, auf den seine Anhänger diese Religion zurückführen. Die einigermaßen erschließbaren Anfänge der Religion reichen im Ostiran bis zum Ende des 2. Jahrtausends v. Chr. zurück, so dass die Religion seit drei Jahrtausenden im iranischen Raum existiert und damit die wichtigste iranische Religion in vorislamischer Zeit war, die bis zur Gegenwart lebendig geblieben ist. Zoroastrismus als Bezeichnung für die Religion ist erst im 18. Jahrhundert n. Chr. in Europa populär geworden, weshalb sie im Folgenden als (wenngleich unpräziser) Begriff beibehalten werden soll. Bedeutungs- und Identitätsaspekte von anderen Bezeichnungen der Religion als Mazdaismus oder Parsismus sind später zu erörtern.

Eine Kenntnis des Zoroastrismus lässt sich in Europa seit dem 5. Jahrhundert v. Chr. feststellen. Dabei wurden einzelne Aspekte aufgegriffen und weitergegeben, wodurch ein Bild geprägt wurde, das zwar allgemeines Bildungsgut wurde, aber mit der Religionsgeschichte des Zoroastrismus wenig zu tun hatte. So verbindet die klassische Antike die griechische Bezeichnung *magos* zwar einerseits zutreffend mit

---

[1] Die exakte avestische Umschrift des Namens wäre Zaraϑuštra, was im Folgenden vereinfacht wiedergegeben wird. In mittelpersischer Sprache lautet der Name Zardu(x)št, auf Neupersisch finden sich die Formen Zar(ā)došt und Zar(ā)tošt. – Die avestische Schrift umfasst 16 Vokal- und 37 Konsonantenbuchstaben für eine möglichst exakte Aussprache bei der Rezitation der Ritualtexte. Die Umschrift der avestischen Wörter folgt dem System von Karl Hoffmann (vgl. Hoffmann/Forssman 1996: 41–43). Die wichtigsten Abweichungen der einzelnen Buchstaben von der Aussprache im Deutschen sind folgende: Diverse diakritische Zeichen bei Vokalen geben unterschiedliche Vokallängen an, erwähnenswert ist im Wortinnern die Doppelvokalschreibung /ii/ für die deutsche Aussprache als „j" und die Doppelschreibung /uu/ für die Aussprache als „w", während am Wortanfang /y/ für „j" und /v/ für „w" geschrieben werden. /c/ wird auf Deutsch wie „tsch" und /j/ wie /dsch/ ausgesprochen. Ferner entspricht /š/ einem stimmlosen „sch" und /ž/ einem stimmhaften „sch" und /z/ wird für ein stimmhaftes „s" geschrieben. Der Buchstabe /ŋ/ entspricht der Aussprache von „ng" z. B. im deutschen Wort „Finger". /β/ entspricht deutschem „w", /γ/ einem deutschen Gaumen-r, während /ϑ/ bzw. /δ/ der stimmlosen bzw. stimmhaften Aussprache der englischen Buchstabenfolge „th" entsprechen. Das Zeichen /x/ wird wie „ch" im deutschen Wort „Bach" ausgesprochen. Zusätzliche diakritische Differenzierungen dieser Buchstaben dienen der weiteren Nuancierung in der Aussprache im Ritual, die für die Wiedergabe im Deutschen jedoch unbeachtet bleiben können. Die Aussprache des Mittelpersischen (vgl. zum Umschriftsystem MacKenzie 1971: x-xv) entspricht den avestischen Schreibungen, jedoch mit drei Ausnahmen: Mittelpersisch /č/ bzw. /j/ entsprechen stimmlosem „tsch" bzw. stimmhaften „dsch" und der mittelpersische Buchstabe /w/ ist deutsches „w". Die Umschrift des Neupersischen folgt dem Lehrbuch von Toulany/Orthmann 2013.

der altiranischen Priesterklasse der *magu*,² bringt diese manchmal aber auch mit „Magie" und Zauberei in negativer Weise in Verbindung. Gelehrte „Ausnahmen" wie etwa Aristoteles wissen jedoch, dass zwischen den Aktivitäten eines „Magiers" und eines persischen *magu* kein Zusammenhang besteht. Für die Rezeptionsgeschichte iranischer Religion hervorzuheben sind auch die *magoi*, die im Matthäus-Evangelium (2:1) genannt sind und Jesus drei Gaben – Gold, Weihrauch und Myrrhe – brachten.³ Der älteste bekannte Kommentar dazu, das so genannte *Opus imperfectum in Matthaeum*, erklärt die Stelle damit, dass die *magoi* aus Persien kamen und als weise gegolten haben. Einer der – europäischen – Namen der „Heiligen Drei Könige", nämlich Gaspar/Kaspar, dürfte als reduzierte Namensform auf Gathaspar zurückgehen. Dabei handelt es sich letztlich um eine Korruption von Gundafarr (vgl. avest. *vindi.x^{v}arənah* „Ruhm erlangend"), ein iranischer Name, der in den apokryphen Thomasakten als Gundophorus ebenfalls bezeugt ist. Da man Zarathustra mit den *magoi* – als altiranischen Priestern – als deren Anführer verband, wurde er einerseits positiv gesehen, andererseits aber auch negativ, weil man die *magoi* in Verbindung mit „Zauberei" brachte. So bewertete etwa Augustinus (354–430) Zarathustras Magie als machtlos, und Gregor von Tours (538–594) führte die Erfindung der Zauberei auf eine Eingebung des Teufels an Zarathustra zurück. Zarathustras „Magie" – im doppelten Sinn – wird dadurch ein zentraler Topos der Wahrnehmung des Zoroastrismus bis in die frühe Neuzeit.

Sicherlich war der „biblische" Bezug der *magoi* jedoch ein Faktor dafür, dass die Zarathustra-Rezeption nicht nur negativ verlaufen ist. Genauso trug zur positiven „vor-wissenschaftlichen" Rezeption der iranischen Religionswelt die Wertschätzung des Achämenidenherrschers Kyros bei, der in der Hebräischen Bibel als „Hirte Gottes" (Jes 44:28) und als „Gesalbter Gottes" (Jes 45:1) geschildert wird. Genauso spielt das so genannte „Kyros-Edikt" (Esra 1:2–4), in dem Kyros sich auf den Auftrag des „Gottes des Himmels" beruft, um den Judäern die Rückkehr nach Jerusalem und den Wiederaufbau des Tempels zu erlauben, eine wichtige Rolle für die positive Einschätzung Persiens in der abendländischen Rezeption. Auch wenn dieses Edikt kein historisch-faktitives Dokument ist, war dadurch ein Persien-Bild entstanden, das auch die Erforschung der Religion beeinflusste.

Die akademische Erforschung setzte mit dem ersten „wissenschaftlichen" Buch über Zarathustra und die persische Religion ein, nämlich der *Historia religionis veterum Persarum* (1700) von Thomas Hyde, einem Orientalisten aus Oxford. Er nutzte für sein Buch erstmals neupersische Texte der Religionsgemeinschaft. Als ein

---

2 Beck 1991: 511–521; Rose 2000: 45–49.
3 Boyce/Grenet 1991: 447–456; Frenschkowski 2015: 457. – Die Dreizahl der Gaben ist auch der Grund, weshalb die europäische Tradition schließlich von „drei" Heiligen Königen spricht.

halbes Jahrhundert später Abraham Hyacinthe Anquetil Duperron (1731–1805) von seiner mehrjährigen Indienreise eine große Anzahl avestischer Manuskripte nach Europa mitbrachte, konnte die Erforschung des Zoroastrismus auf eine feste Basis gestellt werden.[4]

Blickt man von diesen Anfängen in die aktuelle Forschung, so kann man – um hier nur wenige Gesamtdarstellungen der Thematik[5] zu nennen – an erster Stelle den Sammelband „Companion to Zoroastrianism" von Michael Stausberg und Yuhan Vevaina erwähnen. Vergleichbar damit ist das von Alan Williams, Sarah Stewart und Almut Hintze herausgegebene Buch „The Zoroastrian Flame". Dieser Sammelband ist aus einer Konferenz im Rahmen der Ausstellung „The Everlasting Flame" im Herbst 2013 in London hervorgegangen. Als monographische Gesamtdarstellung ist Michael Stausbergs dreibändige „Die Religion Zarathushtras" maßgeblich, gemeinsam mit der älteren, bislang ebenfalls dreibändigen, aber noch unabgeschlossenen „History of Zoroastrianism" von Mary Boyce (und Frantz Grenet). Als etwas ältere monographische Arbeit, die jedoch nur den Zoroastrismus des ersten vorchristlichen Jahrtausends behandelt, ist das entsprechende Kapitel in Manfred Hutters Studienbuch „Religionen in der Umwelt des Alten Testaments I" zu nennen. Solche Gesamtdarstellungen der Religion liefern einen umfangreichen Einblick in die aktuellen Forschungen, wobei ich die zahlreichen Studien zu einzelnen Themen hier nicht gesondert nenne.

Problematisch hingegen ist der Editionsstand zoroastrischer Quellentexte, wenn man sich vor Augen hält, dass die deutsche Übersetzung des Avesta durch Fritz Wolff aus dem Jahr 1910 längst nicht mehr dem Forschungstand entspricht,[6] aber nur für einen kleinen Teil zum Avesta gehörender Texte eine modernen editorischen und textkritischen Anforderungen entsprechende Übersetzung vorliegt. Als „Avesta" bezeichnet man jene Texte des Zoroastrismus, die in einer altostiranischen Sprache überliefert sind, wobei der eingedeutschte Begriff Avesta vom Mittelpersischen *abestāg* (vgl. auch sogd. *(ə)pštāwan*; neupers. *abestā; abestāq; vestā*) abgeleitet ist. Damit werden in den mittelpersischen zoroastrischen Schriften jene Texte bezeichnet, die im Ritual rezitiert werden. Da die Avesta-Forschung jedoch seit Beginn des 21. Jahrhunderts vielversprechende Neuansätze und Fortschritte zeigt, ist hier für die nähere und mittlere Zukunft Positives zu erwarten. Ähnliches gilt auch für die Erschließung der mittelpersischen Quellen, während die Erschließung neupersischer

---

4 Zu den Anfängen der wissenschaftlichen Erforschung im 18. und 19. Jh. siehe Stausberg/Vevaina 2015a: 6–10.
5 Stausberg/Vevaina 2015; Williams/Stewart/Hintze 2016; Stausberg 2002a; 2002b; 2004; Boyce 1975; 1982; Boyce/Grenet 1991; Hutter 1996: 183–246.
6 Wolff 1910. Eine neue französische Übersetzung hat jüngst Lecoq 2017 veröffentlicht. Zur Problematik der Edition des Avesta siehe zuletzt Cantera 2014: 33–76; Andrés-Toledo 2015.

Quellen und Texte in Gujarati, die vor allem für die historischen und theologischen Entwicklungen der Religion in Indien bis zur Gegenwart relevant sind, deutlich weniger Beachtung findet.

3.1 Religionsgeschichte als Identitätsstiftung und -deutung

3.1.1 Theologische Legenden über Zarathustra als „Religionsstifter"

Als ältester individuell fassbarer „Religionsstifter" wird oft Zarathustra genannt. Jedoch muss pointiert gesagt werden, dass wir die historische Existenz Zarathustras nicht beweisen können, aber auch die Nicht-Existenz Zarathustras ist unbeweisbar.[7] Dadurch ist es notwendig, kritisch zu berücksichtigen, dass vieles von unserem Wissen über Zarathustra auf der gläubigen Legendenbildung und nicht auf historischen Fakten beruht.

Die einzigen Quellen, die Auskunft über ihn geben, sind die Gāθās („Hymnen, Lieder") innerhalb des Textcorpus, das man als Avesta bezeichnet.[8] Die Gāθās sind linguistisch und stilistisch mit den Hymnen der vedischen Religion vergleichbar, so dass man ihr Alter auf das späte 2. Jahrtausend v. Chr. datieren kann. Allerdings handelt es sich dabei um Zeugnisse mündlicher Dichtung, die über Generationen weitervermittelt, aber erst während der Sasanidenzeit schriftlich niedergelegt wurden. Was können wir dennoch positiv aus dieser Textgruppe rekonstruieren? Aus den darin genannten Realien und auf Grund linguistischer Erwägungen lässt sich erschließen, dass Zarathustra bzw. die für diese Texte verantwortliche(n) Person(en) sehr wahrscheinlich im Nordostiran (im Gebiet des heutigen Turkmenistan, Afghanistan, Usbekistan) gewirkt hat bzw. haben.[9] Neuere Forschungen haben als Zeitpunkt dieser Verkündigung das Ende des 2. Jahrtausends v. Chr. wahrscheinlich gemacht. Die ältere Forschermeinung, die Zarathustra als Zeitgenossen der ersten Achämeniden im 6. Jahrhundert v. Chr. angesehen hat, ist unhaltbar.[10] Indirekt be-

---

[7] Für die Skepsis bzw. Ablehnung der Historizität Zarathustras siehe besonders Kellens 2000: 83–94; 2015: 44–50. Das grundlegende Problem bzgl. der (A-)Historizität Zarathustras liegt dabei darin, dass wir für den ostiranisch-zentralasiatischen Raum im betreffenden Zeitraum keine schriftlichen Quellen besitzen, vgl. Skjærvø 2011: 333–336.
[8] Für die wichtigsten avestischen Texte werden die folgenden Abkürzungen verwendet: Y. = Yasna; Yt. = Yašt; Vr. = Wisperad; Vd. = Widēwdād; Ny. = Niyāyišn; HN = Hādōxt Nask; Vyt. = Wištāsp Yašt; Hērb. = Hērbedestān; Nēr. = Nērangestān; Aog. = Aogəmadaēcā. – Folgende Abkürzungen stehen für wichtige mittelpersische Texte: MX = Mēnōg ī xrad; Bh. = Bundahišn; DD = Dādestān ī dēnīg; Dk = Dēnkard; Zdspr. = Anthologie des Zādspram.
[9] Zum möglichen geographischen Szenario siehe Grenet 2015.
[10] Vgl. den Überblick z. B. bei Hutter 1996: 195–197; Stausberg 2002a: 26f.; Hintze 2015: 31–38.

stätigt auch die griechische Überlieferung ein hohes Alter für Zarathustra, wo der Name in gräzisierter Form als Zōroastrēs bzw. Zōroastēr ab dem 5. Jahrhundert v. Chr. erstmals bei Xanthos von Lydien als mythische Gestalt in „grauer" Urzeit – 6.000 Jahre vor Xerxes oder 5.000 Jahre vor dem trojanischen Krieg – belegt ist.[11] Gegen eine Datierung in die Zeit der Achämeniden spricht dabei nicht nur das Fehlen des Namens in den iranischen Quellen zur Achämenidenzeit, sondern auch die Tatsache, dass die ältesten griechischen Autoren, die ausführlich über die achämenidische Zeit berichten – Herodot, Ktesias als Arzt am Hof von Artaxerxes II. und Xenophon als Söldner im Heer von Kyros dem Jüngeren – diesen Namen nie erwähnen.[12]

Die gesellschaftliche Situation, die man für das Ende des 2. Jahrtausends erschließen kann, zeigt eine dreiteilige Gliederung in den Stand der Priester, der Krieger und der Hirten. Zarathustra selbst wird als *zaotar* bezeichnet, d. h. ein Priester, der Guss- und Trankopfer darbringt. Welch großen Wert der Viehbesitz in dieser Gesellschaft dargestellt hat, zeigen die Personennamen, die ziemlich reichhaltig aus dieser Zeit überliefert sind: Zahlreich sind Namen, die einen Bezug zum Kamel erkennen lassen, so etwa Zarathustra, was man mit „der Kamele fördert" übersetzen kann, sowie Frašaoštra, ein früher Förderer und Schwiegervater Zarathustras, dessen Namen man als „der ausgezeichnete Kamele besitzt" deuten kann. Ebenfalls wichtig in dieser Gesellschaft war das Pferd, was wiederum verschiedene Personennamen zeigen: Einer der ersten, der Zarathustra Unterstützung gegeben hat, ist Vīštāspa (zu deuten als „dessen Pferde [für das Wettrennen] losgebunden sind"). Auch der Name seines Vaters Auruuaṯ.aspa weist in dieses Milieu, denn er ist einer, „der schnelle Pferde hat". Landwirtschaftliche Bezüge zeigen Namen wie Hugu („der schöne Rinder hat") oder Isaṯ.vāstra („der Weideland begehrt"). Man kann daher annehmen, dass die Lebensgrundlage für die (teilweise nomadische) Gesellschaft zur Zeit Zarathustras im Viehbestand zu suchen ist, während der Ackerbau (Vd. 3:30–32) erst in späterer Zeit an Bedeutung gewonnen hat.

Die wenigen historischen Fakten oder besser gesagt „Andeutungen", die man kritisch aus den *Gāθās* gewinnen kann, werfen für die Anhänger Zarathustras, für die er einen Bezugspunkt bei der Interpretation von Ritualen darstellt, die Frage auf, ob sich nicht mehr über Zarathustra als „Religionsstifter" aussagen ließe. Daher beginnt bereits in jenen Texten, die wir als „jungavestisch" charakterisieren, eine theologische Legendenbildung mit klaren Ansätzen einer Überhöhung Zarathustras.[13] In diesen Texten wird er zum Objekt der kultischen Verehrung. Dafür wird das

---

11 Vgl. Rose 2000: 40f.
12 Vgl. Skjærvø 2011: 336.
13 Vgl. Stausberg 2002a: 31–40.

avestische Verbum *yaz-* verwendet, das außer mit Zarathustra nur mit Ahura Mazdā und den Yazatas, den „verehrungswürdigen [Gottheiten]", als Objekt verbunden wird. Eine der ausführlichsten diesbezüglichen Stellen findet sich in Yt. 13:87–94. Der Text nimmt zwar seinen Ausgang von der Verehrung der *frauuaṣ̌i* Zarathustras, setzt die *frauuaṣ̌i* (als „Ahnengeist") jedoch mit Zarathustra gleich, so dass es keinen textinternen Widerspruch darstellt, wenn es am Ende der Hymne heißt:[14]

> Den Zarathustra, den Herrn (*ahu*) und Meister (*ratu*, „Modell; Archetyp") des ganzen körperlichen Daseins verehren wir (*yazamaide*) als Lehrer, des aller Einsichtigsten, aller Bestherrschenden, aller Herrlichsten, aller Glanzvollsten, aller Verehrungswürdigsten, aller Anbetungswürdigsten, aller Dankwürdigsten, aller Preiswürdigsten, der verehrt und verehrungswürdig und anbetungswürdig genannt wird und zwar von jedem gemäß der Wahrheit.

In dieselbe Richtung weisen Stellen wie Y. 70:1 (vgl. Vr. 2:3), wenn Ahura Mazdā und Zarathustra in einem Atemzug als *ratu* verehrt werden oder wenn es überhaupt heißt, dass „wir", d. h. die Gemeinde im Ritual, Ahura Mazdā und Zarathustra verehren (Y. 42:2; vgl. Vr. 21:2). Solche Aussagen rücken Zarathustra theologisch und sprachlich auf eine Ebene, die weit über seiner Menschennatur zu liegen scheint, so dass er einmal sogar als *yazata*, „Verehrungswürdiger", ein Titel, der sonst Gottheiten vorbehalten ist, bezeichnet wird (Y. 3:21).

Somit ist Yt. 13:87–94 eine avestainterne Zusammenfassung der Idealisierung Zarathustras in theologischer und legendarischer Hinsicht. Er ist nicht mehr eine historische Persönlichkeit, sondern Haftpunkt für das, was die „mazdaverehrende" Religion bis heute zusammenhält. Insofern enthält diese Stelle fast alle Punkte einer „Theologie" des Zoroastrismus: Zarathustra ist der erste, der Gutes gedacht, gesagt und getan hat; er war der erste Priester, Krieger und Bauer; der den Dämonen widersagte und die mazdayasnische Lehre gewählt hat; der als erster das *Aṣ̌əm Vohu*-Gebet aufsagte; bei dessen Geburt Wasser und Pflanzen zunahmen und sich Heil verhießen. Eine solche Theologisierung verdeutlicht die Rolle, die Zarathustra in erster Linie für den Zoroastrismus spielt. Es geht nicht um eine historische Person – unabhängig davon, ob eine solche Person gelebt hat oder ob sie nur das Produkt theologisch-priesterlicher Spekulation als identitätsstiftender Ausgangspunkt der Religion ist. Zarathustra ist vielmehr das Modell (*ratu*; Yt. 13:152) des idealen Gläubigen und als solcher maßgebliches Vorbild und Identitätsfigur für jeden Religionsangehörigen. Dem trägt der so genannte *Spand Nask* Rechnung, ein nicht mehr erhaltener avestischer Text, von dem im achten Buch des mittelpersischen *Dēnkard* eine Inhaltsangabe gegeben wird. Der Nask behandelte die Zeugung und Geburt

---

14 Yt. 13:152 nach Lommel 1927: 130.

Zarathustras, anschließend seine Jugendzeit, bis er mit 30 Jahren seine Reife erlangte und mit Ahura Mazdā zusammentraf. Dadurch erlangte er Weisheit, so dass er Wunder wirkte und schließlich seine Lehre allen verkündigte. Die Lebensbeschreibung endete mit der Erzählung des mythologischen Wirkens der drei postumen Söhne Zarathustras, die unmittelbar vor dem Weltende geboren werden.

Einige solche theologischen Lebensbeschreibungen des Religionsstifters wurden – das avestische „Vorbild" weiterführend – in der spätsasanidischen und frühislamischen Zeit verfasst, um als eigenständige Kompositionen in mittelpersischer Sprache ältere Traditionen und neue Interpretationen ineinanderfließen zu lassen. Als wichtige Zarathustra-Viten kann man folgende nennen, die durch Marjan Molé zusammengestellt wurden:[15] Im siebenten Buch des *Dēnkard* (8.–9. Jh.) behandeln die Kapitel 2–8 das Leben Zarathustras, seines „Förderers" Vīštāspa sowie die Zeit der zoroastrischen Herrschaft. In den ersten vier Kapiteln des fünften Buches des *Dēnkard* finden wir – in kürzerer Form – ebenfalls eine theologische Lebensbeschreibung Zarathustras. Eine andere Version seines Lebens finden wir in den „Ausgewählten Schriften des Zādspram" (manchmal auch als „Anthologie des Zādspram" bezeichnet), eines zoroastrischen Theologen des 9. Jahrhunderts. Die Kapitel 5–20 behandeln die Herkunft Zarathustras und die Dämonen, die ihn vor und während der Geburt bedrohen. Genauso wird der Widerstand seiner Zeitgenossen gegenüber seiner Lehre ausgeschmückt. Ferner kommt seine Begegnung mit Ahura Mazdā und den Aməša Spəṇtas als „Berufung" und Offenbarung zur Sprache; weitere Themen behandeln Bekehrungserfolge und den Tod Zarathustras.

Die Darstellung Zādsprams ist auch eine maßgebliche Quelle für die neupersische Zarathustralegende, das so genannte *Zarātoštnāme* des Zartošt b. Bahrām Paždu aus dem 10. Jahrhundert. Diese „Zarathustra-Biographie" beeinflusst das Bild von Zoroastriern im Iran hinsichtlich ihres „Propheten" bis zur Gegenwart. Der Autor hat nämlich seine „Prophetenvita" in einer Art gestaltet, um Zarathustra als Propheten (arab. *rasūl* bzw. neupers. *payqāmbar*, d. h. der arabische bzw. neupersische Fachterminus wird verwendet) in der muslimischen Umgebung erfolgreich zu präsentieren, so dass sich die zu seiner Zeit nur noch religiöse Minderheit gegenüber der islamischen Mehrheit behaupten kann. Dass das Thema des Prophetenlebens in der islamischen Umgebung immer relevant war, zeigt schließlich auch der anscheinend erst im 18. Jahrhundert zusammengestellte (Pseudo- bzw. Neo-)Pahlavi-Text, näm-

---

15 Molé 1967; vgl. auch Rose 2000: 22–30; Stausberg 2002a: 43–49; Cereti 2015: 264–269 sowie die ältere, aber lesenswerte Darstellung von Nyberg 1975: 503–519. Zu *Dēnkard* Buch 5 siehe auch die Bearbeitung von Amouzgar/Tafazzoli 2000: 22–37; für die entsprechenden Abschnitte Zādsprams siehe Gignoux/Tafazzoli 1993: 58–77. Zum *Zarātoštnāme* siehe Sheffield 2015: 530–532.

lich *Wizīrgerd ī dēnīg*. Diese zusammenhängende Zarathustra-Vita liest sich teilweise wie eine Nachbildung populärer Sufi-Lebensbeschreibungen. Somit sind diese mittel- bzw. neupersischen Viten nicht für die „Geschichte" Zarathustras, wohl aber für die Identitätsbewahrung der Religionsgemeinde durch die Sammlung und Systematisierung der Überlieferung gegenüber dem erstarkenden Islam eine wichtige Quelle. Auch Katechismen[16], die im 19. Jahrhundert entstanden sind, dokumentieren noch in kurzer Frage- und Antwortform häufig die Wunder Zarathustras und schildern ihn als „Propheten", der mit einem „Buch" von Gott als Offenbarer zu den Menschen gesandt wurde.

Für die Frömmigkeitsgeschichte erwähnenswert ist dabei, dass drei in der Vita beschriebene Ereignisse bis heute im kultischen Kalender der Zoroastrier als Festtage firmieren, nämlich der Geburtstag am 6. Tag des ersten Monats, sein Todestag am 11. Tag des 10. Monats und die Bekehrung Vīštāspas am 29. Tag des 12. Monats. Dass alle drei Daten der Historizität entbehren, braucht nicht besonders hervorgehoben zu werden, denn wichtiger als das historische Datum sind diese Tage als zentrale Feiertage.

Auch die Ikonographie, die sich seit dem 19. Jahrhundert[17] bzgl. Zarathustra entwickelt hat, ist von Episoden dieser Viten mitgeprägt. So wird Zarathustra mit einem weißen Gewand und einem langen Vollbart dargestellt. In der Hand trägt er entweder einen Barsom-Zweig oder er hält ein Feuergefäß – beide ikonographischen Elemente verdeutlichen die rituelle Seite der Religion. Ein anderer Darstellungstyp legt das Augenmerk auf den Propheten und Lehrer, indem er ein Buch in der Hand hält oder den Zeigefinger als Predigtgestus ausstreckt. Hinter dem Kopf des Propheten befindet sich im Regelfall ein Heiligenschein (Aureole). Dieser Strahlenglanz ist wohl von der Fehlinterpretation eines sasanidischen Reliefs aus Tāq-e Bostān beeinflusst, das die Investitur Ardaxšīrs II. durch Ohrmazd (avest. Ahura Mazdā) zeigt. Dabei steht hinter dem König der Gott Mihr (avest. Miϑra), der einen Barsom-Zweig in Händen hält und dessen Kopf von einem Strahlenkranz umgeben ist. Diese Mihr-Figur wurde im 19. Jahrhundert nach ihrer Entdeckung als Bild Zarathustras missverstanden und von den Parsen als „authentisches" Bild ihres Propheten für die nun einsetzende Ikonographie Zarathustras bereitwillig aufgegriffen.

---

16 Vgl. z. B. Kotwal/Boyd 1982: 10, 14–16.
17 Stausberg 1998: 359 f.; Russell 2016: 163–165.

3.1.2 Mündliche und schriftliche Traditionen

Die Kenntnis der Literatur des Zoroastrismus beginnt mit Abraham Hyacinthe Anquetil Duperron, der ab 1758 in Surat (Indien) zweieinhalb Jahre lang die Rituale der Parsen studieren und verschiedene zoroastrische Manuskripte erwerben konnte. 1771 machte er einige dieser Manuskripte in (vorläufiger) Übersetzung bekannt, uneingeschränkte Anerkennung fand seine Leistung jedoch erst Jahrzehnte später. Der Däne Niels Ludvig Westergaard konnte zwischen 1841 und 1844 im Iran weitere Manuskripte erwerben und zwischen 1852 und 1854 veröffentlichte er die damals in Europa vorhandenen avestischen Texte. Eine neue Epoche der Forschungsgeschichte leitete die Avesta-Edition von Karl Friedrich Geldner zwischen 1886 und 1895 ein, in der er rund 150 verschiedene Handschriften berücksichtigte, d. h. fünfmal mehr als Westergaard zur Verfügung standen. Diese Edition bildete auch die Grundlage für die deutsche Gesamtübersetzung der Texte von Fritz Wolff im Jahr 1910. Da Geldner für seine Edition jedoch nur solche Texte aufnahm, die im 19. Jahrhundert noch von den Parsen im Ritual verwendet wurden, ließ er einige Handschriften und Texte der Westergaardschen Ausgabe unberücksichtigt.[18]

Geldners Edition gibt nur den avestischen Text wieder, was nicht exakt dem Textbestand der Handschriften entspricht. In den Handschriften ist nämlich der avestische Text jeweils entweder mit Ritualanweisungen (auf Pahlavi, Pāzand, Neupersisch oder Gujarati) oder mit einer Pahlavi-Übersetzung (inklusive teilweiser Kommentierung) versehen. Diese beiden Typen der Handschriften machen deutlich, dass manche der Manuskripte für die Verwendung im Ritual, andere für das Studium der Texte erstellt wurden. Unabhängig von der handschriftlichen Überlieferung ist jedoch zu betonen, dass alle (überlieferten) Texte in avestischer Sprache (d. h. ohne anderssprachige Ritualanweisungen oder kommentierende Übersetzungen) liturgische Texte sind. Dies macht eine religionswissenschaftliche „Neuorientierung" notwendig, da bislang oft davon ausgegangen wird, dass die von Geldner edierten avestischen Texte die „Heilige Schrift" der Religion darstellen – entsprechend der Ikonographie Zarathustras mit einem Buch in der Hand. Demgegenüber ist zu betonen, dass die Geldnerschen Texte nur das „Liturgische Avesta" wiedergeben, neben dem es als weiteres Textcorpus das so genannte „Große Avesta der 21 Nask" gab. Auf beide Textcorpora ist später einzugehen.

---

[18] Zum Wert dieser Editionen siehe Cantera 2014: 35–42; zur Geschichte der Avesta-Forschung vgl. auch Cantera 2004: 33–75.

3.1.2.1 Sprache und Überlieferung

Die avestischen Ritualtexte, das so genannte „Liturgische Avesta", zeigen zwei voneinander getrennte Sprach(stuf)en: das Altavestische und das Jungavestische. Auf Altavestisch sind die *Gāθās*, der *Yasna Haptaŋhāiti* (der „siebenteilige Yasna") und einige kürzere Formeln abgefasst. Sprachgeographisch kann man das Avestische am ehesten im Nordostiran verorten. Umstritten ist – in Verbindung mit der Diskussion über die Historizität Zarathustras –, ob man darin die „Muttersprache" Zarathustras sehen kann oder ob es sich um eine traditionelle religiöse Sprache handelt, die für diese Ritualtexte verwendet wurde.[19] Das avestische Wort *gāθā* bezieht sich auf das Metrum und bezeichnet eine „strophische Form" oder eine „Hymne mit einer bestimmten strophischen Form". Die zoroastrische Tradition spricht von fünf *Gāθās*, die zusammen 17 Kapitel des Yasna umfassen: *Ahunauuaitī-Gāθā* (Y. 28–34), *Uštauuaitī-Gāθā* (Y. 43–46), *Spəntamainiiū-Gāθā* (Y. 47–50), *Vohuxšaθrā-Gāθā* (Y. 51) und *Vahištōišti-Gāθā* (Y. 53). Als Gruppe zusammengefasst heißt es z. B. in Y. 71:6: „Alle fünf aṣ̌aheiligen Gāθās verehren wir, den ganzen Yasna Haptaŋhāiti verehren wir."

Der *Yasna Haptaŋhāiti* (Y. 35–41) ist – anders als die *Gāθās* – ein Prosatext und zwischen der ersten und zweiten Gāθā angeordnet. Das Textcorpus der *Gāθās* ist für die Ritualrezitation durch vier kurze altavestische Gebete (Mantren) eingerahmt:[20] *Ahuna Vairiia* (Y. 27:13), *Aṣ̌əm Vohū* (Y. 27:14) und *Yeŋ́hē Hātąm* (Y. 27:15) sind den *Gāθās* vorangestellt, während *Airiiəman Išiia* (Y. 54:1) nach der letzten Gāθā rezitiert wird.

Der größere Teil der Texte ist jungavestisch, wobei der Unterschied der beiden Sprach(stuf)en so groß ist, dass ohne eine spezifische Übung ein gegenseitiges Verstehen nicht vollkommen möglich ist. Die Formulierung der jungavestischen Texte ist erst einige Generationen nach den altavestischen geschehen, d. h. in der ersten Hälfte des 1. Jahrtausends v. Chr., wobei jungavestische Texte zumindest teilweise in ihrer Formulierung auch von den älteren Texten inspiriert wurden.[21] Zugleich dürften die jungavestischen Texte über einen längeren Zeitraum zusammengestellt worden sein – auch noch, als der Zoroastrismus bereits weit verbreitet war und das Avestische nur noch als „Schulsprache" für die Rezitation der zoroastrischen Liturgie lebendig gehalten wurde.

Hinsichtlich ihrer Entstehung und Komposition zeigen diese Texte, dass man sie sicher als mündliche Dichtung charakterisieren kann, d. h. man findet darin einen Formelschatz sowie sich wiederholende Phrasen, die bei unterschiedlichen Gele-

---

19 Vgl. Humbach 1991: 8, 56 f.
20 Kotwal/Kreyenbroek 2015: 336–338.
21 Skjærvø 2012: 10 f.; Hintze 2015: 34–36; Kellens 2015: 45–47.

genheiten in jeweils neuer Form kombiniert werden konnten.²² Dies führt nochmals zurück zu Überlegungen, ob die altavestischen Texte (oder die *Gāθās*) als Werk eines individuellen religiös inspirierten Poeten oder als Kollektivwerke zu verstehen sind. Anhänger der Religion betonen die Individualität des „Autors" (eben Zarathustra), doch erlaubt die Gattung „orale Dichtung" eine solche Schlussfolgerung nicht mit letzter Sicherheit. Jean Kellens, dessen Skepsis bzgl. der Historizität Zarathustras bereits erwähnt wurde, geht daher konsequenterweise in der Frage der „Urheberschaft" der altavestischen Texte davon aus, dass sie nicht auf einen oder eventuell mehrere individuelle Autoren zurückgehen, sondern dass sie eher ein Produkt der Mentalität einer religiösen Gruppe seien. Eine gewisse Rolle in der Komposition solcher metrischer Ritualdichtung könnte aber vielleicht der *kauui* Vīštāspa gespielt haben. Kellens verbindet das avestische Wort *kauui* mit dem Sanskrit-Wort *kavi*, womit in der altindischen Religionsgeschichte ein Dichter (mit religiösem Bezug) bezeichnet wird. Der *kauui* Vīštāspa könnte daher ein im Ritualwesen kompetentes Mitglied jener religiösen Gemeinschaft gewesen sein, in der – vielleicht durch seine Mitwirkung – die *Gāθās* formuliert wurden.²³ Solche Überlegungen bleiben – wie vieles in der Rekonstruktion der Anfänge des Zoroastrismus wegen der langen ausschließlichen Oralität dieser Überlieferung – nicht beweisbar, aber möglich.

Erstmals datierbare historische Kontexte haben wir in der Achämenidenzeit, wo altpersische Königsinschriften indirekt die Kenntnis der (mündlichen) Avestatexte bestätigen. Denn Prods Oktor Skjærvø konnte zeigen, dass die altpersischen Inschriften „Zitate" aus dem Avesta aufweisen, jedoch nicht im wörtlichen Sinn, sondern im Sinn der politischen Nutzbarmachung. Deutlich werden solche Zitate in der Bisotun-Inschrift des Dareios.²⁴ Dieser Text weist eine Reihe von Übereinstimmungen bzw. Anspielungen zum altavestischen Text *Yasna* 30 auf: das Thema, dass durch Trug die Menschen getäuscht wurden, die Übergabe dieser Übeltäter in die Hand des Guten sowie ihre Bestrafung. All dies wird in der altpersischen Inschrift als Wort des Königs bzw. im *Yasna*-Text als Wort des Gottes ausgewiesen, wodurch der altpersische (politisch konnotierte) Text bewusst auf die zoroastrische Überlieferung anspielt. Für die Überlieferung und Kenntnis von avestischen Texten sind diese Beobachtungen von religionsgeschichtlichem Interesse, weil sie die Schlussfolgerung erlauben, dass in dieser Zeit anscheinend die für den „richtigen" Ritualvollzug notwendigen Texte im Wortlaut bereits festgelegt waren und offensichtlich auch sorgfältig tradiert wurden, allerdings

---

22 Vgl. Skjærvø 2012: 5–8.
23 Kellens 2000: 83–86.
24 Skjærvø 2012: 12–15.

nach wie vor nur in mündlicher Weise.²⁵ Daraus kann man eine wohl schon vorhandene Ausbildung von Ritualfachleuten ableiten, um die Kenntnis dieser Sprache für das Ritual zu bewahren. Eventuell gab es auch bereits frühe Kommentierungen (*zand*) in der Umgangssprache. Dass das Avesta nicht nur auf „Avestisch" rezitiert wurde, ist durch eine sogdische Bezeugung des *Ašəm Vohū*-Gebetes belegt, die jedoch erst aus der sasanidischen Zeit stammt.²⁶

Hinsichtlich der Verschriftlichung des Avesta gibt es in mittelpersischen Texten mehrere Überlieferungen.²⁷ Historisch sind sie problematisch, auch wenn sie die traditionelle Sichtweise vieler Zoroastrier bestimmen. Zusammengefasst besagen diese Überlieferungen, dass nach Zarathustras Offenbarung diese durch Vīštāspa oder einen Dareios in zwei Kopien niedergeschrieben wurde, die später Alexander der Große zerstörte. Ein parthischer Herrscher namens Valaxš habe eine erste Restituierung des Avesta unternommen, schließlich sei es unter den Sasaniden Ardaxšīr und Šābuhr I. sowie Šābuhr II. und Xusrō I. zu jeweils neuen redaktionellen Bearbeitungen des Kanons gekommen. Xusrō habe auch erstmals das Avesta ins Mittelpersische übersetzen lassen.

Problematisch an dieser Tradition ist die frühe angenommene Verschriftlichung, da es eine solche vor den Sasaniden nicht gegeben hat. Wenn die genannten Traditionen jedoch von einer dreifachen Revision des Avesta ausgehen, so deutet dies zutreffend den schrittweisen Prozess des Übergangs von der mündlichen zur schriftlichen Überlieferung des Avesta an. Hinweise auf erste Ansätze einer Verschriftlichung im späten 3. oder frühen 4. Jahrhundert geben manichäische Texte, die von „zarathustrischen Büchern" sprechen, woraus jedoch nichts über Inhalt oder Umfang dieser „Bücher" hervorgeht.²⁸ Mit dem Prozess der Verschriftlichung verbunden ist die Erfindung der Avesta-Schrift, die von der Pahlavi-Schrift im 4. Jahrhundert abgeleitet ist. Im Unterschied zu den mehrdeutigen Buchstaben der Pahlavi-Schrift sind die daraus abgeleiteten avestischen Buchstaben der Versuch, die verschiedenen Laute der avestischen Rezitation durch die Schrift genau wiederzugeben. Die von der Tradition auf Xusrō zurückgeführte Praxis der Übersetzung (und Kommentierung) avestischer Texte ins Mittelpersische (Pahlavi) scheint wohl mit dieser

---

25 Gelegentlich geäußerte Überlegungen, dass es schon unter den Achämeniden ein „schriftliches" Avesta gegeben habe, das in den als Zendān-e Soleimān bzw. Kaʿbe-ye Zardošt bezeichneten turmähnlichen Gebäuden in Pasargadai bzw. Naqš-e Rostam aufbewahrt worden sei, sind nicht haltbar, vgl. dazu Hutter 2015a: 548f.
26 Cantera 2004: 137–139.
27 Siehe Humbach 1991: 49–55 sowie Cantera 2004: 106–113 für die betreffenden mittelpersischen Texte; vgl. Stausberg 2002a: 76–78.
28 Siehe Hutter 2015b: 480.

Verschriftlichung zu verbinden zu sein. Die ältesten Manuskripte avestischer Texte (und der mittelpersischen Übersetzungen) stammen erst aus dem 13. Jahrhundert.

3.1.2.2 Großes Avesta und Liturgisches Avesta

Geldner war sich bei seiner Textedition am Ende des 19. Jahrhunderts bewusst, dass die von ihm berücksichtigten Texte, die in den zoroastrischen Liturgien verwendet wurden, von dem „Großen Avesta der 21 Nask", von dem die mittelpersischen Texte (v. a. der *Dēnkard*) sprechen, zu unterscheiden sind. Diese Unterscheidung zwischen dem „großen" und dem „liturgischen" Avesta ist jedoch in der Forschung des 20. Jahrhunderts weitgehend unberücksichtigt geblieben, zumal Geldners Edition und darauf beruhend Wolffs Übersetzung in der Regel die Vorstellung eines geschlossenen und kanonisch genormten Textcorpus als Heiliger Schrift des Zoroastrismus hervorriefen. Diese Vorstellung ist seit den 1990er Jahren zunächst durch Jean Kellens, in der Folge weitergehend von Alberto Cantera sowie anderen Forschern einer kritischen Revision unterzogen worden.[29] Pointiert kann man daher sagen, dass wir mit zwei verschiedenen Avesta rechnen sollten, die nebeneinander existierten:[30] dem „Großen Avesta der 21 Nask" der Sasanidenzeit (daher manchmal auch im Unterschied zum Folgenden als „Sasanidisches Avesta" bezeichnet) und dem „Liturgischen Avesta".

Unsere Kenntnis des „Großen Avesta der 21 Nask" beruht v. a. auf den Informationen im 8. und 9. Buch des *Dēnkard*, einem mittelpersischen theologischen Kompendium.[31] Der Begriff *Nask* meint „Buch", wird aber auch als *terminus technicus* für die gesamte sakrale Überlieferung verwendet, der man sich im Studium widmet (Y. 9:22). Für die 21 Nask wird im *Dēnkard* eine Inhaltsangabe geboten, wobei diese Nask in drei Siebenergruppen geordnet waren: Die ersten sieben Nask werden als Gāhānīg-Gruppe zusammengefasst. Zu dieser Gruppe gehören die oben genannten altavestischen Texte, aber auch Kommentierungen dieser Texte (vgl. Y. 19–21, der *Bag Nask*) sowie einige andere Texte, wie etwa der so genannte *Hādōxt Nask*. Die Hadamānsarīg-Gruppe ist eng auf das Ritualwesen bezogen, erhalten geblieben sind davon u. a. die als *Gāh*, *Sīh-Rōzag* sowie *Wištāsp Yašt* bezeichneten Texte. Der dritte Teil ist die Dādīg-Gruppe, die sich mit Rechtsfragen befasst. Dazu gehört – als wohl einzig uns vollständig vorliegender Nask – das *Widēwdād*, sowie relativ große Teile des *Bagān Yašt* mit den heute noch vorhandenen Abschnitten Y. 9–11 und 57 sowie Yt. 5–19.

---

29 Kellens 1998; Cantera 2012; 2014.
30 Cantera 2014: 56 f.
31 Zur Frage des Umfangs des „Großen/Sasanidischen Avesta" vgl. Cantera 2004: 15–23.

Die Beschreibung der 21 Nask des *Dēnkard* dürfte im Wesentlichen den Umfang des Avesta in der Sasanidenzeit zumindest inhaltlich wiedergeben. Eine gewisse methodische Unsicherheit hinsichtlich dieser Rekonstruktion besteht lediglich darin, dass es möglich ist, dass diese Nask-Liste nur auf jene Bücher Bezug nimmt, von denen in der Sasanidenzeit – unter Xusrō – auch eine mittelpersische (Teil-)Übersetzung bzw. ein mittelpersischer Kommentar vorlag. Texte, die eventuell unter den Sasaniden nur auf Avestisch vorlagen, könnten daher eventuell in dieser Liste fehlen. Allerdings haben wir keine Hinweise auf solche weiteren Texte.

Vergleicht man die Information zum Sasanidischen Avesta im *Dēnkard* mit den erhaltenen avestischen Texten des „Liturgischen Avesta", so ist der deutlich verschiedene Umfang nicht zu übersehen. Wir haben es also mit einem Verlust von avestischen Texten zu tun, der im Laufe der Zeit geschehen ist. Ein plausibler, aber nicht beweisbarer Grund dafür sind die oft genannten religionsdemographischen Veränderungen im Iran durch die schrittweise Hinwendung der Bevölkerungsmehrheit zum Islam. Wahrscheinlich wirkte sich aber erst die Eroberung Irans durch Türken und Mongolen im 11. und 12. Jahrhundert negativer auf die Kenntnis und Bewahrung des Avesta aus.[32]

Die überlieferten avestischen Texte sind für den liturgischen Gebrauch bestimmt gewesen, wobei man zwischen einer „langen/großen" Liturgie und verschiedenen Texten kleiner Liturgien unterscheiden kann.[33] Zur „langen Liturgie" gehören folgende Texte, die entsprechend der jeweiligen Feierlichkeit und Länge der Liturgie kombiniert werden konnten: *Yasna*; *Yasna* in Verbindung mit *Wisperad*; *Yasna* in Verbindung mit *Wisperad*, *Widēwdād* und *Wištāsp Yašt*. Die Rezitation des *Yasna*-Textes allein ist dabei das tägliche Standardritual, während die anderen (längeren) Kombinationen feierliche Liturgien ergeben.[34] Die „lange Liturgie" spiegelt eine real durchgeführte Liturgie der Sasanidenzeit wider, deren Grundstruktur sogar in die vor-sasanidische Zeit zurückreicht.[35] Die anderen avestischen Texte dienen der Durchführung kleinerer Rituale, die auch teilweise für die individuelle Praktizierung der Religion oder die devotionale Verehrung der Gottheiten gedient haben. Dazu gehören v. a. die *Yašt*-Texte, hymnische Texte zur Verehrung einzelner Gottheiten. Weitere Texte sind unter der – erst im 19. Jahrhundert aufgekommenen – Bezeichnung *Xorde Avesta* („kleines Avesta") zusammengefasst. Dazu gehören u. a. Litaneien und Segenssprüche, genauso Texte

---

32 Cantera 2004: 21.
33 Die entsprechenden Texte nennt Andrés-Toledo 2015: 519–522.
34 Cantera 2014: 44f.; eine Beschreibung der Durchführung des Yasna als tägliches Standardritual der Bhagariā-Priester in Navsāri bieten Kotwal/Boyd 1991: 61–129.
35 Cantera 2014: 216.

für die Monatstage und deren Gottheiten (*Sīh-Rōzag*) bzw. für die Tageszeiten (*Gāh*).

Das Verhältnis zwischen dem „Großen Avesta" und dem „Liturgischen Avesta" kann man dahingehend umschreiben, dass es sich dabei um zwei unterschiedliche Textcorpora handelt. Denn die liturgischen Manuskripte sind keine Kopien des Großen Avesta, sondern sie sind als eigenständige und einheitliche Texte zusammengestellt worden, allerdings nicht ohne Kenntnisse des Großen Avesta. Der Unterschied wird durch die unterschiedliche Reihenfolge und Verbindung von Texten im „Liturgischen Avesta" im Vergleich mit den mittelpersischen Inhaltsangaben des „Großen Avesta" im *Dēnkard* deutlich. Zusammenfassend heißt dies in methodischer Reflexion auch, dass man das Avesta (in seinen zwei Formen) nicht als eine kanonisch fixierte Schrift des Zoroastrismus betrachten sollte.

3.1.2.3 Theologische und religionsrechtliche Texte

Entsprechend dem Handschriftenbefund wurden avestische Manuskripte für die unterschiedliche Verwendung entweder mit (kurzen) Ritualanweisungen in mittelpersischer Sprache versehen oder mit (kommentierenden) Übersetzungen ins Mittelpersische. Letztere waren Studientexte der Religion, wobei die Übersetzungen zugleich theologische Aktualisierungen für Aspekte der Religionsausübung sind. Diese mittelpersischen Kommentare werden als *zand* („Erklärung") bezeichnet, wobei diese Praxis der Kommentierung bereits in der Sasanidenzeit eingesetzt hat.[36]

Der Großteil der zoroastrischen Pahlavi-Texte kann der so genannten klassischen Periode dieser Literatur vom 8. bis 10. Jahrhundert zugewiesen werden.[37] Diese Texte sind zum größten Teil religiösen Inhalts. Einige davon – wie *Dēnkard*, die „Anthologie des Zādspram" – wurden vorhin schon genannt. Andere behandeln z. B. Vorstellungen von Schöpfung und Weltende, Rechts- und Ritualfragen, teilweise als Sendschreiben (*revāyat*) an konkrete Fragesteller. Auch in den nachfolgenden Jahrhunderten wurden noch spät-mittelpersische Texte – besonders zu Ritualfragen – von Priestern verfasst, teilweise gemeinsam mit neupersischen oder Gujarati-Texten.

---

36 Andrés-Toledo 2015: 524; Cantera 2004: 235 f.
37 Für einen kurzen Überblick zur Pahlavi-Literatur (mit Hinweis auf Bearbeitungen dieser Texte) siehe Andrés-Toledo 2015: 524–528; detailliertere Angaben bietet die Literaturgeschichte von Cereti 2001.

Unter den neupersischen Texten[38] kann man als erstes das *Zarātoštnāme* mit ungefähr 1.530 Versen nennen, eine „Lebensbeschreibung" des Religionsstifters, die teilweise Themen der Pahlavi-Literatur in Neupersisch neu gestaltet und weiter entfaltet. Auch andere Pahlavi-Texte wurden ins Neupersische übersetzt bzw. neu redigiert, so etwa der populäre Text über die visuelle „Jenseitsreise des Ardā Wirāz". Einige Texte kann man (zumindest terminologisch) als eigenes Genre ansehen, als *Sad-dar* („100 Tore", gemeint sind 100 Themen oder inhaltliche Abschnitte). Vier solche *Sad-dar*-Texte sind bekannt, die verschiedene Fragen nach religiösen Pflichten und Sünden detailliert behandeln. Dadurch stehen sie inhaltlich den Sendschreiben (*revāyat*) nahe, die von Priestern aus Indien in die iranischen Zentren der Religion gesandt wurden, um kompetente Auskunft in verschiedenen die Religionsausübung betreffenden Fragen zu erhalten.

Eine weitere inhaltlich zusammengehörige Gruppe sind erzählende Texte, deren Thema die „Auswanderung" der Religionsangehörigen nach Indien nach dem Untergang des Sasanidenreiches und der Verbreitung des Islam im Iran ist. Die älteste „Auswanderungsgeschichte" ist die so genannte *Qesse-ye Sanjān*,[39] die auch das literarische Vorbild für jüngere vergleichbare Texte ist. Als Zeugnisse für die individuelle Frömmigkeit seien die *monāǧat* genannt, devotionale religiöse Dichtungen, die – aufgrund ihrer Popularität – ab dem 19. Jahrhundert (teilweise auch in Gujarati-Übersetzung) den Druckausgaben des *Xorde Avesta* hinzugefügt wurden. Ebenfalls populär unter persischsprachigen Zoroastriern wurde die seit dem Ende der 1920er Jahre erstellte Übersetzung avestischer Texte ins Neupersische durch den persischen Gelehrten Ebrāhim Purdāvud (gest. 1968).

3.1.3 Zoroastrier, Mazdayasnier oder Parsen?

Die oft verwendete Bezeichnung „Parsismus" bzw. „Parsen" für die Anhänger der auf Zarathustra zurückgeführten Religion ist nur bedingt zutreffend, da mit solchen Begriffen lediglich eine soziologisch-regionale Teilperspektive erfasst wird – nämlich die Ausprägung in Indien. In der indischen Umgebung wurden und werden Anhänger des Zoroastrismus wegen der Herkunft aus Persien als Parsen bezeichnet. Davon wurde in der europäischen Forschung der Begriff Parsismus als Synonym zu dem im 19. Jahrhundert geprägten Begriff Zoroastrismus abge-

---

38 Sheffield 2015.
39 Williams 2009.

leitet.⁴⁰ Als drittes – weniger gebräuchliches – Synonym wird auch „Mazdaismus" verwendet.

Für die Selbstbezeichnung und das Selbstverständnis der Religionsgemeinschaft kann man sich auf den frühen jungavestischen Text Y. 12:8 (vgl. 12:1; Vr. 5:3) beziehen, in dem ein kurzes Glaubensbekenntnis formuliert wird: *mazdaiiasnō zaraϑuštriš frauuarānē* „Als Mazdā-Verehrer, als Zarathustrier will ich das Glaubensbekenntnis ablegen". Mit ersterem Begriff bezieht sich der Gläubige auf Ahura Mazdā als zentrale Gottheit, mit zweiterem auf den Religionsstifter. Mittelpersische Texte bringen häufig die Formulierung *dēn ī māzdēsn*, die „Mazdāverehrende Religion", oder *māzdēsnīh* („Mazdā-Verehrung") als Bezeichnung der Religion.⁴¹ Auf diese Selbstbezeichnungen rekurrieren daher auch moderne Anhänger der Religion. Daher kann das Label „Mazdaismus" als treffende Bezeichnung für die Religion verwendet werden, bei der Fremd- und Eigenbezeichnung kompatibel wären. Allerdings ist in der religionswissenschaftlichen und alltäglichen Wahrnehmung der Begriff „Zoroastrismus" populär und lässt sich mit Y. 12:8 ebenfalls „neutral" begründen.

In manchen neueren Kontexten erhält Zoroastrismus aber auch eine eigene politisch-identitätsstiftende Konnotation. Unter Kurden – besonders im Umfeld der PKK – wird als ethnische Abgrenzung gegenüber türkischen Muslimen der Anspruch erhoben, dass Kurden zoroastrische Wurzeln hätten. Teilweise stützt man dies mit Traditionen, denen zufolge Zarathustras Heimat im kurdischen Bergland im heutigen Nordwestiran oder in Aserbaidschan gelegen habe. Diese geographische Verortung Zarathustras wie auch der „zoroastrische Ursprung" der Kurden ist historisch zwar unhaltbar, zeigt aber, dass Identitätsstiftung keineswegs nur religiöse, sondern auch politische Komponenten enthält.⁴² Auch in Tadschikistan wird – seit der Unabhängigkeit des zentralasiatischen Staates in den 1990er Jahren – eine „Rückbesinnung" auf den Zoroastrismus zur nationalen Identitätsstiftung in manchen politischen Kontexten favorisiert.⁴³

---

40 Foltz 2016: 321.
41 Eine aramäische Inschrift auf Arebsun (Kappadokien) aus dem 3. Jh. v. Chr. nennt ebenfalls die (personifizierte) „Mazdā-verehrende Religion". Auch im Armenischen wird diese Terminologie verwendet (Russell 2016: 152).
42 Foltz 2016: 323–325, wo auch auf die Eröffnung eines zoroastrischen Feuertempels durch Kurden in Stockholm zum Noruz-Fest am 21. März 2012 sowie auf die Gründung eines „Obersten Rats der Zoroastrier in Kurdistan" im April 2015 in Irakisch-Kurdistan verwiesen wird. Am 21. September 2016 wurde in Sulaimaniye in Irakisch-Kurdistan ebenfalls ein Feuertempel von Kurden eröffnet, vgl. http://ekurd.net/zoroastrian-temple-kurdistan-2016-09-22#.V-QZp4g72Xg.facebook.
43 Vgl. Foltz 2016: 326–329.

Gegenüber den Begriffen Zoroastrismus oder Mazdaismus hebt die Bezeichnung Parsismus jedoch eine andere identitätsstiftende Seite hervor. Denn mit Parsismus wird einerseits zutreffend auf Indien als zweites Zentrum der Religion neben dem Iran verwiesen, andererseits klingt mit dieser Bezeichnung auch eine exklusivistische Identitätsstiftung an: Parsen betonen – ungleich stärker als Zoroastrier im Iran – die Notwendigkeit der Geburt in der Religionsgemeinschaft. Dieser (abgrenzende) Identifizierungsaspekt der Parsen in Indien ist in Analogie zum *varṇa*- bzw. *jāti*-Konzept des Hinduismus entstanden, wozu auch die Auswanderungsgeschichte, wie sie in der *Qesse-ye Sanjān* erzählt wird, beigetragen hat.[44] Dadurch werden Parsen eine ethno-soziale Religionsgruppe, die theologisch zwar nicht von den iranischen Zoroastriern getrennt ist, sich aber als soziale Gruppe von den zoroastrischen Iranern unterscheidet, die man in Gegenüberstellung zu den Parsen manchmal als „Iranis" bezeichnet. Daher ist aber die Bezeichnung Parsismus für die gesamte Religion, die sich auf Zarathustra als Urheber zurückführt, unzutreffend.

Obwohl der Kontakt zwischen Zoroastriern im Iran und in Indien nie gänzlich abgebrochen ist, prägt die je unterschiedliche Umgebung die Ausformung des Religionsverständnisses. Ab dem 19. Jahrhundert haben Parsen auch versucht, ihre Religion vor dem Hintergrund europäischer Geistigkeit (vor allem vermittelt durch die englische Kolonialherrschaft) zu interpretieren und in der Folge eine daraus entstandene „Reform-Sicht" auch in den Iran zu transferieren – mit daraus resultierenden Unterschieden zwischen Traditionalisten und Reformern in Indien und Iran. Diese prägen nicht nur in den beiden Kern-Ländern die religiöse Identität, sondern auch unter Anhängern der Religion in der westlichen Diaspora (d. h. in Europa, Nordamerika und Australien).

3.2 Weltbild in Theorie und Praxis

3.2.1 Der Kosmos

Die kosmologischen Vorstellungen, die in den zoroastrischen Texten fassbar werden, gehen einerseits auf Spekulationen der indo-iranischen Mythologie zurück. Dadurch klingen diese Vorstellungen an Überlieferungen an, die aus dem vedischen Indien ebenfalls bekannt sind, begegnen aber in späterer Zeit auch in Motiven der mündlichen Überlieferung der Yeziden bzw. Yāresān sowie – allerdings in weniger klarer Form – in der Bahā'ī-Religion. Andererseits zeigt der

---

[44] Williams 2009: 227 f.

Zoroastrismus hinsichtlich seiner kosmologischen Vorstellungen auch Neuerungen gegenüber der indo-iranischen Mythologie, die im Laufe der Geschichte der Religion allgemeines Überlieferungsgut wurden. In jüngeren mittelpersischen Texten (*Bundahišn*; „Anthologie des Zādspram") findet man – weitgehend systematisch ausgearbeitet – eine Darstellung, die die Kosmologie als ein dreistufiges Schema zeigt, das sekundär noch um eine vierte Phase erweitert wird. Davon ist jedoch in frühen Texten noch nicht die Rede.

Spuren einer indo-iranischen Schöpfungstradition finden sich in Yt. 13, die die Vorstellung einer ersten, minderwertigen Schöpfung zeigen.[45] Denn der Kosmos war starr und unbeweglich, so dass die Wasser nicht fließen konnten, keine Pflanzen wuchsen und Menschen und Tiere sich nicht vermehrten. Diese erste unvollkommene Schöpfung zeigt einen „kompakten" und eingeengten Kosmos, in dem der (lichte) Himmel auf der Erde lag bzw. sie vollkommen umschloss (Yt. 13:2; Vd. 5:25). Erst eine dreifache Ausdehnung bringt die Erde in jene Form, die Lebensraum für alle bietet (vgl. Vd. 2:8–19), so dass nunmehr von einer „gelungenen" Schöpfung die Rede sein kann. Dementsprechend wird es möglich, dass nun auch die Pflanzen zu wachsen beginnen (Yt. 13:55f.). Auf den „embryonenhaften" Zustand der Welt dürfte sich auch die Frage in Y. 44:4 beziehen, worin auf die Trennung von Himmel und Erde Bezug genommen wird. Das heißt, auch hier klingt die Auflösung der Starre und Unbeweglichkeit der Erde an, die dadurch bedingt war, dass die Erde vom Himmel fest umschlossen war, so dass Y. 44:4 die Frage weiterspinnt, wer nun Himmel und Erde getrennt hält, damit es nicht zu einem Rückfall in die Zeit der starren Schöpfung kommt. Im Prinzip liegt hier somit ein zweistufiges Modell vor, wobei der Übergang von der ersten zur zweiten Schöpfung möglicherweise durch ein Opfer geschehen ist. Dieses Opfer wird in den zoroastrischen Texten, die nur noch Spuren dieser indo-iranischen Kosmologie bewahrt haben, im kosmologischen Kontext nicht erwähnt, kann aber durch den Vergleich mit der vedischen Tradition Indiens erschlossen werden.

Die vorhin erwähnte Frage aus Y. 44:4 impliziert die Antwort, dass Ahura Mazdā derjenige sei, der diesen Akt der Schöpfung – und den Bestand der Schöpfung – garantiert.[46] Allerdings ist diese Schöpfung von Beginn an gefährdet, da Ahura Mazdās Gegenspieler Aŋra Mainiiu[47] von Beginn an eine „Gegenschöpfung" initiiert. Dadurch endet der „statische Urzustand" des Kosmos, so dass bis zum Weltende Ahura Mazdā und Aŋra Mainiiu sich in einem Kampf miteinander befinden, in dem sie durch Yazatas (Gottheiten) bzw. Daēuuas (Anti-

---

45 Kreyenbroek 2013: 107f.; vgl. auch Hutter 1996: 213.
46 Hutter 1996: 213f.; Panaino 2015: 241f.
47 So die altavestische Form, die im Folgenden durchgehend verwendet wird; jungavestische Texte schreiben Aŋra. Die mittelpersische Form des Namens lautet Ahreman.

Götter) unterstützt werden. Zu den guten Schöpfungswerken gehören die nutzbringenden Pflanzen, das Weideland und die guten Tiere (vgl. Y. 44:6). An erster Stelle und als Symbol für die Erschaffung der Tierwelt steht das Rind (*gauu*). Die hervorragende Bedeutung dieses Schöpfungswerkes wird u. a. daran sichtbar, dass manchmal vom „fünffachen Rind" (Yt. 13:10; 19:69) die Rede ist, was auf die fünf Lebensbereiche der Tiere bezogen werden kann (vgl. Y. 71:9; Vr. 1:1: Wasser, Land, Luft, Wildnis, Weide). Dem steht der Bereich Aŋra Mainiius gegenüber mit den unheilvollen Pflanzen, dem Ödland und den schädigenden Tieren wie Schlangen, Fliegen oder Heuschrecken, die er in die guten Gegenden schickt, um diese zu verderben (vgl. Vd. 1:2,4,14).[48] Schädigende Tiere der Gegenschöpfung par excellence lassen sich mit dem Begriff *xrafstra* (Reptilien, Insekten, Ungeziefer) zusammenfassen, wobei die Vernichtung solcher Lebewesen großes religiöses Verdienst bringt, das schwere Sünden sühnt (vgl. Vd. 14:5f.).

In den avestischen Quellen wird davon ausgegangen, dass dieser kosmische Kampf durch ein Abkommen mit Aŋra Mainiiu sowie dadurch, dass die Yazatas in jüngeren avestischen Texten den Aktionen Aŋra Mainiius Einhalt gebieten können, vorläufig zur Ruhe kommt. Dadurch geht die Welt in eine zweite Schöpfungsphase über, die – im Unterschied zum statischen Urzustand – dynamisch ist. Da Aŋra Mainiiu während dieser Phase nicht aktiv ist und keine weiteren Gegenschöpfungen hervorbringt, kann die Welt sich positiv entwickeln.

Das Auftreten und die Verkündigung Zarathustras kann als Beginn der dritten Schöpfungsphase gelten, an deren Ende Aŋra Mainiiu vernichtet werden wird. Dass der Kosmos durch die Überwindung Aŋra Mainiius sein Ziel in der „Vervollkommnung der Welt" (*fraso.kərəti*) erfährt, klingt bereits in den Gāθās an, wenn dort eine endzeitliche Heilsgestalt, Saošiiaṇt, genannt ist (Y. 45:11; 46:3; 48:9). Dabei zeigt der frühe Zoroastrismus, dass offensichtlich dieses Weltende in nicht allzu großer Ferne erwartet wurde, wohingegen die Entwicklung der Religion dieses Weltende in die weite Ferne rückte, so dass mittelpersische Texte schließlich die drei Schöpfungsphasen als Perioden zu je 3.000 Jahren festschrieben.

Somit lässt sich – allerdings nicht in einem zusammenhängenden Narrativ vorliegend – eine dreiteilige Kosmologie bereits im frühen Zoroastrismus erkennen, die im Motiv der statischen oder starren ersten Schöpfungsphase noch das gemeinsame Erbe aus der indo-iranischen Kosmologie erkennen lässt, diese aber (abgesehen von den oben genannten Spuren) zu einer völlig neuen dreiteiligen kosmischen Abfolge umdeutet, indem Ahura Mazdā und Aŋra Mainiiu als die beiden maßgeblichen Akteure und Gegenspieler den kosmischen Verlauf bestim-

---

48 Vgl. Moazami 2004–05: 301–304, 310–314 für eine umfangreiche Zusammenstellung der als schädigend und negativ bewerteten Tiere im Avesta und in den mittelpersischen Texten.

men, ehe am Ende der Zeit Saošiiaṇt auftritt, um die Feinde der Religion zu überwinden (vgl. Yt. 19:92–96). Die drei Stufen bzw. Epochen der Schöpfung führen dabei – bereits in jungavestischer Zeit – zu einer weiteren spekulativen Systematisierung, indem Saošiiaṇt gemeinsam mit zwei Gefährten (Yt. 13:128) – Uxšiiaṯ.ərəta („der die Wahrheit vermehrt") und Uxšiiaṯ.Nəmah („der die Verehrung vermehrt") – genannt wird.

Die Darstellung der avestischen Kosmologie lässt sich aus einzelnen Hinweisen und Anspielungen in den Texten des liturgischen Avesta rekonstruieren. Ein systematisches kosmologisches Narrativ dürfte der *Dāmdād Nask* enthalten haben, allerdings ist uns von diesem avestischen Text nur noch eine (ausführliche) Inhaltsangabe im achten Buch des *Dēnkard* (8.5) in mittelpersischer Sprache erhalten.[49] Aus dem Inhalt des *Dāmdād Nask* schöpfen aber jene zwei mittelpersischen Texte, die uns systematisch über die Entstehung der Welt, der Tiere, Pflanzen und Menschen sowie über das Weltende berichten, nämlich der *Bundahišn* und die „Anthologie des Zādspram" (vgl. Zsp. 3:43,57). Letzterer Text des Theologen Zādspram aus Sīragān (9.Jh.) behandelt besonders folgende Themen:[50] Weltschöpfung (Kap. 1–3) und Weltende (Kap. 34f.), medizinisch-physiologische Sicht auf den Menschen (Kap. 29f.) und Legenden über Zarathustra (Kap. 5–20). Die ersteren Themenkreise verbinden Zādsprams Text mit dem ausführlicheren *Bundahišn*, worin die Thematik Weltschöpfung in den ersten Kapiteln detailliert behandelt wird. Diese Texte beschreiben die Schöpfung in folgenden Schritten:

a) Ohrmazd (Ahura Mazdā) befand sich anfangs in unendlichem Licht, während sein Widerpart Ahreman (Aŋra Mainiiu) in der Tiefe in Finsternis verweilte. Ohrmazds erste Schöpfung befand sich – für 3.000 Jahre – im Zustand der geistigen Nichtkörperlichkeit (*mēnōg*) und Unbeweglichkeit. Ahreman beginnt den Kampf gegen die Schöpfung, mit dem Ergebnis, dass die beiden Widersacher sich in der Folge in einem ständigen Kampf befinden.

b) Damit beginnen die drei weiteren Phasen der Kosmologie. In den ersten 3.000 Jahren bringt Ohrmazd seine Geschöpfe in materieller (*gētīg*) Form hervor, die noch in einem embryonenhaften Zustand verharren: Der Himmel aus Stein umschließt als erste Schöpfung dabei die Erde wie eine Eischale. Als zweites Schöpfungswerk füllen die Wasser die untere Hälfte der Eischale an, worauf die Erde schwimmt. Die nächsten Schöpfungswerke – Pflanze, Ur-Rind und Ur-Mensch – finden auf der Erde statt. Charakteristisch für die gesamte Schöpfung

---

[49] West 1892: 13f. – Vgl. Panaino 2015: 236–238; siehe zum Folgenden ferner Hutter 1996: 210–212.
[50] Gignoux/Tafazzoli 1993: 21–24; vgl. Tavadia 1956: 83–85, Cereti 2001: 110–118. – Kürzere Hinweise zur Kosmologie liefern auch andere mittelpersische Texte, z. B. DD 37; PahlRivDD 46.

ist, dass sie unbeweglich ist, so dass die Sonne inmitten des Himmels steht, ohne dass Tag und Nacht einander abwechseln.
c) Ein Angriff Ahremans auf den Bereich Ohrmazds führt zum nächsten 3.000-jährigen Abschnitt: Ahreman dringt in den Himmel ein, schädigt die Schöpfungswerke und tötet das Ur-Rind und den Ur-Menschen. Daraufhin startet Ohrmazd den Gegenangriff, und die Schöpfungswerke geraten in Bewegung: Tag und Nacht entstehen, der erste Regen lässt die vertrockneten Pflanzen grün werden. Aus dem Samen des getöteten Ur-Rindes bzw. des Ur-Menschen entstehen die Tiere sowie das erste Menschenpaar. Die ganze Periode ist gekennzeichnet durch den beständigen Kampf zwischen der guten und bösen Schöpfung, die miteinander vermischt sind. Der Mensch als Schöpfungswerk ist in diesen Kampf eingebettet, was sich im Menschenbild und in der daraus resultierenden Ethik niederschlägt.
d) Schließlich kommt es am Ende der Welt zur Durchführung eines Opfers durch Ohrmazd und Sroš (avest. Sraoša), wodurch Frašegird (avest. *frašo.kərəti*), die (Wieder-)Vervollkommnung der Welt, eingeleitet wird. Zunächst werden die Dämonen überwunden und es wird der ursprüngliche Zustand der Trennung zwischen dem Bereich Ohrmazds und dem Bereich Ahremans wiederhergestellt. Gleichzeitig wird die Welt in den Zustand der Ruhe zurückkehren, in dem sie war, so dass diese Kosmologie einen Zyklus von Ruhe über Kampf mit Vermischung und schließlich Trennung zurück zur Ruhe darstellt.

Diese systematische Darstellung der Kosmologie und Eschatologie zeigt vier Epochen zu je 3.000 Jahren, so dass der ganze zoroastrische Kosmos 12.000 Jahre umfasst.[51] Dieses ausführliche Narrativ ist die jüngste – und erweiterte – Überlieferungsstufe, bei der die Phase vor der (ersten) Schöpfung, in der der Kosmos nur in geistiger Form existierte, nachträglich hinzugefügt wurde. Denn entsprechend der indo-iranischen Mythologie und auch den Andeutungen im Avesta beginnt der Kosmos mit der Erschaffung der unbeweglichen, embryonenhaften Welt, so dass dieses Narrativ noch deutlich die drei Epochen der Schöpfung (mit je dreitausend Jahren) erkennen lässt. Diese nur dreiteilige Schöpfungsabfolge zeigen auch mittelpersische Texte wie *Mēnōg ī xrad* (Kap. 8) oder der so genannte *Bahman Yašt* (Kap. 3).

Somit kann man sagen, dass die zoroastrische Kosmologie – in eigenständiger Entwicklung gegenüber der aus dem indo-iranischen ererbten Modell einer ersten embryonenhaften Schöpfung – eine „Drei-Zeiten-Lehre" entfaltet, die bereits in den frühen avestischen Quellen fassbar ist. Am Beginn steht die ursprüngliche Zeit der

---

51 Vgl. auch Panaino 2015: 239.

Trennung der dualistischen Prinzipien, schließlich die Zeit der Vermischung der beiden Prinzipien und deren Schöpfungswerken, sowie die dritte Zeit, in der die ursprüngliche völlige Trennung der beiden Prinzipien wieder restituiert wird. Da die Drei-Zeiten-Lehre für die iranische Religionsgeschichte zentral ist, hat sie auch in den Manichäismus Eingang gefunden.[52]

3.2.2 Die göttliche Welt

Der Zoroastrismus fußt – wie in der Kosmologie – auch in seinen Gottesvorstellungen auf indo-iranischen Traditionen, verändert diese aber wiederum weitgehend. An der Spitze der Götterwelt steht Ahura Mazdā, aber er ist keineswegs der einzige Gott und er ist auch kein ursprünglicher indo-iranischer Gott. Denn Mazdā, die „Weisheit", ist als abstrakte Größe von Zarathustra – oder aufgrund priesterlicher Reflexion im Kontext von Ritualausführungen – zur personifizierten Gottheit gemacht und als verehrenswerte Gottheit neben anderen „Herren" (ahuras) in das religiöse Weltbild eingeführt worden.[53] Als „Herr Weisheit" (oder als „weisheitsverleihender Herr") ist Ahura Mazdā somit eine theologische Neuschöpfung (im frühen 1. Jahrtausend v. Chr.), die als Proprium des Zoroastrismus gelten muss. Seine Weisheit steht in engem Zusammenhang mit der rechten Weltordnung und Wahrheit (aša), durch die er den Kosmos als Schöpfer des Lebens erhält. Ihm entgegengesetzt wirkt Aŋgra Mainiiu, der als böser Geist Repräsentant der widergöttlichen Kräfte schlechthin ist und die Schöpfung mit Hilfe der Lüge (druj) bekämpft. Im 4. Jahrhundert v. Chr. ist eine Neuerung hinsichtlich der Verehrung Ahura Mazdās geschehen, indem er ab diesem Zeitpunkt nur noch symbolisch durch sein Licht im Feuer als Verehrungsobjekt dargestellt wird. In diesem Vorgang der Vergeistigung hat die bis heute zentrale Funktion des Feuers im Gottesdienst der Zoroastrier ihren Ursprung.

Ahura Mazdā ist auch der Anführer einer Gruppe geistiger Wesen, die ab den jungavestischen Texten als Aməša Spəṇtas bezeichnet werden:[54] Aša („Wahrheit"), Vohu Manah („Gutes Denken"), Xšaϑra Vairiia („die zu wählende Herrschaft"), Ārmaiti („Rechtgesinntheit"), Amərətāt („Unsterblichkeit") und Hau-

---

52 Hutter 2015b: 481f. – Die Drei-Zeiten-Lehre ist dabei von Mani auch mit dem Dualismus – v. a. unter der Symbolik von Licht und Finsternis – verbunden, was auch von anderen gnostischen Systemen aufgegriffen wurde. Strittig, wenngleich möglich, ist auch ein Einfluss des dualistischen Denkens auf nachexilische Strömungen in der Religionsgeschichte Israels, unter anderem auch auf die Apokalyptik, vgl. die kurzen Hinweise bei Hutter 1996: 243f.
53 Kreyenbroek 2013: 10–12; vgl. auch Hintze 2012: 67f.
54 Narten 1982; Stausberg 2002a: 95–99, 118–123; Lüddeckens/Karanjia 2011: 41–48.

ruuatāṯ („Ganzheit"). Gemeinsam mit Ahura Mazdā bilden sie eine Siebenergruppe, wobei sie später auch als Eigenschaften Ahura Mazdās re-interpretiert wurden. Anscheinend sind auch diese Gottheiten ein Proprium Zarathustras oder priesterlicher Spekulation, wodurch abstrakte Eigenschaften in vergöttlichter und personifizierter Form in die Verkündigung eingeordnet wurden.

Als weitere Gruppe von Göttern sind die Yazatas zu nennen.[55] Dabei handelt es sich um Gottheiten, die teilweise bereits eine Entsprechung in der indo-iranischen Religionswelt haben, etwa Vərəϑrayna, der Feuergott Ātar, die personifizierte Haomapflanze, Yima als mythischer Herrscher der Urzeit sowie Miϑra und Anāhitā. Die beiden letzteren werden aber in der Achämenidenzeit (5. Jahrhundert v. Chr.) besonders geschätzt, während Vərəϑrayna im 1. und 2. Jahrhundert n. Chr. als im Kampf siegreicher Gott an Bedeutung gewinnt. Und während der Sasanidenzeit werden Ohrmazd, Mihr und Anāhīd als Garanten der Herrschaft und des Wohlergehens des Landes verehrt. Anāhīd (avest. Anāhitā) als Fruchtbarkeit schenkende Göttin erfreute sich auch in der alltäglichen Religionsausübung großer Beliebtheit.

3.2.2.1 Die dualistische Gestaltung des Pantheons und des Weltbildes

Der teilweise ererbte indo-iranische Polytheismus wird im Zoroastrismus umstrukturiert und in ein dualistisches System eingeordnet. Die Neuorientierung führt dabei auf semantischer Ebene zu einer Verschiebung in der Terminologie, indem wohl bereits Zarathustra die beiden ursprünglich weitgehend synonymen Begriffe, nämlich *ahura* „Herr" und *daēuua* „Gott", einer Umdeutung unterzieht. Denn das avestische Wort *daēuua* bzw. die entsprechende altpersische Form *daiva* ist mit dem Sanskrit-Begriff *deva* „Gott" und mit dem lateinischen Wort *divus* „göttlich" eng verwandt. Diese ursprünglich positive sprachliche Konnotation lässt somit klar die sekundäre wertende Umdeutung des Begriffs erkennen, deren volle Entfaltung in jungavestischer Zeit geschah. Während die Ahuras, allen voran Ahura Mazdā, fortan die Götter schlechthin sind, verlieren die Daēuuas ihre positive Göttlichkeit und werden zu Antigöttern bzw. Dämonen.

Diese Strukturierung der Götterwelt hängt eng mit dem Dualismus zwischen Gut und Böse zusammen, der sowohl auf geistiger als auch auf materieller Ebene fassbar wird. Dass der Dualismus von Beginn an mit der Kosmologie verbunden ist, zeigen bereits die Gāϑās. So ist von zwei Geistern (*mainiiu*) die Rede,[56] die sich gegenüberstehen und die eine entscheidende Wahl treffen:[57]

---

55 Siehe dazu auch Hintze 2012: 85–89.
56 Hintze 2012: 69f.

> Und diese beiden ersten Geister [...] sind ja im Denken, Reden und Handeln das Bessere und das Schlechte; zwischen diesen beiden haben die Rechthandelnden richtig entschieden, nicht die Schlechthandelnden. Und als diese beiden Geister zuerst zusammenkamen, schufen sie Leben und Nichtleben, und dass zuletzt das schlechteste Dasein für die Lügenhaften sei, aber für den Wahrhaftigen das Beste Denken. Von diesen beiden Geistern wählte sich der Lügenhafte, das Schlechteste zu tun, Wahrsein aber (erwählte sich) der sehr verständige Geist [...]. Zwischen diesen beiden haben auch die Daēuuas nicht richtig unterschieden.

Aufgrund dieses Dualismus entsteht ein spiegelbildliches polytheistisches Pantheon von Göttern und Anti-Göttern (*daēuuas*). Dabei spielt eine Rolle, dass sich einzelne Götter und Geister durch die eigene Wahl für das Gute oder das Böse entschieden haben. Daher sind die Daēuuas aufgrund des schlechten und falschen Denkens erst zu Anhängern der Lüge geworden (Y. 32:3–5). Solche Stellen in den Gāθās zeigen, dass im frühen Zoroastrismus offensichtlich noch der dezidierte Gegensatz zwischen Ahura Mazdā als „guter Gott" und seinem späteren systematischen Gegenpart Aŋgra Mainiiu als „böser Gott" fehlt, so dass man für den ältesten Zoroastrismus nicht von zwei völlig gleichwertigen göttlichen dualistischen Prinzipien sprechen sollte. Denn die *mainiiu*, die im frühen Zoroastrismus genannt werden, zeigen ursprünglich keine seinsmäßige Differenzierung, sondern nur dadurch, ob sie – aufgrund ihrer „Wahl" – dem Bereich der Wahrheit (*aṣ̌a*) oder der Lüge (*drug*) zuordnet werden. Ihre teilweise Zuordnung zur Sphäre der Lüge ermöglicht dabei auch die Neustrukturierung der Gesellschaft, indem jene Menschen, die sich der geistigen Wahl Zarathustras nicht anschließen, materiell-historisierend zu Anhängern der Daēuuas und konkreten innerweltlichen Feinden gemacht werden.[58]

3.2.2.2 Dualismus und der „Ursprung des Bösen"

Das Modell der Gāθās, dass der Mensch sich für die Wahl zwischen Gut und Böse jeweils entscheiden muss, klärt dabei nicht grundsätzlich die Frage, weshalb es überhaupt Böses in der Welt gibt, so dass der jüngere Zoroastrismus zwei parallele Denkmodelle nebeneinander entwickelt hat.

---

57 Y. 30:3–6; vgl. Humbach 1991: 123 f. Siehe ferner Y. 45:2.
58 Dies gilt sowohl für religiöse und rituelle Gegner Zarathustras, die in den Gāθās als *kauui*, *karapan* bzw. *usig* bezeichnet werden, aber auch im weiteren weltlichen und politischen Kontext, wie dies unter Xerxes I. die so genannte Daiva-Inschrift widerspiegelt, siehe Hutter 2015a: 561 f.

Seit der Achämenidenzeit im 4. Jahrhundert v. Chr. findet man erstmals jene mythologische Spekulation, die manchmal als „Zurvanismus" bezeichnet wird.[59] Der Mythos über Zuruuān behandelt das Verhältnis zwischen Ahura Mazdā und Aŋgra Mainiiu. Ausgehend von der vorhin genannten Gāθā-Stelle in Y. 30 ist es offensichtlich im Westiran (und davon weiterwirkend in Kleinasien) zu einem Erklärungsmodell gekommen, das den im Avesta unbedeutenden Gott Zuruuān, die ungeschaffene Zeit, an die Spitze des zoroastrischen Pantheons gestellt hat. Die in Y. 30 genannten beiden ersten Geister werden in dieser Deutung als Söhne Zuruuāns interpretiert und zugleich mit Ahura Mazdā bzw. Aŋgra Mainiiu identifiziert. Dadurch kommen Theologen einerseits zu einer spiegelgleichen Symmetrie, indem sie das duale (und gleichwertige) Paar Ahura Mazdā/Aŋgra Mainiiu schaffen. Andererseits verändern sie die bisherigen Hierarchien, da diesem Paar nunmehr Zuruuān als neue Gestalt an der Spitze des Pantheons vorangestellt wird. Man muss jedoch betonen, dass es sich beim Zurvanismus eher um eine theologische Denkrichtung und nicht um eine eigenständige „Konfession" des Zoroastrismus mit einem eigenen, vom „orthodoxen" Zoroastrismus getrennten Kult und selbstständigen Gemeinden handelt. Verbreitung fand diese Richtung eher im nordwestlichen und nördlichen Persien, was durch Hinweise auf Zuruuān in griechischen Überlieferungen aus Kleinasien, aber auch durch parthische und armenische Traditionen indirekt bestätigt wird. Der Antagonismus zwischen Ohrmazd und Ahreman im zurvanistischen Denken imponiert zweifellos durch seine Systematik, die so weit geht, dass die Spitzenposition Zuruuāns – außerhalb des Entstehungsmythos – praktisch vollkommen in den Hintergrund tritt. Dieses Modell vermag eine Erklärung des Bösen zu bieten, die Gutes und Böses auf die beiden göttlichen Zwillinge zurückführt, wobei ihre antagonistische Existenz in zwei Verhaltens- und Denkweisen des Ausgangsprinzips verlagert wird. Dies ist zwar eine relativ schlüssige, aber neue Interpretation des Dualismus.

Ein zweites Erklärungsmodell setzt bei der guten Schöpfungstätigkeit Ahura Mazdās ein und interpretiert diese ebenfalls mit Hilfe der beiden Geister (Y. 30:3). Ahura Mazdā wird dabei mit dem guten Geist identifiziert, wobei mit allen Schöpfungswerken Ahura Mazdās eine sekundäre Gegenschöpfung durch Aŋgra Mainiiu korrespondiert. Mehrere jungavestische Textstellen betonen dies (z. B. Vd. 1; Vd. 22:1f.). Ausführlich erzählerisch ausgestaltet wird die gegnerische Schöpfungstätigkeit Ahremans in der mittelpersischen zoroastrischen Literatur, z. B. im ersten Kapitel des *Bundahišn*: In diesem Text wird Ohrmazd als agierend dargestellt, während Ahreman jeweils nur *re*-agieren kann. Er versucht, die Existenz von

---

59 Vgl. zum Fragenkreis die Studie von Rezania 2010: 169–240, wodurch die ältere Arbeit von Zaehner 1955 überholt ist.

Ohrmazd anzugreifen, indem er gegen die Welt von Ohrmazd seine dämonischen Gegengeschöpfe hervorbringt. Allerdings ist das, was Ahreman hervorbringt, keine eigenständige und der Schöpfung Ohrmazds gleichwertige Existenz. Denn der *Bundahišn* betont, dass Ahreman nur „Wissen im Nachhinein" besitzt, d. h. das Böse bleibt immer einen Schritt hinter dem Guten zurück. Genauso treten nur die Schöpfungswerke Ohrmazds in geistiger und materieller Form in Erscheinung, während die Welt Ahremans nur geistig ist, was als Mangel der Schöpfungskompetenz Ahremans zu werten ist.[60] Diese klare Nachrangigkeit Ahremans gegenüber dem „guten Gott" Ohrmazd ist unübersehbar, und manche mittelpersischen Texte gehen hinsichtlich der Bewertung des Bösen sogar noch einen radikalen Schritt weiter, wenn im sechsten Buch des *Dēnkard* als „Überlieferung der Alten" Folgendes tradiert wird: „Die Götter existieren, die Dämonen existieren aber nicht" (Dk 6.98) bzw. „Ahreman hat nie existiert und wird nie existieren" (Dk 6.278).[61]

Solche Aussagen stellen die Existenz Ahremans grundsätzlich in Frage, d. h. sowohl die jungavestischen und vermehrt die mittelpersischen Traditionen lassen keine vollkommene Symmetrie zwischen einem „guten" Gott und einem „bösen" Gott erkennen. Anders formuliert heißt dies, dass der Zoroastrismus kein gleichwertiges Gegeneinander zweier göttlicher Prinzipien vertritt. Vielmehr kritisieren manche Traditionen die Position der zurvanistischen Spekulation, indem zwar nicht direkt gegen die Annahme von Zuruuān als höchstes Prinzip polemisiert wird, sondern v. a. gegen die Vorstellung, dass Ohrmazd und Ahreman als Zwillingsbrüder gelten könnten. Denn dies würde voraussetzen, dass beide substanziell miteinander vergleichbar wären und somit einen vollkommen symmetrischen Dualismus darstellen würden.

Rekapitulieren wir nochmals diese religionshistorischen Traditionsstränge: Für den Zoroastrismus kann man von einem Dualismus sprechen, der jedoch nicht von zwei göttlichen Prinzipien seinen Ausgang nimmt, sondern vom Dualismus von Wahrheit und Lüge. Der Mensch steht dabei in seinem Verhalten vor der Wahl, sich für das eine oder das andere – und somit auch für Ahura Mazdā oder Aŋra Mainiiu – zu entscheiden. Aber dadurch wird weder Aŋra Mainiiu zu einem grundsätzlich negativen Prinzip, noch muss erklärt werden, weshalb Ahura Mazdā Böses zulässt. Vielmehr ist für den Zoroastrier wichtig, dass er sich aktiv um die Beseitigung des Unheils (als Ausdruck der Gegenschöpfung Aŋra Mainiius) bemüht, um so die gute Schöpfung Ahura Mazdās in der Welt zu fördern.

---

[60] Hintze 2012: 77.
[61] Vgl. mit weiterer Literatur Rezania 2010: 235.

3.2.2.3 Weitere Entwicklungen der Göttervorstellungen

Nachdem die Expansion des Islam in der Mitte des 7. Jahrhunderts das Sasanidenreich als politische Größe beseitigt hatte, kam es in den folgenden zweieinhalb Jahrhunderten zu einer Umkehrung der religiösen Verhältnisse. Der Zoroastrismus wurde immer mehr an den (geographischen) Rand gedrängt, um letztlich nur noch als geduldete religiöse Minderheit weiter zu existieren, was einen wesentlichen Einschnitt in der Geschichte der Religion markiert.

Die Vergeistigung Ahura Mazdās und der Aməṣa Spəṇtas ermöglichte in Auseinandersetzung mit dem islamischen Monotheismus, dass zoroastrische Theologen die Yazatas (mittelpers. *yazad*, im Plural *yazdān*) ebenfalls vergeistigten und sie – in Anlehnung an islamische Glaubensvorstellungen – als „Engel" (neupers. *fereštē*) neu interpretierten. Dass dabei eine inhaltliche Verschiebung geschehen ist, ist unübersehbar: Denn ontologisch sind islamische Engel Diener Gottes und Boten, eine Vorstellung, die der Islam dem biblischen Monotheismus verdankt. Zwar widerspricht dies nicht grundsätzlich dem Wesen der alten *yazatas*, von denen z. B. Nairiiō.saŋha Funktionen als Bote Ahura Mazdās ausüben konnte (vgl. z. B. Vd. 22:7), doch ist der Botenaspekt keineswegs typisch für die avestischen Yazatas. Ferner erfährt auch die Pluralform *yazdān* semantisch insofern eine gewisse Verschiebung des Inhalts, als nunmehr damit die kollektive göttliche Macht und nicht mehr die individuellen (in den Augen der Muslime polytheistischen) Götter betont werden. Aufgrund dieser Verschiebung in der Semantik ist es möglich, dass *yazdān* bereits im frühen Neupersischen synonym zu *xodā(y)* „Herr, Gott" in singularischer Bedeutung wird; genauso lebt die Singularform als ʾ*izad* im Neupersischen weiter.

Dies ermöglichte aber zugleich eine Uminterpretation der dominierenden Stellung Ahura Mazdās innerhalb des Pantheons, indem er nun nicht nur als höchster, sondern als einziger Gott gedeutet wurde. Dadurch befreite sich der Zoroastrismus im Iran von dem islamischen Vorwurf, einen Polytheismus zu vertreten, so dass die Zoroastrier in der neuen religiösen Umwelt, wenngleich mit Einschränkungen, weiterleben konnten. Genauso geschieht die Verehrung des Feuers in der islamischen Umgebung in einem neuen monotheistischen Licht. Um den islamischen Vorwurf des Polytheismus (arab. *širk*) zu vermeiden, wird betont, dass das Feuer (oder auch die Sonne) nicht angebetet wird, sondern dass es nur die Gebetsrichtung markiert, so wie der Miḥrāb in einer Moschee. Es ist also eine wichtige Hilfe für die richtige Durchführung des Gottesdienstes, aber keineswegs Objekt eines „Götzendienstes". Ebenfalls als Legitimierung der eigenen Religion dem islamischen Monotheismus gegenüber sind jene Aussagen in Dk 3.147 zu verstehen, die ausdrücklich betonen, dass Ohrmazd der einzige Gott ist und die *wehdēnān*, d. h. die Zoroastrier als Anhänger der „guten Religion", Monotheisten sind. Auch andere Stellen im *Dēnkard* lassen ähnliche theologische Entwicklungen erkennen (z. B. Dk 3.77; 3.253; 3.292). In diesem Zusammenhang ist es durchaus verständlich, wenn sich in dieser theologischen apologetischen Schrift auch zwei Zitate aus dem Koran finden und Argumentationsgänge gegen den Islam verwendet werden, die sich der in der innerislamischen Disputation entwickelten Dialektik (arab. *kalām*) bedienen.[62]

Für die Parsen im hinduistischen Umfeld Indiens blieb – im Unterschied zu den iranischen Zoroastriern – die Frage nach „Mono"- oder „Poly"-theismus lange unwesentlich. Erst durch die Begegnung mit der englischen Kolonialherrschaft und dem westlichen Gedankengut[63] kam es auch unter den Parsen ab dem 19. Jahrhundert in theologischer Hinsicht zur Interpretation der Lehre Zarathustras als ausdrücklichen Monotheismus. Dies geschieht einerseits als Reaktion auf das Christentum und Vorwürfe christlicher Missionare wie Rev. Dr. John Wilson, der vor der Mitte des 19. Jahrhunderts Parsen zum Christentum konvertierte, um sie vor ihrem „heidnischen" Polytheismus zu retten. Andererseits stützte sich diese religionsinterne Neu-Interpretation auch auf die westliche Zoroastrismusforschung, v. a. auf Martin Haugs Deutung der *Gāθās* als „Wort des Propheten" Zarathustra. Dieser habe einen Monotheismus verkündet, dem sich die Parsen wiederum zuwenden sollten, indem sie den Polytheismus des restlichen Avesta, aber auch der Pahlavi-Texte aufgeben. Damit hat Haug einen entscheidenden Anstoß zur Betonung des Monotheismus der Parsen gegeben, den auch Parsen-Priester in der Folge aufgenommen haben. So beschreibt zu Beginn des 20. Jahrhunderts Dastur Maneckji N. Dhalla die Religion Zarathustras als ethisch hochstehenden Monotheismus, der nur im Laufe der Zeit auf die Stufe des Aberglaubens abgesunken sei. Dhalla, der zeitweilig in den USA studiert hatte, hat sich in seiner Monotheisierung der Religion und der „reinen" Lehre Zarathustras zweifellos von Strömungen der zeitgenössischen evangelischen Bibelwissenschaft und Theologie inspirieren lassen, die ebenfalls versucht hat, die „reine" Lehre Jesu, die durch die Riten der Kirchen verfälscht wurde, wiederherzustellen.

Trotz der räumlichen Trennung zwischen Iran und Indien und mit der zeitlichen Distanz eines Jahrtausends ist somit der Zoroastrismus – durch strukturell vergleichbare monotheistische Kontexte im islamischen Iran bzw. im „christlich-kolonialen" Indien – zweimal einem theologischen Wandel des Gottesbildes unterworfen worden. Auch wenn die Vorrangstellung Ahura Mazdās gegenüber anderen *ahuras* bzw. *yazatas* wohl seit den Anfängen der Religion unbestritten war, war die Frage von Monotheismus oder Polytheismus kein eigenständiges theologisches Thema. Als solches wurde es erst relevant, als die Interaktion mit den monotheistischen Sys-

---

[62] Spuler 1952: 193.
[63] Vgl. Stausberg/Vevaina 2015a: 8, 13–15; ferner Stausberg 2002b: 99–111.

temen im Islam bzw. Christentum eine neue Positionsbestimmung zur Abwehr der Polemik notwendig machte. Aufgrund dieser religionsgeschichtlichen Entwicklung verortet daher der gegenwärtige Zoroastrismus Ahura Mazdā in einem monotheistischen (und nicht-dualistischen) Modell, das man theologisch nunmehr auf den Propheten Zarathustra zurückführt.

3.2.3 Der Mensch von der Geburt bis zum Tod

3.2.3.1 Die Menschenschöpfung

Der Ur-Mensch[64] Gaiiō.marətan (avest. „sterbliches Leben habend"; mittelpers. Gayōmard; siehe z. B. Y. 13:7; 23:2; Yt. 13:86 f.) ist von Ahura Mazdā erschaffen worden, fällt allerdings dem Angriff Aŋra Mainiius zum Opfer, der ihn tötet. Im 6. Kapitel des *Bundahišn* wird sein Tod in ausführlicher Form geschildert, wobei aus dem Tod Gayōmards neue Schöpfungswerke resultieren und er den Mikrokosmos symbolisiert: Gayōmard vergießt im Sterben sein Sperma, woraus die sieben Arten von Metallen entstehen, da er Anteil am Licht des Himmels und am Feuer hat; die Komponente des Lichtes ermöglicht die Entstehung der Metalle. Erwähnenswert ist, dass offensichtlich im *Bundahišn* verschiedene Traditionen ineinandergeflossen sind, da die Metalle bereits in jungavestischen Texten mit Xšaϑra (als einem der Aməša Spəṇtas) verbunden sind. Genauso fließt die Vorstellung, dass die Metalle als Knochen der Erde gelten, in das Gayōmard-Bild ein. Aus Gayōmards Sperma, das auf die Erde fließt, wächst nach 40 Jahren eine Rhabarberstaude, die zum ersten Menschenpaar wird. Die beiden hier mit Gaiiō.marətan gekoppelten Traditionen lassen sich mythologisch auf eine indoiranische Vorstellung zurückführen, dass durch den Tod oder die Opferung eines Urwesens die Welt und die Menschen erst zu existieren beginnen.

Das erste Menschenpaar, das sich aus der Rhabarberstaude entwickelt (Bh. 14:6 ff.; Zdspr. 3:72 ff.), trägt die Namen Mašyā und Mašyānag (Variante: Mašē und Mašānī), was ebenfalls „sterblich" bedeutet, wodurch mit der Namengebung bereits eine Wesensbestimmung getroffen wird. Zunächst war das erste Menschenpaar so ineinander verflochten, dass man nicht erkennen konnte, wer der Mann und wer die Frau war. Zwischen beiden befand sich der göttliche Glanz ($x^varənah$). Durch diesen Glanz, der sie von (vegetabilen) Wesen zu geistigen (*mēnōg*) Wesen machte, entwickeln sich die beiden Gestalten erst zu richtigen Menschen. Im Bh. 14:10 wird dieser Glanz sogar als Seele (*ruwān*) definiert, so dass $x^varənah$ eine zentrale

---

[64] Vgl. zuletzt Cereti 2015: 261 f.; zum Mythos von Mašyā und Mašyānag und dessen Rezeption in iranisch-manichäischer Überlieferung siehe auch Hutter 2015b: 482 f.

Komponente des avestischen Menschenbilds darstellt. Der Mythos schildert in der weiteren Folge, wie Mašyā und Mašyānag schrittweise ihr Menschsein entwickeln. Zunächst ernähren sie sich nur von Pflanzen, erst mit dem Fleischgenuss erwacht die Sexualität in ihnen, so dass sie Kinder zeugen, wodurch die Abfolge des Lebens gewährleistet ist.

Seit der Geburt steht der Mensch aber auch in Verbindung mit der Welt des Todes, wie etwa das so genannte *Pandnāmag ī Zardušt* ausführt. Dies ist ein Text der Handarz-Literatur aus der späten Sasanidenzeit, der Anweisungen und Ratschläge nach den Vorstellungen der zoroastrischen Religion vermittelt. In Abschnitt 31 f. heißt es folgendermaßen:[65]

> Wenn er [der Same] aus den Lenden des Vaters zum Leib der Mutter geht, dann wirft ihm der (Todes-)Dämon Astwihād in geistiger Weise ein Band um den Hals, so dass er lebenslang dieses Band weder durch den guten Geist noch durch den bösen Geist vom Hals wegzutun vermag. Aber durch das eigene gute Handeln fällt dem Frommen nach dem Hinscheiden jenes Band vom Hals ab, den Lügner aber führt er [Astwihād] durch dasselbe Band zur Hölle.

Astwihād ist bereits in der avestischen Tradition als Astō.Vīδātu (Vd. 5:8; vgl. auch Vd. 19:29) genannt, um den Menschen zu fesseln, was bis zu seinem Tod gilt. Die Sterblichkeit prägt dabei – mit negativen Komponenten – das Leben, doch vermag der Mensch durch seine geistigen Komponenten die guten Taten zu wählen, um das Schicksal in der Hölle zu vermeiden und nach dem Tod ins Paradies zu gelangen.

3.2.3.2 Die geistigen Komponenten des Menschen

Der Mensch ist aus körperlichen und geistigen Komponenten zusammengesetzt. Mehrfach finden wir im Avesta eine Fünferreihe, die einzelne geistige Komponenten des Menschen umschreibt (Y. 26:4,6; 55:1; Yt. 13:149,155): *ahū, daēnā, baoδah, uruuan, frauuaši:* Leben, (religiöse) Anschauung, Bewusstsein/Wahrnehmungsvermögen, Seele, Frauuaši.[66] In der „Anthologie des Zādspram" heißt es, dass der Mensch aus vier prinzipiellen Teilen besteht, die in der Folge wiederum in je drei Unterteile aufgegliedert sind (30:3,22,36 f.): *tanīg* (körperlich), *gyānīg* (vital), *dānišnīg* (wissend), *ruwānīg* (seelisch). Die Reihe solcher Begriffe lässt sich noch fortsetzen, erwähnt seien die avestischen Begriffe *kəhrp* „Körper, Gestalt", *uštāna* „Lebenskraft", *manah* „Sinn", *xratu* „Vernunft", aber auch der vorhin schon erwähnte *x^{v}arənah* „Glanz". Letzteres ist dabei v. a. auf prestige-

---

65 Siehe Hutter 2009b: 128 f.
66 Hutter 2009c: 16; Lüddeckens/Karanjia 2011: 34–41.

reiche Personen bezogen, man könnte $x^v aranah$ als „Ausstrahlungskraft" oder „Charisma" umschreiben (vgl. auch Yt. 19).

Systematisiert (und verkürzt) man ein wenig, so ist zunächst festzustellen, dass die geistige Daseinsart zuerst geschaffen wurde, so dass sie für den Menschen konstitutiv ist. Das Körperliche (*kəhrp* „Gestalt"; *ast* „Knochen"; *tanū* „Leib") ist jener Teil des Menschen, mit dem der Mensch im Kosmos der Vermischung zwischen dem guten und dem bösen Prinzip steht, wobei er – bei entsprechender ethischer Lebensführung – Teil des guten Kosmos ist. Im Tod ist der Körper zwar hinfällig, allerdings dient die Bewahrung der Knochen (*ast*) in Ossuarien (avest. *uzdāna-*, mittelpers. *astōdān*; vgl. Vd. 6:50), aber auch in der Sammlung innerhalb des *daxma*[67] dazu, dass sie bei Frašegird, der endzeitlichen Wiederherstellung der Vollkommenheit, in einer leiblichen Wiederverkörperung zusammengefügt werden können. Die Begräbnissitte der Leichenaussetzung steht somit durchaus in Übereinstimmung mit der Wertschätzung der körperlichen Existenz.

Zu den geistigen Komponenten[68] des Menschen gehört *uruuan*, die „Seele". Sie ist jene Substanz, die nach dem Tod bestehen bleibt, wenn Geist, Bewusstsein oder Vitalität erloschen sind. Nach dem Tod ist diese Seele einziger Träger des Denkens und Fühlens des Menschen, daher ist sie auch diejenige, die sich im Jenseitsgericht verantworten muss. Ihr gegenüber steht dabei die *daēnā*, hier mit Th.-F. Lankarany[69] als „(religiöse) Anschauung" übersetzt, häufig auch als „Gewissen, Über-Ich" o. ä. bezeichnet. Die Übersetzung Anschauung bzw. Gewissen drückt die Individualität der *daēnā* aus, wobei sie ebenfalls den Tod des Menschen überdauert. Schließlich ist noch der Begriff *frauuaši* zu nennen: Dieser Begriff hat einerseits mit der Vitalität des Menschen zu tun, die *frauuaši* unterstützt den Gläubigen andererseits auch in seinen Aufgaben im kosmischen Kampf (Yt. 13:26 f.,30,47,49) und die *frauuašis* als Gruppe wirken an Ahura Mazdās Schöpfung mit (Yt. 13:2). Jean Kellens[70] sieht in ihnen Schutzgeister der Gemeinschaft (d. h. letztlich aller Zoroastrier) und setzt sie den Ur-Ahnen gleich (analog den vedischen *angiras* bzw. *pitáras*), die zum Bestand des Kosmos und der Gemeinde beitragen; dem trägt ihre Verehrung im zehntägigen Hamaspaθmaēdaiia-Fest Rechnung. Stärker betonen sollte man aber ihren individuellen Charakter, denn ihr Name, den man mit „Wahlentscheidung" übersetzen kann, ordnet sie in den geistigen Bereich des Einzelnen ein.

---

67 Die populäre Bezeichnung „Turm des Schweigens" für avest. *daxma* ist erst in der englischen Kolonialzeit für diese Bestattungsanlagen in Indien aus europäischer Sicht geprägt worden.
68 Vgl. Hutter 2009c: 16 f.
69 Lankarany 1985: 167. – Neben der Vorstellung der „guten" Daēnā der Mazdā-Verehrer steht die negative Daēnā der Verehrer der *daēuuas*, vgl. Hintze 2016: 77 f.
70 Kellens 1989.

3.2.3.3 Initiation in die Religion und religiöse Verantwortung

Jeder Zoroastrier, der ab seinem 15. Lebensjahr Vollmitglied der Gemeinde ist und dementsprechend die religiösen Vorschriften zu befolgen hat (vgl. Vd. 18:54; Yt. 8:13f.), soll sein Leben der Wahlentscheidung entsprechend gestalten, wodurch er sich in die ahurische oder daēuuische Sphäre einordnet. Daraus erwächst die religiöse und ethische Verantwortung des Einzelnen. In den ersten Jahren nach der Geburt ist es die Aufgabe der Eltern, ihr Kind von den Sünden fernzuhalten, da dieses noch nicht selbst entscheiden könne, was gut und was böse ist. Wie lange das der Fall ist, ist nicht eindeutig festgelegt. Manche Texte sagen, dass dies sieben (oder inklusive der Schwangerschaft acht) Jahre seien. Stirbt ein Kind bis zu diesem Alter, so gibt es die Vorstellung, dass das tote Kind entweder in den Himmel oder in die Hölle kommt, abhängig davon, wohin seine Eltern gelangen, d. h. es gibt noch keine Verantwortung des Kindes, sondern sein Jenseitsschicksal hängt in einem solchen Fall vom Verhalten der Eltern ab.

Selbstständiges und verantwortliches Religionsmitglied wird der Mensch durch die Durchführung eines Initiationsritus.[71] Das genaue Alter für die Initiation ist nicht festgelegt. Verschiedene zoroastrische Theologen im 19. Jahrhundert machten unterschiedliche Angaben zwischen sieben und fünfzehn Jahren, ersteres als frühestes, letzteres als spätestes Alter. In der Gegenwart wird die Aufnahme in die Religion bei Parsen meist zwischen sieben und elf Jahren durchgeführt, bei iranischen Zoroastriern bis zum spätestmöglichen Zeitpunkt mit fünfzehn Jahren. Als verdienstvoll gilt dabei, wenn wohlhabende Religionsangehörige finanzielle Unterstützung für die Durchführung der Initiation von materiell schlecht gestellten Gläubigen bzw. deren Kindern leisten. Dass es sich bei der Aufnahme in die Religion um einen Statuswechsel handelt, zeigt der äußere Verlauf, bei dem die Initiandin oder der Initiand zwei rituelle Kleidungsstücke bekommt, ein weißes Hemd (neupers. sodre, sedre) und eine (Ritual-)Schnur (mittelpers. kustīg; neupers. kosti), die über dem Hemd gebunden wird. Das Hemd wird in mittelpersischen Texten als šābīg „Nachthemd" bezeichnet, es soll weiß und sauber sowie aus einem Stück Stoff gefertigt sein. An der Vorderseite bzw. unter dem Halsausschnitt weist es eine taschenartige Vertiefung auf, die man symbolisch mit „guten Taten", „guten Worten", „guten Gedanken" füllt. Über dem Hemd wird die Ritualschnur getragen. Diese Schnur besteht aus 72 Fäden (die Zahl stellt einen Bezug zu den 72 hāiti bzw. „Kapiteln" des Yasna her), die zu sechs Strängen zu je zwölf Fäden verflochten sind. Dies soll den Gläubigen an sechs religiöse Pflichten, die er zu befolgen hat, erinnern: Feiern der Gāhānbār als Jahreszeitenfeste; Feiern von Rapihwin im Sommer; Gehorsam in der Durchführung der Totenriten; Gedenken zu Ehren der Toten an

---

71 Stausberg 2004: 402–415.

den letzten 10 Tagen des Jahres; die täglich dreimalige Rezitation des *Xwaršēd Niyāyišn* für die Sonne; die dreimalige Rezitation des *Māh Niyāyišn* für den Mond innerhalb jedes Monats. Die zwölf Fäden der Stränge gelten als Darstellung der Monate des religiösen Jahres.

Diese Interpretationen und symbolischen Überladungen der Ritualschnur sind erst im 19. Jahrhundert populär geworden, allerdings ist die grundsätzliche Einschätzung der Ritualschnur als Identitätsmerkmal eines Zoroastriers sicherlich älter. Wegen der symbolischen Bedeutung der beiden Kleidungsstücke bezeichnen iranische Zoroastrier die Initiation in die Religion häufig als *sodre/sedre puši* (*wa kosti bandi*) „Anlegen des Hemdes (und Binden der Schnur)". Unter Parsen ist für diese Einführung in die Religion die Bezeichnung *naojote* üblich, wobei das Wort volksetymologisch als „neue Geburt" gedeutet wird. Entscheidend ist diese Initiation für das weitere religiöse Leben, da nur Initiierte die für das Gebetsleben, die Teilnahme an Ritualen oder den Besuch von Feuertempeln notwendigen Reinigungen ausführen können. Das Tragen von *sodre/sedre* und *kosti* wird ab der Initiation zur religiösen Pflicht und zu einem Erkennungszeichen.

3.2.3.4 Tod und Bestattung

Analog zum Zusammenhang zwischen Kosmologie und Eschatologie bei Frašo.kərəti gehört die individuelle – körperliche und geistige – Jenseitserwartung wesentlich zum Menschenbild, und die individuelle Erneuerung im Jenseits ist Teil der universalen Vollkommenmachung der Welt. Bereits in den *Gāθās* lässt sich feststellen, dass die Taten eines Menschen wesentlich dazu beitragen, wie das Schicksal im Jenseits aussehen wird; hinsichtlich der Sünder heißt es:[72]

> Ein langes Leben im Bereich der Finsternis, üble Speise und das Wort Wehe – zu solchem Leben wird euch, ihr Trughaften, auf Grund eurer Taten eure Anschauung (*daēnā*) führen.

Weitere Stellen wie Y. 46:11; 48:4; 49:11 oder 51:13 zeigen ebenfalls deutlich, dass die schlechten Handlungen den Zustand der *daēnā* nach dem Tod bestimmen, wenn es an der Činuuaṯ-Brücke (avest. *činuuaṯ.pərətu*; mittelpers. *činwad puhl*) zum Gericht und zur Entscheidung über das Schicksal im Jenseits kommt.[73] Mit der Vorstellung eines Gerichts, das zwischen Guten und Bösen scheidet, hat Za-

---

[72] Y. 31:20, vgl. Humbach 1991: 131; siehe auch Y. 30:11. Vd. 19:27–32; Vyt. 53–65 und HN 2 beschreiben ausführlich die Gestalt der Daēnā, wobei letzterer Text auch die gute bzw. negativ-schädigende Daēnā deutlich zeigt, vgl. Hintze 2016: 79–83.

[73] Vgl. Lankarany 1985: 75–77; siehe zum Bild der Daēnā als „Jungfrau der guten Taten" auch Sundermann 1992; ferner Hutter 2009c: 23 f.

rathustra offensichtlich eine Neuerung in die Jenseitsvorstellungen eingeführt. Denn die Übergangssituation im Tod, konkretisiert an der Činuuaṱ-Brücke, ist vom Leben abhängig. Die *aṣ̌auuan* („Frommen") gelangen in den Himmel, die *druguuant* („Frevler", „Lügner") stürzen von der Brücke, die immer enger wird, unweigerlich in die Hölle. In der weiteren Entfaltung der Jenseitsvorstellungen im Zoroastrismus wird die Daēnā zu einer Art „Seelenführerin", wenn sich *uruuan* und *daēnā* als zwei geistige Komponenten des Individuums beim Tod an der Brücke treffen. Dieses Zusammentreffen und die Rolle der (personifizierten) Daēnā ist eine weiterentwickelte und interpretierende Konkretisierung von Y. 31:20 (vgl. Vd. 19:30): Die Daēnā tritt nunmehr in der Gestalt einer schönen jungen Frau auf, eine Beschreibung, die wohl durch die Göttinnen Anāhitā (Yt. 5) und Aši, die Schwester der Daēnā (vgl. Yt. 17:16), beeinflusst worden ist. Später (erstmals im Pahlavi-Text *Mēnōg ī xrad* aus dem 6. oder 7. Jahrhundert) wird die Metaphorik nochmals um einen Schritt weiterentwickelt, indem die Daēnā den Tugendhaften als schöne Frau, den Frevlern jedoch in Gestalt einer hässlichen Hexe auf dem Weg ins Jenseits gegenübertritt. Eine endgültige Ausformulierung und Erweiterung erfährt dieses Bild schließlich im Narrativ des *Bundahišn* (Kap. 30), wo die Begegnung des Toten mit der Daēnā noch um die Schilderung des Paradieses bzw. der Hölle ergänzt wird – entsprechend einem Dualismus mit gänzlich gegensätzlichen Bildern.

Der Bereich des Todes ist auch mit der Welt Aŋra Mainiius und der Daēuuas verbunden. Die Leichendämonin Nasu(š) verbreitet Unreinheit und die Leiche wird drei Tage lang von den Dämonen umkämpft (HN 2:1–6; MX 1:73). Die zentrale Herausforderung besteht darin, dass es notwendig ist, die vom Leichnam – v. a. bis zur sicheren Bestattung – ausgehende Unreinheit nach Möglichkeit zu minimieren, damit sie sich nicht wie eine ansteckende Epidemie ausbreitet. Da die Daēuuas durch Feuer ferngehalten werden können (Bh. 30:4–8), vermag Feuer zwar gegen sie zu schützen, kann aber nicht für die Bestattung verwendet werden, da es durch die Berührung mit der Leiche bei einer Verbrennung selbst verunreinigt würde. Dies muss aber vermieden werden, da die Sünde der Verunreinigung von Feuer oder Wasser durch einen Leichnam unsühnbar ist (Vd. 7:25–27). Daher kennt die zoroastrische Religionsgeschichte in vorislamischer Zeit vom Iran bis nach Zentralasien eine Reihe von Bestattungsformen, die trotz unterschiedlicher Technik dem gemeinsamen Ziel dienen, die Ausbreitung der Unreinheit des Todes zu verhindern.

Ein Oberbegriff für zunächst durchaus unterschiedliche „Grabanlagen" ist das in avestischen Texten genannte Wort *daxma*, das zunächst nicht auf eine bestimmte Bestattungspraxis festgelegt ist.[74] Neben der Aussetzung des Leichnams in unbewohnten Gebieten gibt es Grabmonumente, wobei man von der Achämenidenzeit bis zur Sasanidenzeit drei große Typen unterscheiden kann:[75] freistehende Grabmonumente, zu denen als bekanntestes Beispiel das massiv gebaute Grabmal von Kyros II. in Pasargadai gehört; Felsgräber, die aufgrund ihrer Größe Ganzkörperbestattungen ermöglichen; Felströge bzw. Felsnischen, die abhängig von der Größe entweder den ganzen Leichnam (wie in einem Sarkophag) oder nur die Knochen aufnehmen konnten.

Nach der Sasanidenzeit wandelte sich jedoch der Pluralismus, indem die Leichenaussetzung zur einzigen rituell zulässigen Bestattungsform wurde. Die veränderte religiöse Umgebung durch die zunehmende Islamisierung Irans machte aber die Leichenaussetzung abseits von Siedlungen schwierig, was zur Notwendigkeit einer architektonischen Neugestaltung von Grabbauten führte. Ab dem 8. oder 9. Jahrhundert entstanden dabei zwei Typen solcher Grabbauten (*daxma*). Der einfache Typ bestand lediglich darin, dass ein vorspringender Berghang durch eine Lehmziegelmauer von der Umgebung baulich abgegrenzt wurde. Als anderer Bautyp entstanden runde Türme[76] als Steinbauten, wobei die hohe Ummauerung verhinderte, dass von außen ein Blick hineingeworfen werden konnte. In der Mitte dieses nach oben offenen Turmes befand sich eine Vertiefung, in die die Knochen geworfen wurden, um so immer wieder Platz für die Niederlegung neuer Leichen zu haben.

Diese architektonische Neugestaltung der Leichenaussetzungsstätten im Iran ging dabei nicht nur von dem Bemühen aus, einen neuen Weg zur Vermeidung der Verunreinigung durch den Leichnam zu finden, sondern war auch eine Reaktion auf die islamische Umwelt: Die Kritik von Muslimen an der von ihnen abgelehnten Aussetzung der Leichen sollte zumindest dadurch gemildert werden, dass durch die Umfassungsmauer die verwesenden Leichen dem Blick von Muslimen entzogen wurden. Zugleich bot die Ummauerung einen Schutz für den Toten, der dadurch vor einer Leichenschändung bewahrt bleiben sollte. Die nach Indien migrierten Religionsangehörigen exportierten diese Bestattungspraxis in ihre neue Umgebung.

Die Praxis der Bestattung in einem solchen offenen, turmartigen *daxma* blieb während des ganzen 2. Jahrtausends die gleichsam normative Bestattungspraxis,

---

74 Siehe Hutter 2009c: 20–22 für die verschiedenen Bestattungspraktiken und semantischen Füllungen des Wortes *daxma*, wobei Stellen wie Vd. 5:14 oder 7:45f. zeigen, dass auch die Aussetzung eines Leichnams, damit Sonneneinstrahlung und Regen den Leichnam zersetzen, praktiziert wurde; siehe auch Stausberg 2002a: 136–138.
75 Huff 2004: 595–618.
76 Huff 2004: 619–622.

von der nur in Notfällen abgewichen werden konnte. Allerdings setzten im Iran[77] in den 1920er Jahren Reformbestrebungen ein, zu Erdbegräbnissen zurückzukehren, so dass 1935 in Teheran ein erster zoroastrischer Friedhof errichtet wurde. Auch an anderen Orten wurden im Laufe der folgenden Jahrzehnte Friedhöfe errichtet, so dass die letzten Leichenaussetzungen in den 1970er Jahren in der Umgebung von Yazd stattfanden.

Auch in Indien setzten zu Beginn des 20. Jahrhunderts Bestrebungen ein, die Totenaussetzung aufzugeben. Reform-Parsen eröffneten dabei – teils unter Einfluss westlicher Vorstellungen – ab 1905 eine Diskussion, dass aus ästhetischen und hygienischen Gründen für gebildete Personen diese Art der Bestattung unzumutbar sei, da die Leichenaussetzung ihre religiösen Gefühle verletze.[78] Außerdem – so wurde argumentiert – könne auf die Aussetzung der Leichen deswegen verzichtet werden, weil diese Ritualvorschrift nicht in den *Gāϑās* zu finden sei, die als einzige Textgruppe die Botschaft Zarathustras enthalten und daher beachtet werden müssen. Allerdings blieben solche Stimmen zu Beginn des 20. Jahrhunderts ohne nachhaltige Wirkung innerhalb der städtischen Parsengemeinden (v. a. in Mumbai, Surat und im heute zu Pakistan gehörigen Karachi). Dadurch ist die Aussetzung der Leichen in einem *daxma* unter den Parsen nach wie vor die häufig gewählte Option. Die Dominanz der Neo-Traditionalisten und Orthodoxen ist im Bereich der Bestattung nicht zu übersehen, die sich bislang einem Wandel gegenüber als resistent erwiesen hat.[79] Dieses Festhalten an einer Ritualtradition ist somit in der Gegenwart ein markantes äußeres Unterscheidungsmerkmal zwischen der indischen Praxis und den Bestattungsmöglichkeiten im Iran. Sie unterscheidet sich aber auch von den Ländern der Diaspora (v. a. seit den 1960er Jahren in Großbritannien, Nordamerika, Australien), in denen die Bestattung durch ein Erdbegräbnis oder durch ein elektrisches Krematorium geschieht.

Der Wandel mag vorderhand als praktische Änderung einer alten Tradition erscheinen. Auch wenn man für die Begründung der Erdbegräbnisse auf frühe Beispiele Bezug nehmen kann, hat die Veränderung auch theologische Implikationen. Um nicht die Erde bzw. das Wasser als „heilige" Elemente zu verunreinigen, nutzt man im Iran Zementsärge. Allerdings geht durch ein solches Erdbegräbnis die Lichtsymbolik verloren, da durch die Aussetzung der Leiche im Licht der Sonne sich der Tote zum Lichtreich Ahura Mazdās orientierte. Die Anlage von Friedhöfen bringt noch weitere Konsequenzen im Umgang mit dem Tod

---

77 Stausberg 2004: 242–245; vgl. ferner Choksy 2015: 402f. auch für Indien.
78 Stausberg 2004: 238.
79 Vgl. Hutter 2011: 141–145 für die Parsen-Diskussionen über die Beibehaltung der Leichenaussetzung bzw. über Alternativen der Bestattung.

mit sich. So werden die Friedhöfe im Iran bewässert, so dass die Toten unter dem schattigen Grün der Bäume liegen. Dass dabei Wasser in den Unreinheitsbereich des Todes geleitet wird, bleibt dabei ebenso unberücksichtigt wie die Tatsache, dass *daxmas* als Orte, wo die Leichenhexe Nasu(š) ihr Unwesen treibt, im Ödland liegen sollten. Allerdings re-interpretiert man das Grün des Gartens als ein Paradiesszenario, das den Jenseitserwartungen nach dem Zeugnis der Pahlavi-Texte nicht fremd ist,[80] aber im traditionellen Bestattungsritual außen vor gelassen wurde. Der Ort des manifestierten Todes im Friedhof ist dadurch nicht mehr innerweltlicher Ort der Unreinheit schlechthin, sondern symbolisiert bereits das jenseitige Paradies. Dadurch verliert man auch zusehends die Scheu vor dem physischen Kontakt mit dem Grab und legt Gaben – Blumen und Früchte – auf das Grab als Ruhestätte (*ārāmgāh*) des Toten. Damit können die Friedhöfe zu Orten des individuellen Totengedächtnisses werden, und man markiert das Grab – analog muslimischer und christlicher Gepflogenheit – mit einem Grabstein. Solche Praktiken, die sich im Iran entwickeln, stoßen jedoch bei vielen Parsen in Indien auf heftige Kritik.[81]

3.2.4 Ethik und religiöses Verhalten

Für die Ethik des Zoroastrismus kann man auf die bekannte Formel „Gutes Denken – Gutes Reden – Gutes Tun" (*humata hūxta huuaršta*) zurückgreifen. Diese Formel – als Propagierung von Ethik – gehört zum ererbten indo-iranischen Formelschatz des Zoroastrismus.[82] Für die Tradierung dieser formelhaften Wendung sind zwei avestische Reihen besonders interessant: Die positive Reihe *humata hūxta huuaršta* ist bereits im *Yasna Haptaŋhāiti* belegt, so dass man diese Formel wahrscheinlich Zarathustra selbst in den Mund legen darf. Zugleich zeigt dies, dass selbst ein Ritualtext wie der *Yasna Haptaŋhāiti* nicht von der Ethik getrennt werden darf, oder umgekehrt formuliert, Gedanken und (Ritual-)Handlung müssen ethisch im Einklang sein. Gleich in der Eröffnungszeile des siebenteiligen Yasna wird diese Dreiheit thematisiert (Y. 35:2; vgl. auch Y. 36:5):

---

80 Zum Paradies in zoroastrischen Jenseitsvorstellungen siehe Hultgård 2000: 27–32. Der altpersische Begriff *paridaida-* hat ursprünglich einen (eingegrenzten) Wildgarten bezeichnet, das entsprechende avestische Wort *pairi.daēza-* bezeichnet eine Umwallung, die einen durch den Tod Verunreinigten von der Umgebung abschließt (Vd. 3:18; vgl. 5:49).
81 Vgl. Stausberg 2004: 483.
82 Vgl. Hutter 1998: 25 mit weiterer Literatur.

> Der guten Gedanken, guten Worte, guten Werke, die hier und anderswo verwirklicht werden und verwirklicht worden sind, Bewillkommner sind wir, nicht sind wir Tadler von guten (Dingen).

Das bereits in den *Gāθās* ausgedrückte Gebot der Verwirklichung des Guten wird dabei in eine (liturgische) Formel gebracht, die für die weitere avestische und mittelpersische Tradition des Zoroastrismus Gültigkeit hat; genauso klingt das Bemühen um die Verwirklichung dieser Ethik im Glaubensbekenntnis an (Y. 12:8). Entsprechend der dualistischen Strukturierung der Lehre ist nicht überraschend, dass diese Formel auch negativ vorkommt, so etwa in der Form *dušmata dužuxta dužuuarəšta* (Y. 11:17: schlechtes Denken, schlechtes Reden, schlechtes Handeln). Während der rechtschaffene Zoroastrier sich gegen das schlecht Gedachte, schlecht Gesagte oder schlecht Getane wenden oder es im Fall eines Vergehens wiedergutmachen soll (Vr. 20:2), raten die Daēuuas den Menschen genau das Gegenteil (Vd. 18:17). Die systematische Gegenüberstellung von Gut und Böse als Mittelpunkt der zoroastrischen Ethik wirkt sich, da die Ethik eschatologisch ausgerichtet ist, auch auf das Schicksal des Menschen nach dem Tod aus, denn der Lügenhafte erleidet durch sein schlechtes Handeln ein individuell schlechtes Schicksal im Jenseits (vgl. Y. 49:11), während durch gutes Handeln ein solches Schicksal vermieden wird (vgl. z. B. Aog. 25–28; HN 2). Die traditionell gut etablierte Formel ist auch im mittelpersischen Schrifttum der Zoroastrier verbreitet, so dass hier nur ein Beispiel aus dem *Pandnāmag ī Zardušt* angeführt werden soll; in den Abschnitten 29f. heißt es, dass der Mensch das Denken vor schlechten Gedanken, die Rede vor schlechten Worten und das Handeln vor schlechtem Tun (*mēnišn az dušmat ud gōwišn az dušxūxt ud kunišn az dušxwaršt*) bewahren kann, so dass die Seele nicht in die Hölle kommt.

3.2.4.1 Ethik als Basis einer positiven Gestaltung der Welt

Eine konkrete Realisierung der Ethik des guten Denkens, Sprechens und Handelns besteht für Zarathustra im Mitwirken an der Schöpfung Ahura Mazdās, die ursprünglich einen Zusammenhang mit der Lebensgrundlage der Gesellschaft zur Zeit Zarathustras erkennen lässt.[83] Dadurch besteht die Ethik in einem lebensbejahenden Fortsetzen der Schöpfungstat Ahura Mazdās, was auch die Förderung und Unterstützung der Menschen einbezieht, um zur Verbesserung der Lebensbedingungen beizutragen. Historisch ist diese ethische Seite zunächst eng mit der Pflege des Weidelandes und der Viehhaltung verbunden. Es entspricht daher dieser Lebensgrundlage, dass man in den altavestischen Texten häufig die Be-

---

[83] Zur Ethik im Allgemeinen siehe Cantera 2015; ferner Hutter 1998: 26f.

griffe Rind (*gauu*), Weide (*vāstra*) und Kleinvieh (*pasu*) mit den dazugehörigen Ableitungen findet. Im Mittelpunkt der Gāϑās finden sich neben der Aufforderung, das Weideland zu schützen und zu pflegen, v. a. die Sorge um einen besonderen Schutz des Rindes (Y. 29:1). In jungavestischer Zeit gewinnt schließlich auch der Ackerbau an Bedeutung, so dass die Kultivierung von Getreide symbolisch als Förderung der Religion und als Kampf gegen die Dämonen beschrieben werden kann (Vd. 3:31 f.).

Für die Parsen im Indien des 18. Jahrhunderts eröffnete diese mit ethischen Werten verbundene Lebensweise auch die Möglichkeit, an Industrialisierung und Technisierung positiv aus ethischer Gesinnung mitzuwirken. So entstanden in dieser Zeit Einrichtungen des Wohlfahrtswesens, um die Lebensbedingungen unterprivilegierter Gläubiger zu verbessern, aber auch zur Unterstützung von Nicht-Zoroastriern in Mumbai, um dadurch die positive Stadtentwicklung zu fördern.[84] Genauso engagierten sich materiell im kolonialen Indien besser gestellte Zoroastrier für die Unterstützung der marginalisierten Mit-Gläubigen im Iran. Die Gründung des „Amelioration Fund" im Jahr 1854 sei als eines dieser Beispiele genannt, mit dessen Geldern u. a. Mānekǧi Limǧi Hātaryā von Mumbai in den Iran gesandt wurde, um die dortigen Zoroastrier wirtschaftlich zu unterstützen.[85] Die erfolgreichen Wirtschaftsbereiche für Parsen waren u. a. Baumwollhandel, Finanzgeschäfte sowie der Schiffsbau. Die Baumwollproduktion wurde seit der Mitte des 19. Jahrhunderts die Grundlage für den wirtschaftlichen Aufstieg der Tata-Familie in Indien, wobei ab Beginn des 20. Jahrhunderts – die veränderten wirtschaftlichen Notwendigkeiten weitblickend erkennend – auch die Stahl- und Energieproduktion von diesem (ursprünglich) familiären Industriebetrieb aufgenommen wurde. Das Netzwerk von Handelsbeziehungen über ganz Indien begünstigte die Entstehung einer Reihe von Parsen-Gemeinden landesweit.

Die aus den wirtschaftlichen Unternehmungen erzielten Gewinne dienten u. a. der finanziellen Unterstützung der eigenen Religionsgemeinde, schufen aber auch ein karitatives Netz, u. a. durch Anlage von Brunnen[86], das der allgemeinen Entwicklung vor allem von Mumbai zugute kam. Solche Anlagen sind wegen der rituellen Bedeutung der Reinheit des Wassers für die Religion notwendig, so dass Brunnen oder Quellen immer eng mit Schreinen und mit Tempeln verbunden wurden. Sie dienten aber darüber hinaus auch der allgemeinen Entwicklung der Infrastruktur und Verbesserung der Lebensqualität. Genauso erwähnenswert sind Bauprojekte, die den Religionsangehörigen günstigen Wohnraum zur Verfügung

---

84 Palsetia 2017: 177–190; Writer 2016: 119–122.
85 Writer 2016: 124–128.
86 Vgl. Stausberg 2004: 258–262.

stellen, sowie die Entstehung karitativer Netzwerke. Damit verbunden sind auch die so genannten *ruwānagān* „(Werke) in Bezug auf die Seele", eine Praxis, die ursprünglich darauf abzielte, das jenseitige Wohlergehen der Seele (mittelpers. *ruwān*) zu unterstützen. Bereits in der Sasanidenzeit hatten diese Aktivitäten eine deutliche innerweltlich-ethische Seite zugunsten der Religionsgemeinschaft bekommen.[87] Die vorhin genannten Beispiele, aber auch die Errichtung von Feuertempeln, die Pflege von Bestattungsanlagen sowie die allgemeine Unterstützung von Bildungseinrichtungen oder die finanzielle Hilfe für Arme oder philanthropisches Engagement sind solche „Seelendienste". Sie sorgen eben nicht mehr nur für die Seelen anderer Verstorbener, sondern auch für die eigene Seele. Religions- und wirkungsgeschichtlich zu erwähnen ist, dass offensichtlich durch die Konversion von Zoroastriern in den iranischen Islam dieses soziale Engagement in den Islam vermittelt wurde, wo es in der Form der so genannten „frommen Stiftungen" (arab. *waqf*) weiterlebt.

Ethik dient somit der Bewahrung und Förderung des Lebens und trägt zum Zusammenhalt der Gesellschaft bei. Dadurch führt die Missachtung der ethischen Anforderungen zu einem Sündenbewusstsein und zu einer Schädigung der Welt. Daher müssen Sünden gegen Ahura Mazdā und die anderen Gottheiten, gegen die Menschen oder die Schöpfung gesühnt werden. Der für diese Sühnung verwendete Begriff *paitita* (Vd. 3:21; 18:68) drückt ein „Rückgängigmachen" aus, d. h. man soll alles durch einen Ausgleich wieder ins rechte Lot bringen.[88] Die präzise Abrechnung der Sünden zeigen detaillierte Sünden- und Sühnekataloge (Vd. 4; vgl. Dk 8.16–20), aber auch mittelpersische Beichtformulare (*patēt*) setzen diese avestischen Traditionen fort. Denn ethische Vergehen und ungesühnte Sünden tragen zur Vermehrung von Unreinheit, der Sphäre des Todes und des Wirkens der Daēuuas bei. Deshalb gehört es auch zum ethischen Verhalten, Ungeziefer (*xrafstra*) oder schädliche Tiere als Exponenten der Unreinheit zu töten, um so zu Entwicklung und Prosperität beizutragen.[89]

3.2.4.2 Abgrenzungsmechanismen zur Bewahrung der Reinheit

Die Regeln zur Vermeidung von Unreinheit dienen theologisch der Unterstützung des Kampfes des Guten gegen das Böse, so dass sie Teil der Ethik werden und zugleich den Mazdā-Anhänger von den *agdēn(īh)* (den Nicht-Religionsangehörigen) trennen. So betont *Dēnkard* 3.140 ausdrücklich, dass sich Zoroastrier von den

---

[87] Cantera 2015: 328 f.
[88] Vgl. Cantera 2015: 323; Hutter 1996: 220.
[89] Vgl Hutter 1996: 234 f.; Moazami 2004–05: 304–307.

"Ungläubigen" fernhalten sollten. Dabei werden mehrere Formen der Verbindung bzw. Trennung unterschieden:[90] Verbindung mit Iranern und Trennung von Nicht-Iranern, Verbindung mit Angehörigen der guten Religion, ihrem Kult und ihrer Wohltätigkeit sowie Trennung von Anhängern der falschen Religion mit deren kultischen und anderen Handlungen und schließlich Verbindung mit den Mit-Gläubigen und Trennung von den Dämonen(verehrern). Da in der Aufzählung Anhänger der „falschen" Religion mit den Dämonenverehrern gleichgesetzt werden, führt dies zur Abgrenzung von Andersreligiösen in kultischen und familiären Belangen, was auch wesentliche Konsequenzen in religiöser Hinsicht bezüglich der Möglichkeit der Konversion in die Religion bzw. von Mischehen hat.

Befürworter der Konversion – und damit der Überwindung der Abgrenzung – berufen sich auf zwei Stellen der *Gāθās*. Nach Y. 31:3 können alle Lebenden zwischen Gut oder Böse wählen; genauso wird auf Y. 46:12 hingewiesen, wo die Nachkommen des Turaniers Friiāna sich durch gutes Denken für Ahura Mazdā entschieden haben. Gegner der Konversion deuten solche Stellen jedoch als zeitbedingt und berufen sich auf die jüngere Tradition und Praxis, als in der frühislamischen Zeit erste eindeutig wertende Stellungnahmen formuliert wurden, die die Heirat innerhalb der Religionsgemeinschaft propagieren und Mischehen diskreditieren (Dk 3.80; *Revāyat des Ēmēd ī Ašwahištān* 42). Solche Ablehnungen von Mischehen sind der Versuch, die eigene Religionsgemeinschaft – aufgrund der zunehmenden Minderheitensituation gegenüber dem Islam – „rein" zu halten und die Heirat innerhalb der eigenen Gemeinschaft als ethisches Verdienst darzustellen, da eine Mischehe mit einem Angehörigen der „schlechten" Religion (*agdēn*) das Wirken Aŋra Mainiius unterstützt.

Besondere Aktualität haben Fragen nach Mischehen in den letzten Jahrzehnten – zunächst in der europäischen und nordamerikanischen Diaspora sowie in Mumbai – erhalten, während im Iran das Thema in geringerem Ausmaß relevant war. Während der Pahlavi-Dynastie waren Eheschließungen zwischen Zoroastriern und Musliminnen möglich. Dadurch sind zwischen 1940 und den 1970er Jahren solche Mischehen von 0,06 Prozent auf 5 Prozent im Iran angestiegen, wobei sicherlich auch mitgespielt hat, dass in den 1960er und 1970er Jahren junge Iraner im Ausland studiert haben.[91] Die Mischehen führten teilweise auch zum Wunsch des nicht-zoroastrischen Partners, der Religion Zarathustras beizutreten und am religiös-gesellschaftlichen Leben teilzunehmen. Dabei ist erwähnenswert, dass die Stellung gegenüber Mischehen und solchen Konversionen im Iran offener war als in Indien,

---

90 Mokhtarian 2015: 112.
91 Vgl. Amighi Kestenberg 1990: 230 f., 284.

auch wenn – aufgrund des muslimischen Umfeldes und möglicher Restriktionen – iranische Priester dies nicht aktiv gefördert, jedoch akzeptiert haben.

Deutlich restriktiver hingegen gehen Parsen mit dieser Frage um. Frauen, die eine Mischehe eingehen, gelten als „ausgeheiratete" Frauen, denen der Kontakt und die Nutzung der religiösen Infrastruktur – wie Feuertempel oder die Bestattung in einem „Turm des Schweigens" in Mumbai – untersagt wird.[92] Aber auch Kinder aus solchen Mischehen einer Parsen-Mutter können nicht in die Religion initiiert werden, im Unterschied zu Mischehen, in denen der Parse eine nicht-zoroastrische Ehefrau hat. Diese Ausschließung von ausgeheirateten Frauen zeigt erneut die Abgrenzung der Religionsgemeinschaft und die Angst, bei fehlender Abgrenzung der Unreinheit und dem Bösen Eingang in die Religion zu verschaffen. Dadurch bleibt aber – für die orthodoxen Parsen-Kreise – die Konversion des nicht-zoroastrischen Partners keine Option, während liberale Parsen sowie iranische Zoroastrier zumindest der Akzeptanz einer Person in der „guten Religion" (*hudēn*) zustimmen, ohne jedoch aktiv dafür zu werben. Diese Positionen vertreten – entsprechend ihrer Verortung in ihrer indischen oder iranischen Herkunft – auch Zoroastrier in der Diaspora.

3.2.4.3 Verhaltensweisen als Ausdruck kultureller und religiöse Identität

Einzelne Aspekte im Alltag – wiederum mit Unterschieden zwischen Iran und Indien – machen Formen zoroastrischer Identität sichtbar. So lässt sich anhand von Kleidung eine Nuance der Religionszugehörigkeit erkennen, indem Zoroastrierinnen im Iran durch eine größere Farbgebung der Kleidung und der Kopfbedeckungen sich bewusst von den dunklen Farbtönen der Kleider von Musliminnen abheben. Dadurch markiert die Kleidung die ethno-religiöse Zugehörigkeit. Auch Parsen-Frauen, falls sie nicht „westliche" Kleidung tragen, bedienen sich zwar eines Saris, dessen Sticktechniken und -motive sich jedoch von Saris von Hindu-Frauen sowie von indischen Musliminnen unterscheiden.[93]

Speisetraditionen sind ebenfalls Ausdruck solcher alltäglicher Verhaltensweisen, die sich in Iran und Indien wiederum unterschiedlich darstellen. Die zoroastrische Religion kennt keine Fastenvorschriften. Daher sind die Feste des kultischen Kalenders besonders dafür geeignet, auch entsprechende Festtagstische zu bereiten, was sich vielfältig auf die Esskultur auswirkt.[94] So zeigt die „Parsen-Küche" in Mumbai historische Beziehungen zum ländlichen Früchte-

---

[92] Hutter 2011: 145–147.
[93] Mistree 2002: 552–568.
[94] Simmons 2002: 513–517; Holkar/Dwivedi 2002.

spektrum Gujarats. Die jeweils zur Verfügung stehenden Früchte prägen dabei Speiseoptionen, die mit den jahreszeitlichen Festen verbunden werden können. Eine analoge Situation zeigt sich im Iran, wenn Festmähler ebenfalls mit den lokalen landwirtschaftlichen Produkten gestaltet werden. Dabei unterliegen Essgewohnheiten auch Beschränkungen, indem – aufgrund der Reinheitsvorschriften – gemeinsames Essen mit Personen, die nicht zur eigenen Religionsgemeinschaft gehören, kaum gefördert wird.

Genauso ist zu beobachten, dass muslimisch, christlich und hinduistisch beeinflusste Elemente dem religiösen Alltag von Zoroastriern nicht fremd sind, auch wenn Priester versuchen, die Religion gegenüber diesem konkurrierenden Angebot „rein" zu halten. Für Parsen, die Religion als eine durch die Geburt gegebene Sache betrachten, stellt der Besuch anderer religiöser Orte oder die Teilnahme an „fremdreligiösen" Praktiken die eigene Religion kaum in Frage. Beliebte Beispiele solcher religiöser Interferenz im Alltag sind u. a. folgende:[95] In Mumbai ist die Sankt-Michael-Kirche im Vorort Mahim ein beliebter Anziehungspunkt, vor allem seit man einer 1948 installierten Marienstatue Wunder zuspricht. Mittwochs finden hier Gebetstreffen statt, wobei manchmal bis zu 75 % der Teilnehmer Nicht-Christen sind, die sich der wunderbaren Hilfe Marias versichern wollen. Manche Parsen berichten von wundersamer Hilfe, während andere Parsen die Kirche auch aus ästhetischen Gründen besuchen oder weil die Teilnahme am christlichen Ritual mit sprachlich verständlichen englischen Texten und das Gemeinschaftsgefühl im Gottesdienst attraktiv sind. Neben christlichen Marienkirchen erfreuen sich auch manche Hindu-Tempel der volkstümlichen Gottheiten Lakṣmī, Gaṇeśa, Kṛṣṇa oder Sītā der Beliebtheit unter Parsen. In Parsen-Häusern finden sich dazu auch kleine Statuen oder Bilder dieser Gottheiten auf dem Hausaltar – auch neben Jesus, Maria oder ʿAli sowie hinduistischen Gurus. Am populärsten unter letzteren ist Sai Baba von Shirdi [Śirḍī] (1838 – 1918). Verbunden wird eine solche alltagsreligiöse Offenheit zu hinduistischen Praktiken auch mit Interesse an Divination und Zukunftsdeutung, wobei diese persönliche Offenheit gegenüber Vorstellungen anderer Religionen einen bemerkenswerten Gegensatz zur Exklusivität der Rituale im Feuertempel darstellt, von denen Nicht-Zoroastrier ausgeschlossen sind.

---

[95] Vgl. Stausberg 2002b: 89 – 99.

3.2.5 Religion in Zeit und Raum

3.2.5.1 Kalender und Feste

Zwei jungavestische liturgische Texte, die zum *Xorde Avesta* gehören, zeigen die Strukturierung der Zeit. *Sīh-Rōzag* ist ein Text, der in einer kürzeren und längeren Litanei die 30 Tage des Monats und die damit verbundenen Gottheiten (*yazatas*) aufzählt und als „Tagesgötter" anruft.[96] *Āfrīnagān ī Gāhānbār* ist ein Lobpreis und Segenstext auf die Tages- und Monatsgötter, der im weiteren Verlauf auch die sechs Jahreszeitenfeste nennt, d. h. diese kurze Liturgie wird aus Anlass der sechs Feste rezitiert. Beide Kalendertexte spiegeln bereits eine religionsgeschichtliche Entwicklung wider, die wahrscheinlich im 5. Jahrhundert v. Chr. vollzogen wurde.

Ursprünglich scheint der Zoroastrismus einen Mondkalender mit 13 Monaten zu je 27 Tagen gehabt zu haben, wobei die Monatsmitte dem Gott Miϑra geweiht war. Die spätere Kalenderreform hat insofern zu einer Änderung geführt, als die 27 Tagesgottheiten des Mondkalenders (vgl. Yt. 16:3–6) auf 30 Tagesgottheiten erweitert wurden. Zusätzlich zum ersten Monatstag, der ursprünglich Ahura Mazdā geweiht war, wurden auch der achte, fünfzehnte und dreiundzwanzigste Tag mit Ahura Mazdā verbunden, um so 12 Monate zu je 30 Tagen in Übereinstimmung mit dem Sonnenkalender zu schaffen. Für den vollständigen Ausgleich des Mondkalenders mit dem Sonnenkalender wurden ferner fünf Zusatztage vor dem Neujahrstag hinzugefügt, die als Gāhānbār bezeichnet wurden, ein Begriff, der jedoch auch für die – davon unabhängigen – sechs Jahreszeitenfeste verwendet wird. Die fünf Zusatztage am Ende des Jahres waren mit der Verehrung der Ahnen (*frauuaši*) verbunden, die hauptsächlich in der Nacht erfolgte.

Der Jahreslauf des Kalenders zeigt den Naturbezug der sechs großen Feste, deren Reihenfolge im *Āfrīnagān ī Gāhānbār* (vgl. auch Y. 6:8) genannt ist.[97] Die Unterlassung der Feier dieser Feste zählt als Sünde, und die Seele wird an der Činuuaṯ-Brücke nach der Durchführung der Feste als verdienstvolles Werk befragt. Als erstes Fest ist Mittfrühling (*maiδiiōi.zarəmaiia*) genannt, das am 11. Tag des zweiten Monats gefeiert wird. 60 Tage später findet Mittsommer (*maiδiiōi.šəma*) und nach weiteren 75 Tagen ein Erntefest (*paitišhahiia*) statt. Bereits 30 Tage später ist das Fest der Rückkehr (der Herdentiere) (*aiiāϑrima*), ehe nach 80 Tagen die Mitte der kalten Jahreszeit erreicht ist (*maiδiiāriia*). Das letzte dieser jahreszeitlich ausgerichteten Feste ist *hamaspaϑmaēdaiia* nach weiteren 75 Tagen. Der Natur- und Jahreszeitenbezug führte dazu, dass die sechs Gāhānbār mit den Schöpfungswerken und den Aməša Spəṇtas verbunden wurden. Dazu wurden den sechs Festen

---

[96] Raffaelli 2014.
[97] Rose 2015a: 379f., 383; vgl. Hutter 1996: 224; Stausberg 2004: 488–498.

Himmel, Wasser, Erde, Pflanzen, Tiere und Menschen zugeordnet, während das Feuer mit dem Fest Noruz (neupers. wörtlich für „neuer Tag"), dem Neujahrsfest, verbunden wurde. Allerdings ging die Sichtbarkeit des Naturbezugs der Feste durch Verschiebungen im Kalender, die unten zu nennen sein werden, verloren.

Diese Aufzählung der Feste zeigt, dass Noruz nicht zum Kernbestand des zoroastrischen Festkalenders gehört, sondern dass es sich dabei um ein ursprünglich nicht-zoroastrisches, westiranisches Fest des Jahresbeginns zur Frühjahrs-Tag- und Nachtgleiche handelt. Im Westiran dürfte es schon vor der Achämenidenzeit durch das babylonische Neujahrsfest beeinflusst worden sein. Bei der Übernahme in den Zoroastrismus wurden die Aspekte von Yima und der Drachenkampfmythologie (vgl. z. B. Yt. 5:16; 9:13; 17:33f.) mit dem Fest verbunden.[98] Im Zuge der weiteren Zoroastrisierung des Festes wird es ferner mit dem Feuer und Aša in Verbindung gebracht. Als westiranisches, aber ursprünglich nicht zoroastrisches Fest ist Noruz auch unter nicht-zoroastrischen Iranern, d. h. Muslimen und Anhängern anderer iranischer Religionen (Yeziden, Yāresān, Bahā'ī) populär und prägt auch die iranische Folklore bis zur Gegenwart. Zu solchen iranischen Elementen des Festes gehört das Schmücken des Hauses mit Zypressenzweigen und Thymian, die Bereitstellung der so genannten *haft sin*, d. h. sieben (*haft*) Dingen, deren persische Bezeichnung mit dem Konsonanten S (*sin*) beginnt. Zoroastrier verbinden dabei die sieben *sin* auch mit der Siebenzahl (und dem Anfangsbuchstaben) der (Aməša) Spəṇtas, während nicht-zoroastrische Iraner diese Symbolik nicht aufgreifen und teilweise andere Dinge als *haft sin* auf den Noruz-Tisch legen. Dadurch zeigt sich an Noruz eine gesamtiranische und transreligiöse Kontinuität, wobei Noruz als Festperiode, die zwei Wochen dauert, stärker ein gesellschaftliches Freudenfest ist, dessen religiöse Bedeutung deutlich hinter den Gāhānbār zurückbleibt. Der enge Bezug zur iranischen Kultur trägt auch dazu bei, dass Noruz unter Parsen wesentlich weniger populär ist als unter den iranischen Zoroastriern.

Der Naturbezug der Gāhānbār ist durch kalendarische Verschiebungen heute kaum noch erkennbar, da sich – wegen fehlkalkulierter Schaltjahre für den notwendigen Ausgleich zwischen den 365 Tagen des kalendarischen Jahres und dem etwas längeren astronomischen Sonnenjahr – im Laufe der Jahrhunderte der Jahresbeginn verschoben hat. Dadurch gibt es im gegenwärtigen Zoroastrismus drei parallel verwendete Kalender, nach denen Jahres- oder Monatsanfang sowie die Feiertage festgelegt werden:[99] Qadimi, Šāhānšāhi und Fasli (in Iran auch als Bāstāni bezeichnet). Im Šāhānšāhi- und Qadimi-Kalender wird nach jeweils 120

---

98 Hutter 1996: 225; vgl. zur Praxis im Iran Simmons 2002: 510–521.
99 Zur komplexen Kalenderdiskussion siehe u. a. Pithavala 1996; vgl. ferner Stausberg 2004: 63–67; Rose 2015a: 385–387.

Jahren ein Schaltmonat mit 30 Tagen eingeschoben, eine Schaltpraxis, die im 12. Jahrhundert aufgekommen ist. Trotz dieses eingeschobenen Schaltmonats fallen die Gāhānbār-Tage nicht mehr in die Nähe der damit verbundenen Jahreszeiten. Neben dieser Unstimmigkeit führte die Kalenderdifferenz auch dazu, dass im ersten Drittel des 17. Jahrhunderts deutlich wurde, dass sich der gebräuchliche Kalender im Iran von demjenigen in Indien um einen Schaltmonat unterschied, was Kontroversen über das jeweils richtige Festdatum nach sich zog: Im Jahr 1746 übernahmen die Parsen in Surat den iranischen Kalender als den „alten" (*qadimi*) Kalender, der in ihren Augen der Richtige war. Die Mehrheit der Parsen hielt aber an der in Indien verbreiteten Kalenderform fest, die – historisch unzutreffend – auf die Praxis der Sasaniden zurückgeführt wurde und daher als der „königliche" (*šāhānšāhi*) Kalender bezeichnet wurde. Beide Kalender werden dabei bis zur Gegenwart von den Parsen nebeneinander verwendet, wobei das Noruz-Fest nach dem Šāhānšāhi-Kalender auf Mitte August fällt und *maiδiiōi.zarəmaiia* als das erste Gāhānbār Ende September gefeiert wird. Im Qadimi-Kalender finden alle diese Feste rund einen Monat vor den Šāhānšāhi-Feiertagen statt.

Als Reaktion auf diese beiden Kalender wurde im Iran zu Beginn des 20. Jahrhunderts eine weitere Kalenderreform durchgeführt: Der Fasli- bzw. Bāstāni-Kalender verlegt Noruz auf den Frühlingsanfang (meist 21. März). Dies wird durch den Verweis auf das *Šāhnāme*, demzufolge Ğamšed (avest. Yima) das Neujahrsfest zu Frühlingsbeginn gefeiert haben soll, begründet. In Analogie zum gregorianischen Kalender schiebt man dabei auch alle vier Jahre einen Schalttag ein, um den Neujahrsbeginn unbeweglich zu halten. Dadurch rücken auch die Gāhānbār-Tage wieder in einen kalendarisch-naturbezogenen Zusammenhang. Die Mehrheit der Zoroastrier Irans folgt nun dem Fasli-Kalender, lediglich traditionelle Kreise in Yazd feiern die Feste nach dem „alten" (*qadimi*) Kalender mit Noruz im Juli. Viele Parsen wehren sich gegen diese iranische Neuerung. Vor allem der Schalttag entsprechend dem gregorianischen Kalender ist dabei ein Kritikpunkt, da es für diesen neuen Schalttag keinen Yazata als Tagesgottheit gibt.[100] Berücksichtigt man die drei Kalender zusammenfassend, so kann man sagen, dass für den religiösen Jahreslauf in Indien der Šāhānšāhi-Kalender dominiert, im Iran hingegen der Fasli-Kalender, der für die Mehrheit der iranischen Zoroastrier – im Unterschied zu den Parsen – zugleich eine Stärkung der gesamtiranischen, teilweise auch nationalen Identität fördert.

---

100 Kotwal/Boyd 1982: 158.

3.2.5.2 Große und kleine Liturgien

Der Ausgangspunkt für die Wertschätzung des Feuers in fast allen zoroastrischen Ritualen liegt in der Wichtigkeit des Hausfeuers als Lebensmittelpunkt eines (früher nomadischen) Haushaltes. Daraus entwickelte sich die religiöse Symbolik des Feuers, das seit Artaxerxes II. im 4. Jahrhundert v. Chr. die Präsenz Ahura Mazdās symbolisierte. Auch wurde ab etwa jener Zeit Ātar, das personifizierte Feuer, als Sohn Ahura Mazdās bezeichnet (vgl. Ny. 5; Y. 62). Im historischen Verlauf entwickelte sich dabei eine Hierarchie der verschiedenen Sakralfeuer:[101] Das höchste und heiligste Feuer, Ātaš Bahrām, ist durch die Zusammenführung von lokalen Feuern entstanden, denen – in vorislamischer Zeit – auch lokalpolitische und herrschaftsstützende Funktionen zukamen. Für die Wertschätzung dieses Sakralfeuers spielen auch mythologische Traditionen eine Rolle, die betonen, dass solche Feuer bereits seit der Schöpfung existiert haben, wobei die Überlieferung auch drei besondere Feuer – Ādur Burzēn Mihr, Ādur Farnbāg und Ādur Gušnasp – hervorhebt, die jeweils auf einem bestimmten Berg – nach manchen Quellen in Parthien, in der Persis und in Medien lokalisiert – angesiedelt waren. Dass sie nach dem Denken der zoroastrischen Priester unauslöschbar sind, macht ihren symbolischen Charakter deutlich. Wegen dieser „mythologischen" Feuergründungen kann man mit Sicherheit nur sagen, dass historisch spätestens in der frühen Sasanidenzeit die (auch politisch konnotierte) Vorrangstellung des Ātaš Bahrām etabliert war, da der Priester Kerdīr mehrfach erwähnt, dass er solche Feuer – als Zeichen der Machtentfaltung des Zoroastrismus – im Iran etabliert hat.

In der – neueren – realen Ritualpraxis entsteht ein Ātaš Bahrām durch die Zusammenführung von 16 Feuern, wodurch der höchstmögliche Grad von Reinheit erreicht werden soll. Insgesamt haben in Indien heute acht Feuer diesen Status, das am höchsten angesehene ist das als Ātaš Iranšāh bezeichnete Feuer in Udwada, das – so die Tradition der *Qesse-ye Sanjān* – von den aus Iran gekommenen Migranten entzündet worden sein soll.[102] Ein weiteres Ātaš Bahrām brennt in Navsāri, zwei in Surat sowie vier in Mumbai. Im Iran gibt es heute nur noch zwei solche heiligsten Feuer in den Tempeln in Yazd bzw. in Šarifābād, einem traditionellen zoroastrischen Ort in den Bergen in der Umgebung von Yazd. Das Ātaš Bahrām in Yazd wurde im Jahr 1790 als Tempelfeuer installiert, allerdings soll es kontinuierlich seit der vorislamischen Zeit Irans brennen. Denn ein Feuer, das einmal als sakrales Feuer in einem Tempel installiert wurde, bleibt immer bestehen. Bei Aufgabe oder Stilllegung

---

101 Eine umfangreiche Analyse der historischen Entwicklung – ausgehend vom 20. Jahrhundert rückwärtsschreitend bis zu den avestischen Aussagen – hat König 2015 vorgelegt; vgl. auch Choksy 2015: 396 f.; Stausberg 2004: 133–139.
102 Williams 2009: 92–99, 181–188. Zu den acht in Indien vorhandenen Ātaš Bahrām siehe auch die kurzen Angaben bei Giara 1998: 1–13, zu den beiden im Iran ebd. 171 f.

des Tempels darf das Feuer nicht erlöschen, sondern muss in einen anderen funktionierenden Tempel transferiert werden, wo es als zweites Feuer brennt oder mit dem dort bereits installierten Feuer zusammengeführt wird.

Die besondere Stellung eines Ātaš Bahrām ist somit eine seit langem bekannte Tradition. Die Parsen kennen – im Unterschied zu den iranischen Zoroastriern – eine weitere Hierarchie von Feuern: das zweitrangige Ātaš Ādarān (auch als *dar-e mehr* bezeichnet) sowie das drittrangige Ātaš Dādgāh. Diese dreiteilige Hierarchisierung ist erst im 19. Jahrhundert aufgekommen.[103] Entsprechend dieser strikten Abstufung von Feuern und deren Reinheitsgraden, die ihrerseits Resultat kürzerer oder längerer Rituale bei der Installierung eines solchen Feuers in einem Tempel sind, wird in den Heiligtümern der Parsen nur ein Ātaš Dādgāh bei der Durchführung von Ritualen verwendet, während die Feuer der beiden höheren Kategorien, so sie in einem Feuertempel vorhanden sind, nur als Repräsentanz Ahura Mazdās im Gebet der Gläubigen verehrt werden.[104] Iranische Zoroastrier (und iranische Feuertempel) nehmen diese Abstufungen in der rituellen Hierarchie nicht vor.

Unabhängig von dieser unterschiedlichen hierarchischen Einordnung der Feuer steht das Feuer im Zentrum vieler Ritualhandlungen, wobei schon oben auf die Unterscheidung zwischen der „großen" und den verschiedenen kleinen Liturgien hingewiesen wurde. Die umfangreichste Liturgie besteht in der gemeinsamen rituellen Rezitation des *Yasna* in Verbindung mit *Wisperad*, *Widēwdād* und *Wištāsp Yašt*. Diese „große" und nur von Priestern durchführbare Liturgie wird von Parsen auch als „innere" Liturgie bezeichnet und verlangt ein höchstmögliches Ausmaß der Reinheit der initiierten Priester. Die Bezeichnung „innere" Liturgie weist darauf hin, dass diese Rituale innerhalb einer abgegrenzten Ritualfläche (*pāwī*) im Feuertempel durchgeführt werden, im Unterschied zu den „äußeren" Ritualen, die überall im Tempel, aber auch an anderen passenden Orten stattfinden können.

Auch wenn die ältesten avestischen Handschriften, die diese Liturgien mit Varianten dokumentieren, erst aus dem 13. Jahrhundert stammen, zeigen Pahlavi-Texte des 9. Jahrhunderts, dass die Liturgie bereits in einer Form durchgeführt wurde, die im Wesentlichen der heutigen Ritualpraxis entspricht. Diese Liturgie ist aber nicht erst in der islamischen Zeit eingeführt worden, sondern man kann davon ausgehen, dass die große Liturgie seit der vorsasanidischen Zeit durchgeführt wurde.[105] Allerdings sollte man nicht mit einer starren und unveränderli-

---

103 Stausberg 2004: 138 f.; vgl. König 2015: 12 f.
104 Kotwal 2017.
105 Cantera 2014: 189–192, vgl. auch 361–364. – Dass manche Ritualelemente des Yasna bis in die Achämenidenzeit zurückverfolgt werden können, kann durch zwei archäologische Elemente illustriert werden (Hutter 1996: 231 f. mit Lit.): Aus Persepolis – zur Zeit Xerxes' – stammt eine

chen Form der Liturgie rechnen, sondern hinsichtlich von Zeit, Ort und Ziel sind unterschiedliche Varianten der Durchführung möglich. Diese hängen etwa von der jeweiligen Tages- oder Monatsgottheit ab, für die unterschiedliche Rezitationsformeln im Ritual verwendet werden. Genauso wirkt sich der Ort der Durchführung der Liturgie – im Haus eines Gläubigen (*wehdēn*) oder in einem Feuertempel – auf den exakten Ablauf des Rituals ab. Auch der Unterschied zwischen der Rezitationspraxis iranischer und indischer Priester ist als Faktor, der den Ablauf der Rituale beeinflusst, religionsgeschichtlich zu beachten.

Das wichtigste der inneren Rituale ist bei den Parsen die Yasna-Liturgie, die aufgrund fehlender Feuertempel in den Ländern der Diaspora nicht durchgeführt werden kann, aber auch im modernen Iran eine untergeordnete Rolle spielt. In der heutigen Praxis wird diese Liturgie von einem Hauptpriester (*zōt*) und einem Hilfspriester (*rāspi*) durchgeführt und dauert mehrere Stunden. Prinzipiell handelt es sich dabei um eine Morgenliturgie, die nach einer modernen Interpretation den Zweck hat, Ahura Mazdā und das göttliche Licht zu erfreuen. Dabei werden die 72 Kapitel (*hāiti*) des *Yasna* rezitiert und von Symbolhandlungen begleitet. Ein zentrales Element im Ritual ist die Verwendung des Saftes der Haoma-Pflanze (mittelpers. *hōm*) mit Vorbereitung, Weihe, Pressung, Konsumierung und Libation des Saftes. Die Wertschätzung von Haoma,[106] worin im Vergleich mit dem vedischen Soma-Ritual ein indo-iranisches Erbe des Zoroastrismus noch zu erkennen ist, zeigen bereits avestische Texte, die auch von der Verehrung von Haoma als Yazata sprechen (vgl. z. B. Y. 9:1; Ny. 1:16; Yt. 3:18). Gegenüber dem indo-iranischen Erbe ist im Zoroastrismus jedoch die weltlich-berauschende Seite des Haoma im Ritual „spiritualisiert" worden, da Haoma den Gläubigen zur Wahrheit (*aṣa*) und ins Paradies führt (vgl. z. B. Y. 10:6–14; 11:10).

Bevor das Yasna-Ritual direkt einsetzen kann, sind vorbereitende Aktivitäten notwendig, die der Hilfspriester (*rāspi*) durchführt.[107] Dazu gehören die Bereitstellung und Reinigung der Ritualgegenstände, das Herrichten der notwendigen Ziegenmilch, der Blätter der Dattelpalme und der Zweige des Granatapfelbaumes, die Reinigung und Verknotung der Barsom-Zweige sowie der Haoma-Zweige und die Bereitstellung des Parahaoma. Nach Abschluss dieser einleitenden Handlungen, die als Paragṇā bezeichnet werden, betritt der Hauptpriester (*zōt*) das Ritualareal

---

Anzahl von Mörsern und Stößeln zur Bereitung des Haoma-Saftes, der aus der Ephedra-Pflanze gewonnen wurde. Ferner zeigt ein bekanntes Relief aus Daskyleion zwei Priester, die mit Barsom-Zweigen in den Händen vor einem Feueraltar stehen.
106 Vgl. Kotwal/Boyd 1991: 16–18; Hutter 1996: 206.
107 Kotwal/Boyd 1991: 61–85.

(*pāwī*) und rezitiert das *Aṣ̌əm Vohu*-Gebet. Während des ganzen Yasna-Rituals[108] steht Haoma im Mittelpunkt – mit Weihung, Konsumieren und Libation. Einen ersten – auf Haoma bezogenen – Höhepunkt erreicht die Liturgie während der Rezitation von Y. 9–11, wenn gefilterter Parahaoma (vgl. Y. 3:2f.), geweihtes Wasser mit zerstoßenen Haoma- und Granatapfelzweigen getrunken werden. Dem Parahaoma wird dabei nicht jene spirituelle Macht zugeschrieben, die dem „echten" Haoma innewohnt. Abschließend libiert der Hilfspriester viermal geweihtes Wasser, ehe sich die Rezitation des Glaubensbekenntnisses (Y. 12–13) anschließt.

Anlässlich der Rezitation von Y. 22–27 spielt Haoma wieder eine wichtige Rolle: Zu Beginn von Y. 24 kommt es zur zweiten Pressung der Haoma-Zweige – die erste geschah bereits während der vorbereitenden Riten (*paragṇā*). Dabei werden die Haoma-Zweige mit Mörser und Stößel zerkleinert. Durch das Pressen von Haoma-Zweigen entsteht Saft, der den göttlichen Wesen angeboten wird, um sie zu erfreuen und zu stärken. Für die symbolische Überhöhung ist ferner erwähnenswert, dass das Zerstoßen der Zweige im Mörser zugleich den kosmischen Kampf Ahura Mazdās gegen Aŋra Mainiiu darstellt. Jeder Schlag vertreibt die anwesenden Daēuuas. Eine dritte Pressung der Haoma- und Granatapfelzweige findet während der Rezitation von Y. 33:4 statt, allerdings ist die Rezitation der *Gāθās* und des *Yasna Haptaŋhāiti* kaum von Symbolhandlungen begleitet. Erst gegen Ende der Rezitation des *Yasna*-Textes finden sich wieder vermehrt einzelne Ritualhandlungen, wenn erneut die Barsom-Zweige mit einer Palmschnur zusammengebunden werden. Nach der Schlusslitanei an die gesamte Schöpfung (Y. 70–71) reichen die beiden Priester einander die Hände, um die Stärkung aller Gläubigen (*aṣ̌auuan*) auszudrücken. Abschließend verlassen die Priester das Ritualareal, um geweihtes Haoma als Libation in einen Brunnen zu gießen, als Segnung und Stärkung der Wasser und der materiellen Schöpfung.

Wesentlich kürzer, aber ebenfalls zu den inneren Liturgien gerechnet, ist das Drōn-Ritual[109] (oder *bāj dharna*, „Darbringung von Bāj"), das etwa 30 Minuten dauert. Bei dieser Liturgie werden keine Haoma-Zweige gepresst und die Durchführung geschieht nur durch einen einzelnen Priester. Der Anlass für dieses Ritual, bei dem es sich um Rezitationen handelt, die auch im Yasna-Ritual vorkommen, kann vielfältig sein. Es wird häufig vor oder in Kombination mit anderen Ritualen durchgeführt, um diesen zusätzliche Feierlichkeit zu geben. Wegen der

---

108 Vgl. die detaillierte Beschreibung des Ablaufs bei Kotwal/Boyd 1991: 85–129, die jedoch nur als ein Beispiel der Ritualdurchführung gelten kann, auch wenn dieses Beispiel von einem hoch angesehenen Priester stammt. Vgl. dazu auch die Ausführungen von Stausberg 2004: 306–335.
109 Stausberg 2004: 349–358; Karanjia 2010.

relativen Kürze der Liturgie ist sie leichter und häufiger durchführbar als die lange Yasna-Liturgie.

Umfangreicher ist das Nirangdin-Ritual,[110] das 18 Tage dauert und dementsprechend äußert selten ausgeführt wird. Der praktische Hauptzweck dieses Rituals besteht darin, dass es der Herstellung von geweihtem Rinderurin (mittelpers. *nērang*) und geweihtem Wasser dient. Vor allem *nērang* ist als Reinigungssubstanz in vielerlei Hinsicht notwendig, wird aber auch für die Durchführung zahlreicher Rituale benötigt, wodurch das umfangreiche Nirangdin-Ritual eine entscheidende Stellung unter den inneren Liturgien einnimmt. Auch bei diesem Ritual ist wiederum ein Unterschied zwischen iranischen und indischen Zoroastriern zu sehen, da erstere *nērang* als Reinigungssubstanz seit dem 20. Jahrhundert nicht mehr rituell verwenden, sondern durch andere Substanzen, z. B. Wein, ersetzen. Aber auch unter Parsen ist die Verwendung von *nērang* in der Gegenwart nicht unumstritten und führt somit zu Diskussionen über Ritualwandel bzw. Ritualtradition zwischen Reformern und Orthodoxen.

In der Ritualhierarchie haben die so genannten äußeren Rituale einen geringeren Rang. Sie können prinzipiell überall durchgeführt werden, erfordern deshalb auch kein so großes Ausmaß an Reinheit wie die inneren Rituale. Zu den wichtigsten äußeren Ritualen gehören Āfrīnagān, Faroxši und Stūm. Bei diesen Ritualen werden gekochte Nahrungsmittel und frische sowie getrocknete Früchte gesegnet und verwendet, in Indien zuzüglich Blumen. Diese Zutaten werden während des Rituals auf Tellern präsentiert, so dass sich die geistigen Wesen davon ernähren und am Duft erfreuen können. Das Faroxši-Ritual, dessen Name mit den *frauuašis* verbunden ist, und auch das Stūm-Ritual werden an Gedenktagen für die Verstorbenen oder im Zusammenhang mit den „Seelenzeremonien" in den Tagen nach dem Tod durchgeführt. Āfrīnagān ist ein Segnungs- und Stärkungsritual für verschiedene Anlässe.

3.2.5.3 Private Rituale und Gebete

Bei den großen Ritualen sind Priester unabdingbar, die die Ritualkompetenz haben und – im Fall der inneren Rituale – auch den höchsten Grad von Reinheit, den sie durch die Durchführung eines umfangreichen Rituals, des so genannten *barašnūm ī nō šāb*, der „Reinigung der 9 Nächte", erlangt haben. Dahingegen vollziehen Laien für sich kleinere Rituale, lesen Gebete aus dem *Xorde Avesta* während eines Besuchs in einem Feuertempel und beten zu den fünf Tageszeiten. Solche religiösen Handlungen setzen die rituelle Reinheit des Gläubigen voraus, so dass – im Idealfall – Zoroastrier dafür reine Kleidung, das Ritualhemd und die

---

110 Stausberg 2004: 344–349.

Ritualschnur tragen sollten. Da diese idealisierte Reinheit in der Praxis des Alltags nicht aufrechtzuerhalten ist, ist die Durchführung des Pādyāb-Kustī(g)-Rituals[111] ein wichtiger Teil der religiösen Praxis, der nicht nur vor jedem Gebet, sondern auch vor dem Besuch eines Tempels (bzw. im Eingangsflur des Tempels) ausgeführt wird.

Das Ritual ist entsprechend dem Namen direkt mit dem Tragen von Ritualhemd und Ritualschnur verbunden und stimmt den Körper auf die religiöse Handlung ein. Dabei orientiert man sich – entsprechend den Tageszeiten und der mythologischen Geographie – am Vormittag Richtung Osten, am Nachmittag nach Westen und am Abend bzw. in der Nacht zum Mond oder zum Feuer im Tempel. Vermieden werden muss bei diesem Ritual wie in anderen Fällen, dass man sich zur Richtung Aṅgra Mainiius im Norden orientiert. Eng zu diesem jede religiöse Aktivität vorbereitenden und begleitenden Ritual gehört das Aufbinden und Zubinden der Ritualschnur (kustīg) unter der Rezitation verschiedener Gebetsmantren,[112] wobei als erste Gebetsformel immer das so genannte kə̄mnā mazdā-Gebet rezitiert wird. Zuerst öffnet man den Knoten der Ritualschnur am Rücken, danach denjenigen am Bauch und die kustīg wird einmal gefaltet. Anschließend rezitiert man ein weiteres Gebet (Ohrmazd xwadāy, „Ahura Mazdā ist der Herr"), bei jeder Erwähnung von Ohrmazd bewegt man dabei die Schnur. Der Gläubige spricht danach die weiteren klassischen kurzen Gebete, zunächst das Ahū Vairiiō-Gebet. Dabei wird während des zweimal vorkommenden Wortes šiiaoϑənanam („Handlungen") als entsprechende Handlung jeweils ein Knoten in die Ritualschnur gebunden. Bei der darauffolgenden Rezitation des Aṣ̌əm Vohu werden zwei weitere Knoten in die Gebetsschnur gemacht, ehe nach der Rezitation des Glaubensbekenntnisses (frauuarānē; vgl. Y. 12:1) die Ritualschnur abschließend gebunden wird.

Neben Gebeten, die zu den fünf Tageszeiten gesprochen werden müssen, verwenden Zoroastrier – bei einem verdienstvollen Besuch im Feuertempel – Texte des so genannten Xorde Avesta.[113] Dazu gehören vor allem Anrufungen der Yazatas entsprechend den Yašts sowie die Litaneien in den Niyayišn. Die Rezitation stützt sich entweder auf die Umschrift des avestischen Textes in Lateinbuchstaben, wobei der Wortlaut kaum verstanden wird, oder auf Übersetzungen der avestischen Texte in Neupersisch bzw. Gujarati, in Indien sowie in der Diaspora zunehmend auch in Englisch. Erwähnenswert sind für die individuelle Gebetspraxis auch die so genannten monāǧāt,[114] poetische Hymnen, die seit dem 13. Jahrhundert bezeugt sind und in der geläufigen (neupersischen) Alltagssprache den Lobpreis Gottes aus-

---

111 Stausberg 2004: 275–278.
112 Zu diesen (alt)avestischen Gebetsformeln siehe auch Kotwal/Kreyenbroek 2015: 337.
113 Kotwal/Kreyenbroek 2015: 342.
114 Siehe dazu Schmermbeck 2008: 33–60; Kotwal/Kreyenbroek 2015: 341f.

drücken. Ab dem 17. Jahrhundert wurden diese Gebete in Indien rezipiert und teilweise erstellen Parsen solche Gebete neu. Strukturell zeigen sie meist einen einleitenden Teil mit Lob und Dank Gottes, gefolgt von einem Sündenbekenntnis und dem Ausdruck der Reue, ehe sie mit der Bitte um Sündenvergebung oder um göttliche Unterstützung enden. Diese Gebete sind dabei keine genuin zoroastrische Schöpfung, sondern sie wurden von dieser im Islam vorhandenen Gebetsgattung inspiriert. Bis in die Mitte des 20. Jahrhunderts waren solche Gebete im Iran sehr beliebt, ehe Reformer sich kritisch über die *monāğāt* – als nicht-zoroastrische Gebete – zu äußern begannen. Dadurch ist die Kenntnis dieser Gebete unter jüngeren Zoroastriern kaum mehr vorhanden.

3.2.5.4 Feuertempel

Die ursprüngliche Verankerung der Wertschätzung des Feuers im Haushalt und die „Transportierbarkeit" des Feuers in der noch nicht sesshaften Frühgeschichte der Religion erforderten keine festen Kultbauten. Zu Recht betonen antike Autoren (z. B. Herodot, *Historien* 1.131), dass die Perser keine Tempel hatten. Die fortschreitende Sorge um die Reinheit des (Sakral-)Feuers bringt aber mit sich, dass diese Reinheit leichter bewahrt werden kann, wenn das Feuer an einem Ort fest installiert ist, so dass möglicherweise bereits in der späten Achämenidenzeit Feuertempel errichtet worden sind.[115] Archäologische Befunde, die gesichert als Feuertempel interpretiert werden können, gibt es jedoch erst für die Sasanidenzeit. Auch christliche Autoren jener Zeit weisen auf die Existenz solcher Bauten für den zoroastrischen Kult hin. Die dabei hauptsächliche architektonische Baustruktur ist der *čahār tāq* („vier Bögen"), d. h. auf vier Säulen ruhende Bögen, die mit einer Kuppel den von den Pfeilern begrenzten Raum überdachen. Dieses Bauelement ist zwar nicht exklusiv für Feuertempel zur Anwendung gekommen, allerdings für diesen Kultbau deswegen bestens geeignet, weil die Offenheit des Baus zunächst noch die Sichtbarkeit des Feuers ermöglicht, zugleich aber durch die Überdachung auch den Schutz vor dem (ungewollten) Erlöschen des Feuers gewährt. Allerdings ist – wiederum im Zusammenhang mit zunehmender Hierarchisierung von Reinheitsgraden und der einzelnen Feuertypen – auch innerhalb der *čahār tāq*-Konstruktion eine Abschließung feststellbar, indem zwischen den Pfeilern Mauern hochgezogen wurden, um dadurch ein gegenüber der Außenwelt und der Verunreinigung abgeschirmtes Heiligtum zu schaffen, das nur noch den Priestern zugänglich war.

---

115 Vgl. Choksy 2015: 394, 397–399.

Diese Baustruktur kann in idealisierter Form teilweise noch in modernen Feuertempeln beobachtet werden, da die Kuppel über dem zentralen Sakralraum genauso vorhanden (oder zumindest architektonisch angedeutet) ist wie die vierseitige Anlage des *čahār tāq*. Ein solcher Raum, in dem das Sakralfeuer brennt, sollte vier Türen haben, was jedoch nicht mehr immer der Fall ist. Seit dem 19. Jahrhundert begann – im Zusammenhang mit der Entdeckung der altpersischen Kultur – eine architektonische Ausschmückung der Feuertempel in Indien und im Iran, indem Stierkapitelle, das Symbol des Mannes in der geflügelten Sonnenscheibe oder auch Mischwesen (Stiere mit Flügeln und menschlichen Gesichtern) als Gestaltungselemente verwendet wurden.[116] Dabei orientierte man sich an der Palastarchitektur der altpersischen Hauptstadt Persepolis. Allerdings gab es, wie gesagt, in der Achämenidenzeit keine Feuertempel, die mit solchen Elementen der altpersischen Ikonographie geschmückt gewesen wären. Daher ist diese Neugestaltung eine ahistorische „Re-Achämenidisierung" der Heiligtümer. Religiös wichtiger ist jedoch, dass heute zu einem Feuertempel auch ein Brunnen, ein Granatapfelbaum und eine Dattelpalme gehören, da Zweige dieser Bäume sowie der Brunnen für die Durchführung vieler Rituale benötigt werden. In Zeiten wirtschaftlichen Aufschwungs der Parsen hat die Zahl der Tempel in Indien stärker zugenommen als im Iran, zumal die Errichtung oder Stiftung eines Tempels auch als *ruwānagān* gilt.

Obwohl Feuertempel ursprünglich für die Durchführung der Rituale nicht notwendig waren, bieten sie den Vorteil, dass dadurch Reinheitsvorschriften leichter eingehalten werden können. Neben dem Allerheiligsten ist in allgemeiner Form folgende Struktur feststellbar:[117] Von einem äußeren Hof gelangt man in einen Flur, in dem der Gläubige die notwendige Reinigung vornehmen kann, ehe er den Versammlungsraum betritt. Daran anschließend befindet sich der Gebetsraum, vor dessen Betreten man die Schuhe auszieht. Der Boden ist mit Teppichen ausgelegt, da das direkte Berühren des Bodens die Erde verunreinigen würde. Architektonisch in den Gebetsraum hineingebaut ist der überkuppelte, quadratische Raum mit dem sakralen Feuer, in dem die große Liturgie von den Priestern durchgeführt wird, wobei der Gebetsraum diesen Zentralraum an drei Seiten umschließt. An diesen Ritualen können die Gläubigen passiv teilnehmen, da die große Liturgie von den Priestern zu Ehren Ahura Mazdās zwar *für*, aber *ohne* die Gemeinde durchgeführt wird. Gläubige beten – im Gebetsraum – während der Liturgie für sich allein.

Der Sakralität des Raumes ist dabei noch in zweierlei Hinsicht besonders Rechnung zu tragen: Es ist zu vermeiden, dass man dem Feuer während des

---

116 Vgl. Stausberg 2004: 199–201.
117 Vgl. Stausberg 2004: 160–169.

Aufenthaltes im Heiligtum den Rücken zuwendet und es ist genauso zu vermeiden, dass man sich beim Gebet in Richtung Norden orientiert. Der Norden ist die Himmelsrichtung von Aŋra Mainiiu, so dass ein Gebet in diese Richtung einer Anbetung Aŋra Mainiius gleichkäme. Erwähnenswert ist in dieser Hinsicht auch ein Unterschied bezüglich der allgemeinen Zugänglichkeit zwischen iranischen und indischen Feuertempeln. Im Iran können nicht-zoroastrische Besucher im Feuertempel von Yazd einen Blick auf das dort brennende Ātaš Bahrām werfen. Der Abgrenzung zwischen Zoroastriern und Nicht-Zoroastriern trägt man dabei insofern Rechnung, als in der Gebetshalle ein besonderer Teil für Nicht-Zoroastrier abgegrenzt ist. Dem steht die klare Grenze zwischen „rein" und „unrein" bzw. zwischen Angehörigen der Religion und Andersgläubigen in Indien gegenüber, wo Letzteren der Zugang zu den Feuertempeln der Parsen vollkommen verwehrt ist. Genauso ist für die iranischen Tempel zu erwähnen, dass sie auch ein Fokussierungspunkt des sozialen Lebens der Zoroastrier sind, weshalb iranische Feuertempel mit Küchen und zusätzlichen – nicht ritualbezogenen – Räumlichkeiten ausgestattet sind, die auch profanen Aktivitäten der Religionsgemeinde dienen. Auch wenn es somit zwischen dem Iran und Indien Unterschiede gibt, ist die notwendige Verbindung von sakralen Feuern, den Tempeln und den großen Liturgien unbestritten, was rituelle Konsequenzen für die Zoroastrier in der Diaspora hat. Außerhalb der beiden zoroastrischen Kernländer gibt es nur Gemeindezentren, die häufig als Darbe Mehr bezeichnet werden. Dabei handelt es sich jedoch um keine Feuertempel, da diese Zentren kein immer brennendes Feuer zumindest der niedrigsten Kategorie (Ātaš Dādgāh) besitzen. Dieses Fehlen bringt mit sich, dass in der Diaspora manche Rituale nicht vollzogen werden können.

3.2.5.5 Wallfahrten und Schreine

Im Zoroastrismus gibt es keine Verpflichtung zur Wallfahrt, wodurch es auch keine alten oder klassischen Wallfahrtszentren gibt. Allerdings ziehen berühmte Feuertempel freiwillige Pilger an, und Gläubige betonen manchmal, dass der Anstoß zur Wallfahrt durch ein besonders Erlebnis oder durch einen Traum gegeben werden muss.[118] Auch gibt es Unterschiede hinsichtlich der Einschätzung von Wallfahrt zwischen Zoroastriern in Indien bzw. im Iran.

Unter den Parsen gibt es eine gewisse Vorliebe für Wallfahrten zu jenen Orten, die in der legendarischen, aber identitätsstiftenden Frühgeschichte in Indien nach der *Qesse-ye Sanjān* eine Rolle spielen. Udwada mit seinem alten Ātaš Iranšāh ist seit mehr als 250 Jahren ein Pilgerzentrum und kann wahrscheinlich als der be-

---

[118] Langer 2008: 146; vgl. zur Wallfahrt allgemein auch Stausberg 2004: 558–577.

deutendste Wallfahrtsort der Parsen gelten. Dabei spielt auch die günstige Verkehrsanbindung knapp 200 Kilometer nördlich von Mumbai eine Rolle, so dass auch Zoroastrier, die aus der Diaspora nach Indien kommen, diesen Wallfahrtsort leicht besuchen können. Der neunte Tag des neunten Monats – sowohl der Tag als auch der Monat sind dem Gott Ādur (mittelpers. *ādur*, „Feuer") geweiht – ist der Weihetag des Feuertempels in diesem Wallfahrtsort und somit auch der zeitliche Haftpunkt der beliebten Wallfahrt. Erwähnenswert sind ferner die Wallfahrten nach Udwada, die in Verbindung mit dem hinduistischen Diwali-Fest stehen. Parsen ziehen hierbei eine gewisse Analogie zwischen dem hinduistischen Lichterfest und der Verehrung des Ātaš Bahrām. Diese Koppelung der beiden Feste ist jedoch insofern auf die Wahrnehmung der Parsen beschränkt, als Hindus wegen des Verbots für Nicht-Parsen, einen Feuertempel zu betreten, keine Wallfahrten nach Udwada (oder auch zu anderen Parsen-Wallfahrtsorten) unternehmen.

Auch zwei andere, jedoch weniger frequentierte Wallfahrtsorte zeigen einen Bezug zur Geschichtskonstruktion der Parsen:[119] In Bahrot (ca. 16 Kilometer südlich von Sanjān) soll das Ātaš Bahrām zwölf Jahre in einer Höhle installiert gewesen sein, bevor es nach Udwada transferiert wurde, weshalb man diese Höhle besucht. Auch Sanjān – als jener Hafen, an dem die Zoroastrier in Indien gelandet sind, was religionsintern auf den Monat November datiert wird – ist in jenem Monat ein beliebter Besuchs- und Wallfahrtsort, um dieses Ereignisses zu gedenken.

Im Iran spielen Schreine – und nicht traditionelle Feuertempel – als beliebte Wallfahrtsorte eine wichtige Rolle. Mehr als einhundert solcher Schreine konnte R. Langer in einer umfangreichen Studie dokumentieren, wobei rund 70 Prozent davon in der Umgebung von Yazd liegen.[120] Sechs werden als Schreine der „großen *pirs*" (Heiligen) charakterisiert: Pir-e Sabz-e Čak-čaku, Pir-e Bānu Pārs, Pir-e Herišt, Pir-e Nārestāne, Pir-e Nāraki und Pir-e Seti-Pir. Das Alter der Schreine lässt sich oft nicht mehr feststellen, wobei auch häufig mögliche religionshistorische Interferenzen zwischen muslimischer Heiligenverehrung (neupers. *pir*) und eines zoroastrischen Heiligen als (fiktiver oder realer) Ursprung eines Schreins ungeklärt bleiben. Der heute populärste Schrein im Iran ist Pir-e Sabz-e Čak-čaku,[121] der „grüne Pir", im abgelegenen Bergland am nördlichen Ende der Ebene von Yazd. Die Kultlegende führt diesen Schrein auf eine Tochter des letzten Sasanidenherrschers Yazdgird III. zurück, die hier auf der Flucht vor den

---

119 Vgl. die Stellen in der *Qesse-ye Sanjān* bei Williams 2009: 81 (Z. 136), 93 (Z. 192), 125 (Z. 353– 357). Vgl. auch Giara 1998: 199f.
120 Langer 2008: 197–658; vgl. ferner Choksy 2015: 404f.; Giara 1998: 173–178.
121 Langer 2008: 328–351.

Umayyaden vom Berg verborgen wurde. Tränen, die die Prinzessin seither vergießt, sind der Ursprung des „tropfenden Berges", wie die zweite Namenshälfte des Schreins gedeutet werden kann. So die legendarische Erläuterung, die in vergleichbarer Form auch als Ursprungslegende anderer Schreine wie etwa Pir-e Bānu Pārs oder Maqbare-ye Bibi Šahr Bānu erzählt wird. Historisch nachgewiesen ist Pir-e Sabz als Schrein und Wallfahrtsort allerdings erst ab der Mitte des 17. Jahrhunderts. Zum Neujahrsfest (Noruz) und zur Wallfahrt Mitte Juni besuchen sehr viele Zoroastrier, teilweise inzwischen auch Parsen als Wallfahrtstouristen, den Ort. In den Tagen um das Neujahrsfest kommen auch schiitische Muslime zu dem Ort, was mit der Kultlegende zu tun haben dürfte, da die Tochter Yazdgirds historisch unzutreffend in der iranischen Folklore eine Gattin des dritten Imām Hosein ist. Neben den großen Wallfahrten zu den populären Schreinen kann man diese Pirs – als Ausdruck der Alltagsfrömmigkeit – für alle möglichen Anliegen aufsuchen, wobei sich diese iranische Praxis von den Praktiken der Parsen, bei denen es keine Wallfahrtsschreine gibt, unterscheidet.

Abschließend kann man in diesem Zusammenhang auch das Grab des muslimischen Mystikers Pīr Ḥaǧǧī ʿAlī in Mumbai erwähnen. Wenn Zoroastrier das Grab dieses lokal als Wundertäter verehrten Mystikers besuchen, ernten sie zwar manche Kritik von muslimischer Seite. Allerdings zeigt der Besuch – v. a. für iranisch-stämmige Zoroastrier in Indien – erneut eine Interferenz zwischen muslimischem und zoroastrischem Schreinkult. Abgesehen von solchen Besuchen an muslimischen oder zoroastrischen Schreinen und der dadurch bestehenden religiösen Interferenz gibt es aber von Seiten der Zoroastrier im Iran deutlich weniger religiöse Alltagsbezüge zum Islam, als dies bei Parsen gegenüber christlichen oder hinduistischen Praktiken der Fall ist.

3.3 Die Religionsgemeinde in gesellschaftlichen Kontexten

3.3.1 Priester, Laien und Organisationsformen

3.3.1.1 Priester

Die Beziehungen zwischen religiösen Spezialisten und Laien und die Vielfalt der priesterlichen Funktionen hängen mit der religionsgeschichtlichen Entwicklung zusammen, durch die ostiranische und westiranische Traditionen miteinander verschmolzen sind.[122] Im Avesta finden sich verschiedene Begriffe für Priester. Der

---

[122] Vgl. allgemein zu zoroastrischen Priestern zuletzt Kreyenbroek 2013: 195–234. Zu den verschiedenen Priestern im Avesta siehe auch Hutter 1996: 226–229.

āθrauuan (mittelpers. āsrōn) bezeichnet den Priester als Angehörigen eines sozialen Standes, der *zaotar* (mittelpers. *zōt*) ist mit der Darbringung von Opfern und Durchführung von Ritualen befasst, während die Überlieferung der Lehre zunächst Angelegenheit des *aēθrapaiti* (mittelpers. *hērbed*) gewesen sein dürfte. Wichtig in der altiranischen Religionsgeschichte sind auch die – zunächst nicht zoroastrischen – westiranischen *magu* (Mager),[123] die bei der Ausbreitung des Zoroastrismus im Westiran in diese Religion integriert wurden, allerdings blieben Spannungen zwischen den einzelnen Priesterklassen bis in die Sasanidenzeit greifbar. Darauf weist etwa die bis in diese Zeit fassbare Konkurrenz der beiden Feuerheiligtümer in Estaḫr (bei Persepolis) bzw. in Šiz (Taḫt-e Soleimān in Medien) hin. Ersteres dürfte ein altes Zentrum der sich auf die avestische Tradition berufenden Priester gewesen sein, letzteres ein Zentrum der Mager. Im Laufe der Sasanidenzeit entwickelte sich schließlich eine Systematik mit drei Typen: *hērbed* (Lehrer), *dastwar* (spiritueller Führer), sowie Priester mit administrativen Tätigkeiten in der staatlichen Öffentlichkeit. Gelegentlich taucht auch die Bezeichnung *mowbed ī mowbedān* auf, was sprachlich einen „Oberpriester" charakterisiert.

In den ersten Jahrhunderten der islamischen Zeit verändert sich die soziale Stellung mancher Priester nachteilig. Im 6. Buch des *Dēnkard* ist von verarmten *hērbeds* die Rede, die ihre priesterlichen Funktionen nicht mehr ausüben können, weil sie durch landwirtschaftliche Tätigkeiten ihren Lebensunterhalt verdienen müssen. Anscheinend trug der Rückgang der zoroastrischen Bevölkerung aufgrund der Islamisierung dazu bei, dass manche Priester nicht mehr genügend Lohn für die Durchführung von Ritualen erhielten und sich daher nach finanziellen Alternativen umsehen mussten. Eine andere Möglichkeit, die finanziellen Einkünfte zu steigern, fanden manche Priester dadurch, dass sie immer mehr Rituale – für unterschiedliche Klienten – durchführten. Diese Quantität führte jedoch zum Verlust der Qualität, indem Rituale verkürzt wurden und der Kenntnisstand der Priester in Bezug auf die religiösen Lehrinhalte abnahm.[124] In den Briefen des Priesters Manuščihr im späten 9. Jahrhundert werden diese Probleme deutlich angesprochen. Er unterscheidet nämlich zwischen Priestern (*hērbed*), die gelehrt sind, d. h. auch das Avesta und den Zand, den Kommentar dazu, studiert haben, und anderen Priestern (*hāwišt*), die nur Rituale durchzuführen vermögen und lediglich die elementaren religiösen

---

123 Griechische Autoren geben diesen altpersischen Priestertitel als Fremdwort *magos* wieder; in der weiteren Rezeption wird dieser Titel, der zunächst einen Ritualfachmann bezeichnet, pejorativ zum „Magier" und Vertreter der Magie. Im religionsgeschichtlichen Kontext ist es daher notwendig, für den *magu* als iranischen religiösen Spezialisten die eingedeutschte (ungewohnte) Ableitung Mager zu verwenden. – Zur Doppeldeutigkeit von *magos* in der (klassischen) Antike vgl. z. B. Rose 2000: 46–48; Frenschkowski 2015: 457–464.

124 Vgl. besonders Kreyenbroek 2013: 200 f., 205 f., 218–220.

Vorschriften über Reinheit bzw. Unreinheit kennen, aber keine weitere theologisch-interpretatorische Kompetenz oder Kenntnisse der Überlieferung besitzen. Andere Quellen skizzieren ebenfalls solche Differenzen, wenn zwar vom *hērbed* als Ritualspezialisten gesprochen wird, dieser aber gegenüber gelehrten Priestern – verwendete Bezeichnungen sind z. B. *rad* oder *dastwar* – als nachrangig bewertet wird. Zwei Schlussfolgerungen lassen sich bezüglich der Veränderungen des Priestertums nach der Islamisierung Irans ziehen: Es zeigt sich ein Rückgang von gelehrten Priestern, so dass ab dem Ende des 10. Jahrhunderts der Begriff *hērbed* eine allgemeine Bezeichnung für Priester wird. Damit verbunden ist eine Verflachung von Priesterhierarchien, wobei in der frühen islamischen Zeit auch kein formalisiertes Amt eines obersten Priesters für alle iranischen Zoroastrier existiert. Denn die ab dem späten 8. Jahrhundert fassbare Bezeichnung *hudēnān pešobay*, „Führer der Gläubigen", drückt nur eine informelle Wertschätzung eines fähigen Priesters durch die Gläubigen aus.

Veränderungen im Priestertum setzen sich auch in den folgenden Jahrhunderten fort. Im 15. Jahrhundert beginnt in Indien die Entwicklung zu einer neuen Priesterhierarchie, die erstmals in einigen neupersischen *Revāyat*-Passagen genannt ist und drei neue Kategorien nennt:[125] *ervad*, d. h. jene Priester, die kleine Zeremonien durchführen und nur *Yasna* und *Wisperad* kennen. Höher stehen die *mubad*, die auch das *Widēwdād* kennen und dadurch auch „große Liturgien" durchführen können. Den höchsten priesterlichen Rang nehmen die Religionsgelehrten (*dastur*) ein, die neben der Ritualkompetenz auch theologisch-inhaltliche Kompetenz besitzen, da sie die Überlieferung kennen, Auskunft zu Religions- und Rechtsfragen geben können und dadurch auch als autoritative Führer der Gemeinschaft gelten. Dieses neue dreiteilige System wurde in der zweiten Hälfte des 2. Jahrtausends aus Indien auch in den Iran exportiert. Die moderne dreiteilige Hierarchie im heutigen Priestertum spiegelt dieses Modell wider.

Hinsichtlich der Strukturierung und Organisation des Priestertums gibt es in Indien seit dem 13. Jahrhundert fünf so genannte Autoritätsbezirke (*panthak*), wobei jeder Priester einem solchen Bezirk zugeordnet und in seiner priesterlichen Autorität darauf beschränkt ist. Von Norden nach Süden sind es folgende Priestergruppen: Sanjānas (in der Stadt Sanjān), Bhagarias (in Navsāri), Godvaras (in Ankleśvar), Bharūchas (in Broach) und Khambātas (in Cambay).[126] Die miteinander konkurrierenden Priestergemeinden dieser Bezirke führen sich in der religiösen Geschichtsdeutung auf zwei wichtige Personen zurück, Hormazdyār Rāmyār und Nēryōsangh Dhaval (11./12. Jahrhundert). Mit zunehmender wirtschaftlicher und

---

125 Kreyenbroek 2013: 208f.
126 Cereti 1991: 16–18; Kotwal/Boyd 1982: 212.

demographischer Bedeutung Mumbais für die Parsen verloren die fünf Priestergemeinden zwar weitgehend ihre reelle Macht, aufgrund der Vererbbarkeit des Priesteramts ordneten sich aber auch die Priester in Mumbai einem der fünf *panthaks* zu. Aufgrund dieser Organisationsform wurde der Begriff *panthaky* auch zu einem allgemeinen Parsen-Wort für Priester.

Das zoroastrische Priestertum ist bis zur Gegenwart vererbbar, wobei diese Tradition historisch wahrscheinlich auf die Mager zurückgeht. Lediglich in wenigen Ausnahmefällen wurden im Iran auch Laien in das Priesteramt initiiert. Die Erblichkeit des Priesteramts bedeutet aber nicht, dass jeder Priestersohn dieses Amt ausübt. Allerdings erlischt spätestens nach fünf Generationen, während derer keine Initiation ins Priestertum vorgenommen wurde, die priesterliche Herkunft, und die weiteren Nachkommen gelten als Laien. Um als Priester aktiv zu wirken, sind somit Ausbildung und Initiation notwendig, wobei zumindest seit den letzten Jahrhunderten der Ausbildungsstand für den Rang eines Priesters als *ervad* oder *mubad* entscheidend ist, während der Aufstieg zum *dastur* nur wenigen Priestern gelingt. In Indien wird die grundlegende Initiation in das Priestertum bis zur Gegenwart noch vor dem Erreichen der Pubertät durchgeführt. Vor der Initiation (*nāwar*) erwirbt der Priesterkandidat ein Grundwissen über die Religion und die Durchführung von Ritualen, auch seine Eignung für das Amt wird festgestellt. Der Initiationsprozess, in dessen Verlauf zweimal das *barašnūm ī nō šāb* als großes Reinigungsritual durchgeführt wird, dauert mehrere Wochen, wobei der Abschluss des Rituals des nunmehrigen neuen Priesters feierlich im Feuertempel begangen wird. Damit wird die vererbte Priesterschaft angetreten. Bei den Parsen findet seit einem historisch nicht mehr bestimmbaren Zeitpunkt eine zweite Initiation (*martab*) für diejenigen Priester statt, die ihr Amt auch durch die Durchführung der großen und kleinen Liturgien aktiv als *panthaky* an einem Tempel ausüben wollen. Die Initiationspraxis im iranischen Zoroastrismus weicht davon ab, da im Iran nur erwachsene Männer in das Priesteramt initiiert werden, um dieses auszuüben. Eine rezente Neuerung[127] im Iran ist seit wenigen Jahren die Initiation von Frauen als Hilfspriesterinnen (neupers. *mubadyār*). Auch in der Diaspora in Nordamerika wurden – nach vierjähriger Ausbildung – im Dezember 2012 zwei Frauen als Hilfspriesterinnen eingeführt. Diese Neuerungen werden von den hochrangigen Parsen-Priestern in Indien kritisiert, v. a. mit dem Vorwurf, dass Frauen nicht die nötige Reinheit erlangen könnten und aufgrund ihres biologischen Geschlechts für dieses Amt ungeeignet wären. Von iranischer Seite werden diese Neuerungen damit begründet, dass wahrscheinlich bis in die Sasanidenzeit auch Frauen (d. h. Töchter von Priestern) priesterliche Funk-

---

[127] Rose 2015b: 279; Stewart 2016: 357.

tionen ausüben konnten[128] und dass an Schreinen ältere Frauen als Schreinwächterinnen wirken, die eine – wenn auch niedrige – rituelle Funktion ausüben.

3.3.1.2 Laien

Die Vererbbarkeit des Priestertums – und die damit verbundene Reinheit, die auch dadurch gewährleistet werden soll, dass ein Priester nur die Tochter eines anderen Priesters heiratet – hat im Zoroastrismus eine Grenze zwischen Priestern und Laien errichtet, so dass man durchaus von zwei Klassen sprechen kann. Interessant ist aber festzustellen, dass trotz der Anerkennung der Sonderstellung der Priester Laien immer ein kritisches Potenzial ihnen gegenüber hatten, wodurch sie selbst zur Aufrechterhaltung der Trennung dieser beiden Klassen beigetragen haben. Aus dem Iran des 19. Jahrhunderts ist bezeugt, dass Laien nicht gerne Priestertöchter geheiratet haben, da man Priester nicht als glückbringend betrachtete.[129] Die Verbindung zwischen beiden Klassen bestand primär darin, dass die Priester die religiösen Riten für die Laien durchführten und die Laien die Priester bezahlten. Durch das Nachlassen materieller Mittel, die Priester für ihre Tätigkeit von Laien erhielten, kam es aber auch zu einem Qualitätsrückgang im Kenntnisstand vieler Priester. Dadurch verloren Priester in den Augen vieler Laien an Autorität, wodurch zwangsläufig ein unglücklicher Kreislauf entstand. Diese Krise des Priestertums aus der Sicht der Laien kam in Indien zunächst deutlicher zum Tragen als im Iran, da die Mehrheit der urbanen Parsen unter der Kolonialherrschaft der Engländer einen deutlich höheren Bildungsstand erlangte als die Priester. Als jedoch 1854 Mānekǧi Limǧi Hātaryā aus Mumbai in den Iran gesandt wurde, um den iranischen Zoroastriern in ihrer wirtschaftlichen Entwicklung zu helfen, verbesserte sich auch der Bildungsstand im Iran.[130] In den letzten Jahrzehnten des 19. Jahrhunderts, bevor Bahāʾī und Muslime im Iran auf ähnliche Aktivitäten setzten, wurden von Zoroastriern mit Unterstützung der indischen Parsen westliche Schulen errichtet, zu denen auch Mädchen zugelassen waren. Dadurch sank aber auch im Iran das Bildungsniveau der Priester unter dasjenige der Laien, was – ähnlich wie in Indien – Ursache für Spott und In-Frage-Stellung ihrer religiösen Autorität wurde.

Diese Verhältnisse beeinflussten Fragen des Priestertums und des Engagements der Laien im 20. Jahrhundert. Denn trotz einiger hochqualifizierter Priester (z. B. Dastur Dhalla, Dastur Sanjana, Dr. Jivanji Modi) in den ersten Jahrzehnten des

---

128 Kotwal/Kreyenbroek 1992: 40f. (Hērb. 5:5); Dies. 1995: 121–125 (Nēr. 22:1–5).
129 Vgl. Amighi Kestenberg 1990: 107.
130 Amighi Kestenberg 1990: 129–135; Writer 1994: 42–47.

20. Jahrhunderts hatten im Jahr 1936 beispielsweise in Mumbai nur zwei Priester ein Universitätsdiplom, was weit unter dem Standard der Bildung der Parsen im kolonialen Indien lag. Solche Bildungsdiskrepanzen zwischen Priestern und Laien führten zur Forderung,[131] dass das exklusive Prinzip der Vererbbarkeit des Priestertums aufgegeben werden müsse, damit auch Laien als Priester initiiert werden könnten, sollten sie sich dazu berufen fühlen. Dies könnte dabei auch ein Mittel gegen den Priestermangel sein, da manche Priestersöhne wegen der geringen Wertschätzung ihres Berufsstandes wenig motiviert sind, den ererbten Beruf auszuüben.

3.3.1.3 Organisationen und Dachverbände

Gemeinsamkeiten und Unterschiede, die es zwischen den religiösen Gemeinschaften in Indien und im Iran gibt, sind schon mehrfach angesprochen worden. Da es keine übergreifende oder normative Leitungsinstanz der Religion als Ganzes gibt, bestehen zwischen einzelnen unterschiedlich ausgerichteten Gruppen Differenzen, die man mit theologischen Wertungskategorien wie beispielsweise orthodox, liberal, reformerisch oder (neo-)traditionalistisch bezeichnen kann. Allerdings haben diese Charakterisierungen wegen der fehlenden obersten Lehrinstitution nicht zu Konfessionsbildungen und formalisierten theologischen Trennungen geführt. Eine wesentliche Differenzierung – jedoch nicht in theologischer, sondern in sozio-religiöser Hinsicht – besteht jedoch zwischen Parsen[132] und den iranischen Zoroastriern.

Für die Parsen als sozio-religiöse Gemeinschaft ist dabei als herausragende und äußerst finanzstarke Organisation der im 17. Jahrhundert gegründete Bombay Parsi Panchayat (BPP) zu nennen.[133] Obwohl formal nur eine Einrichtung der Parsen in Mumbai, geht der Einfluss des BPP weit über diese Metropole hinaus. Der Grund dafür ist einerseits die Tatsache, dass rund 90 Prozent aller Parsen Indiens in Mumbai leben, andererseits, dass der BPP die Fäden für alle wichtigen Sozialeinrichtungen und Stiftungen in Händen hält. Dadurch beansprucht der BPP indirekt einen Vertretungsanspruch für alle Parsen als Dachverband. Dies hat sich auch nach der Gründung einer gesamtindischen Parsenorganisation im Jahr 1981 kaum geändert, da der BPP auch innerhalb dieser Organisation eine dominierende Rolle spielt

---

131 Amighi Kestenberg 1990: 236 f.
132 Die Parsen sind die überwältigende Mehrheit der Zoroastrier in Indien und Pakistan, wobei eine kleine Minderheit iranischer Zoroastrier in Indien und Pakistan streng genommen nicht zu den Parsen gehört und daher die sozio-religiösen Einrichtungen, die von Parsen-Institutionen verwaltet werden, nicht vollumfänglich nutzen können.
133 Zu Geschichte und Aktivitäten des BPP siehe Stausberg 2002b: 34–44; Hinnells 2005: 70–77.

und dadurch sogar seinen Einfluss auf *alle* Parsen erweitern konnte. Das Besondere am BPP ist, dass diese Institution im gleichen Ausmaß aus gewählten Laien und Priestern besteht, wobei ursprünglich zwei Ziele mit dieser Einrichtung verfolgt wurden: Sie sollte die oberste Instanz für zivile Dispute innerhalb der Gemeinde sein, die von diesem Gremium zu klären sind. Ferner sollte sie eine Einrichtung sein, die v. a. Neusiedler aus den ländlichen Gegenden Gujarats in Mumbai materiell durch Wohltätigkeit unterstützte. Während ersteres Ziel nur bedingt erreicht und eingehalten werden konnte, hat ab der Mitte des 19. Jahrhunderts der BPP seine Aufgaben immer stärker auf Wohltätigkeitsaktivitäten im weitesten Sinn verlagert, wodurch er an Autorität und Prestige gewonnen hat, sowohl innerhalb als auch außerhalb der Gemeinde.[134] Heute unterhält der BPP u. a. Schulen, Spitäler, Kindergärten und Wohnblöcke und besitzt und verwaltet ein großes Stiftungsvermögen, mit dem u. a. Witwen oder finanziell sehr schlecht gestellte Parsen-Familien bei der Durchführung religiöser Rituale (z. B. Naojote, Bestattung) unterstützt werden. Diese unbestrittene Bedeutung veranlasst einerseits Diaspora-Parsen, den BPP als *die* normgebende Institution zu betrachten, andererseits mehrt sich in der Diaspora aber auch die Kritik, dass der BPP zu sehr auf die Bedürfnisse der indischen Zoroastrier ausgerichtet sei, so dass deswegen der BPP keineswegs als Repräsentant aller Zoroastrier angesehen werden könne.

Aufgrund solcher Kritik und wegen der Bedürfnisse von Zoroastriern in der Diaspora ist im Jahr 1980 in London die World Zoroastrian Organisation (WZO) gegründet worden.[135] In den Jahren vor der Gründung zeigte sich als zentrales Anliegen, eine internationale Schirmherrschaft für alle Zoroastrier zu bilden. Ausgelöst wurden diese Bemühungen einerseits durch die Probleme von Parsen in der ostafrikanischen Diaspora,[136] die aufgrund der Afrikanisierungspolitik dieser Staaten in den 1960er und 1970er Jahren nach Großbritannien übersiedelten, andererseits verschlechterten aber auch die Entwicklungen im Iran im Zusammenhang mit der Islamischen Revolution ab 1978 die Lebensbedingungen der dortigen Zoroastrier.

---

134 Für die Parsen im heutigen Pakistan kam bzw. kommt dem Karachi Parsi Punchayat (gegründet 1908) eine vergleichbare Rolle zu.
135 Zu Geschichte und Aktivitäten der WZO siehe Stausberg 2002b: 313–317 und v. a. Hinnells 2005: 605–535 sowie Hinnells 2015: 199. Der seit 1861 unter verschiedenen Namen (siehe Hinnells 2005: 338) bestehende Zoroastrian Trust Funds of Europe (ZTFE), der zur Betreuung von Parsen, die ins koloniale Mutterland gekommen waren, gegründet wurde und daher traditionell die Sorge um Parsen als eigene Agenda ansieht, sieht in der Gründung der WZO einen Eingriff in die eigenen Vorrechte und opponiert daher gegen die WZO.
136 Zu den Parsen in Ostafrika, die aufgrund der englischen Kolonialpolitik im 19. Jahrhundert nach Sansibar, Kenia und Uganda gekommen sind, siehe Hinnells 2005: 245–313 sowie Stausberg 2002b: 287–295.

Die Arbeit der WZO als internationale Vereinigung für den Zoroastrismus wurde 1983 durch eine sehr hohe anonyme Geldspende erleichtert. Trotz der iranischen Dominanz der WZO-Führung bemüht sich die Organisation, den Anliegen aller Zoroastrier gerecht zu werden. So wurden beispielsweise in den 1990er Jahren vermehrt arme Parsen in ländlichen Gebieten Gujarats unterstützt. Ungeachtet solcher positiver Aktivitäten ist die WZO nicht allgemein als Vertretung aller Zoroastrier anerkannt, wobei v. a. – latente – Spannungen mit dem BPP bestehen.[137] Der BPP kritisiert an der WZO v. a. die fehlende Tradition als Begründung von Autoritätsansprüchen, tiefergehend sind aber inhaltliche Diskrepanzen. Denn die WZO, die ein besonderes Augenmerk auf Zoroastrier in der europäischen, nordamerikanischen und australischen Diaspora wirft, aber auch gute Beziehungen zur Parsen-Gemeinde in Delhi unterhält, nimmt in der Frage von Mischehen, die in der Diaspora ein wichtiges Thema darstellen, eine positive Haltung ein, da auch der nicht-zoroastrische Part einer solchen Ehe als Mitglied der Gemeinschaft akzeptiert wird. Diese Haltung steht im völligen Gegensatz zur (neo-)traditionalistisch ausgerichteten, Mischehen ablehnenden Haltung des BPP. Aufgrund solcher Gegensätze ist es daher bislang der WZO nicht gelungen, als Organisation für den Zusammenhalt aller Zoroastrier – im Iran, in Indien, in den verschiedenen Ländern der Diaspora – anerkannt zu werden.

3.3.2 Veränderungen und Herausforderungen im 20. und 21. Jahrhundert

Nach Schätzung der Federation of Zoroastrian Associations of North America (FEZANA) vom Herbst 2013 gibt es weltweit nicht mehr als rund 110.000 bis 120.000 Zoroastrier, wobei diese Zahl zugleich eine Abnahme der Bevölkerung um etwa zehn Prozent innerhalb eines Jahrzehnts zeigt. Hauptsächlich spiegelt sich der Bevölkerungsrückgang in Indien wider, wo beim Zensus des Jahres 2001 noch 69.601 Parsen erfasst wurden, ein Jahrzehnt später im Zensus jedoch nur noch 57.264. Nach einer offiziellen Statistik der Islamischen Republik Iran für das Jahr 2011 gab es im Iran 25.271 Zoroastrier. Die Zahl der Parsen Pakistans, v. a. in Karachi, betrug 2012 nur noch 1.675 Personen, wobei diese Zahl eine Bevölkerungsabnahme von 20 Prozent innerhalb des vorangehenden Jahrzehnts bedeutet. Zuwachsraten als Resultat von Migration zeigen die Gemeinden in der Diaspora, wobei mit folgenden, teilweise geschätzten Zahlen zu rechnen ist: Vereinigte Staaten von Amerika: 14.405; Kanada: 6.442; Großbritannien: 5.500;

---

[137] Hinnells 2005: 609–611.

Australien: 2.577; Neuseeland: 1.231; Europa (ohne Großbritannien): weniger als 1.000. In anderen Ländern, mit Ausnahme von Hong Kong (204) und Singapur (372), liegt die Zahl der Zoroastrier jeweils deutlich unter 100 Personen. Solche Zahlen[138] illustrieren klar die Herausforderungen, vor denen diese Religionsgemeinschaft steht, um das „Aussterben" zu verhindern. Trotz solcher negativen Aspekte ist aber zu beobachten, dass seit den 1980er Jahren das Interesse, die eigene Religion besser kennenzulernen, zugenommen hat. Dies gilt sowohl in Indien und Iran als auch in der Diaspora, wobei letztere zu einer geographischen Verbreitung des Zoroastrismus beiträgt, die es in der Geschichte zuvor nie gegeben hat.

Der unübersehbare Bevölkerungsrückgang führt zu aktuellen Problemen. Da die Gemeinden in Indien, im Iran und in den Diasporaländern untereinander in Verbindung stehen, sind sie alle davon – wenn auch in unterschiedlicher Weise – betroffen. Die demographische Zusammensetzung der Gemeinden zeigt insgesamt ein Übergewicht alter Personen. Dabei stellt sich die Situation in der Diaspora zwar etwas günstiger dar als in Indien und im Iran, allerdings führt die Verwestlichung in der Diaspora auch zur Lebensweise als Single und aufgrund der Bildung(skarriere) zu einem relativ späten Heiratsalter und davon abhängig zu niedrigen Kinderzahlen.[139] Letzteres betrifft auch Parsen-Frauen in Indien in besonderer Weise. Ein weiterer demographisch negativer Faktor ist die Mischehenproblematik, da traditionelle Kreise (in erster Linie unter den Parsen in Indien und davon abhängig teilweise in Parsen-Gemeinden der Diaspora) ausgeheiratete Frauen und deren Kinder als nicht mehr als zur Religion gehörig werten. Aber auch zoroastrische Männer, die eine Mischehe eingehen, unterlassen häufiger die Initiation ihrer Kinder in die Religion, als dies in Ehen, in denen beide Partner Zoroastrier sind, der Fall ist. Auch die Diskussion über eine mögliche Konversion des Ehepartners läuft fast ausschließlich auf negative Entscheidungen durch traditionelle religiöse Amtsträger hinaus.

Die schon angesprochene „Krise" des Priestertums mit der teilweise mangelhaften theologischen Kompetenz von Priestern führt trotz Verbesserungen in dieser Hinsicht in der jüngeren Vergangenheit zu einem Imageverlust, der auch zur Aufgabe der religiösen Zugehörigkeit führen kann. Die Ritualbezogenheit vieler religiöser Lebensabläufe tritt oft in den Hintergrund, was aufgrund der grundsätzlichen traditionellen Wichtigkeit von Orthopraxie, die höher gewertet wurde als Orthodoxie, ebenfalls nicht unproblematisch ist. Die fehlende Religionsausübung begünstigt auch einen Religionsverlust, und es werden – wie im genannten Fall der ausgehei-

---

138 Nicht berücksichtigt sind bei diesen Zahlen die Revitalisierungsbewegungen hin zum Zoroastrismus unter Kurden und Tadschiken, die einer gegenüber muslimischen Traditionen differenzierenden Identitätsbildung dienen, vgl. Foltz 2016: 322–332.
139 Vgl. für den Iran Stausberg 2015: 187; für Indien Stausberg 2002b: 79.

rateten Frauen – auch bewusst Mitglieder aus der Gemeinde ausgeschlossen. Insofern greifen Demographie, religiöse und weltlich-lebensgestaltende Motive ineinander – nicht zum Nutzen der Religion.

Daneben sind die politischen Veränderungen des 20. Jahrhunderts im Iran bzw. auf dem indischen Subkontinent als Faktoren der Veränderung der Religion zu berücksichtigen. Im Iran hat sich eine Verschiebung der Verbreitung der zoroastrischen Bevölkerung nach dem Zweiten Weltkrieg ergeben, da immer mehr Religionsangehörige die alten Zentren Yazd und Kermān verließen, um sich in der Hauptstadt Teheran niederzulassen.[140] Durch die „Iranisierungs- und Nationalisierungspolitik" unter Mohammad Rezā Šāh wurde der Zoroastrismus – auch in Abgrenzung gegen den Einfluss schiitischer Mollās – von der Politik als iranisches Kulturgut gefördert. Dies machte zwar den Zoroastrismus vor allem in der Hauptstadt bekannt, stärkte zugleich aber auch muslimische Kreise in ihrer Skepsis gegenüber dieser vorislamischen Religion. Während der ersten Revolutionsjahre 1978 bis 1980 kam es auch zu einigen schwerwiegenden Übergriffen auf Zoroastrier, was zur Flucht von Religionsangehörigen zunächst nach Mumbai führte. Dort wurden ihnen häufig Englisch-Kurse angeboten, um sie so sprachlich auf die weitere Migration in die USA und nach Kanada vorzubereiten. In der Folge entstanden Gemeinden u. a. in Vancouver, Toronto, Kalifornien und New York. Seit etwa 1983/84 haben sich jedoch im Iran die Beziehungen zwischen Muslimen und Zoroastriern im alltäglichen Leben wiederum verbessert, wodurch für manche Iraner auch die Auswanderung bzw. Flucht aus dem Land in organisatorischer Hinsicht erleichtert wurde.[141] Dass im Jahr 1996 der 6. Zoroastrische Weltkongress erstmals in Teheran abgehalten wurde und die iranische Regierung nicht nur die Schirmherrschaft darüber übernahm, sondern auch in die USA emigrierten iranisch-stämmigen Zoroastriern ein Einreisevisum erteilte, zeigt trotz des Propagandawertes für die Islamische Republik Iran, dass die Zoroastrier nicht nur als religiöse Minderheit in der Verfassung (§ 13) anerkannt sind, sondern dass sie als „Iraner" eine gewisse politische Akzeptanz besitzen. Auch nach der Revolution ist eindeutig Teheran das Zentrum der Zoroastrier geblieben.

Die politische Teilung des südasiatischen Subkontinents in Indien und Pakistan hat die Parsen in Pakistan[142] nicht nur in eine Minderheitensituation in einem islamischen Staat gebracht, sondern erschwert seither auch den regelmäßigen Kontakt zwischen der kleinen Gemeinde in Karachi und den indischen Zentren. Die Anfangsjahre im unabhängigen muslimischen Staat waren für die Parsen positiv.

---

140 Vgl. Stausberg 2015: 178–182; Stewart 2016.
141 Vgl. Amighi Kestenberg 1990: 361–368; siehe auch Writer 1994: 185–187; Writer 2016: 131–133.
142 Writer 1994: 171–184; Hinnells 2005: 220–235.

Staatsgründer Muhammad ʿAli Jinnah war mit einer Parsin, der Tochter von Dinshah Petit aus Mumbai, verheiratet und der Parse Pherozshah Mehta war Jinnahs politischer Ratgeber. Mit zunehmender Islamisierung Pakistans änderte sich aber die Situation, so dass sich Parsen nun weitgehend von ihrer muslimischen Umwelt fernzuhalten versuchen. Dies führt auch dazu, dass sie etwa in Fragen nach Mischehen einen äußerst traditionellen, d. h. völlig ablehnenden, Standpunkt einnehmen. Die soziale Abgrenzung gegenüber den Muslimen hat aber auch dazu geführt, dass sie in Karachi ein – gut funktionierendes – Sozialnetz entwickelt haben, um dadurch als eigenständige Gruppe trotz der Marginalisierung durch die Muslime überleben zu können.

In der Indischen Union bildet Mumbai heute mit rund 90 Prozent der Parsen Indiens das Zentrum, wobei die Bedeutung der Stadt für die Parsen erst im 18. Jahrhundert unter den Engländern begonnen hat. Von den alten Zentren sind nach wie vor Surat und Navsāri relevant, während Udwada nur noch wegen seines Ātaš Bahrām berühmt ist, jedoch kaum mehr Parsen in der Stadt wohnen. Nennenswerte Zentren sind auch Pune und Delhi. Die weite Verteilung – wenngleich in kleinen Zahlen – über ganz Indien ist dabei bis heute Resultat der wirtschaftlichen Bedeutung der Parsen in der Kolonialzeit. Dadurch wurden die Parsen eine urbane Gesellschaft, auch wenn in ländlichen Gebieten Gujarats noch etwas weniger als zweitausend Parsen mit niedrigem Lebensstandard und Bildungsniveau leben.

Die Bedeutung der Parsen während der Kolonialzeit ist in zweifacher Hinsicht erwähnenswert, da sie einerseits zu Vermittlern von europäischen technischen Errungenschaften nach Mumbai wurden und dadurch zur Modernisierung und Technisierung Indiens beigetragen haben; anderseits engagierten sich einzelne Parsen auch in der Unabhängigkeitsbewegung und trugen zur Entstehung des indischen Nationalismus in der ersten Hälfte des 20. Jahrhunderts bei.[143] Wichtige Personen in diesem politischen Kontext waren u. a. Pherozshah Mehta (1845–1925), Dinshaw Edulji Wacha (1844–1936), Ardeshir Burjorji Godrej (1868–1936) oder Madame Bhikaiji Cama (1861–1936). Während die Ersteren moderate Vertreter der indischen Nationalbewegung waren, die auch die wirtschaftliche Eigenversorgung Indiens als Grundlage für die Unabhängigkeit ansahen, trat Madame Cama deutlich für radikale Aktionen ein. Im politischen Diskurs wurde dabei kurzfristig auch die Idee propagiert, eventuell einen eigenen Parsen-Staat im Ostiran oder eine Rück-Übersiedelung in den Iran anzustreben. Hintergrund solcher Überlegungen waren gelegentlich aufkommende Angriffe auf Parsen durch indische Nationalisten, die die „Anglomanie"[144] der Parsen missbilligten.

---

143 Doctor 2002; Stausberg 2002b: 71–77.
144 Stausberg 2002b: 65.

Bestrebungen zu einem Parsen-Staat oder zu einer Übersiedelung in den Iran waren jedoch Minderheitenvoten, da die Mehrheit der Parsen die Stabilität der Kolonialherrschaft gegenüber einem unsicheren unabhängigen Indien vorzog. Erst zu Beginn der 1930er Jahre konnte Mahatma Gandhi langsam Sympathie bei Parsen gewinnen, obwohl wirtschaftlich bedeutende und finanzkräftige Parsen teilweise erst kurz vor Ende des Zweiten Weltkrieges offen die Unabhängigkeitsbestrebungen zu unterstützen begannen. Im unabhängigen Staat gelang es der Religionsgemeinschaft jedoch trotz Berufung auf die eigenen kulturellen, politischen und wirtschaftlichen Leistungen in der indischen Geschichte nicht, eine maßgebliche politische Position zu erringen. Dadurch geriet die Religionsgemeinschaft trotz Loyalität gegenüber dem Staat in eine marginale Position, da sie auch aufgrund der geringen Zahl ihrer Angehörigen vollkommen außerhalb des politischen Diskurses steht und ohne politischen Einfluss ist.

3.3.3 Zoroastrismus in der Diaspora

Die Verbreitung des Zoroastrismus außerhalb seines Ursprungsgebiets im Iran ist keine Erscheinung der letzten beiden Jahrhunderte. Denn die Verbreitung der Religion ging schon in vorislamischer Zeit in Verbindung mit der politischen Expansion der Reiche der Achämeniden, Parther und Sasaniden über den engeren west- und ostiranischen Raum hinaus. Entlang der Seidenstraße erreichten Zoroastrier im 4. Jahrhundert China,[145] und wohl noch in vorislamischer Zeit scheint es Zoroastrier gegeben zu haben,[146] die aus wirtschaftlichen Gründen vom Iran nach Indien bzw. Gujarat ausgewandert sind oder sich zumindest eine Zeitlang dort niedergelassen haben. Abgesehen von den ab dem Beginn des 2. Jahrtausends fassbaren Beziehungen zwischen Iran und Indien sind andere weitreichende Beziehungen und die überregionale Verbreitung der Religion fast vollkommen zum Stillstand gekommen.

Der erste „moderne" Parsen-Reisende im Westen war Naoroji Rustomji, der sich 1724 vor dem Leitungsgremium der East India Company in London über ungerechte Behandlung durch Vertreter der Company in Mumbai beschwerte.[147] Die englische Kolonialherrschaft eröffnete Parsen, wie auch Sikhs und Hindus, in der Folge Migrationswege in verschiedene Bereiche des Kolonialgebietes[148] – Singapur und Hong Kong in Südostasien, ostafrikanische Gebiete und eben England. Nach der

---

[145] Vgl. Aoki 2015: 149–152.
[146] Vgl. Cereti 1991: 14.
[147] Hinnells 2005: 324f.; Hinnells 2015: 197f.
[148] Hinnells 2015: 191–194.

Unabhängigkeit Indiens migrierten schließlich manche Parsen, die lieber im „kolonialen Verbund" geblieben wären, nach Großbritannien sowie aufgrund erleichterter Einwanderungsgesetze ab Mitte der 1960er Jahren auch in die Vereinigten Staaten von Amerika.

3.3.3.1 Zoroastrische Diaspora in Großbritannien und in den USA

Großbritannien ist das zentrale Land der westlichen Diaspora,[149] wo bereits um die Mitte des 19. Jahrhunderts die erste Parsengemeinde existierte. London als Hauptstadt des Kolonialreiches war anziehend, eine Situation, die bis zur Gegenwart Bestand hat, so dass die zoroastrische Gemeinde von Groß-London weltweit die größte Gemeinde außerhalb Indiens und Irans sein dürfte. Bis zur indischen Unabhängigkeit dürfte die Zahl von Parsen in Großbritannien jedoch nicht mehr als 200 Personen umfasst haben, danach setzte zunächst ein Zuzug aus Indien, ab den 1970er Jahren aus Ostafrika und nach 1979 aus dem Iran ein. Letztere Migranten bzw. Flüchtlinge veränderten auch die ethno-religiöse Zusammensetzung in der Diaspora, da die indischen und iranischen Traditionen nun erstmals auf begrenztem Raum aufeinandertrafen, was religiöse und kulturelle Aushandlungsprozesse zwischen den Gläubigen erforderte.

Ähnlich wie Großbritannien waren nach der Unabhängigkeit Indiens auch die Vereinigten Staaten von Amerika und Kanada aus sprachlichen Gründen für Parsen als neue Heimat interessant.[150] Vor 1965 lebten kaum mehr als 300 erwachsene Zoroastrier in ganz Nordamerika. Danach nahm die Etablierung der Religion zu, da es den Migranten relativ schnell gelang, in gut qualifizierten Berufen Fuß zu fassen und auch eine Infrastruktur für die Religionsausübung zu errichten. In den 1970er Jahren – schon vor der Islamischen Revolution – kamen aufgrund der politischen Nähe der Pahlavi-Dynastie zu den Vereinigten Staaten von Amerika auch gebildete Iraner nach Nordamerika. Dadurch wurde die Integration von Flüchtlingen in den iranischen Revolutionsjahren und danach in die nordamerikanische Diaspora erleichtert. Eine Besonderheit, die die nordamerikanische Gemeinde charakterisiert, ist die wesentlich jüngere Bevölkerungsstruktur und die teilweise damit verbundene höhere Zahl von Eheschließungen, so dass die Zahl der Zoroastrier in den USA zwischen 2004 und 2012 von 10.794 auf 14.405 angestiegen ist. Nach Indien und Iran sind die USA das Land mit der drittgrößten zoroastrischen Bevölkerung weltweit und könnten im nächsten Jahrzehnt gemeinsam mit Kanada möglicherweise den Zoroastrismus in seinem iranischen Ursprungsgebiet quantitativ überflügeln.

---

[149] Writer 1994: 224–235; Hinnells 2015: 197–200 mit älterer Literatur.
[150] Writer 1994: 199–222; Hinnells 2015: 200–203 mit weiterer Literatur.

Stellt man die beiden großen englischsprachigen Diasporabereiche einander gegenüber, so fällt auf, dass die Trennlinien zwischen Parsen und iranischen Zoroastriern zwar unübersehbar sind, die Situation der Diaspora jedoch einen Wandel erzwingt, wodurch ein Überwinden dieser ethno-kulturellen Unterschiede hin zu einem gemeinsamen Zoroastriertum notwendig werden könnte. In dieser Hinsicht sind die Zoroastrier in Großbritannien schon weiter und internationaler oder gesamtzoroastrischer, als dies bei den einzelnen nordamerikanischen Gemeinden der Fall ist, die bislang sozial und religiös noch stärker voneinander differenziert geblieben sind.

3.3.3.2 Zoroastrismus in Deutschland

Zwischen 1923 und 1934 wurden auf einem Berliner Friedhof drei Parsen-Männer, eine Parsen-Frau und eine iranische Zoroastrierin beerdigt, worin man die frühesten Spuren einzelner Zoroastrier in Deutschland sehen kann. Erst gegen Ende der 1950er Jahre kamen iranische Arbeitskräfte und Studierende nach Deutschland, um den Wirtschaftsaufschwung oder das Bildungsangebot zu nutzen. Für die wenigen Zoroastrier, die sich darunter befanden, blieb die Religionsausübung jedoch eine private Angelegenheit, ohne dass religiöse Vereine oder informelle Zusammenschlüsse gebildet worden wären. Dasselbe gilt für Parsen, die seit den 1960er Jahren primär zu Studienzwecken nach Deutschland kamen. Eine Veränderung bzgl. iranischer Zoroastrier begann in den 1970er Jahren, als manche Religionsangehörige, die mit der Politik und nationalistischen Vereinnahmung des Zoroastrismus durch Mohammad Rezā Šāh nicht einverstanden waren, ihre Heimat verließen, um in Deutschland eine neue Lebensgrundlage zu finden. Nach der islamischen Revolution kamen zusätzlich Flüchtlinge und Asylbewerber nach Deutschland. Infolge dieser unterschiedlichen Migrationsbewegungen begannen ab der Mitte der 1980er Jahre Überlegungen, um Strukturen zu finden, die eine Ausübung der Religion auch außerhalb des häuslichen Rahmens ermöglichen sollten. Dennoch ist unübersehbar, dass der Zoroastrismus als Diaspora-Religion in Deutschland nur in einem sehr geringen Umfang organisiert und fassbar ist, wobei es in den benachbarten deutschsprachigen Ländern überhaupt keine zoroastrischen Gemeinden gibt.[151]

Im Jahr 1987 wurde in Hamburg der „Zarathustrische Verein e. V." (*Anğoman-e Zartoštiān-e Hamburg*) als älteste Organisation der Zoroastrier in Deutschland gegründet. Ziel der Vereinsgründung war es, ein Sammelbecken für aus dem Iran stammende Zoroastrier zu schaffen, so dass Parsen nur in sehr geringem Ausmaß

---

[151] Vgl. zum Folgenden Hutter 2005; Stausberg 2002b: 322–327; Hinnells 2005: 413–420.

die Angebote des Vereins nutzen. Die Ausrichtung der zoroastrischen Feste nach dem (iranischen) Bāstāni-Kalender mit Noruz am 21. März macht den Verein auch für muslimische Iraner, die mit der Politik ihres Landes unzufrieden sind, attraktiv, da sie den Zoroastrismus als Kulturgut Irans und als Teil ihrer iranischen Diaspora-Identität betrachten, auch wenn sie keine Religionsangehörigen im strengen Sinn sind. Der Zarathustrische Verein hat keinen fest angestellten Priester, der regelmäßig Rituale oder religiöse Versammlungen in einem Kultraum durchführen könnte. Lediglich zu manchen Anlässen kommen Priester aus dem Iran oder Großbritannien nach Hamburg, um religiöse Feiern durchzuführen. In letzter Zeit scheint es jedoch keine Aktivitäten des Vereins mehr zu geben.

Kleinere Aktivitäten finden auch in Berlin und im Großraum Frankfurt/Wiesbaden statt. Seit dem Jahr 2000 gibt es in Berlin Tätigkeiten, die praktisch ausschließlich von Iranern getragen werden, die sich erst seit ihrer Migration aus dem Iran als Zoroastrier verstehen, d. h. als Iraner vom Islam zum Zoroastrismus konvertiert sind. Der geistige Mentor dieser Berliner Zoroastrier ist Dr. ʿAli Akbar Jaʿfari (Ali Jafarey), der seit 1980 in den USA lebt und dort einer der maßgeblichen Befürworter von Konversion ist.[152] Ali Jafarey und andere Zoroastrier im Iran und in der Diaspora, die seine Auffassung von Konversion teilen, möchten durch die Förderung der Religion den Iran und den Zoroastrismus wieder zur ehemaligen historischen Größe zurückführen. Vor rund einem Jahrzehnt gab es auch im Großraum Frankfurt Versuche, für die etwa 150 zoroastrischen Familien in diesem Ballungsraum eine zoroastrische Gemeinde zu schaffen, die aber auch keine längerfristigen Ergebnisse erbracht haben. Ein erneuter organisatorischer Anlauf, eine Form des Zoroastrismus in Deutschland zu etablieren, ist mit der Gründung des „Deutschen Zarathustrischen Vereins e. V." im November 2016 und der Eintragung desselben im Handelsregister beim Amtsgericht Hannover am 23. Januar 2017 geschehen. Der Verein versteht sich als religiöse Vereinigung und strebt die Zusammenarbeit mit allen zoroastrischen Gruppen an. Ein Schwerpunkt der Aktivitäten liegt und lag schon vor der offiziellen Vereinsgründung in der Unterstützung von Gläubigen bei der Aufnahme in die Religion. Am 14. Oktober 2017 konnte der Verein dabei erstmals eigenständig eine *sodre/sedre puši*-Zeremonie zur Initiation von Konversionswilligen in den Zoroastrismus vornehmen.[153] Damit distanziert sich der Verein nunmehr auch von der „Bozorg Bazgasht Organisation", zu der es bei früheren Konversionen Kontakte gegeben hat.[154] Diese Organisation hat ihren Sitz in Norwegen und führt seit rund einem Jahrzehnt in mehreren Ländern

---

152 Stausberg 2002b: 266 f.; Writer 1994: 214–216.
153 http://www.zarathustra-verein.de/neuigkeiten/.
154 http://www.zarathustra-verein.de/2017/09/08/kooperationen-des-deutschen-zarathustrischen-vereins/.

Rituale zur „Rückkehr" (neupers. *bāzgašt*) von Iranern in den Zoroastrismus durch, öffnet diese Aufnahmerituale aber für alle Menschen. Bei in Deutschland und im deutschsprachigen Raum durchgeführten Aufnahmeritualen (Wien 2009; Frankfurt 2012; Berlin 2013; Hittisau 2014; Hannover 2016) stammte die Mehrheit der Teilnehmer immer aus dem Iran, aber auch einzelne Personen aus Afghanistan, Tadschikistan und Aserbeidschan sowie Mitteleuropäer nahmen an der Aufnahmezeremonie teil.[155]

Die hier genannten Aktivitäten und rudimentären Organisationen beziehen sich in erster Linie auf iranische Zoroastrier, während hinsichtlich der Parsen in Deutschland festzuhalten ist, dass das religiöse Gemeinschaftsleben nicht über informelle Bekanntschaftsgruppen hinausreicht. Etwa 100 Familien oder Ehepaare (teilweise Mischehen eines Parsen mit einer deutschen Gattin) dürften in Deutschland leben. Sie sind verstreut auf größere Orte wie Frankfurt, Stuttgart, Berlin, Düsseldorf und Hamburg, wobei diese geographische Streuung auch gemeinsame Aktivitäten erschwert. Da Parsen der „richtigen" Durchführung von Ritualen tendenziell einen höheren Wert zumessen, als dies im Iran der Fall ist, schränkt das Fehlen einer Gemeindestruktur wiederum die religiöse Praxis ein. Teilweise wird diesem Mangel dadurch Rechnung getragen, dass Parsen-Priester aus Indien, die zufällig in Europa unterwegs sind, auch von Familien nach Deutschland eingeladen werden, um im halb-privaten Kreis Gemeinderituale durchzuführen.

Somit ist die Situation des Zoroastrismus im deutschsprachigen Raum schnell und kurz zusammengefasst. Bislang gibt es weder eine landesübergreifende Organisationsstruktur noch regelmäßig anwesende Priester. Dadurch sind die Gläubigen weitgehend auf informelle Kontakte untereinander angewiesen. Diese fehlenden Strukturen erschweren auch die Erhebung, wie viele Zoroastrier derzeit hier leben. Schätzungen gehen aber davon aus, dass die Zahl der initiierten Gläubigen wohl nicht mehr als einige hundert Personen umfassen dürfte.

---

155 http://www.bozorgbazgasht.com/.

4 Das Yezidentum

Als der so genannte Islamische Staat (IS) am 3. August 2014 Angehörige der Religionsgemeinschaft der Yeziden im kurdischen Şingal-Bergland (arab. Sinğār-Bergland) im Norden Iraks einkesselte und in der Folge davon Frauen versklavte und Männer ermordete, ehe kurdische Kämpfer der YPG für die Eingeschlossenen einen Fluchtweg aus dem IS-Gebiet freikämpfen konnten,[1] war diese Religionsgemeinschaft nur wenigen Nicht-Spezialisten bekannt. Denn Yeziden sind Anhänger einer exklusiv auf Kurden beschränkten Religion mit einer rund 900-jährigen Geschichte. Erst seit einem halben Jahrhundert leben Yeziden als (Arbeits-)Migranten auch in Mitteleuropa.[2]

Angaben über die Zahl der Mitglieder der Religion beruhen nur auf Schätzungen, manchmal werden 350.000 bis 600.000 Personen genannt, andere Schätzungen nennen bis zu einer Million.[3] Trotz des politischen Umbruchs im Irak im letzten Jahrzehnt dürfte die Mehrheit der Yeziden auch gegenwärtig noch im Nordirak nördlich von Mosul leben; in dieser Gegend befindet sich auch der Ort Lališ, das Haupheiligtum der Yeziden. Außerhalb des Irak leben yezidische Kurden auch in Armenien, Georgien, Syrien, Aserbeidschan und wenige im Iran.[4] Die in der Türkei lebenden Yeziden haben in den letzten Jahrzehnten vollständig das Land verlassen, um in Europa, vermehrt in Deutschland, Zuflucht und Schutz zu finden.

Sprachlich verwenden die meisten Yeziden Kurmancî, d. h. den „nördlichen" Zweig des Kurdischen, gegenüber dem Sorani (Südkurdisch, v. a. im Iran); in geringerem Rahmen verwenden die Kurden in ihrer Umgebung auch Arabisch. Für die Sprache werden jedoch unterschiedliche Schriften verwendet, v. a. die persisch-arabische sowie die in den frühen 1930er Jahren von Mîr Celadet Bedirxan für das Kurdische mit einigen diakritischen Zeichen adaptierte Lateinschrift. Kurden, die im 20. Jahrhundert in Teilen der damaligen Sowjetunion lebten, verwenden auch die kyrillische bzw. armenische Schrift. Für die Wiedergabe von kurdischen Begriffen und Namen bedeutet das, dass in der (Sekundär-)Literatur unterschiedliche Schreibweisen existieren, einerseits abhängig von unterschiedlichen geographischen Kontexten und damit auch unterschiedlichen Schriftsys-

---

1 Kartal 2016: 59 f.; Tagay/Ortaç 2016: 153–157; Dulz 2016: 131–133. Für detaillierte Angaben über die Verfolgung und Versklavung von Yezidinnen und Yeziden durch den IS vgl. den Bericht von IGFM 2016 sowie das Interview mit I. Kizilhan bei Omarkhali 2016.
2 Vgl. Kartal 2016: 53–55, 61 f.; Tagay/Ortaç 2016: 93 f.
3 Vgl. z. B. die verschiedenen Angaben bei Tagay/Ortaç 2016: 29–31.
4 Vgl. die Karten bei Omarkhali 2017: 33–36.

temen, andererseits aber auch abhängig von geographisch bedingten (geringen) Aussprachevarianten. In der vorliegenden Darstellung wird in der Regel die lateinisierte Schreibweise des Kurdischen verwendet, wobei bei Wörtern arabischen oder persischen Ursprungs bei deren erstmaliger Verwendung in wichtigen Fällen auch diese sprachliche Form angeführt wird.[5]

Die geringe Wahrnehmung der Religion der Yeziden hängt teilweise mit der Forschungsgeschichte zusammen.[6] Erste Nachrichten über die Yeziden wurden ab der Mitte der 1850er Jahre in Europa durch christliche Missionare verbreitet. Entsprechend religionswissenschaftlicher Fragestellungen des späten 19. Jahrhunderts lag ein besonderes Interesse auf der Frage nach „Heiligen Schriften" der Religion. Dadurch wurden der wissenschaftlichen Welt von einem gebildeten Antikenhändler zwei Texte angeboten, die – wie sich später herausstellen sollte – zwar traditionelles Überlieferungsgut enthielten, aber wohl für die „europäische Nachfrage" nach Heiligen Schriften produziert wurden. Aufbauend auf diesen Texten sowie auf Berichten über die Yeziden prägten in den 1930er Jahren zwei – konkurrierende – Interpretationsmodelle die Beschäftigung mit den Yeziden. Es ging um die Einordnung, ob es sich um eine randständige Form des Islam oder eine eigenständige Religion handelt. Der Islamwissenschaftler Michelangelo Guidi sah in der Religion eine Form der islamischen Mystik, die er vor allem aus islamischen Überlieferungen über die Yeziden rekonstruierte. Sein Forschungsinteresse lag in erster Linie auf Šaiḫ ʿAdī ibn Musāfīr (kurd. Şêxadî[7]) als Religionsstifter und Mystiker, so dass Guidi folgerichtig das Yezidentum in den Sufismus einbettete – eine Kategorisierung, die der Ausformung der Religion im 20. Jahrhundert keineswegs angemessen war, die aber auch für die frühe Epoche nur teilweise zutraf. Dennoch dominierte diese Sichtweise des angesehenen Islamwissenschaftlers für die folgenden Jahrzehnte die Einschätzung der Religion der Yeziden. Denn die Gegenposition, die der italienische Religionswissenschaftler Giuseppe Furlani vertrat, konnte sich nicht behaupten: Furlani interes-

---

[5] Siehe die Tabellen zur Transkription und Aussprache bei Omarkhali 2017: 9–11; Tagay/Ortaç 2016: 19. Deutlich von der deutschen Aussprache weichen folgende Buchstaben ab: /c/ wird wie in Deutsch „dsch", /ç/ wie „tsch" und /j/ wird als stimmhaftes „sch" (vgl. z. B. auch /j/ in Französisch „jour") ausgesprochen. Die Aussprache von /q/ entspricht dem gutturalen arabischen Laut „q" bzw. einem Gaumen-r (und nicht einem deutschen „qu"). Ferner entspricht /ş/ einem (stimmlosen) „sch", /x/ einem deutschen „ch", /y/ in der Aussprache dem deutschen Buchstaben „j" und /z/ wird für ein stimmhaftes „s" geschrieben.
[6] Siehe zur Forschungsgeschichte Kreyenbroek 1995: 10–17. Für die Frage der Heiligen Schriften in der Forschungsgeschichte siehe Omarkhali 2017: 39–52.
[7] Şêxadî ist die kurdische Form des Namens des Šaiḫs, die im Folgenden dann verwendet wird, wenn es um ihn als (theologisch überhöhte) religiöse Autorität der Yeziden geht, während die arabische Form Šaiḫ ʿAdī verwendet wird, wenn es um die historische Gestalt geht.

sierte sich zwar auch für die Quellen über Šaiḫ ʿAdīs Wirken, sein Hauptaugenmerk galt aber den Festen sowie den Praktiken der Yeziden im Nordirak im 19. und frühen 20. Jahrhundert. Ohne die Bedeutung des islamischen Umfeldes zu leugnen, hob Furlani hervor, dass die Religion der Yeziden keine randislamische Strömung, sondern eine eigenständige, nicht-islamische Religion der iranischen Tradition ist. Furlanis Interpretation blieb jedoch zu seiner Zeit eine Randmeinung in der Forschungslandschaft. Als angeblich randislamische Strömung blieb die Gemeinschaft von Islamwissenschaftlern und Religionswissenschaftlern in der Folge relativ unbeachtet.

Eine Veränderung der Forschung setzte Ende der 1970er Jahre ein,[8] nachdem die beiden Brüder Ordîxanê und Celîlê Celîl yezidische Texte in kyrillischer Schrift in Jerewan (Armenien) veröffentlichten und dadurch bislang nur mündlich überlieferte Hymnen, Erzählungen und Texte religiösen Inhaltes weiten Kreisen bekannt machten. Kurz danach publizierten Pîr Xidir Silêman und Xelîl Cindî Rashow in Bagdad ebenfalls ein Buch mit religiösen Texten von irakischen Yeziden. Auf akademischer Ebene setzten damit jene grundlegenden iranistischen und religionsgeschichtlichen Untersuchungen ein, die – beginnend mit Philip G. Kreyenbroeks Studie „Yezidism. Its Background, Observances and Textual Tradition" aus dem Jahr 1995 – die Grundlage für die Beschäftigung mit dieser Religion liefern. Als zentrales Charakteristikum der Wissensvermittlung der Yeziden muss dabei die fast ausschließliche Oralität der Überlieferung gelten. Durch Studien von Kreyenbroek sowie Khanna Omarkhali wurden solche bislang nur mündlich tradierten Texte erschlossen,[9] während Christine Allison und Eszter Spät durch Feldforschungen im Irak weitere Quellen erschließen konnten, aber auch Aspekte der „gelebten" Religion dokumentierten.[10]

Ein zweiter Impuls für die Beschäftigung mit Yeziden – als Migranten – hängt mit politischen Ereignissen zusammen. Unter der Militärregierung in der Türkei in den 1980er Jahren setzten Restriktion und Verfolgung von Kurden allgemein und damit auch von Yeziden ein, so dass sie ihre Siedlungsgebiete im Südosten der Türkei verließen, um als Flüchtlinge Asyl in Mittel- und Nordeuropa zu erhalten. Genauso führte die Arabisierungspolitik von Saddam Hussein (Ṣaddām Ḥusain) im Irak ab den 1970er Jahren zur massiven Benachteiligung von Yeziden (und sunnitischen Kurden). Die politische Entwicklung des Landes von der militärischen Auseinandersetzung des Irak mit dem Iran (1980 – 1988) hin zum Sturz von Saddam Hussein im Jahr 2003 bis zur Kontrolle von weiten Teilen des Irak durch

---

8 Vgl. zu der damit beginnenden Forschungsperiode die Details bei Omarkhali 2017: 80 – 83.
9 Kreyenbroek/Rashow 2005; vgl. teilweise auch schon Kreyenbroek 1995: 169 – 326; Omarkhali 2017.
10 Allison 2001; Spät 2005.

den so genannten Islamischen Staat führte zu mehreren Flüchtlingswellen. Auch nach der Entstehung der beiden Nationalstaaten Armenien und Georgien nach dem Zerfall der Sowjetunion sind manche seit dem späten 19. Jahrhundert dort wohnenden Yeziden nach Mitteleuropa ausgewandert.[11] Dadurch tauchten Yeziden nicht nur in der politischen Wahrnehmung in Mitteleuropa auf, sondern als ethnisch-religiöse Gruppe wurden sie nun auch in einer gegenwartsorientierten Religionswissenschaft wahrgenommen, wobei der Religionswissenschaftler Gernot Wießner (1933–1999) seit den 1980er Jahren yezidische Belange maßgeblich in deren Asylverfahren in Deutschland unterstützte. Die durch die Migration veränderte Lebenswelt der Yeziden führte seit der Mitte der 1990er Jahre auch unter Yeziden selbst zu Forschungsaktivitäten hinsichtlich der eigenen Religion und Geschichte.[12] İlhan Kızılhan hat mit soziologisch und psychologisch orientierten Studien Veränderungsprozesse der Religionsgemeinschaft und deren Auseinandersetzung mit der eigenen Geschichte untersucht. In ähnlicher Weise legt auch Halil Savucu sein Hauptaugenmerk auf die soziologischen und migrationsbezogenen Veränderungen, denen die Religion besonders in Deutschland gegenübersteht. Die theologischen Herausforderungen, mit denen das Yezidentum in Deutschland als Minderheit, aber unter dem Schutz der Religionsfreiheit stehend konfrontiert ist, stehen im Mittelpunkt zweier weiterer Studien von Celalettin Kartal bzw. der beiden Co-Autoren Şefik Tagay und Serhat Ortaç. Beide Bücher behandeln nicht nur die Situation in Deutschland, sondern gehen auch auf die Entstehung sowie die Entwicklung von Lehre und religiöser Praxis ein, wobei die Studie von Tagay und Ortaç einen lesenswerten und klar strukturierten Einstieg in die Beschäftigung mit dieser Religion bietet.

4.1 Religionsgeschichte als Identitätsstiftung und -deutung

4.1.1 Šaiḫ ʿAdī ibn Musāfir als historische und mythologische Person

Šaiḫ ʿAdī ibn Musāfir wurde zwischen 1073 und 1078 in der Biqāʿ-Ebene in der Nähe von Baalbek im heutigen Libanon geboren.[13] Seine Vorfahren führten sich

---

[11] Wießner 1984; reichhaltige Informationen bietet Kreyenbroek 2009: 49–225, der anhand von Interviews mit 121 Yeziden in Deutschland und mit 24 Yeziden auf dem Gebiet der ehemaligen Sowjetunion die Einstellung der Yeziden zum Leben in der Diaspora sowie zu den damit verbundenen Veränderungen dokumentiert.
[12] Kızılhan 1997; Ders. 2014; Savucu 2016; Kartal 2016; Tagay/Ortaç 2016.
[13] Vgl. zum Folgenden v. a. Kreyenbroek 1995: 28 f.; Issa 2004: 45 f.; Aloian 2008: 38–46; Açıkyıldız 2010: 82–86.

auf den umayyadischen Kalifen Marwān ibn al-Ḥakam (gestorben 685) zurück und ʿAdīs Vater Musāfir lebte rund 40 Jahre lang als muslimischer Asket. Verschiedene Überlieferungen verbinden ʿAdīs Geburt mit Wundererzählungen: So soll seinem Vater in einem Traum verkündet worden sein, dass sein zukünftiger Sohn berühmt werden würde; andere Erzählungen berichten davon, dass die Geburt des Kindes von einem angesehenen Muslim vorausgesagt wurde und das Kind bereits im frühen Alter durch Weisheit und Sprachbegabung ausgezeichnet war. Der historische Wert dieser hagiographischen Legenden besteht lediglich darin, dass sie die muslimische Herkunft von Šaiḫ ʿAdī belegen. Historisch gesichert ist ferner, dass er am Ende des 11. Jahrhunderts in Bagdad studierte, wobei muslimische Historiker seine geistige Ausstrahlung und Begabung beschreiben, angeblich konnte er auch Wunder (*karamat*) vollbringen. Während der Zeit in Bagdad kam es zu Kontakten mit Sufis, und Šaiḫ ʿAdī wurde rituell in eine Sufi-Gemeinschaft aufgenommen. Im frühen 12. Jahrhundert verließ er jedoch Bagdad – möglicherweise aufgrund der andauernden Auseinandersetzungen zwischen konkurrierenden sunnitischen und schiitischen Gruppen – und zog ins kurdische Gebiet im Hakkari-Bergland, ehe er sich vor 1111 in Lališ, rund 50 Kilometer nördlich der nordirakischen Stadt Mosul, niederließ. Dort blieb er – abgesehen von einer Wallfahrt nach Mekka im Jahr 1116 – bis zu seinem Lebensende. Als lokaler (Sufi-)Šaiḫ war er wegen der Herkunft als Šaiḫ ʿAdī aš-Šāmī, d. h. „Šaiḫ ʿAdī der Syrer", bekannt.

In der *Qewlê Şêxadî û mêra* („Hymne auf Şêxadî und die heiligen Männer")[14] werden diese Ereignisse in poetischer Form memoriert. Die Hymne erwähnt zu Beginn die Herkunft aus Syrien und die Ankunft in Lališ, wo sich heilige Männer (*mêr*) ihm anschlossen. Bedeutsam an der Hymne ist auch die Aussage, dass der aus dem Westen ins kurdische Gebiet gekommene Šaiḫ sich an Araber und Nicht-Araber wendet und in Lališ Wunder vollbringt, was dazu beiträgt, dass sich lokale religiöse Autoritäten und Mystiker der Gemeinschaft von Šaiḫ ʿAdī in Lališ anschließen. Die ganze Hymne endet mit dem Ausruf: *Siltan Şêxadiye* „Unser Herrscher ist Şêxadî".

Diese religiöse Hymne ist theologisch und historisch aufschlussreich. Zunächst thematisiert und löst sie ein „Herkunftsproblem": Historisch ist unstrittig, dass Šaiḫ ʿAdī kein Kurde war und aus einer muslimischen Familie aus dem syrischen Raum innerhalb der Grenzen des heutigen Libanon stammt. Da aber das (nach seinem Tod sich entfaltende) Yezidentum davon ausgeht, dass man als Yezide geboren sein muss und man nicht in diese Religion konvertieren kann, vermag der Hinweis der Hymne, dass Şêxadî bei Arabern und Nicht-Arabern, d. h.

---

14 Kreyenbroek/Rashow 2005: 178–183.

Kurden, seine Lehre verbreitet, wichtig zu sein, um das Problem der nicht-kurdischen Herkunft Şêxadîs zu beseitigen. Andere mit Şêxadî verbundene Legenden lösen diese Spannung dadurch, indem sie betonen, dass er schon von Geburt an mit der „uranfänglichen" Religion – und nicht mit dem Islam – verbunden war. Wenn die Qewl auch erwähnt, dass sich lokale Šaiḫs (*şêx*) bzw. Mystiker Şêxadî anschließen, so spiegelt dies die historische Situation wider, dass es in Lališ bereits vor der Ankunft Şêxadîs eine (kleine) Mystiker-Gemeinschaft gab. Da diese sich anscheinend auf den umayyadischen Kalifen Yazīd ibn Muʿāwiya (reg. 680 – 683) bezog, wurde sie möglicherweise als religiöse Gemeinschaft der Yazīdī (d. h. „Anhänger Yazīds") bezeichnet. Solche muslimischen Yazīdī werden ab dem 9. Jahrhundert bei muslimischen Autoren genannt, z. B. bei Aḥmad ibn Ḥanbal (gest. 855) und Abū 'l-Laiṯ as-Samarqandī (gest. 983). Beide haben Rechtsurteile (*fatwā*) gegen Yazīdī ausgesprochen, weil deren religiöse Vorstellungen dem Islam widersprechen. Um 1166 erwähnt der arabische Historiker as-Samānī, dass Yazīdī in den Bergen von Ḥalwān (Nordirak) leben und dort den Umayyadenkalifen Yazīd verehren.[15] Ferner verbindet as-Samānī diese Yaziden mit Šaiḫ ʿAdī ibn Musāfir. Solche muslimischen Nachrichten weisen somit auf eine dem Sufismus nahestehende Gemeinschaft hin, die schon vor Šaiḫ ʿAdī bestanden hat, aber ihn offensichtlich als einen der ihren angesehen hat. Die Nähe Šaiḫ ʿAdīs zum Sufitum zeigt aber auch die Gemeinschaft der so genannten ʿAdawiyya, die sich – als muslimisch-mystische Richtung – auf Šaiḫ ʿAdī als ihren Ausgangspunkt berufen hat.

Für die Formung der Religion der Yeziden ist davon ausgehend festzuhalten, dass ihr „Religionsstifter" zwar historisch als Sufi zu charakterisieren ist, allerdings ist für die yezidische Identität nur der in die Mythologie eingebettete Heilige wichtig. Dies illustriert eine Legende, durch die der muslimische Sufi und Wundertäter ʿAdī in das kurdische Clansystem einbezogen wird. Şêşims (arab. Šaiḫ Šams) ist der Prinz (*mîr*) der Yeziden und dadurch Oberhaupt eines kurdischen Clans. Als er Şêxadî zu sich als Gast einlädt, lehnt dieser die Einladung mit der Begründung ab, dass er mit Kurden, die nach weltlicher Macht streben, nichts zu tun haben wolle. Aufgrund mehrerer Gespräche ändert Şêşims seine Lebensweise, verteilt sein Land und seinen Besitz unter den Armen, so dass er sich Şêxadî anschließen kann, um mit ihm ins Lališ-Tal zu gehen, wo beide gemeinsam christliche Mönche und andere Kurden(clans) bekehren. Auch diese legendarische Überlieferung wirft mehr Licht auf das yezidische Selbstverständnis als auf die historischen Gestalten Šaiḫ ʿAdī und Šaiḫ Šams. Als historischer Kern kann für diese Legende festgehalten werden, dass sie die Einbeziehung eines nicht-kur-

---

15 Maisel 2013: 29; Spät 2018: 568 f.

dischen Šaiḫ in das kurdische Sozialsystem widerspiegelt, indem er dieses neu – und religiös – gestaltet:[16] Durch die Bekehrungserfolge zeigen Şêxadî und Şêşims ihre Fähigkeit als religiöse Lehrer, so dass die beiden und in der Folge auch ihre Familien zu den *şêxs* (Lehrern) der Yeziden werden. Damit lösen sie die traditionellen Oberhäupter der einzelnen kurdischen Clans in der Führungs- und Autoritätsrolle ab. In diesem Prozess der gesellschaftlich-religiösen Umgestaltung werden aber auch die sufistischen *pîrs* (neupers. *pir*, „alt", „weise"; „religiöser Lehrer") neu gedeutet, indem auch sie – parallel zu den *şêxs* – zu religiösen Lehrern für die Yeziden als Religionsgemeinschaft werden. Über beiden Lehrergruppen steht Şêxadî, der dadurch zur religiösen Ausgangsgestalt der Yeziden-Religion wird. Der „islamische Mystiker und Meister" (arab. *šaiḫ*) tritt dabei völlig in den Hintergrund, und die beiden aus dem Sufitum stammenden kurdischen Titel *şêx* sowie *pîr* gewinnen ihre neue religionsspezifische Bedeutung als sozialreligiöse Begriffe.

Die historischen (und sekundär hinzugekommenen) legendarischen Informationen zeigen mit Šaiḫ ʿAdī eine Person, dessen Anhänger zu seinen Lebzeiten eine Gemeinschaft darstellten, die noch wenig mit dem Yezidentum, wie wir es heute kennen, zu tun hatte, sondern eine Nähe zum sufistischen Islam aufwies. Für viele Yeziden der Gegenwart spielt die historische Perspektive jedoch eine eher untergeordnete Rolle, da man Şêxadî als den vom „Engel Pfau" (Tawûsî Melek), der wichtigsten Gestalt des Pantheons der Yeziden, beauftragten Retter der Yeziden und ihrer seit „Ewigkeit" bestehenden Religion ansieht.[17] Denn bei der Pilgerfahrt nach Mekka habe Şêxadî vom Engel Pfau jene kultischen und ethischen Regeln kennengelernt, die er danach in Lalış eingeführt hat. Diese Überlieferung dient dabei selbstverständlich zur Abgrenzung gegenüber dem Islam und seiner Ritualistik. Zugleich wird dadurch betont, dass (der historische) Şêxadî nur der Reformer ist, der im 12. Jahrhundert der – seit langem bestehenden – Yeziden-Religion jene äußere Form gegeben hat, in der sie bis zur Gegenwart existiert.

Nach dem Tod des Šaiḫs im Jahr 1161 wurde sein Grab in Lalış der Fokussierungspunkt seiner Anhänger[18] und somit der Ausgangspunkt für Lalış als geographischen Mittelpunkt der Welt der Yeziden. Im weiteren Verlauf der Entwicklung der Yeziden-Religion wurde Lalış in die Kosmologie eingebettet, wie unten gezeigt werden soll. Nach dem Tod des unverheirateten und kinderlosen Šaiḫ ʿAdī ging die Führung der ʿAdawiyya-Gemeinde auf seinen Neffen Şaḫr Abū

---

16 Vgl. auch Açıkyıldız 2010: 38–42.
17 Vgl. Kartal 2016: 38 f.; Tagay/Ortaç 2016: 46 f.
18 Siehe Aloian 2008: 49 f.

'l-Barakāt über.[19] Entscheidend für die Entwicklung, durch die sich die ʿAdawiyya-Gemeinde in Lališ von anderen sufistischen Gruppen, die sich auf – den in ihren Augen islamischen – Šaiḫ ʿAdī als Ordensgründer bezogen, grundlegend zu unterscheiden begann, wurde Ṣaḫrs Enkel Šaiḫ Ḥasan (kurd. Şêxisin bzw. Hesen). Unter seiner Leitung veränderte sich die Gemeinde, indem theologische Elemente der kurdisch-iranischen Tradition in die Lehre eingebettet wurden und die „Theologisierung" und „Mythisierung" von Şêxadî einsetzte. Dies bedeutete zugleich eine „Ent-Islamisierung" der Gemeinschaft in Lališ, was zur Verfolgung durch Badr ad-Dīn Luʾluʾ, den Emir von Mosul, führte, die in der Hinrichtung von Šaiḫ Ḥasan (1254) und in der Schändung des Grabes von Šaiḫ ʿAdī gipfelte. Das erste Jahrhundert zwischen dem Tod Şêxadîs und dem Tod Şêxisins war somit jene Zeit, in der sich die Entwicklung von einer Sufi-Gemeinschaft zur Yeziden-Religion vollzog. Die Bedeutung Şêxisins wird dabei nur von der Bedeutung Şêxadîs übertroffen.

4.1.2 Von der oralen Tradition zu Ansätzen einer Schriftreligion

In der „Hymne über Erde und Himmel"[20] heißt es, dass vier heilige Bücher auf die Erde herabgesandt wurden: die Torah (*tewrat*), das Evangelium (*incîl*), *Zebûr* und der *Ferqan*. Während mit letzterem Begriff der Qurʾān bezeichnet wird (vgl. *al-furqān* in Sure 25:1; ferner z. B. Sure 2:53, 185), wird *zebûr* („Brief", „Buch", „Psalm") von Yeziden als Ausdruck ihrer eigenen „Heiligen Schrift" – analog zur Bibel und zum Qurʾān – verstanden. Allerdings ist dieses Buch den Religionsangehörigen unzugänglich, da es nur wenigen religiösen Autoritäten, in deren Häusern es verwahrt wird, bekannt ist. Dadurch spielt es weder in der religiösen Praxis eine Rolle noch ist Näheres über den Inhalt des Buches bekannt. Neben diesem Hinweis auf Schriftlichkeit haben Yeziden ferner betont, dass die einzelnen Abstammungslinien der Pîrs schriftliche Sammlungen über die eigene Abstammungsgeschichte besäßen, die in der jeweiligen Pîr-Familie aufbewahrt würden. Die weitgehende Geheimhaltung solcher schriftlichen Texte führte dazu, dass man aus muslimischer Perspektive die Yeziden nie als *ahl al-kitāb* (arab. „Leute der Schrift") akzeptierte, obgleich sie sich durchaus als solche verstanden haben. Aber auch die neuere Forschung hat den oralen Charakter der Yeziden-

---

19 Vgl. Kreyenbroek 1995: 29–33; Issa 2004: 49 f.; Kreyenbroek/Rashow 2005: 4; Açıkyıldız 2010: 41.
20 *Qewlê ʿerd û ʿezman* bei Kreyenbroek/Rashow 2005: 387 f. Siehe auch Omarkhali 2017: 41 mit Varianten des Textes sowohl in Wortlaut als auch Wortstellung, was Resultat der langen mündlichen Überlieferung der Hymne ist.

Überlieferung betont[21] und die Hinweise auf die Schriftlichkeit religiöser Texte unbeachtet gelassen, wohl auch deswegen, weil es kein verbindliches Corpus von „Heiligen Büchern" in schriftlicher Form gegeben hat und gibt.

4.1.2.1 Zur Frage nach „Heiligen Schriften" und religiösen Manuskripten

Die Wahrnehmung der Yeziden in der Rezeptionsgeschichte des 19. Jahrhunderts war von der religionsgeschichtlich unzutreffenden Annahme geprägt, dass eine Religionsgemeinschaft eine verbindliche heilige Schrift als Basis der Religion besitzen müsse. Die von Yeziden erwähnte Existenz eines Buches, aber auch das offensichtliche Fehlen eines Buches in der religiösen Praxis bildeten eine Diskrepanz, wenn westliche Forscher und Reisende im 19. Jahrhundert sich bei Yeziden nach deren Heiligen Schriften erkundigten. Dies führte anscheinend am Ende des Jahrhunderts dazu, dass zwei yezidische Bücher produziert wurden.[22] Diese beiden Texte – Ǧilwa (Cilvê) und Maṣḥafā Raš (Meshefa Reş) – wurden auf unterschiedlicher Manuskriptbasis mehrfach in verschiedene Sprachen übersetzt.[23] Eine deutsche Übersetzung des arabischen und des kurdischen Textes durch M. Bittner hat beide Bücher in der deutschsprachigen Religionswissenschaft bekannt gemacht. Bittner ging davon aus, dass die eine Sprache dieser Bücher eine archaische Form des Kurdischen darstelle,[24] was jedoch unzutreffend ist. Tatsächlich handelt es sich bei der Sprache um das Sorani, eine südkurdische Sprachform, die sich vom Kurmancî, das von den Yeziden verwendet wird, unterscheidet. Ein bislang nicht völlig geklärtes Problem hinsichtlich der beiden Bücher ist die Autorenfrage und ihr Alter. Kh. Omarkhali diskutiert in ihrer Studie die unterschiedlichen Forschungspositionen:[25] Beide Bücher wurden von manchen Forschern im 19. und frühen 20. Jahrhundert auch Şexadî zugeschrieben, und der Titel des „Buches des Erleuchtung" (Ǧilwa/Cilvê) wurde mit einem arabischen Kitāb al-ǧilwa, das von Şêxisin stammt, verglichen. Diese beiden Bücher sind aber nicht identisch. Mehrheitlich geht die Forschung daher heutzutage davon aus, dass es sich beim Ǧilwa/Cilvê und beim Maṣḥafā Raš („Schwarzes Buch") nicht um authentische und alte yezidische Schriften handelt, sondern dass sie – unter Einbeziehung yezidischer, möglicherweise arabischer Überlieferungen – vom christlichen Mönch Šammas Jeremia Šamir (gest. um 1906) oder

---

21 Siehe z. B. Kreyenbroek 2005: 75; Kreyenbroek/Rashow 2005: 44 f.
22 Siehe Allison 2001: 9 f., 47.
23 Siehe Omarkhali 2017: 43–48 für die detaillierte Darstellung der Veröffentlichungen; ferner Kreyenbroek 2005: 73 f.
24 Bittner 1913: 3.
25 Omarkhali 2017: 48–52.

einem Antikenhändler im Sorani-Dialekt verfasst wurden. Wenn somit auch die exakte Entstehung beider Bücher bislang ungeklärt bleibt, hängt ihre Entstehung mit dem Verständnis zusammen, dass auch die Religion der Yeziden – wie Judentum, Christentum und Islam – über Heilige Schriften verfüge.

Neben beiden rezenten Büchern ist für die „Schriftlichkeit" auf eine andere Manuskriptgruppe zu verweisen, deren Bedeutung erst in jüngster Zeit durch Kh. Omarkhali für die Wissenschaft zu erschließen begonnen wurde.[26] Es handelt sich um – in den meisten Fällen – arabische Manuskripte, die die religiöse Überlieferung der Abstammungslinien der Pîrs beinhalten, die so genannten Mişûr. Entsprechend den 40 Pîr-Lineages soll es auch 40 verschiedene Mişûr gegeben haben, die angeblich noch zu Lebzeiten Şêxadîs von den ersten Pîrs geschrieben wurden. Omarkhali konnte einige Mişûr beschreiben. Wahrscheinlich gibt es noch weitere in Privatbesitz einzelner Pîr-Lineages, es ist aber auch damit zu rechnen, dass manche der ursprünglich 40 Mişûr nicht mehr existieren. Dabei ist hervorzuheben, dass diese Manuskripte in den Familien der Pîrs als religiöse Gegenstände angesehen werden. Die gelegentliche Öffnung des Buches wird von Gebeten und Ritualhandlungen begleitet, um es im Rahmen eines lokalen Festes den Festteilnehmern als Kultgegenstand zu zeigen, aber nicht als Text, aus dessen Inhalten man religiöse Belehrung zieht. Dieser Umgang mit den Manuskripten bringt mit sich, dass bislang nur ein Mişûr veröffentlicht ist.[27] Für die Rekonstruktion der Frühgeschichte der Religion sind diese Mişûr jedoch eine in der Zukunft noch reichhaltig auszuwertende Quelle.

Weitere religiöse Texte – etwa ein Katechismus, ein Manuskript mit Beschwörungen, mit Inschriften versehene Schalen, die bei Ritualen verwendet werden – zeigen ebenfalls, dass Schriftlichkeit im religiösen Kontext der Yeziden vorhanden ist, wobei diese Schriftlichkeit sich des Arabischen bedient. Da die mündliche Überlieferung in kurdischer Sprache zur Weitergabe religiöser Inhalte jedoch ungleich bedeutsamer ist als die schriftlichen arabischen Texte, haben diese Texte innerhalb des Yezidentums weniger den Status einer Heiligen Schrift, sondern die Texte sind religiöse Symbole mit himmlischem Ursprung, denn die oben genannte „Hymne über Erde und Himmel" spricht von der „Herabsendung" (*nazil*, vgl. arab. *anzala* z. B. in Sure 2:4; 3:3) der heiligen Bücher.

---

26 Omarkhali 2017: 58–66.
27 Omarkhali 2017: 377–398, vgl. auch 61–63.

4.1.2.2 Die Bedeutung der mündlichen Texte

Lehrinhalte der Yeziden sowie Werthaltungen, die die Lebensführung bestimmen, werden auf mündlichem Wege weitergegeben – als Mythen, Anekdoten, Geschichten sowie religiöse Hymnen und Gebete. Anders als der vorhin genannte Katechismus, der rund 70 Fragen und Antworten in schriftlicher Form beinhaltet,[28] liefern diese mündlichen Quellen keine systematische Darlegung der Lehrinhalte. Denn es kann als ein Merkmal oraler Kultur gelten, dass ein Motiv oder eine Erzählung in verschiedenen Versionen mündlich wiedergegeben werden kann, manch eine dieser Variationen kann situationsbedingt entstehen.[29] Die poetischen Texte werden – entsprechend ihrer Wertschätzung – als Qewl, Beyt, Qesîde, Du'a und Diroz(g)e sowie als weitere kleinere Textsorten kategorisiert, Prosatexte werden mehrheitlich als Çîrok bezeichnet. Inzwischen sind rund 1.150 Texte entweder in arabisch-persischer, kyrillischer oder lateinischer Schrift publiziert, allerdings nur zu einem geringen Teil aus dem Kurdischen übersetzt.[30] Die exakte Entstehungsgeschichte der einzelnen Texte ist weitgehend unbekannt, wobei die yezidische Tradition davon ausgeht, dass diese Texte entweder zur Zeit Şêxadîs oder unter seinen unmittelbaren Nachfolgern entstanden sind. Als angebliche Autoren werden am Ende mancher Texte mythisch-historische Heilige der Yeziden genannt, manche Texte – vor allem Gebete (Du'a) – sind aber auch ohne Autorenangabe überliefert. Die poetischen Texte werden häufig unter Musikbegleitung rezitiert.

Geht man auf die schon angedeutete Kategorisierung der Texte ein,[31] so ist das wichtigste Genre das der Qewls, der religiösen Hymnen. Obwohl mythisch-historische Personen als ihre Autoren gelten, schreibt man den Qewls letztlich einen himmlischen Ursprung zu. Bei manchen wird ausdrücklich betont, dass der Engel Cibraîl (Gabriel) die Hymne dem Autor übergeben hat oder Gott die Hymne dem Autor offenbart bzw. zu ihm herabgesandt hat. Die Überlieferung der Texte geschieht durch ein Auswendiglernen von Generation zu Generation, wobei Träger der Überlieferung die so genannten Qewals[32] sind, d. h. diejenigen, die die Qewls bei religiösen Zeremonien rezitieren und teilweise auch in Predigten interpretieren. Denn die symbolreiche Sprache der Qewls ist ohne detailreiche Kenntnis der yezidischen Geschichte, Mythologie und religiösen Praxis kaum verständlich. Das

---

[28] Omarkhali 2017: 56f.
[29] Vgl. Spät 2004: 76; Kreyenbroek 2005: 75.
[30] Als wertvolles Hilfsmittel für die weitere Erschließung (Übersetzung und Interpretation) dieser Texte ist der umfangreiche Katalog bei Omarkhali 2017: 409–525 zu bewerten.
[31] Zum Folgenden siehe vertiefend v. a. Omarkhali 2017: 97–109 sowie kürzer Kreyenbroek/Rashow 2005: 49–51.
[32] Kizilhan 1997: 111f.; Kreyenbroek 2005: 76.

Amt eines Qewal ist erblich, so dass diese Hymnen nur innerhalb dieser Vererbungslinien weitergegeben wurden.

Die so genannten Beyts sind ebenfalls sehr geschätzte poetische Texte, allerdings spricht man ihnen keinen göttlichen Ursprung zu. Inhaltlich beziehen sich viele Beyts auf das Leben yezidischer Heiliger oder enthalten – verbunden mit mythologischen Elementen – Anweisungen zur ethischen Lebensführung. Auch Beyts werden wie die Qewls bei religiösen Feiern rezitiert, manche auch jeden Tag. Abgesehen vom – zugeschriebenen – göttlichen oder nicht-göttlichen Ursprung ist die Abgrenzung von Qewls und Beyts in manchen Fällen nicht völlig eindeutig, da es sich bei beiden Genres um hymnisch-poetische Texte handelt.

Klarer zu unterscheiden sind die folgenden Genres: Qesîde sind meist kurze Texte, die von Schülern Şêxadîs stammen sollen. Auch von ihm selbst stammen angeblich vier Qesîde (arab. *qaṣīda*), zwei davon dürften jedoch jüngeren Datums sein.[33] Ebenfalls deutlich von den anderen Genres abzugrenzen sind die Gebete: Du'a bezeichnet Gebete für den privaten Gebrauch, während das Diroze (so die Bezeichnung bei irakischen und syrischen Yeziden, während unter Yeziden in Armenien, Georgien und Russland der Name Dirozge lautet) öffentlich gebetet wird. Ein weiterer Gebetstext (*Terqîn* bzw. *Telqîn*) wird bei Begräbnissen rezitiert, in Armenien und Georgien auch bei Tieropfern. Frauen dürfen dieses Gebet in der Öffentlichkeit nicht rezitieren. Das so genannte Glaubensbekenntnis (*Şehdetiya Dîn*) ist das am häufigsten (theoretisch allabendlich) von den Gläubigen zitierte Gebet. Von allen yezidischen Texten sind Gebete dasjenige Überlieferungsgut, das auch außerhalb des religiösen Spezialistenkreises weithin bekannt ist, da Eltern wenigstens einige grundlegende Gebete an ihre Kinder vermitteln.

Abschließend sind noch die Çîrok zu nennen, die „Geschichten" bzw. „Erzählungen".[34] Dabei handelt es sich um Prosatexte, die eine Vielfalt von religiösen, kosmologischen und mythisch-historischen Themen behandeln. In der Hierarchie der Wertschätzung stehen Çîrok-Texte an letzter Stelle, was dem Rezitator oder Erzähler erlaubt, diese Texte stärker zu aktualisieren oder freier zu bearbeiten, als dies bei den poetischen Texten (v. a. bei Qewls und Beyts) erlaubt ist. Dadurch weisen diese Texte einen deutlich größeren Variantenreichtum als die poetischen Texte auf. Aufgrund der Prosaerzählung sind diese Texte leichter verständlich als die poetischen Texte und sind eine nicht zu unterschätzende Hilfe in der Deutung von vielen – theologischen oder mythologischen – Anspielungen in den religiösen Hymnen. Bislang sind allerdings erst wenige dieser Erzählungen veröffentlicht.

---

33 Kreyenbroek 1995: 47–49; siehe auch Aloian 2008: 30 f.
34 Allison 2001: 82 f.; Kreyenbroek 2005: 75; Omarkhali 2017: 111–114.

4.1.2.3 Auf dem Weg zu einem Schriftkanon?

Die Verschriftlichung von lange Zeit nur mündlich überlieferten Texten seit den späten 1970er Jahren markiert einen Wandel der Religion der Yeziden, die dadurch zu einer Schriftreligion[35] wird. Dieser Wandel des Umgangs mit den Texten der Überlieferung wirft aber auch die Frage auf, inwieweit sich dadurch ein Kanon verbindlicher Schriften entwickeln kann. Innerhalb dieser Diskussion sind einige Aspekte zu beachten, ohne dass sich Ergebnisse bereits abzeichnen würden.[36]

Die ersten Reaktionen lokaler Şêxs und Pîrs auf die Veröffentlichung yezidischer Texte der beiden Celîl-Brüder in Armenien waren skeptisch bis ablehnend, während gebildete yezidische Laien darin die Chance sahen, das Wissen über die Religion zu erweitern. Im Irak hatten sich Pîr Silêman und Şêx Cindî für ihre Textedition zuvor die Unterstützung des damaligen Bavê Şêx als wichtiger religiöser Autorität gesichert, wobei auch im Irak einzelne Şêxs und Pîrs die Veröffentlichung ablehnten. Trotz solcher Kritik bedeutete dieser Weg zur Schriftlichkeit für Yeziden in muslimischer Umgebung einen Vorteil hinsichtlich der Stellung der Yeziden als „Leute der Schrift" (*ahl al-kitāb*) nach islamischer Vorstellung. Die positive Akzeptanz als Leute der Schrift wurde von 126 muslimischen Rechts- und Religionsgelehrten am 27. September 2014 in ihrer Ablehnung der Ermordung von Yeziden durch den so genannten Islamischen Staat ausdrücklich betont. Das theologische Thema des Besitzes einer Heiligen Schrift ist somit v. a. in den yezidischen Ursprungsgebieten ein nicht unwesentlicher Diskussionspunkt. Yeziden in Russland sowie in Deutschland fokussieren hingegen in der Diskussion um die Verschriftlichung stärker deren Nutzen, um Lehrinhalte bekannter und verbindlicher zu machen.

Die schriftliche Veröffentlichung von Texten wirft aber zugleich Fragen der Authentizität und Vereinheitlichung von Varianten sowie der hierarchischen Stellung von Texten und ihrer Aufnahme in ein verbindliches (kanonisches) Schriftcorpus auf. Dass die Qewls die wichtigsten yezidischen Texte sind, ist unbestritten, allerdings gibt es von keinem einzigen Qewl eine als einzig kanonisch anerkannte Textversion. Daher ist es höchst unwahrscheinlich, dass in nächster Zeit ein autoritativer Text von einzelnen Qewls – unter „textkritischer" Berücksichtigung aller vorhandenen mündlichen Varianten – erstellt werden kann, der von allen Yeziden als authentisch und normativ akzeptiert würde. Aber

---

35 Allison 2001: 9 f.; vgl. Spät 2004: 76.
36 Siehe zur Diskussion im Detail Omarkhali 2017: 255–293. – Diese Diskussionen verändern auch Texte. So werden gelegentlich arabischstämmige Begriffe im Kurdischen, die auch im islamischen theologischen Diskurs eine Rolle spielen, durch „genuin kurdische" und nicht islamisch konnotierte Begriffe ersetzt. Auch werden manche mythologischen Motive in Frage gestellt, aus Erzählungen entfernt oder neugedeutet; vgl. auch Spät 2004: 77–79.

auch hinsichtlich der Textauswahl für einen Kanon ist nur bedingt zu erwarten, dass eine solche gelingen könnte. Manche Yeziden bringen daher in der Diskussion die Überlegung ein, ob nicht zwischen heiligen Texten, die religiöses Wissen (*'ulim*) vermitteln, und solchen Texten, die „nur" Literatur (*edeb*) darstellen, unterschieden werden sollte. Zu ersterem würden v. a. Qewls, Beyts und einige Gebete gehören, zu zweiterem v. a. Çîrok. Solche Überlegungen zeigen eine lebendige, aber unabgeschlossene, vielleicht sogar unabschließbare Diskussion, da es keine für alle Yeziden weltweit verbindliche Institution gibt, die einen „authentischen Kanon" festlegen könnte.

4.1.3 Religion als Identitätsmarker

Die Diskussion um die „richtige" Namensform im deutschsprachigen Raum zeigt interessante Aspekte des Selbstverständnisses der Religionsangehörigen. Die von mir verwendete Form Yeziden[37] wird teilweise auch von Religionsangehörigen im deutschen Sprachraum verwendet. Zunehmend rekurrieren diese in den letzten Jahren jedoch auf die Form Êzîden (oder in vereinfachter Schreibung ohne diakritische Zeichen als Eziden), um damit eine theologische und religionspolitische Identität auszudrücken. Beide verwendeten Namensformen – Yeziden bzw. Êzîden – gehen auf ein ursprüngliches altiranisches Wort zurück, das in der Form *yazata* im Avesta häufig vorkommt und Gottheiten des Zoroastrismus bezeichnet. Das Wort ist auch in jüngeren iranischen Sprachen gut bezeugt, so im Mittelpersischen als *yazad* in derselben Bedeutung, während das Neupersische den Wortanfang zu *'izad* verändert. Analog zur neupersischen Verschiebung des Wortanlauts *ya-* zu *'i-* hat die kurdische Entwicklung den Anlaut des Wortes zum langen Vokal /ê/ verschoben, der im kurdischen Alphabet als *êzîdi*, in der arabischen Schreibweise des Kurdischen im Irak als *'ēzīdi* begegnet.

Die etymologische Herleitung von *êzîdi* bzw. Yeziden letztlich vom altiranischen Begriff *yazata* ordnet diese Bezeichnung aber auch gleichzeitig in jenes iranische Wortfeld ein, wodurch ein Bezug der Yeziden zur Welt des Göttlichen ausgedrückt ist. Dieses positiv konnotierte iranische Wortfeld ist daher auch für die Bildung von Personennamen beliebt, beispielsweise kann man den Namen

---

[37] Diese Namensform entspricht der im Englischen aktuell meist verwendeten Form „Yezidi". Die gelegentlich im Deutschen noch vorkommende Form „Jesiden" sollte vermieden werden, da der Buchstabe /j/ im Kurdischen einen stimmhaften Palatallaut (stimmhaftes „sch") darstellt und nicht den Gleitlaut „y". – Auch der oben schon erwähnte Name Yazīd und die Gemeinschaft der Yazīdī sind Fremdwörter im Arabischen, die ebenfalls auf den altiranischen Begriff *yazata* (und davon abhängige Ausdrücke) zurückgehen.

des letzten sasanidischen Herrschers Yazdgird oder des Umayyadenkalifen Yazīd nennen. Die Namensähnlichkeit zwischen Yeziden und Yazīd beruht jedoch nicht auf der Abhängigkeit der Yeziden von diesem Kalifen,[38] sondern lediglich darauf, dass beide Bezeichnungen sprachgeschichtlich (aber nicht theologisch) miteinander verbunden sind. Die in neuerer Zeit mehrfach genannte Analyse der Bezeichnung *êzîdi* von einem Verbum *da-* „erschaffen" und dem Personalpronomen *ez* („ich, mich"),[39] was zur Übersetzung des Wortes *êzîdi* als „der mich erschaffen hat" führt, ist sprachlich unzutreffend – sowohl aus Gründen der Wortbildung als auch der Lautlehre, da der Kurzvokal in *ez* nicht mit dem langvokalischen Anlaut von *êzîdi* verbunden werden kann.

Die von Yeziden favorisierte Erklärung ihrer Selbstbezeichnung ist jedoch hinsichtlich der Identität aufschlussreich, da damit eine klare Distanzierung vom Islam verbunden ist. Historisch sind islamische Elemente (v. a. aus dem Sufitum) genauso wenig zu leugnen wie einzelne Inhalte, die die Religion mit gnostischen Strömungen sowie iranischen Traditionen teilt. Allerdings betonen Yeziden im Bestreben der Bestimmung der Eigenständigkeit ihrer Religion, dass diese älter sei als der Islam.[40] Populär ist die Behauptung, die Yeziden-Religion sei die ursprüngliche Religion aller Kurden, auch wenn die meisten Kurden später zum Islam übergetreten seien und somit ihre eigene Religion verlassen hätten. Diese Positionierung dient der deutlichen Abgrenzung des Yezidentums vom Islam. Manche Yeziden vollziehen damit aber auch eine Abgrenzung gegenüber den Kurden, indem man sich als Yezide – und nicht als Kurde – definiert. Damit wird „Yezide" nicht als religiöse Kategorie, sondern als ethnische Kategorie in den Identitätsdiskurs eingebracht. Ab den 1970er Jahren spielte in diesen Identitätsfragen auch die Verbindung mit dem Zoroastrismus[41] eine Rolle, als Kurden (oft in politischer Nähe zur PKK) ihre Herkunft im Zoroastrismus verankerten, wobei auch – damals nationalistisch-kurdisch gesinnte – Yeziden diesen Zoroastrismus-

---

38 Schiiten konstruieren aus ihrer Ablehnung der Umayyaden und Yazīds aufgrund der falschen Verknüpfung zwischen den Wörtern Yeziden und Yazīd auch ihre negative Haltung gegenüber der Religionsgemeinschaft, die man als Parteigänger des bei Schiiten verhassten Kalifen ansieht. Yeziden ihrerseits distanzieren sich heutzutage von Yazīd als Muslim und versuchen daher, durch die bevorzugte Namensform Êzîden den Eindruck zu vermeiden, sie stünden als „Yeziden" in einer Beziehung zum islamischen Herrscher. Vgl. dazu auch Arakelova 2010: 8.
39 So z. B. Kartal 2016: 14 f.; Tagay/Ortaç 2016: 32 f.
40 Siehe zu solchen – unterschiedlichen – Identitätsbestimmungen und -abgrenzungen Foltz 2016: 322–324; Savucu 2016: 34–43; Arakelova 2010: 14 f.; Spät 2004: 79; Allison 2001: 41. – Vgl. auch Kartal 2016: 16–24, wo manche der Ausführungen jedoch ungenau bleiben.
41 Auch die *Qewlê Zerdeşt* („Hymne auf Zarathustra") spiegelt den Versuch wider, die eigene Religion mit dem Zoroastrismus in Beziehung zu setzen. Die Hymne ist jedoch kein altes Überlieferungsgut, siehe Omarkhali 2017: 472.

Diskurs aufgriffen. Sie verstanden sich entweder als „yezidische Zoroastrier" oder definierten ihre Religion als noch vor dem Zoroastrismus entstanden, so dass dieser von der yezidischen Religion beeinflusst worden sei. Derzeit wird diese Identitätsbestimmung jedoch nur noch von einer kleinen Gruppe von Yeziden favorisiert, als Folge der vorhin genannten vermehrten Betonung, dass Yeziden eine eigene ethnisch-soziale Gemeinschaft (getrennt von den Kurden) seien.

Diese Diskurse zeigen deutlich, dass die Religionsgemeinschaft sich in einem Prozess der Entwicklung und des Umbruchs befindet, in dem Prozesse der Abgrenzung und klaren Definition des Eigenen stattfinden. Diese Prozesse werden durch die neuen Möglichkeiten gefördert, die einerseits aufgrund der zunehmenden Zugänglichkeit von religiösen Texten auch für gebildete Laien und andererseits aufgrund der unbedrängten Lebenssituation in nicht-muslimischen Gesellschaften entstehen. Dabei ist unbestritten, dass die yezidische Religion ein eigener Zweig der Religionsgeschichte der iranischen Welt ist, wobei – trotz Elementen, die ursprünglich in gnostischen oder islamischen Traditionen verankert waren, jedoch im Yeziden-Kontext umgeformt wurden – die Mythologie und Praktiken der Yeziden substanziell der (west)iranischen Welt angehören. Aufgrund der sprachlichen Verankerung im Kurdischen kann man daher auf der beschreibenden Ebene die Religion der Yeziden – im Unterschied zum gesamtiranischen Zoroastrismus oder zur ursprünglich persischen Bahā'ī-Religion als eine der „kurdischen" Religionen[42] charakterisieren.

4.2 Weltbild in Theorie und Praxis

4.2.1 Der Kosmos

Moderne yezidische Selbsteinschätzungen, die in ihrer Religion die „uralte" Religion im Iran und Irak sehen, werden mit einer Vorstellung von der Schöpfung begründet, bei der sich die Yeziden auf Adam als den ersten Menschen beziehen. Die Schöpfungsvorstellungen reichen vor die Erschaffung des ersten Menschen zurück, wobei der ganze Kosmos in einen langen Zeitablauf eingebettet ist – von der Urzeit bis zur Endzeit. Auch wenn keine zusammenhängende Erzählung all dieser Ereignisse existiert, lässt sich aus den Hymnen und aus Prosatexten (v. a.

---

42 Eine weitere „kurdische" Religion in diesem Sinne ist die – mit den Yeziden eng verwandte – Religion der Yāresān im Iran bzw. der Kākā'ī im Irak; vgl. dazu Kreyenbroek 1995: 52–54; Ders. 2014: 3f. Siehe ferner Hosseini 2017, die die Betonung der religiösen Eigenständigkeit zur Bildung einer Yāresān-Identität und eines Yāresān-Nationalismus – in Abgrenzung zur sunnitisch-kurdischen wie auch zur schiitisch-persischen Umgebung – durch die Yāresān deutlich macht.

den Çîrok) etwa folgendes Schema des kosmologischen und eschatologischen Ablaufs rekonstruieren.[43] Vor der Schöpfung existiert bereits eine Urzeit (*enzel*), in der – in spiritueller Form – Gott existiert, der aus sich heraus eine weiße Perle[44] erschafft, so dass in dieser Phase der Kosmogonie Gott und die Perle kaum voneinander zu unterscheiden sind. Hymnen, die auf diese Früh- oder Vor-Phase der materiellen Schöpfung Bezug nehmen, charakterisieren diese erste Periode als Leere, d. h. betonen die Abwesenheit von Erde und Himmel, das Fehlen des göttlichen Thrones, aber auch von Bergen, Pflanzen sowie einer Ordnung. Da diese Zeit durch die Abwesenheit späterer Schöpfungswerke charakterisiert ist, herrschte auch Finsternis. Diese Perle war fest zusammengedrückt, als durch ein Beben eine Öffnung entsteht, durch die Rauch und Wasser herausströmen. Daraufhin erschafft Gott Sonne, Mond und die Gestirne, damit es hell wird und Tag und Nacht entstehen. Auch bringt Gott sieben göttliche Wesen hervor, denen er die Sorge für die Entwicklung der Welt überträgt. In sekundärer Systematisierung und in Anlehnung an die sieben biblischen Schöpfungstage wird dabei manchmal erzählt, dass die Schöpfung der sieben „Heiligen" in sieben Tagen geschehen sei. In diesen Prozessen wird somit der Übergang der Schöpfung von der Formlosigkeit zur materiellen Form geschildert und der Übergang der Urzeit zur linearen Zeit, die bis zum Weltende dauern wird.

Die Motive dieser frühen Phase der Schöpfung einer nicht-materiellen Welt, aus der erst die sichtbare Schöpfung hervorgeht, kennt auch die Schöpfungsmythologie des Zoroastrismus und der Yāresān. Im avestischen Yašt 13:55,77 f. spiegelt sich noch die Mythologie einer unvollkommenen ersten Schöpfung wider. Yt. 13:2 verdeutlicht die Unbeweglichkeit und Starre der „ersten" Schöpfung mit der Vorstellung, dass Himmel und Erde als fest zusammengefügte Materie aneinandergedrückt waren und erst in einem nachfolgenden Schöpfungsakt getrennt wurden[45] – vergleichbar der Festigkeit und Unbeweglichkeit der Perle in der yezidischen Schöpfungserzählung. Auch die Mythologie der Yāresān kennt

---

43 Siehe zuletzt Omarkhali 2017: 114–127; siehe ferner Kreyenbroek 2013: 127–130; Ders. 1995: 54–57.

44 Das Motiv der Perle wird in verschiedenen yezidischen Texten erwähnt, siehe z. B. die *Qewlê Arirîna Dinayayê*, die „Hymne über die Erschaffung der Welt" (Kreyenbroek 1995: 182–191; Kreyenbroek/Rashow 2005: 66–71). Auch die Schöpfungserzählung im „Schwarzen Buch" (*Maṣḥafā Raš*) verarbeitet dieses Motiv (Bittner 1913: 26 f., Abschnitt XI). Siehe ferner Kizilhan 1997: 72 f. – Andere Erzähltraditionen erweitern das Perlenmotiv noch in unterschiedlicher Weise, wenn es z. B. heißt, dass die Perle (bzw. die Erde) auf dem Rücken eines (weißen) Stieres liegt, der seinerseits auf einem riesigen Fisch steht.

45 Eine weitere Anspielung auf das Motiv, dass sich der geschlossene und unbewegliche Kosmos erst durch einen zweiten Schöpfungsakt entfaltet und dadurch lebensfähig wird, zeigt Vd. 2:10 f., wenn Yima die festgefügte Erde ausbreitet, damit sie den Lebewesen Raum bieten kann.

das Motiv des kompakten uranfänglichen Kosmos in Form einer Perle, aus der sich erst durch das göttliche Wirken die Welt entfaltet.⁴⁶ Zum Schöpfungswirken Gottes gehört, dass sieben „Heilige" von ihm hervorgebracht werden. Zu diesem Element der Yeziden-Mythologie gibt es analoge Vorstellungen bei den Yāresān, aber auch die Siebenzahl der Aməša Spəntas, die als Emanation aus Ahura Mazdā hervorgehen, ist eine Variation dieses Motivs. Alle drei religiösen Traditionen Irans kennen somit dieselben Motive. Dabei ist jedoch zu berücksichtigen, dass innerhalb des Zoroastrismus dieses Motiv einer „unvollkommenen" Schöpfung im Vergleich zu zentraleren Vorstellungen, dass Ahura Mazdā den Kosmos perfekt geschaffen und sein Gegenspieler Aŋgra Mainiiu eine Gegenschöpfung hervorgebracht hat, weniger populär ist. Daher ist daraus der Schluss zu ziehen, dass die Yeziden dieses Motiv nicht direkt aus dem Zoroastrismus entlehnt haben. Vielmehr haben sie hier – gleich wie die Yāresān – eine vor allem im Westiran verbreitete Schöpfungsmythologie, die ein Erbe der indo-iranischen Mythologie ist, zentral in ihr „Lehrsystem" integriert, während im Zoroastrismus dieses indo-iranische Motiv nur noch am Rande erscheint.

Die weitere Entfaltung der Schöpfung wird in yezidischen Quellen wiederum in verschiedenen Varianten erzählt, wobei die sieben göttlichen Wesen, an deren Spitze der Engel Pfau (Tawûsî Melek) steht, in unterschiedlicher Weise daran beteiligt sind.⁴⁷ Im nächsten Schritt wird Adam erschaffen, was jedoch nicht völlig problemlos verläuft, wie verschiedene Mythenvarianten zeigen, die in einigen Çîrok überliefert sind.⁴⁸ Da Adam aus dem Erdboden geformt werden soll, schickt Gott einen Engel zur Erde, damit er von ihr das Material für die Schöpfung Adams nehme, allerdings verweigert sich die Erde diesem Wunsch. Erst in einem zweiten – oder späteren Versuch – kann ein Engel (eine Version spricht von Tawûsî Melek) die Erde überzeugen, dass sie etwas vom Erdboden für die Erschaffung Adams bereitstellt. Allerdings muss der Engel versprechen, dass der Mensch nach dem Tod zur Erde zurückkehrt. Nach seiner Erschaffung lebt Adam 700 Jahre ohne Seele, d. h. er ist noch kein vollständiger Mensch. Dadurch zeigt sich auch hier die Entwicklung von der unfertigen Schöpfung hin zur jetzigen Welt. Als Gott die Seele auffordert, in den Körper des Menschen einzugehen, weigert sich diese

---

46 Hamzeh'ee 1990: 70f.; Ders. 2009: 322f.; Omarkhali 2017: 116 zitiert als Beispiel dafür einige Zeilen aus zwei *kalām* (religiöse Poesie) der Yāresān, die dieses Motiv zeigen.
47 Vgl. eine Zusammenfassung (und Harmonisierung) von verschiedenen Erzählsträngen bei Kizilhan 1997: 76–79.
48 Omarkhali 2017: 128–131, wo auch für die Erschaffung Adams auf eine vergleichbare Erzähltradition bei den Yāresān verwiesen wird.

ebenfalls, ehe sie zustimmt, so dass Adam nun ein „fertiger" Mensch ist.[49] Als solcher verweilt er 100 Jahre im Paradies, ehe ihn Gott auf die Erde sendet, wo Gott nach weiteren 100 Jahren aus Adams Rippe Eva als erste Frau formt.

In Bezug auf die Nachkommen Adams und Evas hat Eszter Spät sich mehrfach mit der Überlieferung über Şexîd bin Cerr befasst, dem „Zeugen, dem Sohn aus dem Korb". Eine – seit langem bekannte – Version aus dem „Schwarzen Buch" erzählt,[50] dass Adam und Eva sich stritten, ob die Menschen von Adam oder von Eva abstammen sollten. Sie beschließen, dass beide ihre Samen in einen Korb legen, diesen verschließen, um nach neun Monaten das Ergebnis zu erfahren: In Adams Korb befanden sich nun ein Junge, Şexîd, und ein Mädchen, von denen die Yeziden abstammen. Evas Korb hingegen enthielt nur Würmer. Danach zeugte Adam mit Eva einen Jungen und ein Mädchen, die Urahnen der Juden, Christen, Muslime und anderer Völker. Dass hier zwei Geschwisterehen den Ausgangspunkt der einzelnen Völker (Yeziden und andere) darstellen, könnte ein iranisches Motiv sein, das auch in der Wertschätzung der Geschwisterehe[51] bzw. der Ehe unter engen Verwandten im frühen Zoroastrismus vorkommt. Das Motiv der Geschwisterehe ist die ältere Tradition, die sekundär (in islamischer Umgebung) verändert wurde: Denn eine Variante des anthropogonischen Mythos erzählt, dass Şexîd bin Cerr mit einer nicht näher bestimmten Frau die Yeziden zeugt bzw. mit einer Huri, die aus dem Paradies zu ihm gesandt wurde. Beide Varianten vermeiden dabei die – aus islamischer Sicht negativ bewertete – Geschwisterehe der altiranischen Tradition.

Unabhängig von der Veränderung des Erzählmotivs der Geschwisterehe wird eine Sonderstellung Şexîds angesprochen, durch die er – und seine Nachkommen – sich von den anderen Nachkommen Adams und Evas unterscheiden. Seine übernatürliche Geburt – ohne Mutter – trennt ihn (und seine Nachkommen) von den anderen ethnischen Gruppen, so dass daraus das Endogamiegebot der Yeziden abgeleitet wird, durch das Eheschließungen mit Juden, Christen und Muslimen verboten sind.[52] Zugleich zeigt die übernatürliche Geburt Şexîds eine Vorstellung, die sowohl dem Islam als auch anderen genuin iranischen Traditionen unbekannt ist. Daher vermutet E. Spät, dass dieses Erzählmotiv über Şexîd aus

---

49 Vgl. z. B. in der *Qewlê Zebûnî Meksûr* (Kreyenbroek/Rashow 2005: 62) oder in der *Qewlê Afirîna Dinyayê* (Kreyenbroek/Rashow 2005: 69).
50 Joseph 1909: 223 f. Bei Bittner 1913: 33 hingegen fehlt diese Erzählung, die zwischen seinen Abschnitten XXI und XXII einzufügen wäre. Für weitere mündliche Überlieferungen über Şexîd siehe Spät 2002: 27–30; Spät 2005: 18; Spät 2013: 34–36. Erwähnenswert ist hinsichtlich der Tradition über Şexîd, dass sie in den Qewls nicht vorkommt, vgl. Kreyenbroek/Rashow 2005: 29.
51 Vgl. Stausberg 2002a: 52 f., 122.
52 Vgl. Spät 2013: 33.

Überlieferungen über Seth, den „Stammvater" der Gnostiker als Gemeinschaft der Rechtgläubigen, von den Yeziden rezipiert wurde. Denn sie sehen sich als Nachkommen Şexîds als Bekenner der wahren Religion, die seit Beginn der Welt besteht. Dabei könnten die Manichäer mögliche Vermittler einer solchen Tradition an die prä-islamischen Kurden in Nord-Irak und Nordwest-Iran gewesen sein.[53]

Die weitere Geschichte des Kosmos wird durch drei Katastrophen (*tofan*) strukturiert, die jeweils Vernichtung, aber auch Reinigung des Kosmos (der Erde) bedeuten. Nachdem sich die Menschen – Yeziden und Nicht-Yeziden – aus den unterschiedlichen Zweigen der Nachkommenschaft Adams vermehrt haben, kommt die erste Katastrophe, in dem das Leben und die Welt durch eine Flut weitgehend vernichtet werden. Diesen erste *tofan* verbinden die Yeziden mit der großen Flut zur Zeit des biblischen Noah. Danach setzt ein zweiter Zeitabschnitt ein, der bis zur Gegenwart reicht und noch weiter andauern wird. Es ist die Zeit, in der große religiöse Gestalten wie Abraham, Mose, Jesus, Muhammad oder Şêxadî – der wichtigste der 124.000 Propheten (*nebî*) – aufgetreten sind.[54] Diese Epoche wird beim zweiten *tofan* durch Feuer vernichtet werden. Danach dauert das Leben erneut bis zum dritten *tofan* durch einen Sturm, d. h. durch das Element Luft, an. Nach dieser Katastrophe nähert sich der Kosmos jedoch seinem Ende: Es kommen als eschatologische Heilsgestalten Mehdi Şerfedîn und Jesus auf die Erde und es bricht eine 40-jährige ideale Zeit an. An ihrem Ende kündigen negative Zeichen den Weltuntergang an, in dem der Kosmos dann verschwindet.[55] Auch hier ist der iranische Symbolgehalt dieser „Weltgeschichte" unübersehbar: Die drei *tofan* sind drei reine Elemente – Wasser, Feuer, Luft –, durch die die Erde als viertes Element gereinigt wird. Der Reinheits- und Reinigungscharakter dieser Elemente ist dabei keineswegs zufällig, sondern spiegelt die – bestens im Zoroastrismus ausgeprägte – altiranische Vorstellung der Reinheit der vier Elemente und der Vermeidung ihrer Verunreinigung wider.

---

53 Spät 2002: 30 f., 42 f.; Spät 2013: 35–39.
54 So z. B. in der *Qewlê Zebûnî Meksûr*, die Noah, die „Sintflut" und das Kommen dieser Propheten nennt, vgl. die Hymne bei Kreyenbroek/Rashow 2005: 64 f. Zwei Varianten dieser Qewl verarbeiten diese Motive jedoch kürzer, siehe Kreyenbroek 1995: 176–179 und Omarkhali 2017: 221 f., 314 f.
55 Kreyenbroek 1995: 146 f.

4.2.2 Die göttliche Welt

An der Spitze des Yeziden-Pantheons steht Gott, der die Welt erschaffen hat. Das kurdische Wort *êzda* (< altiran. *yazata*) „Gott" wird manchmal auch als Eigenname verwendet. Ebenfalls bezeichnen Yeziden Gott mit dem Titel „Herr" (*xudan* bzw. *xwedê*) oder mit dem arabischen Begriff Allāh.[56] Auf Êzda als höchsten Gott beziehen Yeziden dabei auch ihre Selbstbezeichnung. Allerdings spielt Êzda bzw. Xwedê in der rituellen Praxis keine Rolle, so dass er in den Hymnen kaum genannt wird und auch nicht als Empfänger von Opfern gilt. Charakteristisch ist vielmehr, dass fast alles, was über Gott ausgesagt wird, v. a. indirekt über die drei Manifestationen des Göttlichen erschließbar ist bzw. durch diese drei Manifestationen über das Göttliche ausgesagt wird. Denn Xwedê ist ein völlig transzendenter Gott, dessen maßgebliches Wirken für die Menschen zwar in seiner Schöpfertätigkeit liegt, aber um das Weiterwirken der Schöpfung und den Fortbestand der Welt kümmert sich die Triade der drei zentralen göttlichen Manifestationen, Tawûsî Melek, Şêxadî und Siltan Êzîd. Dass Şêxadî und Siltan Êzîd auf historische Gestalten zurückgehen, wird dabei von manchen modernen Yeziden geleugnet.[57] Die Ablehnung der historischen Verbindung zwischen dem „theologischen" Siltan Êzîd und dem historischen umayyadischen Sulṭān Yazīd fällt dabei meist schärfer aus als die Ablehnung des historischen Šaiḫ ʿAdī, bei dem lediglich seine Beziehung zum Sufismus abgelehnt wird. In jenen theologisch-reflektierenden Fällen, in denen die Historizität von Siltan Êzîd nicht vollkommen außer Acht gelassen wird, wird dabei betont, dass Siltan Êzîd den Islam verlassen habe, um die Religion, die Şexîd bin Cerr den Yeziden gebracht hat, in Syrien bis zum Auftreten von Şêxadî zu verkünden.

4.2.2.1 Der Engel Pfau – Tawûsî Melek

Die wichtigste Gestalt der Triade – und der Dogmatik und Praxis der Yeziden – ist Tawûsî Melek, der Engel Pfau, weshalb Yeziden auch als „Volk des Engels Pfau" (*milatê Tawûsî Melek*) bezeichnet werden.[58] Die Vogelsymbolik spielt auf eine

---

56 Vgl. Kreyenbroek 1995: 92 f.; Kizilhan 1997: 80; zur weiteren variantenreichen Terminologie siehe u. a. auch Asatrian/Arakelova 2003: 4 und Omarkhali 2017: 298 f.
57 Vgl. Arakelova 2005: 199–202; Spät 2004: 78; 2018: 585. – Anklänge an den historischen Siltan Êzîd finden sich mehrfach in Hymnen, am ausführlichsten wird dieses Thema in der „Großen Hymne" (*Qewlê Mezin* bei Kreyenbroek/Rashow 2005: 157–172) behandelt, die deswegen auch als *Qewlê Êzîd* bezeichnet wird; siehe dazu auch Omarkhali 2017: 424 f.; Spät 2018: 568–579.
58 So im „Schwarzen Buch" (Bittner 1913: 28, Abschnitt XIV); vgl. auch Kreyenbroek 1995: 94 f.; Asatrian/Arakelova 2003: 9; Arakelova 2010: 7.

Schöpfungstradition an, nach der zu Beginn der Welt zwei Vögel – Gott (Xwedê) und Tawûsî Melek – über den Urozean flogen und Gott sich auf einem Baum niederließ. Als auch Tawûsî Melek auf dem Baum rasten wollte, erlaubte Gott ihm das erst, nachdem er Gott als Schöpfer anerkannt hatte.[59] Auch wenn vom Engel „Pfau" die Rede ist, handelt es sich dabei nie um einen Pfau im ornithologischen Sinn, auch wenn moderne Yeziden den Radschlagenden Pfau als Symbol der yezidischen Identität abbilden. Eine andere Darstellungsform des Engels Pfau ist die Bronzefigur eines Vogels, die bei der so genannten Sencaq-Zeremonie (*tawûs gêran*), auf die noch einzugehen sein wird, mitgetragen wird. Allerdings entspricht diese Figur eher einem (jungen) Hahn als einem Pfau.[60]

Da Tawûsî Melek in der islamischen Ablehnung der Yeziden negativ bewertet wird, ist nach dem Ursprung der Vogelsymbolik zu fragen. Als Ausgangspunkt dafür scheinen zwei mitteliranische manichäische Texte am aussagekräftigsten zu sein: eine Festtagshymne erwähnt im kosmologischen Kontext einen Pfau und in einer manichäischen Parabel wird ein Pfau an einen Gesandten übergeben, um den er sich zu kümmern hat. In der Bildersprache der Parabel und der Hymne drückt die Pfauensymbolik den göttlichen Anteil des Menschen in seiner Seele aus, d. h. es handelt sich dabei nicht um einen realen Vogel, sondern – vergleichbar dem Engel Pfau – um eine Versinnbildlichung des Göttlichen.[61] Die Vorstellung eines wunderbaren und göttlichen Vogels kennt auch die bereits im Avesta angedeutete Mythologie über Simury in der persischen Folklore.[62] Auch dieser Wundervogel hat einen Bezug zum Pfau, da Simury mit Pfauenflügeln und -schwanz abgebildet wird, allerdings durch seinen Hundekopf und die Klauen eines Löwen keinen realen Vogel wiedergibt. Diese gemeinsame Motivik erlaubt den Schluss, dass die Pfauensymbolik der Yeziden iranische Wurzeln hat, allerdings lässt sich Tawûsî Melek weder direkt mit dem Zoroastrismus noch mit dem Manichäismus verbinden. Hervorheben muss man jedoch ausdrücklich, dass in den iranischen Traditionen der Pfau durchgehend positiv bewertet wird, so dass die negative Einschätzung von Tawûsî Melek bzw. seine Gleichsetzung mit dem

---

59 Kreyenbroek 1995: 54. In Varianten dieser Tradition wird der zweite Vogel manchmal mit dem Engel Gabriel (Cibraîl) identifiziert (vgl. Omarkhali 2017: 402–405), wobei diese Schöpfungsvariante auch bei den Yāresān erzählt wird.

60 Der Sencaq von Şingal erinnert eher an eine Ente (vgl. Spät 2005: 66). Zu den hahngestaltigen Sencaq-Figuren kann man das Hahntabu („Schwarzes Buch", § 24 bei Bittner 1913: 35) in Beziehung setzen; vgl. dazu auch Asatrian/Arakelova 2003: 28.

61 Sundermann 1973: 84, 86.

62 Schmidt 1980. Der neupersische Name Simury ist die Fortsetzung des mittelpersischen Wortes *sēn murw* bzw. des avestischen Begriffs *mərəyō saēnō* (Yt. 14:41). – Vgl. ferner Asatrian/Arakelova 2003: 25 f.; de Jong 2009: 315–317.

Satan (arab. *šaiṭān*) durch den Islam eine bewusste Umdeutung dieser zentralen göttlichen Gestalt der Yeziden ist, die auch zur pejorativen Bezeichnung der Yeziden als „Teufelsanbeter" geführt hat.[63] Wahrscheinlich kann man diese negative Deutung dadurch erklären, dass die besondere Wertschätzung des Engels Pfau durch die Yeziden in den Augen der Muslime dem Monotheismus konträr ist.

Einen guten Einblick in die Wertschätzung von Tawûsî Melek gibt die große Hymne, die ihm zugeschrieben wird, die *Qewlê Tawûsî Melek*. Dabei ist – wie Omarkhali betont – entscheidend, dass diese Hymne nicht von Tawûsî Melek handelt, sondern ihm in den Mund gelegt wird, wie auch der alternative Titel des Textes als *Du'ayê* [Gebet] *Tawûsî Melek* oder *Qesîda Tawûsî Melek* zeigt.[64] Dadurch beziehen sich die in der Hymne genannten Eigenschaften und Epitheta jedoch nicht – wie in der älteren Forschung angenommen – auf ihn, sondern auf Gott (Xwedê). Der Bedeutung von Tawûsî Melek tut dies jedoch keinen Abbruch, da er somit als der beispielhafte Beter und Verehrer Gottes durch diese Hymne charakterisiert ist, der den Menschen Wissen über Gott bringt. Dieser Einschätzung entspricht ferner, dass auch das Buch *Cilvê*, das „Buch der Erleuchtung", ihm zugeschrieben wird. Darin werden Informationen über Verpflichtungen, Segnungen und Unglück unter den Menschen gegeben, die von den Gläubigen – als „Wort des Engels Pfau" – akzeptiert werden müssen. Deshalb ist Tawûsî Melek in der Wahrnehmung der Yeziden diejenige Gestalt der oben genannten Trias, durch die der Mensch am meisten über Gott (Xwedê) und die Religion erfahren kann. Dadurch wird er zum idealen Vermittler des Wissens über Gott an die Menschen und damit auch zum zentralen Bezugspunkt der Gläubigen. Diese Wertschätzung in der Religionsausübung spiegelt sich auch in der traditionellen Prozession einer Figur (*sencaq*) von Tawûsî Melek in die einzelnen Yeziden-Ortschaften wider, bei deren Anlass den Gläubigen religiöses Wissen und religiöse Erfahrung vermittelt wurde.

---

[63] Vgl. zur islamischen Verbindung mit dem *šaiṭān* bzw. zum negativen Vorwurf der „Teufelsanbetung" Asatrian/Arakelova 2003: 30–35; ferner Tagay/Ortaç 2016: 56f. und Savucu 2016: 153f. – Auch das Tabu, dass Yeziden das Wort *šaiṭān* (kurd. *şeytan*) und davon abgeleitete Wörter nicht aussprechen, wird als Vorwurf der „Teufelsanbetung" gegenüber der Religionsgemeinschaft verwendet.

[64] Omarkhali 2017: 105 Anm. 134, 543. Die Aussagen von Kreyenbroek 1995: 94f. oder Asatrian/Arakelova 2003: 17f. sind daher dementsprechend zu modifizieren. – Für Text und Übersetzung der Hymne/des Gebets siehe Kreyenbroek 1995: 244–247.

4.2.2.2 Die Sieben Mysterien

Vor der Erschaffung der sichtbaren Welt hat Gott sieben göttliche Wesen erschaffen, wobei nicht nur in der Siebenzahl, sondern auch in der engen Verbindung zwischen Gott und diesen Sieben wiederum ein altes iranisches Mythologem aufgegriffen wird. Denn auch die Schöpfungsmythologie der Yāresān kennt sieben „Engel" (*heftān*) bzw. Heilige, die vor der sichtbaren heutigen Welt erschaffen wurden. Mit ihnen – bzw. ihrem Anführer Binyāmīn, der mit dem Engel Pfau vergleichbar ist – schloss Gott einen Bund, um die heutige Welt zu erschaffen. Den Heftān wurden die sieben Himmel zugewiesen, während die sieben Erdbereiche ihren irdischen Erscheinungsformen und Repräsentanten, der Gruppe der Heftawān, zugeteilt wurden. Auch im Zoroastrismus begegnet mit den Aməša Spəntas eine göttliche Siebenergruppe, die an der Schöpfung mitwirkt und die für sieben irdische Erscheinungen (Menschen, Tiere, Feuer, Metalle, Erde, Wasser, Pflanzen) zuständig sind. Im Unterschied zu den Sieben Heiligen bei den Yāresān und den Yeziden haben die Aməša Spəntas jedoch keine menschlichen Entsprechungen.[65]
Im Yezidentum werden diese göttlichen Wesen entweder als die „Sieben Mysterien" (*heft sur*), die Sieben Heiligen (*heft mêr; heft xas*) oder einfach als Engel (*melek*) bezeichnet. Sie sollen das Geschick der Welt leiten und an ihrer Spitze steht Tawûsî Melek. Die „Hymne auf (Gott) den König" (*Qewlê Padişa*) beschreibt den Ursprung dieser Sieben sehr anschaulich:[66]

> Mein König ist das (göttliche) Mysterium des Himmels, der Herr von Nacht, Tag und Zeit, von ihm kommen (alle) Wohltaten.

> Mein König ist der Herr der Engel, der Herr der Sieben Mysterien, die Ausdauer haben, und aller Sieben Heiligen, die würdevoll sind.

> Mein König erschuf das Universum aus einer Perle und aus Juwelen, und vertraute es allen Sieben Mysterien an, (und) an diesem Tag machte er Tawûsî Melek zu ihrem Oberhaupt.

Die Erschaffung der Sieben Heiligen/Mysterien wird auch in anderen Texten genannt, so in der *Qewlê Zebûnî Meksûr*, in der ausführliche Bezugnahmen auf das Schöpfungsgeschehen vorkommen.[67]

---

65 Zu diesen religionsgeschichtlichen Hintergründen siehe Kreyenbroek 2013: 125 f. sowie Hamzeh'ee 1990: 99 f. und Kartal 2016: 23 für die Yāresān bzw. Hutter 1996: 204 f. für den Zoroastrismus.
66 Nach Omarkhali 2017: 299 f., Strophe 4–6.
67 Nach Omarkhali 2017: 308, Strophe 11–12. In der mündlichen Version der Hymne, die Kreyenbroek 1995: 172 f. ediert hat, fehlen Strophe 12 (und 13) der Version von Omarkhali. Eine weitere

> Die Perle wurde leuchtend in Farben, vorher gab es weder Erde noch Himmel noch Thron.
> Sag mir, mit wem war mein König so erfreut.
>
> Mein König ist der Herr der Macht, er erschuf die Engel, mit (ihrer Hilfe) erschuf er die Hölle und das Paradies.

Das *Masḥafā Raš* verbindet in seiner Erzählung diese sieben Engel mit den Wochentagen, die mit dem Sonntag beginnen. Dies steht im Widerspruch zur Erzähltradition der *Qewlê Zebûnî Meksûr*, derzufolge die Schöpfung von einem Samstag bis zu einem Freitag dauerte, sowie zur Datierung des Weltanfangs auf einen Mittwoch im Zusammenhang mit der Feier des Neujahrsfestes. Die Sieben Engel haben im *Masḥafā Raš* Namen, deren Ursprung in jüdisch-christlich-islamischen Engelnamen liegt, die jedoch zugleich mit Namen von Heiligen aus der Frühgeschichte der Yeziden und an anderer Stelle des „Schwarzen Buches" auch mit Königen der vor-yezidischen Geschichte verbunden sind.[68]

Tawûsî Melek ist das Oberhaupt dieser Siebenergruppe, die anderen Sechs sind mythische bzw. ursprünglich historische Personen. Da eine systematische Dogmatik den Yeziden fehlt, werden nicht immer ausschließlich dieselben Personen zu den Sieben Heiligen gezählt. Im *Masḥafā Raš* sind folgende Namen genannt: Ezraîl (= Tawûsî Melek), Derdaîl (= Şêxisin), Israfîl (= Şêşims/Şemsedîn), Mikahîl (= Şêxubekir), Cibraîl (= Secadîn), Şemnaîl[69] (= Nasirdîn), Turaîl (= Fexredîn). Etwas abweichende Listen der Namen bringen z. B. das Morgengebet (*Du'aya Sibeykê*) und das Abendgebet (*Du'aya Hêvarî*). Da manchmal auch Şêxadî mit Tawûsî Melek identifiziert wird, geben die verschiedenen Listen der Sieben Mysterien unterschiedlichen Einblick in die Prozesse der Mythologisierung von historischen Personen der Yeziden-Frühgeschichte.

Solche Prozesse der „Vergöttlichung" historischer Personen bzw. deren Gleichsetzung mit den Sieben Mysterien sind durch die Idee der Wiedergeburt möglich. Göttliche Wesen können sich – möglicherweise als gnostisches Erbe im

---

Variante bieten Kreyenbroek/Rashow 2005: 59f., wobei in dieser Version die Erschaffung der Sieben Mysterien erst an späterer Stelle (Strophe 37) erzählt wird.

68 Siehe Bittner 1913: 24–27, Abschnitt II-VIII sowie 33, Abschnitt XXII; *Qewlê Zebûnî Meksûr* (Omarkhali 2017: 313, Strophe 36; Kreyenbroek 1995: 176f., Strophe 31; Kreyenbroek/Rashow 2005: 62, Strophe 38).

69 Im Abendgebet scheint dieser Name durch Şifqaîl ersetzt zu sein und im Morgengebet fehlt Şêxisin. Für den Text des Morgengebets bzw. Abendgebets siehe Kreyenbroek 1995: 216f., 222f. Einen guten Einblick in die Verflechtung von Historie und Theologie zeigt auch das *Beyta Şêşims* (Omarkhali 2017: 324–333) oder das *Dirozga Şêxşims* (ebd. 335–366), in denen Šaiḫ Šams ad-Dīn und andere Personen der Anfänge des Yezidentums in Beziehung zueinander gesetzt und zugleich religiös überhöht werden. Zu dieser Vergöttlichung siehe auch Arakelova 2002: 57f., 67f.

yezidischen Denken[70] – von Zeit zu Zeit auf der Erde in einem Menschen inkarnieren, um die Religion (wieder) bekannt zu machen. Engel oder außergewöhnliche (xas; arab. ḫāṣṣ), heilige Menschen können daher zu Manifestationen des Göttlichen werden, was in der religiösen Poesie und im theologischen Denken die Identifizierung der Sieben Mysterien mit historischen Gestalten der Religion ermöglicht. Die Bedeutung der Historizität der Letzteren tritt dabei völlig in den Hintergrund, so dass sie fast nur noch als Inkarnationen des Göttlichen eine Rolle spielen. Der Inkarnationsgedanke ist dabei – abgesehen von der Theologisierung historischer Gestalten der frühen Yeziden-Geschichte – auch in eine größere Geschichtsdeutung eingebettet, die davon ausgeht, dass alle 1.000 oder 10.000 Jahre ein xas aus dem göttlichen Bereich auf die Erde herabsteigt, um für eine Zeitlang die Herrschaft zu übernehmen, Gesetze zu erlassen und danach wieder in den Himmel zurückzukehren. Dadurch ergibt sich – entsprechend den Sieben Mysterien – ein Zeitraum von 7.000 oder 70.000 Jahren für dieses zyklische Eingreifen Gottes in die Welt durch seine Manifestationen.

4.2.2.3 Weitere Gestalten des „Yeziden-Pantheons"

Neben den Sieben Heiligen kennt die Religion weitere weniger wichtige niedrige Gestalten im Pantheon, an die man sich in der Alltagsreligion wendet, um von ihnen Hilfestellung im Leben zu erfahren. Dazu gehören die Eponymen für die einzelnen Clans, verehrungswürdige Pîrs, aber auch lokale Gottheiten, die manchmal stärker im Bereich der religiösen Folklore als in der Theologie, wie man sie v. a. in den Qewls als religiös weitgehend relevanten Texten erkennen kann, beheimatet sind. Solche Gottheiten weisen ihrerseits ebenfalls Überlappungen bzw. Beziehungen zu den Sieben Heiligen auf. Einige seien im Folgenden wenigstens genannt.

Eng mit dem Alltagsleben und dem Haushalt sind einige weibliche Gottheiten verbunden:[71] Pîra Fat gilt bei Yeziden in Armenien als Beschützerin von Frauen im Kindbett, so dass sie symbolisch als „Mutter der Yeziden" angesehen wird. Andere Traditionen sagen von ihr, dass sie die Menschen beim ersten *tofan*, der großen Flut, unter einem Zelt gerettet hat bzw. vor anderen Formen der Vernichtung rettet. Möglicherweise ist ihr Name (Pîra) Fat eine Abkürzung des populären arabischen bzw. muslimischen Frauennamens Fāṭima. Ebenfalls dem Bereich der Familie zugeordnet und in ihren Funktionen mit Pîra Fat vergleichbar ist Xatûna Ferxa,

---

70 Spät 2004: 80 f.
71 Vgl. zum folgenden Abschnitt allgemein Asatrian/Arakelova 2004: 244–270; ferner Kreyenbroek 1995: 104, 109, 111 f.

die als Beschützerin von (schwangeren) Frauen und Kindern gilt. Ein Gott des Haushalts ist Xudane Malê, von dem gesagt wird, dass er eng mit der Feuerstelle des Hauses verbunden ist und die Familie beschützt; genauso verdankt man ihm Erfolg bei der Viehzucht oder eine gute Ernte. Einen klaren landwirtschaftlichen Bezug zeigen Pîr Memê Şivan und Gavanê Zerzan; ersterer gilt als Schutzgott von Kleinvieh, letzterer von Rindern. Pîr Memê Şivan ist populärer als Gavanê Zerzan, was mit der wirtschaftlich größeren Bedeutung von Schafzucht gegenüber der teureren Rinderzucht in der frühen Yeziden-Zeit zusammenhängt. Ähnlich wie bei der Theologisierung historischer Gestalten ist auch bei Gavanê Zerzan in der Erzähltradition noch in Erinnerung geblieben, dass Gavanê Zerzan ursprünglich ein menschlicher Rinderhirt war, der Şêxadî als einfacher Hirte nur einen Gerstenfladen als Zeichen seiner Ehrerbietung darbringen kann. Şêxadî segnet den Hirten, der daraufhin zum großen übermenschlichen Rinderhirten wird. Seither gilt Gavanê Zerzan als Beschützer der Rinderherden.

Solche Beispiele zeigen fließende Grenzen zwischen historischen und mythischen Personen, die als Heilige in unterschiedlicher hierarchischer Rangordnung von den Yeziden geschätzt werden. Sowohl die mit den Sieben Mysterien identifizierten historischen Personen als auch manche der hier beispielhaft aus dem Yeziden-Pantheon genannten Personen sind auch Eponyme für die verschiedenen Şêx- bzw. Pîr-Abstammungslinien.[72] Dadurch werden beide Abstammungslinien, die die religiös-sozialen Beziehungen der Yeziden grundlegend bestimmen, zugleich theologisch legitimiert.

4.2.3 Der Mensch von der Geburt bis zum Tod

Die schon genannte Mythologie über den Ursprung der Menschheit drückt eine Unterscheidung zwischen Yeziden und Nicht-Yeziden aus, wobei man jedoch erst durch Initiationsriten in die Religionsgemeinschaft aufgenommen wird. Im so genannten Glaubensbekenntnis (Şehdetiya Dîn) sind die bedeutenden fünf religiösen Autoritäten (terîq) erwähnt, die einem gläubigen Laien (mirîd) auf seinem alltäglichen religiösen Weg und in seiner spirituellen Entwicklung beistehen, wenn es darin heißt:[73]

> Ich bin dankbar gegenüber Gott, gegenüber (meinem) Şêx, Pîr, Meister (hoste), Lehrer und geliebten Jenseitsbruder. Ich bin zufrieden mit allen meinen fünf Terîq.

---

[72] Vgl. die Tabellen dieser Abstammungslinien bei Omarkhali 2017: 567 f.
[73] Text bei Omarkhali 2017: 370 (vgl. auch die leichte Variante ebd. 368). Tagay/Ortaç 2016: 74 bezeichnen die Akzeptanz dieser fünf Autoritäten als „Grundpflichten" jedes Yeziden.

Besonders hervorzuheben sind von diesen fünf religiösen Bezugspersonen der Şêx, der Pîr und der Jenseitsbruder bzw. die Jenseitsschwester, da diese in den verschiedenen religiösen Ritualen für den Einzelnen wichtige Funktionen erfüllen.

4.2.3.1 Aufnahmerituale in die Religion

Beim *bisk birîn*-Ritual („Haarschneidezeremonie") werden einem Jungen zwei oder drei Haarlocken abgeschnitten, während für Mädchen dieses Ritual nicht durchgeführt wird.[74] In früheren Zeiten fand dieses Ritual am 14. Tag nach der Geburt statt, in der Gegenwart liegt der Zeitpunkt der Durchführung regionenabhängig im siebenten, neunten oder elften Monat. Dass das Ritual den Jungen in die Religionsgemeinschaft einbettet und eine Beziehung zu den religiösen Autoritäten herstellt, macht die traditionelle Übergabe der einen Haarlocke an den Şêx der Familie und der anderen Locke an den Pîr der Familie deutlich. In modernen Zeiten werden die Locken aber oft nur mehr in der Familie aufbewahrt. Die Wertschätzung des Rituals als Aufnahme in die Religionsgemeinschaft wird auch in der modernen Terminologie deutlich, wenn Yeziden in der westlichen Diaspora diese Aufnahme in Anlehnung an das christliche Initiationsritual als „Taufe" bezeichnen, obwohl im Ritual Wasser keine Rolle spielt.

Die Beschneidung (*sunet*) wurde in der Regel bald nach der Geburt an Jungen durchgeführt.[75] Derjenige, der den Jungen bei der Beschneidung hält, ist der Pate (*kerîf*), zu dem das Kind dann lebenslang eine besondere Beziehung hat. Zugleich bedeutet aber diese Beziehung für die beiden Familien, dass sieben Generationen lang keine Heiraten zwischen den beiden Familien möglich sind. Deshalb wählt man als *kerîf* eine Person aus einer Familie, mit der grundsätzlich keine Eheverbindung möglich ist, entweder eine muslimische Familie oder eine Yeziden-Familie aus einer anderen Kaste. Auch dieser Ritus wird nicht mehr von allen Yeziden praktiziert, manche lehnen ihn wegen des möglichen islamischen Ursprungs ab bzw. halten ihn deswegen nicht für notwendig, während andere ihn für wesentlich ansehen. Bei Yeziden in Armenien findet die Beschneidung erst nach dem Tod statt, indem der tote Mann vor dem Begräbnis beschnitten wird.

---

[74] Asatrian 1999–2000: 85 vermutet als Begründung dieser unterschiedlichen Behandlung von Jungen und Mädchen, dass das Abschneiden von Haaren bei Frauen in der nicht-yezidischen Umgebung als Strafe für schwerwiegende Vergehen angesehen wurde, weshalb Yeziden das Haarschnittritual nur auf Jungen beschränkten. – Zum Ritual siehe u. a. Tagay/Ortaç 2016: 79 f.
[75] Vgl. Kreyenbroek 1995: 136 f.; Tagay/Ortaç 2016: 80 f.

Ein in jüngerer Zeit aus politischen Gründen rückläufiges Ritual ist die *mor kirin*-Zeremonie („Siegelungszeremonie").[76] Diese findet in Lališ statt, da dafür Wasser von der „Weißen Quelle" (Kanîya Sipî) benötigt wird. Alternativ ist es auch möglich, Wasser von der Zimzim-Quelle in Lališ zu nehmen. Der Ritus besteht im Wesentlichen darin, dass man Wasser von der Quelle dreimal über den Kopf des Kindes gießt. Wegen dieses Wasserritus bezeichnen westliche Yeziden heutzutage auch dieses Ritual manchmal als „Taufe". Im Idealfall findet der Ritus statt, wenn das Kind neun oder zehn Jahre alt ist, kann aber auch irgendwann im Leben durchgeführt werden. Allerdings ist der Ritus an den Lokalbezug zu Lališ gebunden, d. h. es muss wenigstens Wasser aus Lališ verwendet werden. Aufgrund dieser engen Verbindung des Rituals mit Lališ ist es praktisch nur von Yeziden im Irak ausgeführt worden. Religionshistorisch wird für dieses Ritual – wegen der Bedeutung des Wassers – ein christlicher Ursprung erwogen, allerdings kann es wegen der Heiligkeit des Wassers im Zoroastrismus oder wegen der Reinigungsriten der Manichäer auch einen Ursprung in iranischen oder gnostisch-baptistischen Traditionen haben.

Neben diesen Initiationsritualen im engeren Sinn ist noch die Wahl des Bruders oder der Schwester für das Jenseits (*birayê axretê*) zu erwähnen. Angeblich sollen Šaiḫ ʿAdī und Šaiḫ Šams ad-Dīn bereits zu ihren Lebzeiten sich als gegenseitige „Brüder für das Jenseits" einander verpflichtet haben, woraus diese religiös-soziale Institution ihre Bedeutung gewinnt. Da es eine vergleichbare religiös-soziale Partnerschaft für Leben und Tod auch bei den Yāresān gibt,[77] könnte die Idee einer „Jenseitsgeschwisterschaft" auf ein altes (west-)iranisches Substrat hindeuten. Traditionell wählt ein Yezide einen Bruder und eine Yezidin eine Schwester für das Jenseits, wobei jedoch diese Geschlechterzuordnung nicht verpflichtend ist. Notwendig ist jedoch, dass der bzw. die *birayê axretê* aus der Şêx-Linie der Familie stammt, wodurch die Wahlmöglichkeiten eingeschränkt sind. Die rituelle Verbindung zwischen dem yezidischen Laien (*mirîd*) und dem Bruder bzw. der Schwester sollte in Lališ durchgeführt werden.[78] Dabei fragt der die Verbindung durchführende Şêx den Yeziden, was er wünsche. Als Antwort erhält er die Auskunft, dass ein Jenseitsbruder bzw. eine Jenseitsschwester nun mit dem Yeziden bzw. der Yezidin verbunden werden möge. Beide trinken danach einen Schluck Wasser aus der Zimzim-Quelle. Aus dem Quellwasser und Erde wird ein Tonklumpen (*berat*) hergestellt, den beide Ritualakteure küssen, um die „Festigkeit" der Verbindung miteinander zu bezeugen. Abgeschlossen wird die

---

76 Vgl. Spät 2005: 55 f.; Tagay/Ortaç 2016: 80.
77 Hamzeh'ee 1990: 222–225; Kreyenbroek 1995: 53 f.; vgl. auch Asatrian 1999–2000: 87 f. für Hinweise auf vergleichbare Sozialverbindungen innerhalb (extrem-)schiitischer Strömungen.
78 Vgl. Asatrian 1999–2000: 81 f.; Kizilhan 1997: 93.

Zeremonie durch die Rezitation einer Qewl. Zwischen dem Mirîd und dem Jenseitsbruder oder der Jenseitsschwester entsteht dadurch eine lebenslange reziproke Verbindung: So sollte der Mirîd seinen Bruder oder seine Schwester für das Jenseits täglich besuchen und ihm oder ihr jährlich ein Geschenk geben, während der oder die *birayê axretê* in Not und Krankheit zu Hilfe kommen muss und als Sterbebegleiter(in) fungiert, um den Sterbenden auf dem Weg ins Jenseits und beim Jenseitsgericht zu unterstützen. In der gegenwärtigen religiösen Praxis verliert diese religiöse Verbindung jedoch zunehmend an Bedeutung.

4.2.3.2 Hochzeitszeremonien

Die Eheschließung ist eng mit der Zugehörigkeit zu einer der drei Kasten (*şêx, pîr, mirîd*) verbunden. Eine Ehe außerhalb der eigenen Gruppe oder die Eheschließung mit einem Partner oder einer Partnerin außerhalb der Religion gelten als eine der zentralen Sünden.[79] Diese Endogamie führt auch dazu, dass das Eheschließungsritual eine zentrale gesellschaftliche Funktion hat, die – obwohl theologisch nicht begründet – in eine patriarchale Gesellschaftsordnung eingebettet ist. Dabei ist es einem Mann im Prinzip auch möglich, eine Ehe mit mehreren Frauen einzugehen, allerdings ist diese Praxis wenig verbreitet. Genauso werden Ehen – wegen ihres Sozialbezugs – häufig von den Eltern arrangiert, was im traditionellen Umfeld weniger problematisch gewesen sein dürfte, in veränderten Lebensbedingungen für Yeziden in der Diaspora in Russland sowie Westeuropa jedoch zu Problemen führt.[80]

Die Eheschließung ist eng in das soziale Umfeld eingebettet, so dass die Eltern des Bräutigams im Vorfeld der Ehe die Familie der Braut besuchen, um den Brautpreis auszuhandeln, der von der Familie des Bräutigams bezahlt werden muss. Der Brautpreis ist eine traditionelle Einrichtung, die sich v. a. in den Ländern der Diaspora in den letzten Jahrzehnten zu einem großen Problem entwickelt hat, weil er deutlich angestiegen ist, so dass sich viele Männer bzw. deren Familien diese finanzielle Belastung nicht leisten können.[81] Dies führt auch dazu, dass Yeziden-Männer eine Nicht-Yezidin zur Ehepartnerin wählen, was sowohl der Tradition der arrangierten Eheschließung als auch dem religiösen Gebot, innerhalb der Religionsgemeinschaft zu heiraten, widerspricht. Im Kontext der traditionellen Abläufe der Vorbereitung und Durchführung der Eheschließung kommt

---

79 Kartal 2016: 86.
80 Zu den gesellschaftlichen Bedingungen von Ehe (und den Veränderungen derselben in der Diaspora) siehe u. a. Allison 2001: 31f.; Kreyenbroek 2009: 47, 179; Savucu 2016: 184; Tagay/Ortaç 2016: 81.
81 Savucu 2016: 209–213; Kreyenbroek 2009: 47.

es nach dem Übereinkommen hinsichtlich der Höhe des Brautpreises zur Verlobung. Im Irak wird der Akt der Verlobung vor einem Şêx vollzogen, wobei Braut und Bräutigam von ihren jeweiligen Jenseitsgeschwistern begleitet werden. Ab diesem Zeitpunkt gehört die Frau bereits zur Familie des Bräutigams, lebt aber bis zur Eheschließung im Hause ihrer Eltern. Die Eheschließung findet im Haus der Eltern des Bräutigams statt, der religiöse Aspekt der Eheschließung beschränkt sich im Wesentlichen auf die Rezitation eines Hochzeitsgebets (Du'a me'r birînê[82]) durch einen Pîr oder Şêx, wobei als weitere religiöse Autoritäten auch wiederum die Jenseitsgeschwister anwesend sind. Traditionell entscheidend für die Gültigkeit der Ehe ist der Vollzug der Hochzeit. Als gesellschaftliches Ereignis dauert eine Hochzeit sieben Tage lang.

Im Monat April sowie an Mittwochen – als heiligen Zeiten – finden keine Hochzeiten statt. Grundsätzlich kann eine Ehe geschieden werden, wobei auch die Frau den Beginn einer Scheidung in die Wege leiten kann. Vor der Scheidung bemühen sich angesehene ältere Personen sowie religiöse Würdenträger der Gemeinschaft, zwischen den Ehepartnern zu vermitteln. Nach erfolgter Scheidung ist auch eine Wiederverheiratung möglich.

4.2.3.3 Seelenwanderung und Jenseitsvorstellungen

Der Tod ist ein Prozess, bei dem die Seele „die Kleider wechselt" (kiras gorîn), d. h. mit dieser Bezeichnung wird die Idee der Transmigration der Seele in einen neuen Körper ausgedrückt, wobei Sêxkiras, „der Herr des Kleides", als niedrige Gottheit den Tod und die Wiedergeburt eines Menschen bestimmt. Die Vorstellung der Seelenwanderung ist in Quellen zum traditionellen Yezidismus vorhanden, doch wurde diese Vorstellung möglicherweise sowohl von Yeziden als auch von Yāresān aus manichäischen Traditionen übernommen.[83] Denn nicht nur manichäische Texte sprechen vom „Ablegen des Kleides" als Metapher des Todes, sondern die Metapher „von Kleid zu Kleid" (dun ā dun) als Umschreibung der Seelenwanderung und Wiedergeburt wird auch von Yāresān verwendet. Über das Schicksal der Seele in der Wiedergeburt hat traditionell im Rahmen der Bestattung ein niedriger religiöser Spezialist, ein Koçek[84], Auskunft gegeben, allerdings ist die Bedeutung des Glaubens an die Seelenwanderung heute bei den Yeziden rückläufig.

---

82 Omarkhali 2017: 163, 491. – Zur kurzen Beschreibung des Verlaufs der Hochzeit siehe auch Kreyenbroek 2009: 31 f.; Tagay/Ortaç 2016: 82.
83 Arakelova 2002: 70; Hosseini 2016: 12 f.; Hamzeh'ee 1990: 128–132.
84 Kreyenbroek 1995: 134 f.; Tagay/Ortaç 2016: 72.

Bei der Bestattung, die im Idealfall innerhalb von 24 Stunden nach dem Tod stattfinden soll, hat wiederum der *birayê axretê* eine wichtige Funktion. In idealisierter Form wird in der *Qewlê Sera Mergê*, der „Hymne im Augenblick des Todes", die beim Begräbnis oder beim Gedenken an den Verstorbenen rezitiert werden kann, der Ablauf der Bestattung beschrieben.[85] Wenn der Tod eintritt, sollen die Anwesenden die rituelle Klage um den Toten beginnen, jedoch nicht bei Nacht, um nicht Dämonen anzulocken. Die Totenwäsche soll – nach Möglichkeit – durch den Pîr oder Şêx des Toten unter Anwesenheit des *birayê axretê* stattfinden. Danach legt man den Leichnam auf ein weißes Leichentuch, mit dem Gesicht nach Osten. Bei einem Mann werden die rechte Hand und das rechte Bein über die linken gelegt, bei einer Frau umgekehrt. Kleine Klumpen (*berat*) aus Erde vom Grab Şêxadîs in Lalış werden dem Toten in den Mund und auf den Körper gelegt, ehe das Leichentuch zugenäht wird. In diesem Leichentuch legt man den Toten ins Grab, jedoch öffnet der *birayê axretê* das Tuch beim Gesicht des Toten, damit dieses sichtbar wird. Man legt dem Toten auch Nahrung und einen Stock ins Grab, die Nahrung als (Opfer-)Gabe für die „Engel des Todes", den Stock als Gegenstand, sich eventuell gegen die Engel zu wehren. Diese beiden Engel richten über den Toten, der durch den *birayê axretê* bei diesem Gericht unterstützt wird, so dass er über die Sirat-Brücke auf die Seite des Paradieses und nicht auf die Seite der Hölle und der Finsternis gelangt.

Als Abschluss des Begräbnisses kann ein weiteres Gebet, das *Du'a Tesmîlî 'Erd*, rezitiert werden, das sich an den „Herr der Erde" (Dewrêşe 'Erd), wendet.[86] Das auf den Sonnenaufgang ausgerichtete Grab wird danach mit einer Grabplatte verschlossen, damit die Seele nicht in den Leichnam zurückkehren und mit ihm das Grab verlassen kann. Zwei Grabsteine schmücken das Grab eines Mannes, nur ein Grabstein hingegen das Grab einer Yezidin.[87] In den ersten drei Tagen nach dem Tod besuchen die engsten Familienangehörigen vor Sonnenaufgang das Grab und im ersten Jahr auch an Mittwochen und Freitagen.

---

85 Für Text und Übersetzung der Hymne siehe Kreyenbroek 1995: 310–323; Kreyenbroek/Rashow 2005: 341–349. Für kurze Beschreibungen des Ablaufs der Bestattung siehe z. B. Kreyenbroek 1995: 160f.; Voskanian 1999–2000: 161–163; Asatrian 1999–2000: 80–84; Tagay/Ortaç 2016: 82f.
86 Für verschiedene Varianten des Gebets siehe die Übersetzungen bei Voskanian 1999–2000: 160f.; Omarkhali 2017: 371f.
87 Vgl. zur Vielfalt der Formen yezidischer Grabsteine Açıkyıldız 2010: 182–195, wobei die Verwendung von tiergestaltigen Grabsteinen – besonders bei Yeziden in Armenien und in der Osttürkei – hervorzuheben ist.

4.2.4 Werte und Verhaltensweisen

Beziehungen zwischen Yeziden zueinander und zu Nicht-Yeziden sind durch ein Netz von „Rechten und Pflichten" (*sed û hed*) geprägt, die auf Şêxadî zurückgeführt werden, wobei diese Regeln den jeweiligen Platz eines Yeziden in der Gesellschaft bestimmen und sein Verhalten gegenüber Mitmenschen sowie zu den religiösen Autoritäten regeln.[88] Allerdings gibt es keinen einzelnen verbindlichen Text, der in normativer Weise die Grundlage von Ethik oder Werthaltungen für Yeziden umschreiben würde. Im Folgenden kann aber auf drei – in unterschiedlichen Kontexten entstandene – Texte Bezug genommen werden, die einige grundlegende Werte und Verhaltensregeln in Bezug auf Zusammenleben, religiöse und gesellschaftliche Pflichten sowie auf das Verhältnis der Geschlechter und Generationen zueinander erkennen lassen. Genauso gehören in diesen Fragenkomplex auch Aspekte der Lebensführung und damit verbundene Tabuvorschriften.

4.2.4.1 Einige Grundzüge der „Lebensordnung"

Die *Qewlê Şeqe Serî*, wörtlich die „Hymne über Füße und Kopf", ist eine Hymne über das richtige Verhalten eines Menschen von Kopf bis Fuß.[89] Die Hymne liefert eine Reihe von Ratschlägen, die ein Yezide befolgen soll. Der Text beginnt mit dem Umgang mit einem Besucher, um den man sich gut kümmern soll, aber auch der Gast soll sich gegenüber dem Gastgeber würdig benehmen. Weitere Themen, die unter anderem angesprochen werden, beziehen sich auf das Verhalten der Geschlechter zueinander. Dabei wird betont, dass man nicht unverheiratet bleiben soll. Ehebruch wird genauso missbilligt wie ein Verhalten, in dem ein Mann sich innerhalb der Ehe von seiner Frau beherrschen lässt. Für Frauen wird als Einschränkung formuliert, dass sie nicht alleine reisen dürfen. Andere Themen behandeln die Ermahnung, Faulheit zu vermeiden, keinen übertriebenen Schmuck zu tragen und keine üble Nachrede oder Gerüchte in die Welt zu setzen. Versucht man, diese Ratschläge zu bewerten, so fällt auf, dass sie tendenziell eine patriarchal orientierte Gesellschaft zeigen, durch die die Rollen von Mann und Frau festgelegt sind, ohne dass jedoch eine explizite Unterordnung der Frau unter den Mann ausgesagt würde. Genauso ist zu beobachten, dass manche Themenkreise sich in gleicher Weise an Männer und Frauen wenden. Insofern kann man sagen,

---

88 Vgl. Kizilhan 1997: 117; Tagay/Ortaç 2016: 47.
89 Text und Übersetzung bei Kreyenbroek/Rashow 2005: 296–301. – Auch die „Hymne über die Eltern" (*Qewlê Daîk û Baba*) nennt Werte und Prinzipien der Ethik, die sich im richtigen Verhalten gegenüber den Eltern widerspiegeln, vgl. Omarkhali 2017: 530.

dass diese Hymne – auch wenn sie keineswegs systematisch alle Aspekte des „richtigen Verhaltens" behandelt – mit ihren Ratschlägen einen gewissen allgemeinen Einblick in yezidische Werthaltungen gibt.

Aus dem historischen Kontext der Frage, ob Yeziden zum Militärdienst im Osmanischen Reich verpflichtet sind, stammt ein Dokument aus dem Jahr 1872, das vom damaligen Führer der Kurden im Osmanischen Reich verfasst wurde.[90] Auch wenn der Text primär begründen soll, dass Yeziden keinen Militärdienst leisten können und – analog zu Juden und Christen – bereit sind, eine finanzielle Ersatzleistung dafür zu erbringen, liefert das Dokument auch einen guten Einblick in einige yezidische ethische Werte und religiöse Pflichten. Zu den ersteren gehören Reisebeschränkungen, so dass, falls ein Yezide seine Frau unbegründet für mehr als ein Jahr allein zurücklässt, die Gemeinschaft erklärt, dass diese Ehe nicht mehr aufrechterhalten wird. Andere Regeln betreffen Kleidungs- und Hygienevorschriften. Bemerkenswert daran ist, dass diese Vorschriften auch der Abgrenzung gegenüber Juden, Christen und Muslimen dienen. Auch Speisetabus sind in diesen Regularien der Lebensführung genannt. Im Kontext des Dokuments machen diese Vorschriften zweifellos deutlich, dass aufgrund solcher Vorschriften ein Yezide nicht im osmanischen Heer dienen kann. Allerdings gibt dieses Dokument auch ohne diese konkrete Verortung einen interessanten Einblick in einzelne Aspekte der Lebensführung.

Eine ähnliche und umfangreichere Beschreibung stammt aus dem Jahr 1908 von Ismaîl Beg, dem „Prinzen" (*mîr*) der Yeziden, der diesen Text auf Wunsch von Yeziden in Armenien zusammenstellte. Ismaîl Beg war in jenen Jahren engagiert, unter den Gläubigen Kenntnisse über die Religion zu vermitteln, um die in muslimischer bzw. christlicher Umgebung als Minderheit vertretene Religion zu revitalisieren. Sein Text[91] beginnt mit ein paar Aussagen zu Lehrinhalten und zeigt erneut eine deutlich religiös-soziale Abgrenzung der eigenen Religion gegenüber anderen. Hervorgehoben sind auch in diesem Text die sozialen Gruppen (*şêx*, *pîr*, *mirîd*) innerhalb der Yeziden-Gemeinde. In Bezug auf das Zusammenleben relevante Vorschriften betreffen Ehevorschriften, die Höhe des Brautpreises, das Verbot von Zinsnehmen und Wucher, Diebstahl sowie Meineid. Am Ende betont der Autor des Textes auch die Notwendigkeit, durch die Errichtung von Schulen für die weltliche und religiöse Bildung der Gemeinschaft Sorge zu tragen.

Alle drei Texte beschreiben die Religion idealtypisch, ohne eine systematische Darlegung der religiösen Praxis und der Umsetzung von Wertvorstellungen zu liefern, zumal manche Vorschriften sich auch nicht vollkommen – im Kontext

---

90 Vgl. Kreyenbroek 1995: 6f.; Kizilhan 1997: 48f.; Açıkyıldız 2010: 54f.
91 Kreyenbroek 1995: 8–10; Kizilhan 1997: 49f.

der Minderheitensituation des Alltags – befolgen ließen.[92] Dennoch ist zu beachten, dass die Aussagen dieser Texte dazu beigetragen haben, für die verstreut lebenden Gemeinden ein gemeinsames Band für eine im 20. Jahrhundert entstehende überregionale yezidische Identität zu schaffen.

4.2.4.2 Zur Rollenverteilung in der traditionell patriarchal geprägten Gesellschaft

Wie schon bei der *Qewlê Şeqe Serî* erwähnt, steht die yezidische Tradition in einer patriarchal geprägten Gesellschaftsordnung, die traditionell Frauen den Männern nachordnet. Allerdings kann diese Unterordnung von Frauen nicht theologisch begründet werden, so dass Yeziden oft betonen, dass Yeziden-Frauen religiös und gesellschaftlich bessergestellt seien als muslimische Frauen.[93] Dennoch lassen sich Rollenverteilungen auch in religiöser Hinsicht zwischen Mann und Frau feststellen.

Wenn es in der „Hymne an die Eltern" einerseits heißt, dass ein Yezide oder eine Yezidin sowohl dem Vater als auch der Mutter in gleicher Weise Respekt bezeugen müssen, wird andererseits auch gesagt, dass der Vater bzw. der Mann in der Ehe der „Meister" (*hoste*) ist, während die Mutter bzw. die Frau in der Ehe eine schöpferische und schützende Persönlichkeit für den Familienbestand ist. Da das Glaubensbekenntnis (*Şehdetiya Dîn*) den Meister als eine der fünf religiösen Autoritäten, die jeder Yezide haben muss, nennt,[94] drückt die Gegenüberstellung der Rollen von Mann und Frau in der „Hymne an die Eltern" indirekt eine religiöse Vorrangstellung des Mannes aus. Dies heißt jedoch nicht, dass Frauen vom Kult ausgeschlossen seien. Denn sie nehmen nicht nur gemeinsam mit den Männern an religiösen Zeremonien teil, sondern können auch die spirituelle Betreuung anderer Frauen übernehmen und selbst aktiv in die Durchführung von Ritualen involviert sein.[95] Zwar dürfen Frauen traditionell keine Hymnen rezitieren oder exegetisch auslegen, allerdings kennen viele Frauen die oralen Texte (besonders Beyts und Gebete) gut und geben sie auch an ihre Kinder weiter und rezitieren diese bei Trauerritualen. Genauso spielen Frauen als „religiöse Spezialistinnen" mit einer eigenen (inoffiziellen) Hierarchie auch bei Ritualen, die von Frauen für Frauen durchgeführt werden, eine nicht zu unterschätzende Rolle für die Bewahrung und Tradierung der religiösen Überlieferung.

---

[92] Vgl. Kreyenbroek 1995: 10.
[93] Vgl. Savucu 2016: 173 f.; Kartal 2016: 87.
[94] Siehe u. a. den Text bei Omarkhali 2017: 368.
[95] Vgl. Savucu 2016: 184 und besonders Omarkhali 2017: 158–161 für die Bedeutung von Frauen für die Vermittlung von religiösem Wissen.

4.2.4.3 Tabus und ihre Veränderungen im modernen Alltag

Für das Selbstverständnis und Alltagsleben der Yeziden war traditionell eine Reihe von Tabus wichtig, durch die sowohl der interne Zusammenhalt als auch die externe Abgrenzung der Religion gestärkt wurden. Mit solchen Tabus verbunden war eine Farbsymbolik, bei der blau als sündige – und mit Muslimen verbundene – Farbe gewertet wurde; positiv hingegen war weiß als Farbe der Reinheit, was sich auch auf die Kleidung und Unterwäsche auswirkte, die weiß sein musste. Für ältere Personen sind solche Farbtabus in ihren Werthaltungen noch nicht vollkommen verschwunden. Zu den tabuisierten Speisen[96] gehören Lattich (Kopfsalat), Kohl, Bohnensorten, Kürbis, Blumenkohl, Datteln und Fisch, manche Fleischsorten (Gazelle, junger Hahn), gelegentlich auch Schweinefleisch; letzteres ist aber kaum tabuisiert, weil man das Tabu als islamisch ansieht. Eine interessante – abgrenzende – Gegenüberstellung des Schweines bei Muslimen und Yeziden liefert die *Qewlê Şêx 'Erebegî 'Intûzî* („Hymne auf Şêx 'Erebegî 'Intûzî"), die Ratschläge für das richtige Verhalten liefert und zugleich immer wieder den Unterschied zwischen Islam und Yezidentum betont:[97]

> Eines Tages wird ein Ruf erklingen. Die (Anhänger der) Šarī'a werden nackt und klagend zurückbleiben. Der Himmel bewahre uns vor den Schweinen.

> Das Schwein selbst ist ein gutes Lebewesen, am Morgen bei Sonnenaufgang, bringt es selbstlose Verehrung dem Namen Gottes.

Die Hymne spielt hier mit dem Wort „Schwein" (*beraz*) – in Bezug auf die Muslime als abwertendes Schimpfwort, in Bezug auf die Yeziden als gutes Geschöpf Gottes. Dadurch wird die Unterschiedlichkeit beider Religionen deutlich ausgedrückt, wodurch der Umgang mit dem Schwein – in muslimischer Umgebung – zugleich zu einem Unterscheidungsmerkmal zwischen den beiden Religionen wird. Da Muslime Schweine tabuisieren, ist die Nicht-Tabuisierung des Schweines bei Yeziden eben die ideale von Muslimen abgrenzende Identitätsmarkierung. Bei all diesen Tabus, deren Beachtung rückläufig ist, wird in der Gegenwart diskutiert, ob ihre Missachtung negative religiöse Konsequenzen für das Heil des Menschen hat oder ob die Nichtbeachtung eines Tabus die Aufgabe der Yeziden-Identität bedeutet.

---

96 Eine Liste solcher tabuisierten Speisen nennt das „Schwarze Buch" (Bittner 1913: 32–35, § 24); in der von Joseph 1909: 224 edierten Version ist eine solche Liste von Tabu-Speisen jedoch nicht genannt. Zu Tabus siehe ferner Kreyenbroek 1995: 149.
97 Übersetzung nach Kreyenbroek 1995: 276 f. – Das gleiche übertragene und negative Bild des Schweines für Muslime verwendet auch die *Qewlê Mela Ebû Bekir* (Kreyenbroek/Rashow 2005: 173), in der Šarī'a, Schwein und Schiiten in den ersten drei Strophen parallel gesetzt werden.

Mit den Tabus verbunden sind auch Reinheitsvorschriften.[98] Die Luft darf nicht verunreinigt werden, daher darf man nicht ausspucken. Da der Mittwoch als heiliger Tag gilt, darf dieser Tag nicht verunreinigt werden, indem man wäscht, die Nägel oder die Haare schneidet. Manche dieser Unreinheitstabus zeigen dabei Übereinstimmungen mit den Vorstellungen von Unreinheit im Zoroastrismus. Auch die Vorstellung der Reinheit der vier Elemente Feuer, Erde, Luft und Wasser teilen Yeziden mit Zoroastriern. Wer daher die Elemente schädigt, verstößt gegen die Reinheit und ihre implizite Verbindung mit dem Göttlichen.

4.2.4.4 Das Verhältnis der Yeziden zu anderen Religionen
Durch die Schöpfungsmythologie begründen Yeziden eine Trennung zwischen ihrer Gemeinschaft und den anderen Völkern, ohne daraus jedoch eine Feindschaft abzuleiten. Allerdings wird Wert daraufgelegt, diese Unterschiede zu bewahren, so dass Mischehen zwischen einem Yeziden oder einer Yezidin und einem oder einer Angehörigen einer anderen Religion traditionell ausgeschlossen waren. Die Abgrenzung zwischen der eigenen Religion und den „72 Nationen (bzw. Religionen)", die Gott erschaffen hat, wird dabei auch daran sichtbar, dass eine Bekehrung in die Religion der Yeziden nicht möglich ist, sondern man als Yezide oder Yezidin geboren werden muss.

Die Situation als Minderheit in einer islamischen Umgebung hat in der Geschichte auch zu Spannungen zwischen Mehrheit und Minderheit geführt, so dass negative Einstellungen zum Islam, wie sie z. B. anhand des vorhin zitierten Bildes des Schweins sichtbar werden, aus historischen Gründen nicht unverständlich sind. Aber es ist daraus keine grundlegend negative Einstellung gegenüber der Religion des Islam abzuleiten, zumal in yezidischen Hymnen Jesus/ʿĪsā (ibn Maryam), Mose/Mūsā oder auch Abraham/Ibrāhīm genannt werden.[99] Bei den Anspielungen auf diese aus der biblischen und qurʾānischen Überlieferung stammenden Personen ist nicht immer eindeutig, ob damit die Sichtweise von Judentum, Christentum oder Islam gemeint ist. Allerdings zeigt die Übernahme dieser Gestalten der monotheistischen Religionen auch in die religiöse Dichtung der Yeziden, dass es neben identitätsbewahrender Abgrenzung immer auch Prozesse der Rezeption andersreligiöser Überlieferungen des Vorderen Orients gegeben hat.

---

98 Vgl. Kreyenbroek 1995: 148; Açıkyıldız 2010: 112f.
99 Vgl. Savucu 2016: 227f. Allerdings sollte man m. E. deswegen nicht von „vorbehaltslos akzeptieren" sprechen, wie Savucu schreibt.

4.2.5 Religion in Zeit und Raum

Das schon genannte Dokument aus dem Jahr 1872, in dem Yeziden betonten, dass sie aus religiösen Gründen keinen Militärdienst im Osmanischen Reich leisten können, erwähnt auch einige Pflichten aus dem kultischen Bereich, so unter anderem den Besuch bei Tawûsî Melek, d. h. einen Besuch in Lališ in den Monaten April, September und November sowie den Besuch des dortigen Heiligtums von Šêxadî ebenfalls im September. Damit sind indirekt wichtige Eckpunkte der Strukturierung des yezidischen Jahreslaufs genannt, das Neujahrsfest im Frühjahr und das Gemeinschaftsfest im Herbst. Aber auch weitere gemeinschaftliche wie individuell-lebenszyklisch bezogene Rituale prägen die religiöse Praxis.

4.2.5.1 Zum Festkalender

Der Kalender wird durch bewegliche und unbewegliche Feste strukturiert, d. h. es handelt sich um einen luni-solaren Kalender.[100] Vier unbewegliche Feste orientieren sich an den Jahreszeiten, wobei die Gewichtung iranische, möglicherweise noch vorzoroastrische Traditionen erkennen lässt. Ursprünglich lag im Iran der Neujahrstermin im Herbst, der wahrscheinlich mit der Verehrung des Gottes Miϑra verbunden war. Allerdings wurde bereits im ersten vorchristlichen Jahrtausend unter mesopotamischem Einfluss der Neujahrsbeginn auf die Tag- und Nachtgleiche im Frühjahr verlegt, und der „neue Tag" (neupers. *noruz*) am 21. März wurde zum zentralen iranischen Neujahrstag. Die beiden weiteren unbeweglichen Feste orientieren sich an der Mitte des Sommers sowie des Winters.

Das wichtigste Fest ist Cejna Cimayê (arab. *'īd al-ğamā'iyya*), das Gemeinschafts- oder Versammlungsfest. Es dauert sieben Tage, nach westlichem Kalender in der Regel zwischen 23. September und 1. Oktober. Theoretisch sollte jeder Yezide an dem Fest in Lališ teilnehmen, allerdings ist und war diese Festtradition aus geographischen Gründen besonders unter Yeziden im Irak verankert. Denn es ist die zentrale kollektive religiöse Feier, die zugleich die Gelegenheit für soziale Kontakte und die Stärkung der Gemeinschaftsidentität schafft. Auch die Qewals kehren zu diesem Anlass wieder nach Lališ zurück, nachdem sie im Frühling und Sommer unterwegs waren, um durch die Rezitation der Qewls die Kenntnis der Religion zu verbreiten. Der zentrale theologische Inhalt des Festes ist die Vorstellung, dass sich während des Festes die Sieben Heiligen in Lališ versammeln.

---

100 Vgl. Kreyenbroek 1995: 150 f. – Zum (lokalen) Variantenreichtum der Feste siehe auch die Aufzählung bei Omarkhali 2017: 28; vgl. ferner Tagay/Ortaç 2016: 85–89.

Während des Festes ist abends das Lališ-Tal von Öllämpchen beleuchtet und die Festhöhepunkte sind der fünfte und siebente Tag.

Am fünften Tag findet ein Opfer eines weißen Stieres am Schrein von Şêşims statt. Dies ist möglicherweise eine vage – aber veränderte – Erinnerung an ein ehemaliges westiranisches Neujahrsfest im Herbst, in dessen Mittelpunkt der Gott Miϑra gestanden ist.[101] Zahlreiche Helfer organisieren diesen Festteil, indem zunächst die Teilnehmer und Zuseher zurückgedrängt werden, damit der vom Haupttor des Heiligtums in Lališ herangetriebene Stier niemanden gefährdet; der Stier wird dabei bis zum Schrein von Şêşims geleitet, wo er geschlachtet wird. Sein Fleisch wird anschließend gekocht und von den Festteilnehmern in einem rituellen Mahl verzehrt. Die entfernte Reminiszenz an den Gott Miϑra klingt einerseits im Motiv der Stiertötung an, die in der iranischen Mythologie mit diesem Gott verbunden ist, andererseits auch in den solaren Aspekten, die Miϑra und Şêşims gemeinsam haben. Denn letzterer wird in verschiedenen yezidischen Texten oft mit der Sonne oder der Lichtsymbolik verbunden:[102] So wird er etwa als „Herr der Morgenröte" (*xudanê ferecê*) bezeichnet und die „Beyt des Morgens" (*Beyta Sibê*), die auch als *Beyta Şêşims* bezeichnet wird, vergleicht in den ersten Strophen Şêşims mehrfach mit der Sonne.

Am siebenten Tag finden Rituale am Grabmal von Şêxadî statt,[103] so dass deswegen dieses Herbstfest manchmal auch als Cimayê Şêxadî („Şêxadîs Versammlung") bezeichnet wird. Dabei wird eine Totenbahre vom Grab Şêxadîs zu einem Brunnen in der Anlage des heiligen Bezirks von Lališ getragen, wo man die Bahre wäscht, ehe sie zum Grabmal zurückgebracht wird. Dieses Ritual wird im Totengedenken an Şêxadî durchgeführt, da er – nach der Tradition – am sechsten Tag des großen Versammlungsfestes gestorben ist.

Das Neujahrsfest (*'Eyda Serê Salê* oder *Cejna Serê Salê*) der Yeziden findet im Frühjahr statt, am ersten Mittwoch im Monat Nisan, den Yeziden mit dem ersten Mittwoch im April gleichsetzen.[104] Dieser religiöse „Neujahrstag" differiert somit gegenüber dem Noruz-Tag (kurd. *cejna newrozê*), da dieser Tag nur als „weltlich-kurdischer" Neujahrstag gilt. Den religiösen Jahresanfang markiert der so genannte „rote Mittwoch" (*çarşema sor*), an dem Tawûsî Melek alljährlich auf die

---

[101] Kreyenbroek 1995: 153f.; Spät 2005: 57f. – Arakelova 2002: 65 hingegen sieht die mögliche Beziehung zu Miϑra sehr skeptisch.
[102] Siehe die entsprechenden Texte bei Kreyenbroek 1995: 217; Kreyenbroek/Rashow 2005: 202, 210f.
[103] Kreyenbroek 1995: 154f.; Spät 2005: 58f.
[104] Zum Neujahrsfest siehe Kreyenbroek 1995: 151; Spät 2005: 64–66; Açıkyıldız 2010: 108f.; Tagay/Ortaç 2016: 85f. Siehe auch Wettich 2015a: 9f. mit weiteren Bemerkungen zum Neujahrsfest unter Yeziden in der Diaspora.

Erde herabsteigt, um sich um die Lebewesen zu kümmern, aber auch um in einer Ratsversammlung den „Ertrag" des alten Jahres zu sichten, zu bewerten und das neue Jahr zu planen. Analog zum Neujahrstag an einem Mittwoch ist im kultischen Kalender der Mittwoch auch der zentrale wöchentliche Feiertag. Die Feier des Neujahrstages geschieht v. a. innerhalb der Familie, man schlachtet aus Anlass des Festes ein Tier, entzündet Freudenfeuer und schmückt das Haus. Teilweise beschenkt man sich gegenseitig mit bunten Eiern, einerseits als Symbol der Fruchtbarkeit und des Wachstums, aber auch als Symbol für die Perle, die in den kosmogonischen Mythen eine wichtige Rolle spielt. Neben dieser „häuslich-freudigen" Komponente hat das Fest auch einen Familienbezug zu den Toten, indem Frauen zu den Gräbern gehen, um dort die Toten zu beklagen; auch Qewals gehen auf die Friedhöfe, um mit passenden Hymnen der Toten zu gedenken.

Ebenfalls zu den unbeweglichen (solar-jahreszeitlich gebundenen) Festen gehören die beiden je vierzigtägigen Fastenperioden im Sommer und im Winter. Prinzipiell sollte jeder Yezide diese beiden Fastenzeiten befolgen, allerdings kann das Fasten – von Sonnenaufgang bis Sonnenuntergang – bei Krankheit oder widrigen Umständen unterbrochen werden. Hinsichtlich der Länge des Fastens sind aber auch Veränderungen zu beobachten, indem sich die Dauer auf je drei Tage zu Beginn und am Ende der Periode reduziert, wobei beim Winterfasten noch weitere spezielle Fasttage – im Zusammenhang mit anderen Festen, die in diese Periode fallen – zu beobachten sind. Vor allem bei Yeziden aus dem Gebiet der modernen Türkei ist dabei das ʿEyda Êzîd, das Fest für Siltan Êzîd, zu nennen.

Neben diesen vier großen Festzeiten gibt es weitere Feste, die jedoch regional variieren, wobei manche dieser Feste als yezidische Analogien zu muslimischen Festen gesehen werden können. Dazu gehören etwa yezidische Feiertage, die sich am muslimischen ʿĪd al-Fiṭr am Ende des Ramaḍān oder am muslimischen Opferfest orientieren. Aber auch das besonders auf Yeziden im Ṭur ʿAbdīn beschränkte Batizmî-Fest zu Ehren eines lokalen Heiligen, Pîr Al, kann als Beispiel genannt werden.

4.2.5.2 Gebete und gemeinsame Rituale

Obwohl der Mittwoch der heilige Tag für die Yeziden ist, gibt es keinen regelmäßigen wöchentlichen Gottesdienst an diesem Tag. Man kann sich im privaten Freundes- oder Familienkreis treffen, um das Wirken von Tawûsî Melek für die Welt und die Yeziden zu bedenken, aber es handelt sich dabei nicht um ritualisierte Gemeindezusammenkünfte. Denn die regelmäßige (und alltägliche) religiöse Praxis ist auf das Individuum bezogen, da jeder Yezide prinzipiell täglich fünfmal beten sollte.[105] Die Gebetszeiten entsprechen dem Sonnenlauf. Beim Aufgang, beim Höchststand und beim Versinken der Sonne soll ein Gebet verrichtet werden, ferner zeitlich weniger spezifiziert am Nachmittag sowie in der Dämmerung nach Sonnenuntergang. Allerdings gibt es keine rituelle Normierung, so dass die Gebetspraxis häufig auf drei Zeiten reduziert wird. Genauso steht es dem Gläubigen frei, welches Gebet (du'a, diroz(g)e) gesprochen wird. Außer der Orientierung im Gebet zur Sonne gibt es keine weitergehende Ritualisierung des Gebetslebens. Der Bezug der Gebete zur Sonne klingt dabei im Morgengebet an, das sich auch auf Şêşims bezieht. Das Morgengebet wie das Abendgebet gehören zu den täglichen Gebeten, andere Gebete, die in der yezidischen Tradition überliefert sind, sind für speziellere Anlässe, z. B. für die Rezitation bei Lebenszyklusritualen, für einzelne Kasten oder für die Anrufung von göttlichen Gestalten des Yeziden-Pantheons. Das so genannte Glaubensbekenntnis (Şehdetiya Dîn) ist dabei, da es keinem konkreten Anlass zugewiesen ist, das am häufigsten gesprochene Gebet. Im Vergleich mit anderen Texten sind Gebete in der Regel kurz.

Wichtig für das gemeinschaftliche Leben in religiöser Hinsicht sind die Dorffeste (tiwaf), die zu Ehren des Heiligen (xas), der im jeweiligen Dorf einen Schrein hat, gefeiert werden.[106] Bei diesen Festen besucht man das (kleine) Heiligtum, küsst die Wände und die Schwelle und spendet einen Geldbetrag für das Heiligtum oder für seinen Wächter, der seinerseits für die Besucher des Heiligtums Gebete spricht. Aus Anlass dieses Dorffestes rezitiert oft ein Qewal religiöse Hymnen während der Prozession beim Heiligtum, so dass solche Feste auch religiöses Wissen vermitteln. Manchmal ist das tiwaf mit einem Festmahl verbunden; zu diesem Zweck werden am Vortag von den Familien Schafe geschlachtet, von denen ein Teil des Fleisches und der Kopf dem Wächter des Heiligtums zum Kochen übergeben werden. Am folgenden Festtag kommen die einzelnen Familien wieder zum Schrein, um vom Wächter nunmehr das gekochte – und segensreiche – Fleisch für eine Geldspende zu erhalten und es mit nach Hause zu nehmen. Neben diesen religiösen Aspekten haben diese Dorffeiern auch eine gemeinschaftsstärkende und gesellige Funktion.

Ein weiteres rituelles, allerdings auf den notwendigen geographischen Bezug zu Lališ beschränktes Ereignis, ist die Prozession des Engels Pfau, Tawûs gêran.[107] Dabei besuchen Qewals verschiedene Dörfer und bringen eine Figur von Tawûsî Melek als Bronzestatue (sencaq) in das Dorf, wobei diese Reise des Engels Pfau

---

105 Vgl. u. a. Kreyenbroek 1995: 69–71; Açıkyıldız 2010: 103 f.; Tagay/Ortaç 2016: 89 f.; Omarkhali 2017: 105–107.
106 Vgl. Spät 2005: 68 f.; Kreyenbroek 1995: 74 f.
107 Vgl. Hutter 2017: 275–277; Spät 2005: 66–68; Kizilhan 1997: 94–97. Zu den Orten siehe zuletzt Omarkhali 2017: 154–156.

vom Hauptheiligtum in Lališ in die sieben Hauptsiedlungsgebiete der Yeziden führte: Şingal (arab. Sinğār) im Nordwestirak, Şêxan (arab. Šayḫān) im irakischen Kurdengebiet südlich von Lališ, das Gebiet um Aleppo in Syrien, die Gegend von Diyarbakır (kurd. Amed) in der Türkei, die Umgebung von Tabriz im Iran und die Kaukasusregion. Aufgrund von modernen Staatsgrenzen ist dabei der reibungslose Kontakt zwischen den einzelnen Gebieten im 20. Jahrhundert erschwert worden und zu Beginn des 21. Jahrhunderts reduzierte sich die Durchführung des Tawûs gêran auf die beiden Gebiete im Irak.

Die Struktur dieser kultischen Reise des Engels Pfau in die Dörfer kann man folgendermaßen beschreiben:[108] Der Mîr („Prinz") der Yeziden bzw. sein Stellvertreter übergibt die Sencaq-Figur in Lališ an die Qewals, wo man die Figuren mit Wasser aus dem Zimzim-Brunnen wäscht und salbt. Bevor die Qewals die jeweilige Figur in einer Prozession in die Dörfer der Yeziden bringen, um dort Tawûsî Melek für alle sichtbar zu machen, werden Boten ausgesandt, die die Ankunft der Statue verkünden. Im Dorf wird die Figur in eines der Häuser des Dorfes gebracht und wer die Statue beherbergen darf, gewinnt soziales Kapital. Der Vorsteher des Dorfschreins begrüßt die Qewals und lädt sie im Namen der Dorfbewohner ein, um über Tawûsî Melek, Şêxadî und die Lehren und Geschichte der Religion belehrt zu werden. Die Belehrung bzw. Rede der Qewals behandelt meist ethische Werte und Fragen der Ausübung der Religion. Neben dieser Belehrung spielt die Rezitation vieler Qewls eine dominierende Rolle in dieser Vermittlung von Wissen über den Engel Pfau. Am Ende der Belehrung und der Rezitation der Hymnen geht die Feier mit der Diskussion über Glaubensinhalte weiter, ehe die Qewals „Almosen" bekommen und ihre Lehrreise ins nächste Dorf mit der Statue des Engels Pfau fortsetzen. Die Statue, die dabei mitgenommen wird, symbolisiert – oft wichtiger als die intellektuellen Inhalte – die übernatürliche Macht des Engels Pfau: Wer den Sencaq sieht, wird durch den Anblick der Figur spirituell und ethisch verändert. Das Sehen des göttlichen Heiligen gibt einem Yeziden oder einer Yezidin die Gewissheit, dass der Engel Pfau ihn oder sie jeden Tag beschützen und vor Unglück bewahren kann.

4.2.5.3 Schreine und heilige Orte

Da es keine wöchentlichen Versammlungen für die regelmäßige Durchführung eines Rituals oder für gemeinsame Gebete gibt, gibt es auch keine Bauwerke für

---

108 Vgl. Eszter Spät: „Following the Peacock Raw" (2011) auf https://www.youtube.com/watch?v=THdTv2af1bA. – Siehe auch die Wiedergabe der Beschreibung einer solchen Sencaq-Prozession aus der Mitte des 19. Jh. bei Kreyenbroek 1995: 75 f.

solche Zwecke. Heilige Orte sind daher faktisch oder legendarisch mit der Geschichte der Religion verbundene Plätze, an denen sich verschiedene Bauwerke befinden können. Aufgrund der Geschichte liegen dabei fast alle zentralen heiligen Orte der Religionsgemeinschaft im Lališ-Tal. Das Tal befindet sich rund 60 Kilometer nördlich der irakischen Stadt Mosul, liegt durchschnittlich auf 1.000 Metern Seehöhe und ist im Süden, Westen und Norden von Bergen umgeben. Aufgrund dieser natürlichen Abgrenzung kann man Lališ als einen Mikrokosmos betrachten, der – nach mythologischen Vorstellungen – als erster Ort erschaffen wurde.[109] Die Heiligkeit von Lališ verdeutlicht die Silat-Brücke, über die man Lališ betreten kann. Die Brücke markiert die Grenze zwischen der profanen und der sakralen Welt, so dass Pilger hier ihre Schuhe ablegen, um den heiligen Ort barfuß zu betreten.

Der wichtigste sakrale Bereich in Lališ ist das Grab von Šêxadî.[110] Der ganze Bau weist eine Ost-West-Orientierung auf, wahrscheinlich wegen der Hinwendung zur Sonne während des Betens, eventuell aber auch wegen der Öffnung des Lališ-Tales nach Osten. Der historische Ursprung des Bauwerks ist nicht mit Sicherheit zu klären, möglicherweise befand sich an diesem Ort bereits vor dem Wirken des historischen Šaiḫ ʿAdī eine nestorianische Klosterkirche, von der allerdings keine architektonischen Spuren mehr nachweisbar sind. Es kann aber auch sein, dass die Anfänge des Bauwerkes auf eine *zāwiya*, ein Zentrum einer Sufi-Gemeinschaft, zurückgehen, die vielleicht Šaiḫ ʿAdī in der Frühzeit seines Wirkens begründet hat, wobei dieses Bauwerk im Laufe der Geschichte durch Um- und Zubauten gewachsen ist. Beim Betreten des Heiligtums, dessen Mittelpunkt das Grab Šêxadîs ist, küssen die Gläubigen die beiden Seiten der Tür. Beim Besuch im Grabbau umkreisen die Gläubigen dreimal das Grab, das mit grünen, roten und gelben Stoffen umhüllt ist. Vom Grab führt der Weg zur Zimzim-Quelle in einer Grotte unterhalb des Grabbaus. Die Quellgrotte ist neben dem Grab der wichtigste Ort in Lališ, da das Wasser der Quelle für viele Ritualhandlungen unbedingt notwendig ist. Vom Boden rund um die Quelle nehmen die Gläubigen auch den Lehm und Staub für die Herstellung der – ebenfalls in vielen Ritualhandlungen benötigten – *berat*-Klumpen. Vor dem Heiligtum ist ein großer freier Platz, der mittwochs, freitags und an Abenden vor Festtagen mit Fackeln und Laternen erleuchtet wird, wobei sieben besondere Lampen symbolisch die Sieben Mysterien der Religion darstellen.

---

[109] Vgl. Rashow 2009: 357–366; Kreyenbroek 1995: 77–80.
[110] Vgl. dazu ausführlich Açıkyıldız 2010: 131–144; siehe ferner Kreyenbroek 1995: 80–83.

Rund um das Heiligtum von Şêxadî befinden sich weitere wichtige Bauwerke, südwestlich davon das Bauwerk über der Kanîya Sipî,[111] der weißen Quelle. Die Funktion des Bauwerks ist eng mit dem Taufritual *mor kirin* verbunden, das in diesem Gebäude durchgeführt werden soll. Auch eine große Zahl von Mausoleen befindet sich in Lalis, vor allem für die Nachkommen und die frühen Anhänger von Şêxadî. Mausoleen sind aber auch außerhalb von Laliş weit verbreitet, da praktisch in jeder Yeziden-Siedlung sich ein oder mehrere Mausoleen für lokale Şêxs oder Pîrs befinden; teilweise werden diese Bauwerke auch außerhalb der Siedlungen auf Berggipfeln oder bei Quellen errichtet. Als Ausdruck der Volksreligion und religiösen Folklore werden solche Mausoleen und kleinen Schreine von Gläubigen besucht, um dort Heilung, Segen oder auch weltlichen Wohlstand zu erbitten. Diese Form der Volksfrömmigkeit ist – auch wenn keine direkten gegenseitigen Beeinflussungen nachweisbar sind – mit ähnlichen Praktiken von Zoroastriern, aber auch Muslimen und Christen im lokalen Kontext vergleichbar.

4.2.5.4 Wallfahrten

Der zentrale Wallfahrtsort ist Laliş, in erster Linie das Grabmal Şêxadîs, das beim Versammlungsfest im Herbst besucht werden soll. Die Teilnahme an diesem oben genannten Fest ist – aufgrund des zurückzulegenden Weges – eine Wallfahrt, die man absolvieren sollte, wenn es politisch oder wirtschaftlich möglich ist. In Analogie zur islamischen Umwelt bekommen diejenigen, die eine Wallfahrt nach Laliş unternehmen, den Ehrentitel Hecî (arab. *ḥaǧǧī*).

Neben der Wallfahrt nach Laliş sind alle heiligen Plätze ebenfalls potenzielle Wallfahrtsorte (*zîyaret*), die man aufsuchen kann. Der Zweck dieser Reisen liegt darin, mit dem Heiligen und den göttlichen Wesen in Kontakt zu kommen oder um eine Wallfahrt in Erfüllung eines Gelübdes oder zur Unterstreichung eines Wunsches durchzuführen. Solche Orte sind – wie erwähnt – Gräber oder ehemalige Wohnstätten von religiös herausragenden Gestalten. Man kann aber auch ein „Naturheiligtum" besuchen, z. B. einen Wunschbaum oder eine Höhle. Manche dieser Orte sind in den Status eines lokalen Heiligtums für eine Dorfgemeinde aufgestiegen. Als solche stehen sie dann auch im Mittelpunkt eines (religiösen) Dorffestes, das dem Dorfheiligen gewidmet ist, der zu den Sieben Mysterien bzw. Sieben Heiligen zählt. Alle diese Wallfahrten machen zugleich deutlich, dass für Yeziden der Bezug auf den heiligen Ort als Ziel der Wallfahrt wichtiger ist als der dynamische Aspekt des Wallfahrtsweges.

---

[111] Açıkyıldız 2010: 177–180.

4.3 Die Religionsgemeinde in gesellschaftlichen Kontexten

4.3.1 Gruppierungen, Hierarchien und religiöse Funktionsträger

Die Vorstellung der Seelenwanderung schafft ein Netzwerk von Sozialbeziehungen, das insofern von Bedeutung ist, als dadurch die Kastenzugehörigkeit oder die Einbettung in das soziale System der Yeziden unterstützt wird.[112] Zugleich gewinnen damit religiöse Hierarchien ihre theologische Legitimation. Denn aufgrund der Vorstellung, dass sich die göttlichen Wesen (*heft sur, heft mêr, heft xas*) von Zeit zu Zeit auf die Erde begeben, besitzen religiöse Würdenträger, deren Abstammung auf Reinkarnation dieser Wesen zurückgeführt wird, die theologische Kompetenz, die Religion richtig weiterzugeben. Diese Geburtsverwandtschaft bedeutet aber auch, dass eine Konversion in das Yezidentum als religiöse und soziale Gemeinschaft nicht möglich ist, da die Kastenzugehörigkeit durch die Eltern vererbt wird. Historisch ist diese Sozialordnung wohl von Şêxadî eingeführt worden, wodurch es ihm gelungen ist, die unterschiedlichen sozialen und religiösen Interessen der verschiedenen kurdischen Clans und lokalen Sufigemeinden unter seinen Anhängern miteinander konfliktfrei zu verbinden. Dies führte zu einer dreifachen Aufgliederung der Yeziden-Gemeinschaft, in Şêxs, Pîrs und Mirîds.

4.3.1.1 Şêxs und Pîrs

Šaiḫ ʿAdīs historische Leistung als Organisator des Yezidentums kann man eng mit der Schaffung einer Sozialstruktur verbinden, da es ihm gelang, in der ʿAdawiyya nicht nur die „Lehrkompetenz" zu beanspruchen, sondern diese auch erfolgreich unter den kurdischen Anhängern des – noch sufistisch geprägten – ʿAdawiyya-Ordens durchzusetzen. Dabei unterwies er seine Anhänger in den Ritualen und in seinen Lehren. Dadurch wurde allerdings nicht nur er zum Şêx (arab. *šaiḫ*, „Meister; religiöser Lehrer") dieser Gemeinschaft, sondern in seiner Nachfolge konzentrierte sich diese Lehrautorität auf drei Abstammungslinien, die sich auf die frühe Gefolgschaft Sêxadîs berufen und denen die Familien der Şêxs bis heute zugewiesen werden:[113] Şeşims gilt als erster Şêx der Şemsanî-Linie, Şêxisin ist der Urheber der Adanî-Linie und die Qatanî-Linie wird auf Şêx ʿEbdilqadir und Brüder von Şêxadî zurückgeführt. Dadurch war zwar prinzipiell eine

---

[112] Siehe zur Sozialstruktur allgemein Açıkyıldız 2010: 91–98; Kizilhan 1997: 103–116; Kreyenbroek 1995: 124–137.
[113] Zu den Abstammungslinien siehe Omarkhali 2017: 567 sowie Kreyenbroek 1995: 101–107.

Konkurrenz mit den traditionellen Pîrs (die „Alten") der kurdischen Gesellschaft gegeben, die ebenfalls die Belehrung der Bevölkerung und die Durchführung der religiösen Rituale traditionell innehatten. Doch gelang es bei der Formierung des Yezidentums, den Konflikt oder totalen Bruch zwischen den Ansprüchen der Şêxs und Pîrs zu vermeiden. Zwar mussten sich die Pîrs den Şêxs politisch und in „weltlicher" Kompetenz unterordnen, doch konnten sie ihre religiöse Bedeutung als komplementär zur religiösen Autorität der Şêxs bewahren. Heute sind die Pîrs ebenfalls in wichtige Abstammungslinien gegliedert.[114] Für das soziale Gefüge hatte dies zur Folge, dass die Familien der Laien (*mirîd*) nun jeweils einem Şêx und einem Pîr als ihrem religiösen Lehrer verpflichtet wurden. Dieser konnte nicht frei gewählt werden, sondern die Zuordnung zur Pîr- und Şêx-Linie der Familie ist für jeden einzelnen Yeziden durch die Geburt bestimmt. Durch die Einbettung in die eigene „Geburtskaste" ist man diesen beiden religiösen Autoritäten zugeordnet, die man auch zeitlebens nicht mehr ändern kann.

Dieses Kastensystem, das alle drei Gesellschaftsgruppen betrifft, geht von Generation zu Generation weiter, und die Vererbbarkeit bewahrt die Kastenzuordnung. Dies bedingt Heiratsbeschränkungen, da Eheschließungen ebenfalls nur innerhalb der eigenen Kaste möglich sind. Traditionell wurden diese Heiratsverbote damit begründet, dass Şêxs oder Pîrs durch die Heirat mit einem bzw. einer Mirîd von ihren Aufgaben der religiösen Belehrung durch die weltliche Beschäftigung der Mirîds abgehalten würden. Genauso wenig dürfen Şêxs und Pîrs als religiöse Lehrer untereinander heiraten. Als traditionelle Begründung für dieses Verbot wird angegeben, dass die beiden Statusgruppen nicht nur die religiösen Lehrer der Laien, sondern auch gegenseitig sind, was der Reinheit und Richtigkeit der Religion diene. Würden kastenübergreifende Mischehen erlaubt, so würden die soziale Ordnung und die richtige Lehre darunter leiden. In Zeiten moderner Urbanisierung, Vernetzung und Zerstreuung in Minderheitensituationen in verschiedenen Ländern ergeben sich jedoch – bezüglich der Einhaltung dieser Regeln – praktische Schwierigkeiten, die auch dazu führen, dass diese Traditionen in der Gegenwart ins Wanken kommen.

4.3.1.2 Das religiöse und das politische Oberhaupt

Innerhalb der Şêxs und Pîrs gibt es noch weitere hierarchische Rollen, die für die Religionsausübung nicht vernachlässigt werden dürfen.[115] Das Oberhaupt der Yeziden ist der Mîr. Mîr Tehsîn Seîd Beg (1933–2019) hatte nach dem Tod seines

---

114 Vgl. Omarkhali 2017: 567 f.; Açıkyıldız 2010: 94.
115 Açıkyıldız 2010: 91–94.

Vaters im Jahr 1944 dieses Amt übernommen und übte es bis zu seinem Tod aus, allerdings hatte – aufgrund altersbedingter Krankheit – im seinem letzten Lebensjahrzehnt bereits sein Sohn Hazim Tehsîn Seîd die Amtsführung inne. Der Mîr gilt als ein direkter Vertreter und Nachfolger Şêxadîs und gehört der Qatanî-Linie der Şêxs an. Er ist die höchste legislative geistliche Autorität, wobei das Amt jeweils vom Vater auf den Sohn vererbt wird. Damit ist er – in politischer Hinsicht – der Führer der Yeziden. Ein Teil seines Lebensunterhalts stammt aus Spenden, die bei den Rundreisen des Sencaq gesammelt oder von den Gläubigen in Lalis gespendet werden. Komplementär zum Mîr kann man die Rolle des Bavê Şêx betrachten, der die höchste exekutive religiöse Autorität der Religionsgemeinde darstellt. Im Unterschied zum Mîr stammt der Bavê Şêx aus der Şemsanî-Linie der Şêx-Familien.

In dieser – mit unterschiedlichen Funktionen versehenen – doppelten hierarchischen Spitze der Religionsgemeinschaft kann man wiederum den Versuch sehen, ähnlich wie im Fall der aufeinander bezogenen Funktionen von Şêxs und Pîrs auch durch die strukturelle Einbeziehung der Qatanî- und der Şemsanî-Linie in die Führungsspitze der Religion Spannungen innerhalb des Sozialgefüges zu vermeiden. Sowohl der Mîr als auch der Bavê Şêx residieren prinzipiell in 'Eyn Sifni, dem größten Ort im Lalis-Tal, der in der Kosmologie der Yeziden als jener Ort gilt, an dem die Sintflut endete.[116] Während dabei der Mîr häufig seinen Residenzort verlässt, um Yeziden-Gemeinden zu besuchen, ist der Bavê Şêx ortsfester, da er nur aus Anlass der großen Feste nach Lalis geht.

4.3.1.3 Laien (mirîd) als kultische Spezialisten

Weitere untergeordnete religiöse Funktionen werden auch von einzelnen Laien ausgeübt.[117] Von diesen religiösen Spezialisten kann man unter anderen den Koçek, den Feqîr und den Micêwir nennen. Ihr sozialer Status ist zwar nicht allzu hoch, allerdings sind diese religiösen Spezialisten für die Durchführung vieler Rituale notwendig, wobei sie – im Fall, dass weder ein Şêx noch ein Pîr anwesend ist – auch einzelne Ritualhandlungen vornehmen dürfen, deren Ausführung eigentlich den Angehörigen dieser beiden religiösen Statusgruppen vorbehalten ist. Zu den wichtigen Ritualkompetenzen des Koçek gehört der Bereich des Todes, er berichtet über das Schicksal der Seele, interpretiert Träume und Gebete und kann Kontakt mit der unsichtbaren Welt aufnehmen. Die Einführung in die Funktion

---

116 Açıkyıldız 2010: 119.
117 Für eine detailliertere Beschreibung der Aufgaben dieser religiösen Akteure siehe z. B. Kreyenbroek 1995: 132–135; Açıkyıldız 2010: 96–98; Kizilhan 1997: 111–115.

eines Koçek geschieht durch den Bavê Şêx. Prinzipiell kann jeder Mirîd ein Koçek werden, wenn er sich dazu befähigt sieht. Der Feqîr ist jemand, der seine Lebensaufgabe darin sieht, unter Verzicht auf irdische Güter ganz Gott zu dienen; allerdings ist dies keine private Angelegenheit, sondern sein Wunsch muss offiziell vom Mîr und vom Bavê Şêx anerkannt werden. Die Micewîrs sind lokale Tempelwächter und fungieren als religiöse Spezialisten und Ratgeber in den Dörfern auf der untersten Stufe. Dennoch sind sie in ihrem Dorf in der Regel hoch angesehen, weil sie unmittelbare Ansprechpartner für religiöse Fragen sind. Auch die Qewals, die Spezialisten für die Rezitation und die mündliche Überlieferung der religiösen Tradition, sind hier nochmals zu nennen. Allerdings gilt auch für alle diese religiösen Spezialisten, dass sie – auch bei entsprechender religiöser Kompetenz – nie ihre durch die Geburt bestimmte Kaste wechseln können, sondern immer Teil der Mirîds bleiben.

4.3.2 Veränderungen und Herausforderungen im 20. und 21. Jahrhundert

Eine zentrale Herausforderung – und wohl auch eine Frage des mittelfristigen Überlebens – der Yeziden in ihrem nordirakischen Kerngebiet ist wesentlich von politischen Bedingungen geprägt.[118] Die Arabisierungspolitik von Saddam Hussein im Irak, der Krieg zwischen Irak und Iran in den 1980er Jahren und die Folgen des Sturzes von Saddam Hussein mit der Zersplitterung der Machtverhältnisse im Irak betraf nicht nur den Lebensraum der Religionsgemeinschaft, sondern auch die Rolle des Mîr und des Bavê Şêx. Teilweise werfen Yeziden dem Mîr vor, mehr auf eigene Interessen und Vorteile für seine Familie bedacht zu sein als auf das yezidische Gemeinwohl. Dabei spielt die Frage der Identitätsabgrenzung eine Rolle, nämlich ob Yeziden „auch" Kurden seien und wie Yeziden sich zur politischen Situation in der Autonomen Region Kurdistan im Nordirak verhalten. Politische Vertreter der Autonomen Region bemühten sich im ersten Jahrzehnt des 21. Jahrhunderts um eine Kooperation mit und damit Einfluss auf Yeziden in Lalîş, was sowohl von Anhängern des Mîr als traditionellem politischem Oberhaupt der Yeziden als auch vom Bavê Şêx kritisiert wird. Das Verhältnis zwischen den Yeziden und der politischen Führung der Autonomen Region Kurdistans hat sich 2014 deutlich verschlechtert, da sich Yeziden im Şingal bei den Angriffen durch den Islamischen Staat von den Streitkräften der Peşmerga der Autonomen Region im Stich gelassen fühlten.

---

[118] Vgl. Spät 2005: 79–89; Tagay/Ortaç 2016: 175 f. sowie vor allem Dulz 2016: 134–137, 142–144.

Neben dieser politischen Herausforderung, die nicht nur auf den Irak beschränkt ist, sondern auch das Überleben der Yeziden in Syrien[119] betrifft, stehen auch die religiösen Herausforderungen – sowohl im kurdischen Raum als auch in der Diaspora.[120] Die Veränderung der Yeziden-Gemeinschaft seit mehreren Jahrzehnten ist nicht nur durch die Migration, sondern auch durch verbesserte Bildung, die Betonung individueller Interessen sowie die Nutzung von modernen Medien bedingt. Dadurch werden nicht nur innerhalb der Laien-Gruppen Kenntnisse über die Religion verbreitet, sondern es entstehen aufgrund solcher Kenntnisse auch Fragen in Bezug auf religiöse Inhalte, die nicht mehr immer zur Befriedigung der Fragenden von den religiösen Autoritäten beantwortet werden können. Dies führt teilweise in Kurdistan, vermehrt in der Diaspora zu einem Autoritätsverlust von Şêxs und Pîrs, und unter Laien gewinnt die Auffassung an Boden, dass die traditionellen religiösen Führer nicht mehr in der Lage seien, den modernen Herausforderungen zur Stärkung der Religion gerecht zu werden. Dadurch bewahren nur jene Şêxs und Pîrs ihr Ansehen, die mit theologischen Kenntnissen überzeugend auf den Nutzen der Religion auch unter den veränderten gesellschaftlichen Bedingungen verweisen können. In diesem Zusammenhang gerät auch das traditionelle Kastengefüge ins Wanken, das von manchen nicht mehr als Garantie des Zusammenhalts der Yeziden, sondern vielmehr als Hemmnis für den Umgang mit den Herausforderungen der Gegenwart verstanden wird. Denn die Kastenordnung und die damit verbundenen Heiratsregeln werden von der jüngeren Generation nur noch widerwillig akzeptiert, was nicht nur zu Abweichungen von dem, was traditionell als Norm empfunden wurde, führt, sondern manchmal in einem Bruch mit der Familie resultiert. Als Konsequenz ergeben sich daraus eine weitere Schwächung des Zusammengehörigkeitsgefühls und letztlich auch ein quantitativer Schwund von Angehörigen der Religionsgemeinschaft. Wie oben erwähnt, trägt der oft unrealistisch hohe und ohne wirtschaftlichen Ruin nicht leistbare Brautpreis zu solchen Schwächungen der Gemeinschaft bei. Als Reaktion auf solche Probleme kommt daher eine Diskussion in Gange, ob nicht wenigstens interne Eheverbote zwischen den vier Pîr-Gruppen und den drei Şêx-Gruppen aufgehoben werden könnten.

Solche Herausforderungen in der Gegenwart führen zu zwei Positionen. Auf der einen Seite besteht die Sorge, dass die Yeziden ihre Identität verlieren, wenn sie sich den veränderten Bedingungen der Moderne – in der Diaspora und in Kurdistan – zu sehr anpassen, so dass sie nicht mehr als eigene religiöse und

---

119 Einen Überblick zur Verbreitung und Geschichte der Yeziden in Syrien bietet Maisel 2013. Rund 10.000 Yeziden dürften vor Beginn der Kriegshandlungen im Jahr 2011 im Land gelebt haben, etwa je zur Hälfte im ʿAfrīn-Gebiet nordwestlich von Aleppo und in der Ğazīra.
120 Omarkhali 2017: 273–276; Savucu 2016: 187–189; Tagay/Ortaç 2016: 144–149.

ethnische Gemeinschaft überleben. Die gegenteilige Position betont hingegen, dass bei fehlender Lösung der verschiedenen Herausforderungen der Moderne die Religion verschwinden wird, weil die traditionelle religiöse Praxis entweder nicht mehr verstanden oder als für die Lebensführung rückständig und hinderlich empfunden wird, so dass Yeziden ihrer Religion den Rücken kehren.

4.3.3 Yeziden in Deutschland

In Deutschland leben mehr als 100.000 Yeziden. Ballungsräume befinden sich besonders in Niedersachsen und in Nordrhein-Westfalen mit Städten wie Hannover, Celle, Oldenburg und Göttingen sowie Bielefeld, Detmold, Emmerich oder Kleve. Aber auch in Bremen, Frankfurt oder Berlin gibt es nennenswerte Gruppen. Die Migration nach Deutschland hat zu Beginn der 1960er Jahre eingesetzt, zunächst v. a. aus der Türkei. Der politische Hintergrund, der die Einwanderung nach Deutschland zunächst ermöglichte, war der im Jahr 1961 zwischen der Bundesrepublik und der Türkei geschlossene Anwerbevertrag für Gastarbeiter. Dadurch bot sich für in der Türkei verfolgte Yeziden (sowie Kurden im Allgemeinen) eine Möglichkeit, legal aus der Türkei auszureisen, was v. a. männliche Angehörige der jüngeren Generation genutzt haben. Durch den Militärputsch in der Türkei im Jahr 1980 setzte eine erneute Welle von Yeziden-Flüchtlingen nach Deutschland ein. Diese inzwischen mehr als ein halbes Jahrhundert bestehende Anwesenheit von Yeziden kann man in vier Phasen einteilen:[121] Die erste Phase (1961–1973) war durch den Gastarbeiterstatus und den noch vorhandenen Gedanken an die Rückkehr in die Türkei geprägt. Allerdings entstanden zu Beginn der 1970er Jahre die ersten Pläne, auf Dauer in Deutschland zu bleiben, was sich an dem beginnenden Familiennachzug und der Gründung des ersten yezidischen Vereins in Celle im Jahr 1973 zeigte. Dieses Jahr kann somit auch als Ausgangspunkt für die zweite Phase der Geschichte der Yeziden in Deutschland gelten, die bis 1990 dauerte und durch Pionierarbeiten zur Etablierung von organisatorischen Strukturen gekennzeichnet ist. Wichtig in diesem Zusammenhang war die Anerkennung der Verfolgungssituation in der Türkei in den frühen 1980er Jahren, wodurch Asylverfahren erleichtert wurden. Die dritte Phase von 1991 bis 2002 kann einerseits als Zeit der zunehmenden Aktivierung der Yeziden gelten, wobei zu Beginn der 1990er Jahre die Asylanträge von Yeziden aus dem Irak aufgrund der Arabisierungspolitik[122] durch Saddam Hussein und des Kriegs mit dem Iran in

---

[121] Vgl. Wettich 2015a: 3–5; Ders. 2015b: 147–149; Tagay/Ortaç 2016: 93–98.
[122] Açıkyıldız 2010: 60; vgl. Dulz 2016: 135f.

den 1980er Jahren zunahmen und sich damit auch die Zusammensetzung der Yezidengemeinden in Deutschland zu verändern begann. Die Yeziden aus dem Irak hatten in der Regel meist eine höhere Bildung als die aus den Kurdengebieten in der Türkei zuvor gekommenen Angehörigen der Religionsgemeinschaft. Ende der 1990er Jahr war die Zahl der Yeziden hierzulande auf ca. 30.000 Personen gestiegen. Durch die Ankunft von Personen aus dem Irak setzte zugleich eine Diversifizierung ein, die seit 2003 die vierte Phase der yezidischen Präsenz in Deutschland kennzeichnet. In dieser Phase sind neben weiteren Flüchtlingen aus dem Irak und Syrien auch Yeziden aus der ehemaligen Sowjetunion – v. a. aus Armenien und Georgien – nach Deutschland übergesiedelt, teilweise in Reaktion auf den Nationalismus der beiden unabhängigen Staaten, durch den Yeziden ihre eigene Kultur im Unterschied zur Zeit der Sowjetunion einschränkt sahen.[123] Nachdem der so genannte Islamische Staat (IS) im August 2014 das Şingal-Bergland überfallen und tausende Angehörige der Religionsgemeinschaft ermordet, verschleppt oder versklavt hatte, setzte ein neuerlicher Flüchtlingsstrom aus diesem Gebiet ein. Das Bundesland Baden-Württemberg ermöglichte dabei mit einer Sonderregelung die Aufnahme von 1.100 yezidischen Frauen und Kindern, denen die Flucht aus der Gewalt des IS gelungen war bzw. die aus der Sklaverei freigekauft werden konnten.[124] Bevor diese Frauen und Kinder aus der Autonomen Region Kurdistan im Nord-Irak nach Deutschland ausgeflogen wurden, erhielten sie nicht nur den Segen des Bavê Şêx in Lališ, der auch erklärte, dass diese meist schwer traumatisierten Frauen weiterhin volle Mitglieder der Yeziden-Gemeinschaft sind und nicht – wie es traditionell der Fall war – aus der Gemeinschaft ausgeschlossen werden dürften, weil sie teilweise mit Muslimen zwangsverheiratet bzw. sexuell missbraucht worden waren. Nach ihrer Ankunft in Deutschland haben hier bereits länger ansässige Yeziden die Einbeziehung dieser Frauen und Kinder in bestehende Strukturen der Religionsgemeinschaft vorgenommen. Unter den 2015 nach Deutschland gekommenen Frauen war auch Nadia Murad, der es gelungen war, nach dreimonatiger Gefangenschaft dem IS zu entkommen.[125] Für ihr öffentliches Eintreten für die Belange der Yezidinnen und ihr Engagement, die Gräueltaten des IS an Frauen und Kindern bekanntzumachen, wurde ihr am 18. Dezember 2018 der Friedensnobelpreis verliehen.

---

123 Vgl. zu den Veränderungen in diesen beiden Republiken Kartal 2016: 61–63; Mossaki 2014: 117–122; Kreyenbroek 2009: 47 f.
124 Vgl. Kizilhan bei Omarkhali 2016: 151–153. Kizilhan hebt dabei auch einen wesentlichen Bruch mit der „Tradition" hervor, den der Bavê Şêx mit der Erklärung, dass diese Frauen weiterhin volle und „ehrenhafte" Mitglieder der Gemeinschaft sind, initiierte.
125 Siehe dazu auch die autobiographische Darstellung Murad 2017.

Die Situation in Deutschland erfordert ein Umdenken hinsichtlich der bisherigen Strukturen, wodurch Şêxs, Pîrs und Mirîds in gleicher Weise herausgefordert werden. Denn im Unterschied zu den traditionellen, relativ geschlossenen Siedlungen entstehen in der Diaspora verstreute Gemeinden, die neue Netzwerke für den gegenseitigen Kontakt und Austausch in Alltags- und Religionsfragen benötigen. Da inzwischen Yeziden der dritten und vierten Generation in Deutschland leben, kommt es zu Neuorientierungen. Mit guter Schulbildung und einer zunehmenden Zahl von Akademiker(inne)n sprechen jüngere Yeziden sehr gut Deutsch und teilweise besser als Kurmancî, haben deutsche Freunde und leben kognitiv und emotional in „zwei Welten" – mit mehrfacher positiver Identität, aber auch mit dem notwendigen Spagat zwischen kultureller Selbstbehauptung und Offenheit für die Herausforderungen in der europäischen Gesellschaft. Dadurch kann man heute unschwer Unterschiede zwischen der ersten, zweiten und dritten Generation sehen: die erste Generation ist noch in der Türkei aufgewachsen; die zweite Generation hat bereits den größeren Teil des Lebens in Deutschland verbracht, während die dritte und vierte Generation in Deutschland geboren ist. Daraus ergeben sich sehr unterschiedliche Sozialisationsmuster und auch unterschiedliche Vorstellungen davon, was „kurdisch-yezidisches Heimatland" ist.

In den Prozessen dieser Selbsteinschätzung entstehen seit 1990 in Städten mit einer größeren Zahl von Yeziden zunehmend Kulturvereine, die eigene Zeitschriften als Kommunikationsmedien herausgeben. Allerdings fehlte lange ein Dachverband, der alle oder zumindest die deutliche Mehrheit der Yeziden vertreten konnte. Verschiedene Vereine haben sich im Laufe der Jahre zu drei größeren Verbänden zusammengeschlossen, die ihrerseits jeweils die Deutungshoheit für die yezidischen Themen in ganz Deutschland beanspruchten.[126] Die meisten yezidischen Vereine sind in der „Föderation der Ezidischen Vereine in Deutschland e. V." (*Federasyona Komeleyên Êzdiyan*/FKE) zusammengeschlossen, der vor allem Yeziden aus der Türkei angehören. Dem steht der „Zentralrat der Yeziden in Deutschland" gegenüber, der ebenfalls mehrheitlich von aus der Türkei stammenden Yeziden geprägt ist. Mehrere Vereine, die besonders von Yeziden aus dem Irak geprägt sind, haben sich im Jahr 2014 ebenfalls zu einem eigenen Verband zusammengeschlossen. Ebenfalls erwähnenswert ist die „Gesellschaft Ezidischer AkademikerInnen e. V." (GEA), die sich um die Vermittlung von Kenntnissen über die Yeziden innerhalb und außerhalb der Gemeinde be-

---

[126] Vgl. Wettich 2015b: 151–155; Tagay/Ortaç 2016: 138–140; Kartal 2016: 112–114. Zur Konkurrenz und den jeweiligen, zum Teil unterschiedlich politisch motivierten Zielen der verschiedenen Vereine und Verbände siehe Savucu 2016: 304–322.

müht, um dadurch ebenfalls die Religion in der Diaspora zu stärken. Dadurch zeigten diese Verbände einerseits die Diversifizierung, andererseits bedeutete diese Diversifizierung aber auch, dass eine gemeinsame Stimme den Yeziden in Deutschland fehlte. Dies änderte sich am 29. Januar 2017 mit der Gründung des „Zentralrates der Êzîden in Deutschland"[127] in Bielefeld. Der frühere „Zentralrat der Yeziden" löste sich auf bzw. mit ihm verbundene Vereine schlossen sich dem neuen Zentralrat an, dem nunmehr 31 Vereine bzw. Gruppierungen angehören. Dadurch sollte es in Zukunft möglich sein, die Interessen der Yeziden in Deutschland gemeinsam besser zu vertreten, was eventuell der Beginn einer fünften Phase yezidischer Präsenz in Deutschland ist.

Somit stehen Yeziden in Deutschland und in anderen Ländern der Diaspora vor Prozessen einer Neuorientierung: Zwar ermöglicht die Diaspora die Freiheit der Religionsausübung, die in der islamischen Umgebung der kurdischen Kerngebiete kaum jemals gegeben war. Die für manche Rituale notwendigen Zuordnungen von Şêxs und Pîrs zu ganzen Gemeinden sind jedoch in Deutschland nicht mehr traditionell vorhanden, da oft nur Familien migriert sind – eben ohne die „dazugehörigen" Şêxs und Pîrs. Damit entstehen Probleme hinsichtlich religiöser Betreuung, Kompetenz und Autorität. Die Lösung solcher Fragen, die durch Prozesse des (sozialen) Wandels der Yeziden aufgrund der Diasporasituation entstehen, ist eine Herausforderung für die Zukunft.

---

[127] http://www.zentralrat-eziden.com/.

5 Das Bahā'ītum

Die in der Mitte des 19. Jahrhunderts im Iran entstandene Bahā'ī-Religion ist eine relativ junge Religionsgründung. Als Besonderheit in der Entwicklung dieser Religion ist zu erwähnen, dass bereits innerhalb der ersten Jahrzehnte ihres Bestehens sich ein Wandel vollzog, indem der persische Ursprung der Religion sich schnell einem Universalismus öffnete. Die relativ kurze Geschichte der Religion führt zu einer günstigen Quellensituation, die sich reichhaltiger auf die Anfänge des Bahā'ītums bezieht als dies bei den vorhin besprochenene Religionen der Fall ist. Dennoch nahm die Bahā'ī-Religion lange Zeit in der deutschsprachigen Religionswissenschaft eher eine Randstellung – oft als „Appendix" oder als „Sekte" zum Islam betrachtet[1] – ein. Eine Veränderung der Beschäftigung mit der Bahā'ī-Religion ist durch eine breitere Wahrnehmung dieser Religion aufgrund der Verfolgung von Religionsangehörigen im Zusammenhang mit der Islamischen Revolution im Iran auszumachen.

Die akademische Beschäftigung mit der Geschichte, den Lehren und der Praxis des Bahā'ītums sowohl durch Mitglieder der Religionsgemeinschaft als auch durch Religionswissenschaftler und Historiker hat durch die religionsinterne Veröffentlichung[2] der englischen Übersetzung des *Kitāb-i Aqdas*[3], des „Heiligsten Buches", im Jahr 1992 aus Anlass des einhundertsten Todestages Bahā'u'llāhs, des Gründers der Religion, wesentliche Impulse erhalten. Dennoch kann man auch fast drei

---

1 Siehe z. B. Schmucker 2005: 727–729.
2 Bahā'u'llāh 1992. Auf die englische Übersetzung folgten – davon abhängige – Übersetzungen in weitere Sprachen; für die deutsche Übersetzung siehe Bahā'u'llāh 2000.
3 Die Umschrift der arabischen bzw. neupersischen Namen (v. a. Personen, Orte, Literaturwerke) versucht die Nähe zur Umschrifttradition der Bahā'ī beizubehalten, die durch die hierarchisch organisierte Struktur der Religionsgemeinschaft international in den Veröffentlichungen der Bahā'ī vereinheitlicht ist. Da diese Umschrifttradition sich an den wissenschaftlichen Standards der Arabistik vom Ende des 19. und Beginn des 20. Jh. orientiert, weicht sie jedoch v. a. von den Gepflogenheiten der Iranistik (Toulany/Orthmann 2013) ab. Zur Illustration drei Beispiele: *Kitāb-i Aqdas* statt *Ketāb-e Aqdas* (zutreffender als die eingebürgerte neupersische Form wäre die konsequente arabische Formulierung des Titels des arabischen Buches als *al-kitāb al-aqdas*); Bahā'u'llāh statt Bahā' Allāh für den Religionsgründer; der Ehrentitel Mullā statt neupersisch Mollā. In der Aussprache weichen einige Buchstaben von der Verwendung im Deutschen ab: /'/ und /ʿ/ markieren jeweils einen Stimmabsatz an, der im Deutschen zwischen zwei Vokalen gemacht wird. Das Graphem /č/ wird wie deutsches „tsch", /ǧ/ wie deutsches „dsch" ausgesprochen. /š/ entspricht einem (stimmlosen) „sch", /ž/ einem stimmhaften „sch" (wie /j/ in Französisch „jour"), /z/ wird als stimmhaftes „s" gesprochen. Mit dem Buchstaben /q/ wird ein Gaumen-r (und nicht ein deutsches „qu") wiedergegeben, /ḥ/ und /ḫ/ wie „ch" in „Bach" ausgesprochen. Die Aussprache von /y/ entspricht dem deutschen Buchstaben „j".

Jahrzehnte später noch sagen, dass zu dieser Religion weniger Forschungsarbeiten vorliegen als zu anderen Religionen, die hinsichtlich der Mitgliederzahl oder des Alters mit der Bahā'ī-Religion vergleichbar sind. Eventuell ist diese Situation dadurch zu erklären, dass es eine „Kompetenzfrage" ist: Islamwissenschaftler, die von ihrer philologischen Ausbildung her geeignete Erforscher der Bahā'ī wären, fühlen sich in der Regel nicht zuständig, weil die Bahā'ī zwar hinsichtlich der Entstehung der Religion unter dem Bāb zunächst eng mit der Šaiḫīya (Shaykhismus) als einer schiitisch-islamischen Richtung des 19. Jahrhunderts verbunden sind, aber aufgrund der Trennung vom Islam – abgesehen von den unmittelbaren Anfängen – nicht mehr zum Arbeitsgebiet der Islamwissenschaft im engeren Sinn gehören. Wenn Religionswissenschaftler sich als zentrales Arbeitsgebiet den Islam wählen, so gelten für sie in der Regel dieselben Argumente, die Bahā'ī eher auszuklammern, die auch Islamwissenschaftler gebrauchen. Jenen Religionswissenschaftlern, die ihre zentralen Arbeitsinteressen auf neuere Religionen richten, kommt die Bahā'ī-Religion weniger gelegen, weil sie – durch den Umfang des arabischen und persischen Schrifttums – schwerer zugänglich ist als andere Neureligionen, v. a. wenn nur deren „westliche" Ausformung und Präsenz im Mittelpunkt des (Forschungs-)Interesses stehen. Dadurch fällt die Bahā'ī-Religion zwischen zwei Stühle der Kompetenz und des Interesses.

Der aktuelle englisch- und deutschsprachige Forschungsstand umfasst einige Gesamtdarstellungen sowie wichtige Studien zu einzelnen Themen. Im englischsprachigen Raum hat Peter Smith neben einem Wörterbuch sowohl eine kurze geschichtliche Darstellung und eine Einführung in die Religion publiziert; letztere ist mit einer ähnlichen Gesamtdarstellung von Robert Stockman vergleichbar.[4] Fragen der (normativen) schriftlichen Überlieferung der Religion kommen in den Studien von Moojan Momen, Todd Lawson, Christopher Buck, Denis MacEoin und Nader Saeidi zur Sprache.[5] Wichtig für (religions-)geschichtliche Verbindungen zwischen der Bahā'ī-Religion und dem Iran im 19. Jahrhundert[6] sind die Monographie von Juan Cole sowie ein von Dominic P. Brookshaw und Seena B. Fazel herausgegebener Sammelband. Aus der deutschsprachigen Forschung[7] ist das Œuvre von Udo Schaefer zur Bahā'ī-Theologie und zur Ethik hervorzuheben. Wichtige Studien zur Frühgeschichte der Religion liegen von Armin Eschraghi und Sascha Dehghani vor und aus religionswissenschaftlicher Sicht hat Manfred Hutter eine knappe und eine umfang-

---

4 Vgl. u. a. Smith 1996; 2000; 2008; Stockman 2013.
5 Vgl. u. a. Buck 1995; MacEoin 1992; 2009; Lawson 2012; Momen 1997; Saeidi 2000; 2008.
6 Cole 1998; Brookshaw/Fazel 2008.
7 Vgl. u. a. Schaefer 1995; 2007; 2009; Eschraghi 2004; 2010; Dehghani 2011; Hutter 2009a; 2016: 105–120.

reiche Darstellung der Religion vorgelegt. Solche Beiträge und Studien machen deutlich, dass die Beschäftigung mit den Traditionen der Bahā'ī in letzter Zeit sicherlich zugenommen hat. Die folgende Darstellung dieser Religion strebt dabei ein Doppeltes an: einerseits auf dem vorgegebenen Raum diese Religion darzustellen und andererseits dabei – um gegenüber den genannten Arbeiten auch neue Perspektiven einzubringen – das Augenmerk auf jene Prozesse der Veränderung von iranischen Traditionen hin zu einem universellen Anspruch zu richten.

5.1 Religionsgeschichte als Identitätsstiftung und -deutung

5.1.1 Die „Zwillingsoffenbarer" Bāb und Bahā'u'llāh

Zwei Datumsangaben markieren aus der Sicht der Bahā'ī-Theologie das Auftreten jener beiden historischen Persönlichkeiten, die für die Entstehung dieser Religionsgemeinschaft entscheidend sind. Am 12. November 1817 wurde Mīrzā Ḥusain ʿAlī in der Stadt Nūr in der Provinz Māzandarān am Kaspischen Meer geboren. Seine Familie gehörte der gebildeten Oberschicht der Qāǧāren-Zeit an, und Mīrzā Ḥusains Vater Mīrzā ʿAbbās Buzurg hatte ein Amt am Hof inne. Zwei Mondjahre später, am 20. Oktober 1819, wurde in Šīrāz in der Provinz Fars in einer Kaufmannsfamilie, deren männliche Mitglieder den Ehrentitel Sayyid trugen, ʿAlī Muḥammad geboren. Zwischen beiden Familien und Ereignissen besteht zunächst kein Zusammenhang, außer dass die beiden Geburtstage nach dem schiitischen Mondkalender auf den ersten bzw. zweiten Tag des Monats Muḥarram fielen. Die kalendarische Nähe der beiden Geburtstage prägt seit dem Jahr 2015 den kultischen Kalender der Bahā'ī in neuer Weise: Waren vorher – nach westlichem Kalender – der 20. Oktober und 12. November Feiertage im Bahā'ī-Kalender, um die Geburt der beiden Gründergestalten zu memorieren, so legt die Kalenderreform nunmehr die „Zwillingsgeburtstage" auf den ersten und zweiten Tag nach dem achten Neumond, der auf das Neujahrsfest der Bahā'ī folgt. Die Theologie und Identitätsstiftung, die damit ausgedrückt wird, ist klar: Das Wirken der an diesen beiden Tagen Geborenen bildet für die Bahā'ī-Religion eine Einheit. Dennoch sind in einer (religions-)historischen Betrachtung einige Unterschiede zu beachten.

5.1.1.1 Der Bāb (1819–1850)

Beginnen wir mit dem Leben und Wirken des Bāb.[8] Unter diesem Titel wurde ʿAlī Muḥammad seinen Anhängern bekannt. Im schiitischen Islam werden mit dem arabischen (Ehren-)Titel *bāb* Personen bezeichnet, die einen „Zugang" (arab. *bāb*) zum Verborgenen Imām finden bzw. die sogar als Gottesboten angesehen werden können. ʿAlī Muḥammad war – wie viele Zeitgenossen – von der Erwartung der Wiederkehr des Verborgenen Imām erfasst und hatte Anfang der 1840er Jahre die schiitischen Wallfahrtsorte auf dem Boden des heutigen Irak besucht, um dort seine theologischen Interessen durch Studien zu vertiefen. Dabei befasste er sich v. a. mit den mystischen und philosophischen Interpretationen des Islam, wie sie Šaiḫ Aḥmad al-Aḥsāʾī (gest. 1826) und seine Schüler in der so genannten Šaiḫīya vertreten haben.[9] Auch nach seiner Rückkehr nach Šīrāz und seiner Heirat blieb er zunächst dieser islamischen Richtung verbunden. Einen wesentlichen Einschnitt markiert das Zusammentreffen ʿAlī Muḥammads mit dem Šaiḫīya-Anhänger Mullā Ḥusain Bušrūʾī am 22. Mai 1844, bei dem der Bāb erklärte, dass er mit dem Verborgenen Imām in Verbindung stehe. Mullā Ḥusain wurde der erste Anhänger des Bāb, dem sich bald weitere Personen anschlossen. Die ersten achtzehn Anhänger des Bāb werden als „Buchstaben des Lebendigen" (*ḥurūf al-ḥaiy*) bezeichnet. Diese gelangten ihrerseits immer stärker zu dem Glauben, dass der Bāb nicht nur das „Tor" zum Verborgenen Imām sei, sondern vielmehr der von Gott verheißene zukünftige Heilsbringer. Dadurch wird dieses Ereignis für Bahāʾī in der Retrospektive die Geburtsstunde ihrer Religion.

Noch im Sommer 1844 sandte der Bāb seine ersten Anhänger in verschiedene Teile Irans, während er selbst eine Wallfahrt nach Mekka unternahm. Mullā Ḥusain begann die Verbreitung der Lehren des Bāb in der Hauptstadt Teheran, wo Mīrzā Ḥusain ʿAlī Nūrī – wahrscheinlich über Kontakte des Privatlehrers seiner Familie – vom Bāb erfuhr und sein Anhänger wurde.[10] Unter dem Titel Bahāʾuʾllāh („die Herrlichkeit Gottes") sollte er in der Folge maßgeblich für die Entwicklung der Religion wirken. Mīrzā Ḥusain Nūrī war einige Jahre zuvor aufgrund des Todes seines Vaters im Jahr 1839 von Nūr nach Teheran übersiedelt, wo er nicht nur für seine Frau und die eigenen Kinder, sondern als Oberhaupt der Großfamilie auch für seine Halbgeschwister zu sorgen hatte. Von ihnen ist Mīrzā Yaḥyā Nūrī, Bahāʾuʾllāhs 1830 geborener Halbbruder, wegen seiner weiteren Rolle für die Geschichte der Bahāʾī-Religion zu nennen. Genauso erwähnenswert ist der

---

8 Vgl. Hutter 2009a: 22–31; MacEoin 2009: 155–164; Eschraghi 2010: 171–175; Stockman 2013: 71–75.
9 Zur Šaiḫīya siehe Eschraghi 2004: 7–33; MacEoin 2009: 3–137.
10 Zu diesen nur teilweise rekonstruierbaren Vorgängen in Teheran siehe Eschraghi 2010: 188f.; Stockman 2013: 76.

älteste überlebende Sohn Bahā'u'llāhs namens 'Abbās, der später unter dem Titel 'Abdu'l-Bahā die Nachfolge seines Vaters in der Führung der Religionsgemeinschaft übernehmen sollte. Die Bahā'ī-Tradition überliefert dabei, dass 'Abbās am 22. Mai 1844 geboren wurde, an jenem Tag, an dem der Bāb sein Sendungsbewusstsein erstmals bekannt machte. Dieses Datum schafft ebenfalls eine identitätsstiftende Verbindung zwischen dem Bāb aus Šīrāz und der Familie Bahā'u'llāhs aus Nūr.

Zwei Ereignisse – im Jahr 1848 bzw. 1863 – sind entscheidende Eckpunkte der Entstehungsgeschichte des Bahā'ītums, aber auch der aus Bahā'ī-Sicht kurzlebigen Bābī-Religion.[11] Nach seiner Wallfahrt nach Mekka verkündete der Bāb seine Neu-Interpretation des Islam. Schließlich wurde er im Frühsommer 1847 gefangengenommen und am 9. Juli 1850 in Tabriz als „Häretiker" hingerichtet. Während der drei Jahre seiner Gefangenschaft war es ihm dennoch möglich, mit seinen Anhängern in Kontakt zu bleiben und seine Lehre schriftlich weiter darzulegen. Dies wurde dabei zum Anlass für seine Anhänger, die Rolle des Bāb und das Verhältnis zur islamischen Religionsgesetzlichkeit (šarī'a) zu klären, wozu sie sich im Juli 1848 in Badašt südlich des Kaspischen Meeres versammelten. Obwohl Bahā'u'llāh nicht zu den „Buchstaben des Lebendigen" und somit den führenden Anhängern des Bāb gehört, hat er wohl maßgeblich an der Organisation dieser Versammlung und an den Beratungen der Bābīs mitgewirkt. Eine deutlich fassbare Rolle spielte auch Ṭāhirā Qurratu'l-'Ayn, die sich bereits im Jahr 1844 dem Bāb angeschlossen hatte und die aus einer angesehenen schiitischen Gelehrtenfamilie stammte.[12] Von Beginn an hat sie sich für die Eigenständigkeit der Lehren des Bāb gegenüber der Šaiḫīya bzw. der Schia ausgesprochen und daraus auch radikale Konsequenzen hinsichtlich einer Außerkraftsetzung der islamischen Rechtsvorschriften gezogen. Dies zeigt sich u. a. daran, dass sie im Muḥarram, dem schiitischen Fastenmonat, nicht schwarz gekleidet auftrat, sondern bunte Festgewänder trug, mit dem Hinweis darauf, dass der 1. Muḥarram nicht ein Tag des schiitischen Martyriums, sondern der Freudentag der Geburt des Bāb sei. Dieses Denken Ṭāhirās führte am Ende der Versammlung in Badašt zu einem Eklat, indem sie – als symbolstarke Abkehr von der Verankerung der Bābīs im Islam – ihren Schleier ablegte, um dadurch die Unabhängigkeit der Anhänger des Bāb vom Islam zu demonstrieren. Einige Bābīs konnten diesen radikalen Schritt nicht nachvollziehen und verließen die Gemeinschaft, für die Mehrheit waren

---

[11] Für die Bedeutung dieser beiden Ereignisse für die Religionsentstehung im Wechselspiel zwischen Kontinuität und Abgrenzung siehe Hutter 2001. Für die Beschreibung der beiden Ereignisse in der Bahā'ī-Historiographie siehe Shoghi Effendi 1997: 38 f., 121.
[12] Zu ihrer Biographie und ihrer Bedeutung für die Bewegung des Bāb siehe v. a. Stümpel 1998; Adambakan 2008; vgl. auch Smith 1996: 32–41.

damit aber die entscheidenden Weichen gestellt, um den Glauben an die Lehren des Bāb als Verkünder einer neuen und eigenständigen Religion zu propagieren. Theologisch war dies auch die Ablehnung des Gedankens, dass Muḥammad der letzte Gesandte Gottes auf Erden sei, da nunmehr durch den Bāb ein neuer Offenbarungsbringer aufgetreten war. Diese Trennung der Bābīs vom Islam führte zur Verfolgung durch islamische Theologen im Iran, in deren Zusammenhang der Bāb und die meisten seiner ersten Anhänger das Leben verloren.[13]

5.1.1.2 Bahāʾuʾllāh (1817–1892)

Nach dem Tod des Bāb ging die Führung der Gemeinschaft auf Mīrzā Yaḥyā Nūrī, den Halbbruder Bahāʾuʾllāhs, über, der auch unter dem Titel Ṣubḥ-i Azal bekannt ist. Bahāʾuʾllāh wurde im Jahr 1852 in Teheran inhaftiert, wobei ihm im Gefängnis in einer Vision erstmals bewusst wurde, dass er der vom Bāb verheißene zukünftige Offenbarer sei, durch den die Bābī-Religion – und implizit auch sein Halbbruder als Führer dieser Gemeinschaft – abgelöst werden solle. Im folgenden Jahr kam Bahāʾuʾllāh aus der Gefangenschaft unter der Auflage frei, dass er Teheran verlasse. Bahāʾuʾllāh wählte Bagdad als Exilsort. Auch andere Bābīs und Ṣubḥ-i Azal zogen in den Irak. Während seines Aufenthalts in Bagdad, der mit einer zweijährigen Unterbrechung bei Sufis im kurdischen Bergland im Norden des Irak zehn Jahre dauerte, übernahm schließlich Bahāʾuʾllāh immer stärker auf Kosten seines Halbbruders die Führung der Gemeinde, was zum Zerwürfnis zwischen beiden führte.

Das zweite grundlegende Ereignis geschah im April 1863 im unmittelbaren Vorfeld der Verbannung der Gemeinde aus Bagdad in den Westen des Osmanischen Reiches. Diese Verbannung war Resultat des Drucks iranischer Theologen und Diplomaten auf den osmanischen Sulṭān, um die Anhänger des Bāb möglichst vom Iran fernzuhalten. Die zwölf Tage vor der Abreise aus Bagdad, nämlich vom 22. April bis zum 3. Mai 1863, geben der Geschichte der Religion einen entscheidenden Anstoß, ohne dass alle Details dazu bekannt wären.[14] Bahāʾuʾllāh erklärte in einem Garten namens Riḍvān am Stadtrand von Bagdad gegenüber einigen ausgewählten Anhängern, dass er der vom Bāb angekündigte neue Offenbarer sei, den Gott geschickt hat (*man yuẓhiruhu 'llāh*). Der Anlass für Ba-

---

[13] Zur Martyriumstheologie, die im Bābī- und Bahāʾītum aufgrund dieser Verfolgungen entstanden ist, siehe Dehghani 2011. Zu den historischen Verläufen der 1850er Jahre siehe u. a. Hutter 2009a: 32–35; MacEoin 2009: 391–399; Eschraghi 2010: 198–248.
[14] Shoghi Effendi 1997: 121; vgl. auch Eschraghi 2010: 248–253. – Wegen des Namens des Gartens heißt auch das zwölftägige Fest, das dieses entscheidende Ereignis im religiösen Kalender alljährlich memoriert, Riḍvān-Fest.

hā'u'llāhs Offenlegung seines Selbstverständnisses dürfte die Situation des drohenden Exils gewesen sein, um einigen ausgewählten Bābīs Klarheit über seine Stellung zu verschaffen. Vielleicht nutzte Bahā'u'llāh aber auch symbolisch die Situation des (erzwungenen) weltlichen Aufbruchs für den neuen religiösen Aufbruch. Denn analog zur symbolischen Handlung Ṭāhirās in Badašt zur Abgrenzung der Bābīs gegenüber dem Islam ist die Erklärung Bahā'u'llāhs eine Abgrenzung gegenüber der Verkündigung des Bāb und seiner Religion. Genauso wie sich die Trennung der Bābīs vom Islam schrittweise vollzogen hat, ist sich auch Bahā'u'llāh schrittweise seiner eigenen Rolle bewusst geworden: beginnend mit seiner Vision in der Gefangenschaft im Jahr 1852 über seinen Aufenthalt bei Sufis im kurdischen Raum bis hin zu Andeutungen in seinem Buch *Kitāb-i Īqān* aus dem Jahr 1861/62.[15] Hält man sich diese einzelnen Elemente vor Augen, so wird deutlich, dass die Verkündigung Bahā'u'llāhs, dass er der göttliche Gesandte sei, kein plötzliches Ereignis war, sondern der Abschluss eines Prozesses wachsender religiöser Erfahrungen innerhalb der Bābī-Gemeinde und seine Ablösung von ihr.

Am 3. Mai brach Bahā'u'llāh mit seiner Familie und Anhängern nach Istanbul auf, um von dort weiter nach Edirne, seinem Exilsort im europäischen Teil der heutigen Türkei, zu ziehen. In der Folge vermehrten sich die Spannungen zwischen den Anhängern Ṣubḥ-i Azals und Bahā'u'llāhs, da erstere weiterhin in Ṣubḥ-i Azal den legitimen Nachfolger des Bāb und z.T. auch einen neuen Offenbarungsbringer sahen. Da Ṣubḥ-i Azal nicht zu jenem Personenkreis gehört hatte, dem Bahā'u'llāh in Bagdad sein Selbstverständnis als göttlicher Gesandter mitgeteilt hatte, erfuhr er erst drei Jahre später durch das von Bahā'u'llāh verfasste Werk *Sūratu 'l-amr* über dessen Anspruch, „derjenige, den Gott offenbaren werde" (*man yuẓhiruhu 'llāh*) zu sein. Damit war eine definitive Trennung zwischen der Anhängerschaft der beiden Halbbrüder unvermeidbar, da eine Entscheidung für den Anspruch des einen oder des anderen notwendig war. Dieser religionsgeschichtliche Trennungs- und Abgrenzungsprozess zwischen der „alten" Bābī-Religion (unter Ṣubḥ-i Azals Führung[16]) und der „neuen" Bahā'ī-Religion verlief nicht reibungslos.[17] Die damit verbundenen internen und externen Spannungen veranlassten daher 1868 die Osmanische Regierung, Bahā'u'llāh mit dem Großteil der Anhänger nach 'Akkā in Palästina (heute Israel) und Ṣubḥ-i Azal mit seinen Anhängern nach Famagusta auf Zypern zu verbannen. Dadurch wur-

---

15 Vgl. Hutter 2001: 428f. mit Einzelnachweisen.
16 Zur weiteren Bābī-Religion vgl. Hutter 2009a: 44–46.
17 Zum Prozess der Trennung und damit verbundenen Schaffung des vom Bābīsmus getrennten Bahā'ītums siehe u. a. Hutter 2001: 431–434; ferner Eschraghi 2010: 263–322, der auch im Detail die nachfolgende Geschichte skizziert. Siehe auch den Überblick zur Verlaufsgeschichte bei Hutter 2009a: 46–56; Stockman 2013: 94–161.

den 'Akkā und die Umgebung zum Zentrum für die weitere Bahā'ī-Geschichte. Für rund zehn Jahre lebte Bahā'u'llāh unter Hausarrest, der schrittweise gelockert wurde, so dass er Anhänger empfangen konnte. In dieser Zeit wurde er bei seinen Aktivitäten zur Leitung und Entwicklung der Religionsgemeinde von seinem Sohn 'Abdu'l-Bahā unterstützt. 1879 konnte die ganze Familie in ein Landgut in Bahjī nördlich von 'Akkā übersiedeln. In all diesen Jahren bis zu seinem Tod am 29. Mai 1892 konnte Bahā'u'llāh einen wichtigen Teil seiner Schriften verfassen. Sein Grab auf dem Areal des Landgutes in Bahjī ist heute der wichtigste Pilgerort für Bahā'ī.

'Abdu'l-Bahā setzte ab 1892 nicht nur das Werk seines Vaters fort, sondern kümmerte sich auch um die weltweite Verbreitung der Religion, wozu besonders seine umfangreichen Reisen im zweiten Jahrzehnt des 20. Jahrhunderts beitrugen, die ihn u. a. nach Ägypten, Europa und Nordamerika führten. Nach 'Abdu'l-Bahās Tod 1921 ging die Führung des Bahā'ītums auf seinen Enkel Shoghi Effendi (1897–1957) über. Shoghi Effendi förderte noch konsequenter die systematische Verbreitung der Religion über den Erdkreis, indem er detaillierte Organisationsstrukturen innerhalb der Religionsgemeinde entwickelte. Nach seinem überraschenden Tod übernahm ein Kollektiv, das so genannte Universale Haus der Gerechtigkeit, die Leitung der Religionsgemeinschaft. Die Errichtung einer solchen Führungsinstanz für die Religion hatte Bahā'u'llāh bereits für die Zeit nach der ersten Generation seiner Nachfolger vorgesehen, was schließlich durch die erstmalige Wahl der neun Mitglieder des Universalen Hauses der Gerechtigkeit während der Tage des Riḍvān-Festes 1963 geschah.

5.1.2 Schriftliche Offenbarung und das Selbstverständnis als „Buchreligion"

Bereits der Bāb hat ein umfangreiches Schrifttum hinterlassen, das gemeinsam mit den Schriften Bahā'u'llāhs für die Bahā'ī als geoffenbart gilt.[18] Im direkten Zusammenhang mit dem Treffen des Bāb mit Mullā Ḥusain im Mai 1844 steht die arabische Auslegung der Yūsuf-Sure des Qur'ān mit dem Titel *Qayyūmu 'l-Asmā'*. Für das frühe Denken des Bāb, das noch die Nähe zur Schia zeigt, ist dieses Buch eine wichtige Quelle. Die wichtigsten theologischen Lehrinhalte des Bāb kennen wir aus dem persischen und dem arabischen *Bayān*, die sozusagen die systematische religiöse Grundlage des Bābītums liefern. Der persische *Bayān* (verfasst 1847) umfasst acht Abschnitte zu je 19 Kapiteln sowie einen neunten Abschnitt, der mit nur 12 Kapiteln unvollendet ist. Es ist dabei die Aufgabe des vom Bāb

---

[18] Zum Schrifttum des Bāb siehe MacEoin 1992; Eschraghi 2004: 118–134; Saiedi 2008; Hutter 2009a: 83–88.

angekündigten zukünftigen Offenbarers, dieses Werk zu vollenden. Die Wertschätzung des *Bayān* als zentrale Schrift des Bābītums zeigen nicht nur über 50 Manuskripte, die davon erhalten geblieben sind, sondern auch die Bezeichnung der Anhänger des Bābs als *ahl-i Bayān* („Volk des Bayān").

5.1.2.1 Bahā'u'llāhs Schriften

Bahā'u'llāh hat während der vier Jahrzehnte seines öffentlichen Wirkens rund 15.000 Texte in arabischer (60 %) bzw. persischer (40 %) Sprache hinterlassen, die noch nicht alle in vollständiger Edition oder Übersetzung vorliegen. Die große Zahl der Schriften führt dazu, dass sie stilistisch z.T. recht unterschiedlich sind. In seiner *Surātu 'l-haykal* weist der Religionsstifter darauf hin, dass seine Schriften in neun unterschiedlichen Stilarten geoffenbart seien, wobei jeder Stil eine Seite der Souveränität Gottes charakterisiert.[19] Deutsche Bezeichnungen für einzelne Bahā'ī-Schriften tragen dabei mit Bezeichnungen wie „Buch", „Tablet", „Brief" oder „Sendschreiben" dieser Vielfalt durchaus Rechnung, allerdings geben diese Begriffe nur zwei persisch-arabische Termini wieder, *lawḥ* bzw. *kitāb*. Der meist verwendete Begriff ist *lawḥ* („Tafel"), der von Bahā'ī in Anlehnung an die Mose geoffenbarten Gesetzestafeln (vgl. z. B. Qur'ān 7:145) in erster Linie für Offenbarungsschriften Bahā'u'llāhs, aber auch für die „Heiligen Schriften" anderer Religionen verwendet wird. Als *kitāb* („Buch") werden vier Werke Bahā'u'llāhs bezeichnet, nämlich der *Kitāb-i Īqān* (1861/62), der *Kitāb-i Badīʿ* (1867/68), der *Kitāb-i Aqdas* (1873) und der *Kitāb-i ʿAhd* (1890). Obwohl vom Umfang her recht unterschiedlich, kann man diese vier „Bücher" als zentrale Texte der Religion sehen, in denen die Grundlagen der Religion festgeschrieben sind. Diese Wertung geht aus der Verwendung von *kitāb* im *Kitāb-i Aqdas* hervor: Dieses Werk wird als „Buch Gottes" (§ 99) und als „Mutterbuch" (§ 103) charakterisiert.[20] Mit dem Ausdruck Mutterbuch ist ein Terminus aus dem Qur'ān aufgenommen (z. B. Sure 3:7; arab. *umm al-kitāb*), wodurch der zentrale Text einer Offenbarungsreligion bezeichnet wird, so dass von Bahā'ī dieser Begriff auch für den *Bayān* des Bāb verwendet wird. Auch andere Stellen im *Kitāb-i Aqdas* machen deutlich, dass in der Bahā'ī-Religion das Konzept des heiligen Buches eine zentrale Rolle spielt. Gegenüber

---

19 Bushru'i 1995: 41; zu den wichtigsten Werken Bahā'u'llāhs vgl. den Überblick bei Hutter 2009a: 88–96; Eschraghi 2010: 331–336 sowie die Einzelanalysen zum *Kitāb-i Īqān*, *Kitāb-i Badīʿ* und *Kitāb-i Aqdas* bei Saiedi 2000: 111–257. Eine unter diesen Büchern hervorgehobene Vorrangstellung hat der *Kitāb-i Aqdas*, wobei Danesh 2015 zuletzt deutlich gemacht hat, dass in den ersten 19 Abschnitten des Buches in prägnanter Form die Kernpunkte der geistigen und sozialen Lehren der Bahā'ī formuliert sind.

20 Vgl. auch Bushru'i 1995: 53–58.

dem „lautlosen Buch" der Offenbarung ist dabei der Religionsstifter selbst ein „lebendiges Buch" (vgl. § 134).

Das relativ junge Datum der Entstehung der Bahāʾī-Religion bringt hinsichtlich der Überlieferung den interessanten Aspekt mit sich, dass eine Reihe von Manuskripten erhalten geblieben ist, die unmittelbar auf die Offenbarung des jeweiligen Textes durch Bahāʾuʾllāh zurückgehen; einige davon sind in der Handschrift Bahāʾuʾllāhs selbst erhalten geblieben. Der Großteil der Texte wurde jedoch von seinem Sekretär Mīrzā Āqā Jān nach dem Diktat des Religionsstifters geschrieben, die – bedingt durch die notwendige Schreibgeschwindigkeit – manchmal schwer lesbar sind. Daher hat der Sekretär auch Abschriften angefertigt, die teilweise zur Bestätigung der Richtigkeit das Siegel Bahāʾuʾllāhs tragen. Ein anderer angesehener und wichtiger Abschreiber der frühen Bahāʾī-Geschichte ist Mullā Zaynu ʾl-Muqarrabīn, dessen Handschriften als fehlerfrei gelten und für viele Druckausgaben von Bahāʾī-Schriften die Grundlage darstellen. Auch von ʿAbduʾl-Bahā stammen einige frühe Handschriften.

5.1.2.2 Zur Interpretation der Schriften

Für die Wertschätzung und Interpretation dieser Texte kann man zunächst unterscheiden, ob die Lektüre der Schriften Bahāʾuʾllāhs (und des Bāb) zur eigenen „spirituellen" Vertiefung oder zur „Belehrung" hinsichtlich der theologischen und religionsrechtlichen Grundlagen der Religion geschieht. Zwar ist eine exakte Trennung der beiden Bereiche nicht möglich, man kann aber – als nützliche und praktische Orientierung – zwei Kategorien nennen: Manche Texte gelten als „Verse Gottes" (āyāt-i ilāhī), die täglich gelesen werden sollen und der Zwiesprache mit Gott dienen. Dazu zählen etwa das tägliche Pflichtgebet, aber auch weitere Meditations- und Gebetstexte Bahāʾuʾllāhs, die entweder privat oder im Andachtsteil religiöser Feiern gelesen werden und somit die religiöse Erfahrung fördern sollen. Aus inhaltlichen Gründen kann man Texte der zweiten Kategorie dahingehend charakterisieren, dass sie primär dem Studium der (Lehr-)Inhalte der Religion dienen. Diese Texte werden manchmal als die „gesegneten Werke" (āṯār-i mubārak) oder als „Werke der Erhabensten Feder" (āṯār-i qalam-i aʿlā) bezeichnet. Auch wenn man somit Bahāʾī-Texte in ihrer Funktion für den Gläubigen tendenziell unterschiedlich bewerten kann, ist zu betonen, dass alle Texte für die Religionsgemeinschaft als Offenbarung gelten.

Wenn man diese – allerdings nicht normative – Unterscheidung berücksichtigt, führt dies weiter zur Frage der verbindlichen Interpretation der Texte. Solange Texte von einem Bahāʾī für die eigene religiöse Vertiefung gelesen und studiert werden, ist er – wegen des Grundsatzes des selbstständigen Suchens nach der Wahrheit – in seiner Interpretation der Texte frei. Werden allerdings Lehrinterpretationen öffentlich weitergegeben, so ist hervorzuheben, dass ausschließlich die Interpretationen der Lehre und Texte des Bāb bzw. Bahā'u'llāhs, wie diese teilweise bereits durch Bahā'u'llāh in jüngeren Schriften[21], v. a. aber durch 'Abdu'l-Bahā bzw. Shoghi Effendi geschehen sind, für die Gläubigen verbindlich sind.[22] 'Abdu'l-Bahās Auslegungsautorität wurde noch von Bahā'u'llāh im *Kitāb-i Aqdas* (§ 174) festgelegt. Dadurch gewinnt für Bahā'ī das umfangreiche literarische Werk 'Abdu'l-Bahās mit rund 30.000 Schriftstücken auch als Ganzes den Charakter der Auslegung der Heiligen Schriften der Bahā'ī. Diese verbindliche Auslegungs- und Lehrkompetenz hat er in seinem Testament auf seinen Nachfolger und Enkel Shoghi Effendi übertragen, dessen schriftliche Hinterlassenschaft einen ähnlichen Umfang besitzt. Für die Entwicklung der Bahā'ī-Religion in organisatorischer Hinsicht ist dabei aufgrund dieser Interpretationshoheit Shoghi Effendis hervorzuheben, dass er v. a. im Bereich der Administration und institutionellen Entfaltung der Religion Andeutungen, die in den Schriften Bahā'u'llāhs an vielen Stellen nur vage vorhanden sind, nicht nur verdeutlicht, sondern auch hinsichtlich ihrer Umsetzung klar festgelegt hat. Sowohl bei 'Abdu'l-Bahā als auch bei Shoghi Effendi sind dabei manche dieser Interpretationen des Schrifttums Bahā'u'llāhs aufgrund konkreter Anfragen einzelner Gläubiger in schriftlicher Form entstanden. Somit gehören ihre Texte zwar zum für Bahā'ī verbindlichen religiösen Schrifttum, sie sind jedoch Bahā'ī-theologisch betrachtet im Unterschied zum Schrifttum des Bāb und Bahā'u'llāhs keine geoffenbarten Texte. Mit dem Tod Shoghi Effendis ist zugleich die autoritative Auslegung[23] dieser geoffenbarten Texte abgeschlossen.

Dieser Umgang mit dem Schrifttum der zentralen Gestalten der Bahā'ī-Religion macht dieses Schrifttum zur Norm für die Theologie und das Rechtswesen der Religion, so dass man die Bahā'ī-Religion typologisch als Buchreligion charakterisieren kann. Diese Buch-Gelehrsamkeit inklusive der Übersetzungen der Quellentexte, die durch Shoghi Effendi und seine (interpretatorischen) Übertragungen von Texten des Bāb und Bahā'u'llāhs begonnen wurde und dessen Übersetzungspraxis

---

21 Zwei bekannte diesbezügliche Beispiele: Die persischen „Fragen und Antworten" (Bahā'u'llāh 1992: 103–137; Ders. 2000: 119–154) sind ein unsystematischer, aber autoritativer Kommentar zum *Kitāb-i Aqdas*, der Antworten auf 107 Fragen gibt, die Mullā Zaynu 'l-Muqarrabīn bzgl. der Gesetze des *Kitāb-i Aqdas* und deren Anwendung an Bahā'u'llāh gestellt hat. Der so genannte „Brief an den Sohn des Wolfes" (übersetzt von Eschraghi 2010: 9–141) ist teilweise ein apologetischer Kommentar, den Bahā'u'llāh gegen die Einwände von Šaiḫ Muḥammad Taqī Iṣfahānī gegen die Bahā'ī-Lehre formuliert, „um noch einmal zentrale Themen seiner Botschaft zu resümieren" (Eschraghi 2010: 388).
22 Siehe Towfigh, E. 2006: 60–63; McLean 2012: 456–466.
23 Vgl. zum wichtigen Unterschied der „autoritativen" Interpretation durch 'Abdu'l-Bahā und Shoghi Effendi gegenüber der „erläuternden" Auslegung von Stellen durch das Universale Haus der Gerechtigkeit die Bemerkungen von McLean 2012: 478–483.

bis zur Gegenwart modellhaft für weitere Übersetzungen bleibt,²⁴ macht die Bahā'ī-Religion auch gut „transportierbar". Denn mit mehr als 800 Sprachen bedient man sich des Mediums Buch, um die kanonisch-schriftliche Form des Bahā'ītums möglichst universell und einheitlich zu verbreiten.

5.1.3 Der Weg von der persischen zur globalen Religion

Bereits die frühe Bahā'ī-Geschichte zeigt Prozesse der Identitätsbildung, die praktisch vom Beginn an die Entwicklung von einer persisch-islamischen Religionswelt hin zu einer universalen Religion erkennen lässt. Die Abgrenzung gegenüber dem schiitisch-persischen Islam bei der Versammlung von Badašt ist nicht mehr als ein Ausgangspunkt, dem eine Reihe weiterer Prozesse der „Ent-Islamisierung" hinzugefügt werden müssen. Ob man in diesem Zusammenhang den Aufenthalt Bahā'u'llāhs bei Sufis im kurdischen Bergland bereits als deutlichen Schritt eines zumindest die Grenzen eines rechtlich ausgerichteten Islam sprengenden und vielleicht bereits Religionen „übergreifenden" Ansatzes für eine universale Ausrichtung der Religion bewerten darf, kann schwer bewiesen werden. Dafür könnte aber zumindest indirekt sprechen, dass Bahā'u'llāh vor seinem Aufenthalt in dieser Sufi-Gemeinschaft wahrscheinlich 1854 in Bagdad den von den Parsen in Bombay zu den iranischen Zoroastriern entsandten Mānekǧi Limǧi Hātaryā getroffen hat.²⁵ Auf festerem Boden der „Ent-Islamisierung" und Betonung, dass die Inhalte der Bahā'ī-Religion über die iranische Religionsgeschichte hinausweisen, stehen wir im Jahr 1860, als Bahā'u'llāh in seinem arabischen Werk ǧavāhiru'l-asrār, das „Wesen der Geheimnisse", erstmals ausdrücklich auf das Christentum Bezug nimmt,²⁶ indem er den Tag des Gerichts und die Auferstehung Jesu durch sein eigenes Auftreten verwirklicht sieht. Rund zwei Jahre später, im Kitāb-i Īqān, beruft er sich – wiederum zur Stützung der Richtigkeit der eigenen Lehre – auf das Matthäus-Evangelium und erwähnt dabei auch die anderen christlich-kanonischen Evangelien. Auch weitere Aussagen in Schriften der 1860er Jahre beziehen sich auf das Christentum sowie auf Jesu Auferstehung, die von Bahā'u'llāh als spirituelles Ereignis und Beleg für die jetzt angebrochene Endzeit gedeutet wird.

---

24 McLean 2012: 474–478.
25 Buck 1986: 167.
26 Vgl. Sours 2000: 75; Hutter 2014: 32–38. Zur Stellung Jesu in der Bahā'ī-Religion siehe auch die umfangreiche Quellensammlung von Rekel 2015: 37–230 sowie deren Analyse und Kommentierung ebd. 267–400.

Die 1863 endgültig vollzogene Trennung von der aus dem Islam hervorgegangenen Bābī-Religion sprengt dabei – wenn auch noch nicht geographisch – ideologisch die Verbindung zur islamischen Religionswelt, indem es zu vermehrten Kontakten zu Zoroastriern im Iran kommt. Allerdings hat sich erst in der zweiten Hälfte der 1870er Jahre ein Zoroastrier, Key Ḫosro-ye Ḫodādād (in Bahāʾī-Schreibweise Kay Khusraw-i Khudādād), ein Kaufmann aus Yazd, der Bahāʾī-Religion angeschlossen, genauso wie Ostād Ğavān Mard (in Bahāʾī-Schreibweise Ustād Jāvān-Mard). An einige frühe Gläubige mit zoroastrischen Wurzeln sind Briefe Bahāʾuʾllāhs erhalten, in denen er in unterschiedlicher Weise auf ihre Fragen bezüglich der Religion eingeht.[27] Ebenfalls in den 1870er Jahren kommt der indische Subkontinent in den Blick der Religion, als Jamāl Effendi nach Indien gesandt wurde, wobei der weitere Verlauf seiner Reisen ihn bis ins Gebiet der heutigen Staaten Myanmar, Singapur und Indonesien führte.[28] Zum Großteil wandte sich Jamāl Effendi bei seiner Verkündigung der Religion jedoch an muslimische Eliten und an iranischstämmige Zoroastrier in Indien. Hindus oder Buddhisten waren von der Missionstätigkeit Jamāl Effendis praktisch nicht betroffen. Trotz dieser Einschränkung lässt die Verbreitungsgeschichte den universellen Anspruch der Bahāʾī-Religion erkennen – begründet in der theologischen Vorstellung der „Einheit aller Religionen", die die Grenzen der iranischen oder persischen Religionswelt überschreitet, worauf später noch einzugehen sein wird.

Was somit Bahāʾuʾllāh bezüglich der Universalisierung bereits eingeleitet hat, setzen seine beiden Nachfolger fort: Durch ʿAbduʾl-Bahās Reisen nach Europa und Nordamerika wurde die Religion nicht nur in christlicher Umgebung verkündet, sondern es ist auch eine inhaltliche und sprachliche Orientierung der Lehren am Christentum zu erkennen. Diesen Prozess setzte Shoghi Effendi unter weiterer Bezugnahme auf europäisches Gedankengut – Humanitätsideale, Fortschritts- und Evolutionsgedanken, Vereinbarkeit von Religion und Wissenschaft – sowie durch seine Übersetzungstätigkeit von Schriften Bahāʾuʾllāhs ins Englische fort. Aber auch in Indien – besonders unter Parsen, die mit europäischen Geistesströmungen durch die englische Kolonialherrschaft vertraut waren – konnte diese universelle Ausrichtung der Religion Anhänger finden. Schließlich kann man aber seit der Mitte des 20. Jahrhunderts feststellen, dass Bahāʾī sich auch zunehmend um die Propagierung der Religion unter Hindus in Südasien – und in der Folge im buddhistischen Südost- und Ostasien – bemühten.

Diese Verbreitungsgeschichte macht dabei die zunehmende Universalisierung der Religion sichtbar – allerdings nicht nur äußerlich, sondern auch als

---

27 Bahāʾuʾllāh 2006; vgl. Buck 1986: 158 f.; Vahman 2008; Hutter 2009a: 204–207.
28 Momen 1999/2000: 49 f.; Hutter 2010.

Programm der fortschreitenden „Ent-Islamisierung" und „Ent-Iranisierung". Auch wenn die historischen Wurzeln der Bahāʾī-Religion in der persisch-schiitischen Umgebung bis zur Gegenwart erkennbar sind, ist die Bahāʾī-Identität nicht mehr als die einer persischen Religion zu bezeichnen. Der Anspruch, die Einheit der Religionen zu präsentieren, schafft nämlich schrittweise eine Identität, die durch ihre universelle Ausrichtung definiert wird, wobei diese Identität bereits unter Bahāʾuʾllāh durch Abgrenzungsprozesse gegenüber dem Islam und durch Bezugnahmen auf andere zeitgenössische Religionen in ihren Grundlagen geschaffen wurde.

Als Ausdruck dieser Identität betonen Bahāʾī daher immer wieder, Angehörige einer Weltreligion zu sein, was sie auch mit dem Hinweis versehen, dass Angehörige der Religion in rund 210 Staaten weltweit leben, ein statistischer Wert, der nur von der Verbreitung des Christentums geographisch übertroffen wird. Von diesem „äußeren Befund" her legt sich die Bezeichnung Weltreligion für die Bahāʾī-Religion zwar nahe, aber man darf dabei nicht vergessen, dass „Weltreligion" nur ein Begriff der Alltagssprache ist, der religionswissenschaftlich keine Aussagekraft besitzt, weil eine klare und eindeutige Definition von Weltreligion nicht möglich ist.[29] Denn je nachdem, welche Kriterien man für Weltreligionen als entscheidende Definitionsmerkmale zugrunde legt, bleibt die Zuordnung (oder der Ausschluss) von verschiedenen Religionen zu Weltreligionen schwankend bzw. subjektiv. Wenn die Bahāʾī-Religion einer Liste von Weltreligionen hinzugefügt wird, so ist dies nur insofern gerechtfertigt, als mit diesem Begriff chiffreartig ausgedrückt ist, dass sich diese Religion von der persischen zu einer universellen Identität gewandelt hat.

5.2 Weltbild in Theorie und Praxis

5.2.1 Die Schöpfungsvorstellungen Bahāʾuʾllāhs und ʿAbduʾl-Bahās

Im „Tablet aller Speisen" (*lawḥ-i kullu'ṭ-ṭaʿām*), einer Schrift aus dem Jahr 1853, kommt Bahāʾuʾllāh auf die grenzenlosen geistigen Welten Gottes zu sprechen. Dabei stellt er die Bahāʾī-Kosmologie[30] mit Begriffen dar, die noch eine Nähe zum Islam zeigen. In diesem Stufenmodell wird der höchste Bereich des Kosmos als *hāhūt* bezeichnet. Dies ist das Reich Gottes, in dem er in seinem unvergänglichen und reinen Sein in der vollkommen transzendenten Einheit existiert. Dieser

---

29 Vgl. dazu die Überlegungen bei Hutter 2016: 9–14.
30 Scharbrodt 2005: 37–39; Hutter 2009a: 109f. Siehe auch Towfigh, N. 1989: 71–85.

höchste kosmische Bereich ist den Menschen, aber selbst den Manifestationen Gottes absolut unzugänglich. Auf der darunterliegenden Ebene befindet sich in der kosmischen Hierarchie *lāhūt*, der Bereich, in dem sich die göttliche Natur offenbart und in dem Gott eventuell zu seinen Manifestationen in Beziehung tritt. In der *lāhūt*-Sphäre wird auch das Wort Gottes erstmals erfassbar. Die nächste Ebene bzw. Stufe ist *ǧabarūt*, der Bereich von Engeln und himmlischen Wesen in der Nähe Gottes, der jedoch von der irdischen Existenz getrennt ist. Denn erst die vierte Abstufung dieser Hierarchie, *malakūt*, steht in direkter Beziehung zur Welt der irdischen Schöpfung und der Menschen. Die Bedeutung von *malakūt* in der Kosmologie und Theologie zeigt sich aber auch daran, dass dieser Bereich als „Königreich Abhā" bezeichnet wird, jener jenseitige Ort, in den die Seele des Menschen nach dem Tod aufsteigt. Die irdische Welt mit Natur und Menschen ist *nāsūt*, wobei manchmal diese irdische Welt verkürzt und pauschaliert der „himmlischen" Welt insgesamt gegenübergestellt wird.

An der Schichtung des Kosmos in diesem frühen Text Bahā'u'llāhs, der aus seiner „mystischen" Phase stammt, ist interessant, dass dieses Schichtenmodell auch beim islamischen Mystiker Ibn 'Arabī (1165–1240) und in der Šaiḫīya vorkommt, während andere islamische Traditionen nur ein (kürzeres) dreistufiges Modell – *ǧabarūt, malakūt, nāsūt* – verwenden. In dieser vollen und systematischen Form ist das Modell in den Bahā'ī-Schriften auf das „Tablet aller Speisen" beschränkt, jedoch werden die Begriffe für die drei unteren kosmischen Stufen von Bahā'u'llāh auch in anderen Texten verwendet.

Daneben findet sich im Bahā'ī-Schrifttum noch ein anderes kosmologisches Schichtenmodell, das in dieser Form allerdings nicht von Bahā'u'llāh, sondern von 'Abdu'l-Bahā stammt. Er beschreibt die Reiche der Schöpfung oder „Stufen des Geistes" mehrfach, wobei ein fünf- bzw. sechsstufiges Modell sichtbar wird. Im „Brief an Forel" aus dem Jahr 1921 werden von 'Abdu'l-Bahā die vier niedrigen Stufen hinsichtlich ihrer Geistbegabung genannt, ähnlich auch in anderen Zusammenhängen, wenn er die Notwendigkeit der je unterschiedlichen Erziehung bzw. Pflege dieser Seinsbereiche anspricht.[31] Das aufsteigende Modell beginnt mit Mineralien, danach kommen die Pflanzen und Tiere, schließlich der Mensch. Während etwa die Pflanzen als „geistige" Komponente die Fähigkeit des Wachstums haben, besitzen Tiere die Fähigkeit, Empfindungen wahrzunehmen. Der Mensch übertrifft diese niedrigen Schöpfungsbereiche durch den Verstand, der ihm ermöglicht, die eigene Seele zu erkennen. Diesen vier irdischen bzw. materiellen Seinsbereichen fügt 'Abdu'l-Bahā zwei Ebenen aus der metaphysi-

---

[31] Vgl. 'Abdu'l-Bahā 1977: Abschn. 3, Abschn. 61; siehe zum Ganzen Towfigh, N. 1989: 138f.; Hutter 2009a: 109f.

schen Welt hinzu, nämlich den Bereich des „Himmlischen Geistes" (bzw. den „Geist des Glaubens"), sowie den darüber liegenden Bereich des „Heiligen Geistes". Dieser gibt wie ein Spiegel das göttliche Licht wieder und wird damit zum Mittler zwischen Gott und seinen Geschöpfen. Aufgrund dieser Widerspiegelung des Göttlichen muss man für ʿAbduʾl-Bahās Schöpfungsvorstellungen noch einen weiteren Bereich annehmen, nämlich den absolut transzendenten (und letztlich nicht direkt zugänglichen) Bereich Gottes; dieser Bereich entspräche somit *lāhūt* des von Bahāʾuʾllāh aufgegriffenen Modells aus der islamischen Mystik; allerdings nennt ʿAbduʾl-Bahā diesen Bereich weder explizit noch verwendet er den Begriff *lāhūt*.

Für dieses vier- bzw. sechsstufige Schema der Stufen der Schöpfung bei ʿAbduʾl-Bahā wird sichtbar, dass es aus verschiedenen Traditionen genährt ist: Die Gliederung des Kosmos in Mineral-, Pflanzen-, Tier- und Menschenwelt geht letztlich auf Aristoteles zurück, die Stufe des „Geistes des Glaubens" bzw. des „Heiligen Geistes" findet sich auch bei muslimischen Denkern wie Ibn Bābūya (918–991) oder bei Ibn Sīnā (ca. 980–1037). Insofern zeigt sich daran, dass sich ʿAbduʾl-Bahā – vergleichbar seinem Vater – teilweise muslimisch-kosmologischer Traditionen bedient, aber in eigenständiger Form erklärt. Denn ʿAbduʾl-Bahās Schema hat keine exakte Entsprechung bei Bahāʾuʾllāhs Aussagen über die Welten bzw. Ebenen des Kosmos, auch wenn sachliche Berührungspunkte gegeben sind. Die drei unteren kosmischen Bereiche bei ʿAbduʾl-Bahā, die der Natur und den Naturgesetzen unterworfen sind, stehen zwar deutlich unter der Stufe des Menschen, gehören aber wie diese dem Bereich der irdischen Schöpfung an. Daher kann man sagen, dass sie inhaltlich dem bei Bahāʾuʾllāh als *nāsūt* bezeichneten Bereich entsprechen. Genauso kann man – obwohl eine völlig andere Terminologie vorkommt –, die Stufen des Himmlischen Geistes bzw. des Heiligen Geistes mit *malakūt* bzw. *ǧabarūt* vergleichen.

Weitere aufschlussreiche Aussagen über die Schöpfungslehre der Bahāʾī findet man im arabischen „Tablet der Weisheit" (*lawḥ-i ḥikmat*)[32] aus dem Jahr 1873/74, worin Bahāʾuʾllāh seine Vorstellungen über die Schöpfung ebenfalls durch Bezugnahme auf Vorstellungen der islamischen sowie der im Islam rezipierten griechischen Philosophie darlegt. Dabei geht es besonders um die Frage des Verhältnisses zwischen der Schöpfung, die immer bestanden hat und immer bestehen wird, und Gott bzw. darum, wie die Schöpfungstat des ewigen Gottes zu beschreiben ist, wenn die Schöpfung selbst von Anfang an existiert. Für die Lösung der Frage des Verhältnisses von Schöpfer zur Schöpfung bedient sich Bahāʾuʾllāh mehrerer Traditionsstränge, die er dafür verbindet. Die Ewigkeit der

---

[32] Siehe den Text in Bahāʾuʾllāh 1982: Abschn. 9:8–12. Vgl. dazu auch Towfigh, N. 1989: 71f.

Schöpfung wird von der Ewigkeit Gottes unterschieden, indem Bahāʾuʾllāh ein bereits in der zoroastrischen sowie yezidischen Kosmologie bekanntes Motiv aufgreift: Die Schöpfung besteht zwar ewig, befand sich zunächst aber in einem „embryonalen" Zustand, der sich erst durch ein Eingreifen Gottes zu jener Gestalt entwickelte, die heute wahrnehmbar ist und durch die Kontinuität der Schöpfertätigkeit Gottes sich auch weiter entwickeln wird. Der göttliche Akt des Eingreifens in diesen Schöpfungsvorgang geschieht durch das göttliche Wort, das dadurch nicht nur die Ursache der Schöpfung ist, sondern einen „Aspekt" des transzendenten Gottes der *hāhūt*-Sphäre in der kosmischen Stufe *lāhūt* erfassbar macht. Dieses göttliche Wort steht dabei über allem, ist aber für den Menschen erkennbar. Der Unterschied zwischen der Ewigkeit Gottes und der Ewigkeit der Schöpfung liegt darin, dass Erstere ohne Ursache besteht, die Ewigkeit der Schöpfung jedoch durch das Wort Gottes verursacht wurde.

Da Gott der Urheber der Schöpfung ist, stellt sich noch die Frage nach einem potenziell göttlichen Anteil in der Welt, wodurch die Einheit Gottes in Frage gestellt werden könnte. Daher setzt sich ʿAbduʾl-Bahā als autoritativer Interpret der Schriften Bahāʾuʾllāhs mehrfach mit solchen Fragen auseinander und verwendet dabei auch (neuplatonische) Vorstellungen von Emanationen,[33] betont aber als Besonderheit, dass diese Emanationen nicht zwangsweise, sondern durch Gottes freien Willen geschehen. Deshalb sind trotz der Emanation in der Welt der Schöpfung keine göttlichen Elemente eingeschlossen, genauso wie bei der Emanation der Strahlen aus der Sonne, die auf die Erde fallen, weder die Sonne beeinträchtigt wird noch die Erde einen Teil der Sonne in sich besitzt. Diese Betonung der Bewahrung der Einheit Gottes (trotz seiner Emanationen) macht dabei nochmals den Unterschied zwischen Schöpfer und Schöpfung deutlich.

Somit zeigen Schöpfungsvorstellungen der Bahāʾī – v. a. Bahāʾuʾllāhs längeres Schema der kosmologischen Stufen – eine Orientierung der Kosmologie an Strömungen islamischer Mystik sowie an der Šaiḫīya. Durch die zunehmende Distanzierung von islamischem Gedankengut tritt dieses kosmologische Modell – zumindest terminologisch – bei Bahāʾuʾllāh in den Hintergrund, um dadurch die eigenen Lehrinhalte auch äußerlich-sprachlich vom Islam abzugrenzen. Deswegen greift auch ʿAbduʾl-Bahā dieses frühe Modell seines Vaters nicht auf, sondern formuliert die Schöpfungsvorstellungen in einer Weise, die sich zwar auch auf Vorstellungen aus verschiedenen Strömungen islamischer Philosophie stützt, aber auch auf aristotelische und neuplatonische Vorstellungen, um dadurch die Universalisierung der Religion auch anhand der kosmologischen Vorstellungen darzulegen.

---

[33] ʿAbduʾl-Bahā 1977, Abschn. 53; vgl. dazu auch Towfigh, N. 1989: 74–79, 150 f.

5.2.2 Transzendenz und Erkennbarkeit Gottes

Auch wenn Gott aufgrund seiner vollkommenen Transzendenz in der höchsten kosmischen Sphäre *hāhūt* von Menschen nicht erfasst werden kann, ermöglicht die Schöpfungstätigkeit Gottes, dass der Mensch dadurch etwas von der absoluten Wahrheit in Gott erfahren kann, der sich in der Schöpfung auf den Ebenen unter *hāhūt* und in seinen Geschöpfen offenbart, aber dennoch seine unteilbare Einheit bewahrt.[34] Dies führt zu einem strengen Monotheismus, den Bahā'u'llāh mit dem Bāb und dem Islam teilt. Wesenhaft für Gott sind seine Einheit (*tawḥīd*) und Einzigkeit (*tafrīd*). Dadurch ist er der erste Urgrund und der einzig Existierende, wobei die Verborgenheit Gottes dadurch gemildert ist, dass die göttlichen Eigenschaften – etwa seine Allmacht, sein Wissen oder sein Wille – von den Menschen erkannt werden können. Für Bahā'u'llāh sind dabei diese Eigenschaften mit dem Wesen Gottes identisch. Dennoch bleibt die menschliche Erkenntnisfähigkeit Gottes immer nur partiell:[35]

> Was immer in der bedingten Welt aussagbar oder begreiflich ist, kann niemals die ihm durch seine Natur gegebenen Grenzen überschreiten. Kein Name ist mit Seinem Namen vergleichbar. Keine Feder kann Sein Wesen beschreiben, keine Zunge Seine Herrlichkeit schildern.

5.2.2.1 Die Größe Gottes

Der Mensch ist verpflichtet, aufgrund seines jeweiligen Erkenntnisstandes Gott zu loben und anzuerkennen. Diesen Lobpreis Gottes drückt in treffender Weise die kürzeste Glaubensformel aus, die ein Bahā'ī im Idealfall täglich 95mal rezitieren soll: *allāhu abhā* „Gott ist der Herrlichste". Dieser Anruf bringt wie die Gebetsformel *yā bahā'u'l-abhā* „O Herrlichkeit der Herrlichkeiten" das Bekenntnis zu Gottes Größe zum Ausdruck. In beiden Formeln ist dabei nicht nur das Lob Gottes ausgedrückt, sondern der Begriff *bahā'* „Herrlichkeit" sowie Ableitungen davon (z. B. *abhā*) gelten den Bahā'ī als der „Größte Name" Gottes, um den unerfassbaren Gott in menschenmöglicher Weise am besten zu beschreiben.

In der Form *yā bahā'u'l-abhā* wird der Größte Name auch in einer Kalligraphie von Āqā Ḥusain-i Iṣfahānī (1812–1912), der unter der Bezeichnung Miškīn-Qalam („moschus-duftende Feder") in der Religionsgemeinschaft bekannt ist, darge-

---

[34] Aus der Einheit Gottes leitet sich die zentrale Aussage der Bahā'ī ab, dass auch letztlich die Bringer der Offenbarung wie die Menschen wesenhaft eine Einheit bilden, so dass Stockman 2013: 9–30 zutreffend vom „watchword: Unity" spricht und davon ausgehend seine Darstellung der ganzen Bahā'ī-Lehre konzipiert.
[35] Bahā'u'llāh 1980: Kap. 78.

stellt. Diese Kalligraphie drückt in den Bahā'ī-Zentren und in vielen Wohnungen ein materialisiertes Bekenntnis der Größe Gottes aus. Gottes „Herrlichkeit" (*bahā'*) wird kalligraphisch auch im so genannten Ringsymbol dargestellt. Diese Darstellung geht auf 'Abdu'l-Bahā zurück, wobei das Symbol aus drei Ebenen besteht: Die oberste und die unterste Ebene werden jeweils durch den gespiegelten Buchstaben H der arabischen Schrift dargestellt, die mittlere Ebene durch ein gespiegeltes B. In vertikaler Weise sind die drei Ebenen durch ein wiederum gespiegeltes B verbunden. Rechts und links von diesem aus den Buchstaben gestalteten Ornament ist jeweils ein Stern angebracht. Dieses Symbol ist in doppelter Weise zu lesen: Betrachtet man die Buchstaben B und H, so drücken diese die „Herrlichkeit" Gottes aus. Betrachtet man hingegen die Raumverteilung der drei Ebenen des Symbols, so wird dadurch eine Kernaussage der Bahā'ī-Lehren illustriert – nämlich die dreifache Einheit auf der (oberen) Ebene Gottes, der (mittleren) Ebene der Offenbarungsbringer und der (unteren) Ebene der Menschen. Dass sowohl diese Verherrlichung Gottes als auch die Lehre der dreifachen Einheit untrennbar mit dem Bāb und mit Bahā'u'llāh verbunden sind, wird im Symbol in den beiden flankierenden Sternen – für die Zwillingsoffenbarer – sichtbar. Dieses Symbol wird von vielen Bahā'ī auf einem Ring – daher der Name – als Ausdruck ihrer Zugehörigkeit zur Religion getragen.

5.2.2.2 Die Manifestationen Gottes

Damit die Menschen den absoluten und transzendenten Gott erkennen können, kommt den Offenbarern eine besondere Rolle zu, da sich Gott durch sie den Menschen direkt erschließt. Diese Personen bezeichnet die Bahā'ī-Theologie als Manifestationen Gottes.[36] Mit dem Gedanken des sich offenbarenden Gottes in den Gesandten greift die Bahā'ī-Religion phänomenologisch eine Vorstellung auf, die Judentum, Christentum und Islam keineswegs unbekannt ist. Wenn daher Propheten als Manifestationen Gottes gelten, aber nicht wesensgleich mit Gott sind, so fragt sich, wie Gott in ihnen manifest werden kann. Bahā'u'llāh spricht von einer Ausstrahlung (*išrāq*) Gottes, d. h. Gott selbst bleibt unberührt und verliert nichts von seiner Göttlichkeit durch das Auftreten seiner Manifestation in der materiellen Welt. In verschiedenen Bildern kann diese Ausstrahlung umschrieben werden. So wird das Bild der Sonne und ihrer Strahlen aufgegriffen. Wie die sichtbare Sonne die irdische Welt erscheinen lässt, so macht die Sonne der Manifestationen die göttliche Welt offenbar. Ein anderes gerne verwendetes Bild

---

36 Siehe Scharbrodt 2005: 42–45; Hutter 2009a: 105 f.; Stockman 2013: 33–35; vgl. zu den Bildern auch Rekel 2015: 20–22.

ist das eines Spiegels (*ā'ine*). Die Propheten gelten als Spiegelbild aller Gnadengaben und Eigenschaften Gottes; wer daher eine Manifestation Gottes sieht, kann dadurch Gott selbst erkennen.

Bahā'u'llāh selbst macht keinen Unterschied in der Wertung der Manifestationen, da er u. a. auch Johannes den Täufer oder Imām Ḥusain dazuzählt. Eine Systematisierung in unabhängige und abhängige Propheten nimmt 'Abdu'l-Bahā vor, indem er die ersteren als Manifestationen Gottes (*maẓhar; ẓuhūr*) charakterisiert.[37] Zu diesen gehören nach Bahā'ī-Lehren namentlich Abraham, Mose, Buddha, Zarathustra, Krishna, Jesus, Muḥammad, Bāb und Bahā'u'llāh, wobei jedoch auch damit gerechnet wird, dass es im Laufe der Geschichte weitere Manifestationen Gottes gegeben hat, deren Namen aber nicht bekannt sind. Die Manifestationen Gottes oder unabhängigen Propheten verkündeten eine beständige Botschaft, die mit einem heiligen Buch verbunden ist. Durch diese Botschaft wird jeweils eine neue Religion begründet, die einen neuen Zyklus der Menschheit bedeutet. Mit diesen Religionsstiftern sind die abhängigen Propheten verbunden. Der substanzielle Unterschied zwischen den abhängigen und unabhängigen Propheten ist jedoch klar zu betonen: Die abhängigen Propheten wirken innerhalb der jeweils konkreten Religion und unterscheiden sich nicht grundsätzlich von den anderen Angehörigen dieser Religion, da jeder einzelne Gläubige im Idealfall ein abhängiger Prophet werden kann. Die unabhängigen Propheten bzw. Manifestationen Gottes leben zwar ebenfalls in der Welt und gehören der Menschheit an. Aber sie überschreiten das Menschliche, da sie als Ausstrahlung oder Spiegel des Göttlichen die irdische Ebene übersteigen und zugleich zu den himmlischen kosmischen Ebenen gehören, obwohl sie – als Weiterwirken islamischer Prophetologie in den Glaubensvorstellungen der Bahā'ī – immer eindeutig vom transzendenten Gott getrennt bleiben. Die Ausstrahlung von der Einheit Gottes bedeutet für das Verständnis der Manifestationen aber auch, dass alle – abzüglich oder trotz ihrer menschlichen Erscheinungsform in einer konkreten Zeit und einem konkreten Ort – in ihrem Wesen als Manifestation Gottes eine Einheit miteinander bilden. Denn die verschiedenen (irdischen) Manifestationen sind immer nur Widerspiegelungen des einen transzendenten Gottes, der sich durch die „fortschreitende Offenbarung" in historisch unterschiedlichen Manifestationen den Menschen jeweils selbst erschließt.

---

37 'Abdu'l-Bahā 1977: Kap. 43. – Zum Konzept der Manifestationen Gottes vgl. Hutter 2009a: 105; Stockman 2013: 33–38.

In diesem theologischen Konzept[38] der Bahā'ī steht Bahā'u'llāh am derzeitigen Ende der Reihe von Offenbarungsbringern, aber er ist – in bewusster Abgrenzung gegenüber der islamischen Prophetologie, in der durch Muḥammads Auftreten das Kommen der göttlichen Gesandten ein Ende gefunden hat – nicht die letzte Manifestation Gottes. Allerdings wird es nach dem *Kitāb-i Aqdas* § 37 in frühestens 1.000 Jahren einen neuen göttlichen Propheten auf Erden geben. Die Abfolge von Manifestationen Gottes in der Geschichte war und ist laut der Bahā'ī-Lehre deswegen notwendig, weil die Welt und die Menschen in einem ständigen Prozess der Weiterentwicklung stehen, so dass auch die irdischen Religionsformen dieser Weiterentwicklung unterliegen. Dadurch ist es von Zeit zu Zeit notwendig, dass Gott eine neue Manifestation auftreten lässt, um die Religion – und das Wissen über den einzigen Gott – der Menschheit entsprechend deren geistiger Weiterentwicklung neu zu verkünden. Präzisierend handelt es sich bei dieser Neu-Verkündigung immer um die Wieder-Verkündigung der einen und einzigen Religion Gottes, wobei das Neue nur die äußerlich fassbaren und veränderbaren Elemente der Religion sind, während die Religion Gottes in ihrer inneren Einheit unwandelbar ist.

5.2.3 Der Mensch von der Geburt bis zum Tod

Der Mensch steht nach der Bahā'ī-Theologie unter allen Schöpfungswerken Gott am nächsten. Denn in der kosmologischen Stufung und Hierarchie steht er über der Welt der Mineralien, Pflanzen und Tiere, wodurch insofern eine Vorrangstellung erwächst, als die Grenzen zwischen den kosmischen Bereichen zwar nicht überschreitbar sind, jedoch können von einem höheren Seinsbereich die jeweils niedrigeren erkannt werden. Entscheidender als diese kosmologisch begründete Hierarchie ist für das Menschenbild, dass der Mensch – im Unterschied zu allen anderen Geschöpfen – den „Menschengeist" besitzt, d. h. die unsterbliche und mit Vernunft begabte Seele. Dadurch ist der Mensch fähig, Gott zu erkennen, um ihn zu preisen und ihm zu dienen. Das menschliche Heil hängt dabei davon ab, inwieweit jemand die göttlichen Gebote hält und die Offenbarungen der Manifestationen annimmt. Denn nur ein Mensch, der Gott anerkennt, kann seinerseits von Gottes Liebe erreicht werden.

---

38 Zur fortschreitenden Offenbarung und der damit implizit verbundenen Einheit aller Manifestationen sowie aller Religionen siehe u. a. Towfigh, N. 1989: 31–35, 44–47; Scharbrodt 2005: 45–50; Hutter 2009a: 118–122.

5.2.3.1 Religionsmündigkeit und die Anerkennung des Bundes Gottes mit den Menschen

Bahā'ī wird man nicht aufgrund der Geburt, sondern man muss sich aktiv für die Religion entscheiden, was frühestens mit 15 Jahren geschehen kann. Dieses Alter als Beginn der Religionsmündigkeit kann man im Kontext der iranischen Tradition sehen, die auch von älteren Texten des Zoroastrismus widergespiegelt wird. Ab diesem Alter ist man den Religionsgesetzen unterworfen, vorausgesetzt, man erklärt sich als Mitglied der Religionsgemeinschaft und wird dadurch offiziell in die religiöse Gemeinschaft aufgenommen. Obwohl somit der formale Beginn der Zugehörigkeit zur Religion eine persönliche Entscheidung des Einzelnen ist, obliegt bereits den Eltern die Erziehung[39] der Kinder im Sinn der Grundsätze der Religion. Erziehung hat dabei sowohl die menschliche Seite, um dadurch Wissen, Zivilisation und Fortschritt zu fördern, aber darüberhinausgehend soll die „geistige" Erziehung den Menschen befähigen, mit Verstand und Bewusstsein in die göttliche Welt vorzudringen. Beide Formen der Erziehung greifen dabei ineinander, um den Menschen zur Wissenschaft zu führen, die aber nicht von der Religion getrennt werden darf. Denn sonst würde der Mensch dem weltlichen Materialismus verfallen. Genauso wenig darf aber die Religion in der Erziehung vom Streben nach Wissenschaft getrennt werden, da die Religion sonst zum bloßen Aberglauben herabsinkt. Für dieses gegenseitige Zugeordnetsein von Religion und Wissenschaft wird von Bahā'ī gerne ein auf 'Abdu'l-Bahā zurückgehendes Bild von einem Vogel verwendet:[40] Dieser kann nur dann fliegen, wenn beide Flügel in gleicher Weise intakt sind. Verlässt sich ein Mensch nur auf einen Flügel – sei es Wissenschaft oder Religion –, so stürzt er entweder in den Materialismus oder in den Aberglauben. Dadurch betrifft die Erziehung nicht nur Kinder, sondern jeder Mensch muss sich sein ganzes Leben lang um die Verbindung von Wissen und Religion bemühen und immer auch selbstständig die Wahrheit suchen.

Diese Suche nach Wahrheit[41], die zu den Grundaufgaben der Menschen im Bahā'ītum gehört, ermöglicht dem Menschen, sich dem Bund Gottes anzuschließen oder in seiner Freiheit sich diesem Bund zu verschließen. Die Bahā'ī-Bundestheologie unterscheidet dabei drei Formen.[42] Einerseits besteht der Bund zwischen Gott und den Menschen ewig. Dieser „ewige Bund" ist grundsätzlich unveränderlich, da es sich substanziell nur um einen einzigen Bund handelt, auch wenn er dynamisch durch jede neue Manifestation Gottes erneuert wird.

---

[39] Schaefer 2009: 330 f., 363 f.; Hutter 2009a: 171–177.
[40] 'Abdu'l-Bahā 1995: 112–115.
[41] Vgl. zu diesem Bahā'ī-Konzept z. B. Schaefer 2007: 341 f.
[42] Towfigh, N. 1989: 36–43; Hutter 2009a: 114–116.

Dadurch sollen sich die Menschen der vorhergegangenen Religionen der nunmehr erneut verkündeten Religion des neuen Religionsstifters Bahā'u'llāh anschließen. Zugleich schließt aber jede Manifestation Gottes mit denjenigen, die an diese Manifestation glauben, einen weiteren Bund, den so genannten „Größeren Bund", dessen Kerninhalt darin besteht, dass die Menschen der jetzigen Religion sich beim zukünftigen Auftreten eines neuerlich gesandten Religionsstifters dessen Verkündigung als fortschreitender Offenbarung Gottes anschließen. Während die Einlösung der Konsequenzen des Größeren Bundes für die Bahā'ī frühestens in einem Jahrtausend eintreten wird, bezieht sich die dritte Form, der „Kleinere Bund", auf die aktuelle Religion mit ihren Strukturen; d. h. dieser Bund bezieht sich auf die Stellung der Gläubigen zu ihrem Religionsstifter sowie auf Fragen der religionsspezifischen Gesetzgebung. Alle drei – in den derzeitigen innerweltlichen Umsetzungen unterschiedlichen – Formen des Bundes Gottes mit den Menschen begründen theologisch die Stellung des Menschen zu Gott und zur Religionsgemeinde. Als Konsequenz aus der Bundestheologie ergibt sich jedoch noch ein weiterer Aspekt des Menschbildes und der Menschheit als Ganzer: Obwohl die Menschen individuell verschieden sind, gibt es nur eine Spezies Mensch, da der „eine Gott" seinen ewigen Bund mit dieser „einen Spezies" geschlossen hat. Daraus wird abgeleitet, dass die individuellen Menschen sich um die Verwirklichung der Einheit der Menschen bemühen müssen, so dass es keine trennenden Grenzen mehr gibt. Deshalb betont und propagiert die Bahā'ī-Religion auch diese Einheit der Menschen und versucht sie durch verschiedene (auch ethische und soziale) Aktivitäten zu verwirklichen und Konflikte, die aus der Ungleichbehandlung von Menschen aufgrund ihrer Herkunft, Kultur oder Ethnie entstehen, bzw. die Ungleichheit zwischen den beiden Geschlechtern zu überwinden. Aufgrund des Menschenbildes wird dabei eine „Einheit in der Vielfalt" angestrebt.

5.2.3.2 Eheschließung

Der Mensch – Frau und Mann in gleicher Weise – soll aufgrund der Suche nach Wahrheit den Anforderungen des Bundes mit Gott entsprechend sein Leben gestalten. Dazu gehört auch die Ehe zwischen einem Mann und einer Frau als wünschenswerte Lebensform, allerdings ist sie weder verpflichtend noch heilsnotwendig. Eine Bahā'ī-Ehe ist gültig, wenn vor zwei Zeugen die Absicht der Ehe formal bekundet wird. Da die Ehe als Lebensform nicht nur die beiden Ehepartner, sondern deren Familien insgesamt betrifft, ist die Zustimmung der Eltern für die gültige Eheschließung erforderlich. Ursprünglich war – aufgrund der kulturhistorischen Verankerung in der iranisch-muslimischen Umgebung – die Ehe eines Mannes mit mehreren Frauen möglich (*Kitāb-i Aqdas* § 63). Da ʿAbdu'l-Bahā aus persönlicher Überzeugung die Einehe propagierte, ist de facto eine mehrfache Eheschließung nicht mehr möglich. Grundsätzlich kann eine Ehe durch Scheidung beendet werden, allerdings ist für das scheidungswillige Paar eine Bedenkzeit von einem Jahr vorgeschrieben, um sich eventuell noch zu versöhnen. Die partnerschaftliche Ehe spiegelt dabei auch die Gleichwertigkeit und rechtliche Gleichstellung von Frauen und Männern in der Bahāʾī-Religion als Teil des Menschenbildes wider, wofür ʿAbduʾl-Bahā wiederum das Bild von zwei Flügeln eines Vogels verwendete, die gleichmäßig entwickelt sein müssen, damit der Vogel fliegen kann – so ist auch die Gleichwertigkeit von Frauen und Männern notwendig, damit sich die Menschheit optimal entfaltet.[43] Um die Bedeutung von Frauen hervorzuheben, spielt die Förderung von Mädchen durch Ausbildung eine wichtige Rolle, so dass z. B. die Bahāʾī im Iran im 19. Jahrhundert zu den ersten gehörten, die Mädchenschulen einrichteten. Bildung von Mädchen wird auch deswegen in den Vordergrund gerückt, weil Mädchen als zukünftige Mütter die ersten Erzieherinnen der folgenden Generation sind.[44]

5.2.3.3 Tod und Jenseits

Als abschließenden Aspekt des Menschenbildes kann man die Jenseitsvorstellungen nennen. Der Verstorbene wird in einem Erdbegräbnis bestattet, wobei der Tote nicht weiter als eine Wegstunde vom Ort seines Ablebens entfernt beerdigt werden darf. Das Bestattungsritual besteht im Wesentlichen aus dem Vortrag des Totengebets. Wer den Bund Gottes mit den Menschen angenommen und danach sein Leben ausgerichtet hat, dessen Seele steigt nach dem Tod ins Paradies, das Abhā-Königreich, auf. Da der materielle Körper des Menschen dem Werden und Vergehen unterliegt und sich im Tod auflöst, gibt es jedoch keine leibliche Auferweckung im Jenseits.[45] Das Leben im Abhā-Königreich ist durch die Nähe zu Gott gekennzeichnet und bedeutet das Erlangen der Einheit mit Gott als kom-

---

[43] ʿAbduʾl-Bahā 1992, Abschn. 227:18; solche Ideale umzusetzen bemüht sich z. B. in Deutschland das 1996 gegründete Bahāʾī-Frauen-Forum (Meier-Floeth 2005). Zum Frauenbild sowie zur Ehe siehe auch Hutter 2009a: 168–171; Stockman 2013: 51–54.
[44] Dies zeigt aber – trotz der Betonung der Gleichwertigkeit von Mann und Frau – deutlich ein nach patriarchal geprägten Rollenmustern konzipiertes Frauenbild. Auch im umfangreichen Bereich der Bewertung unterschiedlicher sexueller Orientierungen (siehe etwa Schaefer 2009: 204–215) bleibt die Bahāʾī-Ethik weitgehend traditionell in den Bahnen vorderasiatisch-patriarchal geprägter Vorstellungen, d. h. ablehnend hinsichtlich aller sexuellen Orientierungen, die von einem binären Mann-Frau-Modell abweichen.
[45] Eschraghi 2010: 347 f.

pakteste Form des Bundes zwischen Gott und Mensch, ohne dass der Mensch Gott wesenhaft gleich würde. Denn dies würde die Einzigkeit Gottes aufheben.

5.2.4 Ethik und Verhaltensweisen

Als höchste Normen der Bahā'ī-Ethik kann man die Liebe zur Menschheit allgemein und zum Nächsten im Konkreten sowie das Streben nach Gerechtigkeit und Frieden nennen. Auch wenn solche Werte keineswegs auf die Bahā'ī-Religion beschränkt sind, so ist zu betonen, dass deren Begründung im direkten Rückbezug auf die Schriften Bahā'u'llāhs gesucht wird, d. h. man leitet die Ethik nicht aus der Humanwissenschaft ab, sondern aus der Offenbarung, so dass daraus für Bahā'ī ein verbindlicher Anspruch erwächst.[46] Gleichzeitig ist für die Frage nach Ethik wichtig zu betonen, dass die Bahā'ī-Religion – hier dem Islam, aber auch dem Zoroastrismus und den Yeziden näherstehend als dem Christentum – der Orthopraxie höheres Gewicht zumisst als der Orthodoxie.[47] Orthopraxie heißt dabei, aus dem Glauben heraus die richtigen Handlungsentscheidungen zu treffen, wobei aber eine ausgefeilte konkret-detaillierte und systematische Bahā'ī-Pflichtenlehre derzeit noch nicht existiert. Jedoch kann man in groben Zügen zwischen Pflichten den anderen gegenüber und den Pflichten sich selbst gegenüber unterscheiden. Dadurch verweist die Ethik auf eine Handlungsfreiheit, was klar im *Kitāb-i Aqdas* (§ 122f.) ausgesprochen ist. Aufschlussreich für den *Kitāb-i Aqdas* und das darin grundgelegte Verständnis von Freiheit ist dabei, dass ohne diese Freiheit zwar kein eigenverantwortliches Handeln möglich ist, dass aber der *Kitāb-i Aqdas* zugleich die klaren Schranken der Freiheit betont, die solange beachtet werden müssen, als Menschen wie Schafe sind, die eines Hirten bedürfen (§ 124). Wird das nicht erkannt, so führt dies in eine Pseudo-Freiheit und weiter zur Anarchie. Dementsprechend kennen die Bahā'ī keine absolute Freiheit, sondern sie ist immer mit einer Selbstbindung gekoppelt, die die Anerkennung der göttlichen Gebote als obersten Wert sieht.

5.2.4.1 Ethisches Verhalten als Mitwirkung an der Schöpfung
Jene im *Kitāb-i Aqdas* angeführten Gesetze,[48] die einen gesellschaftlichen Bezug zeigen, geben einen konkreten Einblick in ethische Vorstellungen: Vor allem aus

---

46 Vgl. Schaefer 2007: 119–124, 155–160.
47 Schaefer 2007: 121.
48 Vgl. Hutter 2009a: 165f.

den rechtlichen Formulierungen (z. B. bezüglich Diebstahl, Mord, Glückspiel, Brandstiftung, Homosexualität, Verwendung von Rauschgift etc.), die sowohl das Individuum, aber wegen ihrer Wirkungen genauso das Gemeinwohl mit unterschiedlichen Nuancen und Akzenten betreffen, lassen sich Werte ableiten, die von der Bahā'ī-Religion für alle propagiert werden. Allerdings bleibt diese Ethik nicht auf der rechtlich-gesellschaftlichen Ebene stehen, sondern sie umfasst auch einen theologischen Gesichtspunkt, der mit der Schöpfungslehre verbunden ist: Da die Schöpfung ein kontinuierlicher Prozess ist, soll jeder Einzelne an der Schöpfung mitwirken, was zur Verpflichtung der Mit-Gestaltung der Welt in ethischer Hinsicht führt. Deswegen versuchen Bahā'ī globale Konzepte zur Gestaltung der Welt zu entwickeln.[49]

Einige tragende Aspekte einer solchen neuen Weltordnung, die aus Bahā'ī-Sicht die wissenschaftlichen, wirtschaftlichen, politischen und religiös-ethischen Anforderungen in gleicher Weise erfüllen, klingen in der Erklärung der „Internationalen Bahā'ī Gemeinschaft" (BIC) aus Anlass des 50-jährigen Bestehens der Vereinten Nationen an. Genannt werden u. a. eine Aufwertung der globalen exekutiven und judikativen Aufgaben der Vereinten Nationen in weltweiter Hinsicht, aber auch Möglichkeiten der Schaffung einer Welthilfssprache und Weltwährung, um dadurch leichter eine finanziell-wirtschaftliche Ausgeglichenheit zu bewerkstelligen. Genauso werden Überlegungen formuliert, um durch die Entwicklung und Umsetzung schulischer Lehrpläne der Bedeutung der ethisch-religiösen Bildung weltweit gerecht zu werden. Solche programmatischen Überlegungen der BIC sind ein allgemeiner Ausdruck des Konzepts, aus der religionsspezifischen Schöpfungslehre die sich in der Gegenwart wandelnde Welt neu (und evolutiv besser) zu gestalten.

5.2.4.2 Bildungs- und Entwicklungskonzepte

Das schon mehrfach erwähnte selbstständige Suchen nach Wahrheit betrifft auch das Verhältnis von Religion und Wissenschaft, worin nach 'Abdu'l-Bahā kein Gegensatz besteht, so dass jeder seinen Glauben in Übereinstimmung mit der Wissenschaft bringen muss, da es nur eine Wahrheit gibt, die sowohl für die Religion als auch für die Wissenschaft gilt.[50] Vergleicht man dabei 'Abdū'l-Bahās Position mit der Sichtweise Bahā'u'llāhs, so kann man feststellen, dass Bahā'u'llāh sich noch einschränkend zu diesem Themenkreis geäußert hat. Im *Kitab-i Aqdas* § 77 formuliert er folgendermaßen:

---

49 Vgl. Hutter 2009a: 186 f.; Schaefer 2007: 94–96.
50 'Abdū'l-Bahā 1995: 112 f.; vgl. auch Hutter 2009a: 129 sowie Lample 2016.

> Gott hat euch von dem Gebot des *Bayān* befreit, Bücher zu vernichten. Wir erlauben euch, Wissenschaften zu studieren, die euch von Nutzen sind, doch keine, die in müßigem Wortstreit enden. Das ist besser für euch, so ihr zu denen gehört, die begreifen.

Man kann somit sagen, dass „nützliche" Wissenschaft für Bahā'u'llāh als Schlüssel zur Gestaltung der Welt gilt, wobei die Verkündigung der Religion zugleich festlegt, welche Wissenschaft zum Wohl der Menschen gefördert werden soll. Will der Einzelne der Religion entsprechend leben, so muss er sich um den Erwerb von Wissen bemühen, das mit der Idee der Fortschreitenden Offenbarung und der wachsenden Aufnahmefähigkeit der Menschen übereinstimmt.

Obwohl damit prinzipiell betont ist, dass sich jeder selbst um den Erwerb von Kenntnissen der Religion – durch das Studium der Heiligen Schriften – bemühen muss, tragen seit den 1970er Jahren die so genannten Ruhi-Kurse zur systematischen religiösen Bildung bei. Diese Kurse wurden ursprünglich vom Nationalen Geistigen Rat in Kolumbien initiiert, um Menschen, die sich der Religion angeschlossen haben, in strukturierter Weise mit den Inhalten der Religion vertraut zu machen. Seit Beginn der 1990er Jahre haben diese Kurse eine fortschreitende Institutionalisierung erfahren, wobei nach wie vor der Nationale Geistige Rat von Kolumbien die organisatorische Verantwortung für die Entwicklung dieses Erziehungs- und Ausbildungsprogramms trägt.[51] Mit derzeit sieben Lehrbüchern, die jeweils rund 40 Unterrichtseinheiten umfassen, sollen den Gläubigen die Grundlagen der Religion vermittelt werden. Im ersten Buch soll der Bahā'ī sich der Fragen seiner religiösen Identität bewusst werden, um darüber in Bezug auf die Bahā'ī-Lehren zu reflektieren. Einführungsthemen dieses Buches sind die wichtigsten Bahā'ī-Schriften, Gebete und Ausführungen über Leben und Tod. Im folgenden Buch geht es um den Austausch über Inhalte der Religion mit anderen, um dadurch den Religionsangehörigen dazu anzuregen, durch seine religiöse Überzeugung zur Veränderung der Gesellschaft beizutragen. Das dritte Buch ist speziell der religiösen Erziehung der Kinder gewidmet, wozu auch praktische Angaben zur Gestaltung von so genannten Kinderklassen gehören. Das vierte Buch des Ruhi-Kurses greift – nunmehr vertieft und detailliert – auf Themen des ersten Buches zurück, da die Zwillingsmanifestationen Bāb und Bahā'u'llāh mit ihrem Wirken das zentrale Studienobjekt dieses Buches sind. Buch 5 ist in mancher Hinsicht vertiefend komplementär zum dritten Buch, wenn inhaltlich das Hauptaugenmerk auf Fragen von Jugendlichen und Pubertierenden gelegt wird, um deren Entscheidung für die Religion in dieser Lebensphase zu begleiten, da ein Jugendlicher in seinem 15. Lebensjahr sich zu einem Bahā'ī erklären kann, um

---

51 Vgl. zu den Ruhi-Kursen Stockman 2013: 193, 201 f.; Fozdar 2015: 283–286. Siehe auch die offizielle Webseite www.ruhi.org.

so ein Vollmitglied der Religionsgemeinschaft zu werden. Das Buch kann diesen Schritt durch die Vermittlung von religiösen Kenntnissen unterstützen. Die Vermittlung der Religion an andere ist der Themenkreis von Buch 6, um jeden Bahā'ī zu befähigen, selbst als glaubwürdiger Vermittler der Religion an andere zu wirken. Der bislang letzte Teil des Ruhi-Programms mit dem siebenten Buch dient dazu, Bahā'ī nach dem Studium der ersten sechs Bücher zu befähigen, als Tutor(inn)en andere in diese Bücher einzuführen. Drei weitere Ruhi-Bücher über den Bund Bahā'u'llāhs, über die Geschichte der Religion sowie zur Entwicklung von Gemeinden sind in Vorbereitung. Somit liegt in den Ruhi-Büchern und -Kursen ein entwickeltes Curriculum zur religiösen Bildung vor, wobei erwartet wird, dass die Gläubigen dieses systematische Curriculum studieren. Auch wenn dieses Anliegen insgesamt weitgehend positiv bewertet wird, wird kritisch manchmal dagegen eingewendet, dass damit eine institutionalisierte Monopolisierung der Information über die Inhalte der Religion geschaffen wird, die dem Prinzip des selbstständigen Suchens nach der Wahrheit widerspricht.[52]

Da die religiöse Erziehung der Entwicklung des Menschen zu einer höheren geistigen Stufe dienen und einen Schutz des Einzelnen vor den Gefahren der Welt bieten soll, spielen Erziehungs- und Bildungsprojekte für Bahā'ī eine wichtige Rolle.[53] In der Bahā'ī-Geschichte hat dies am Ende des 19. und zu Beginn des 20. Jahrhunderts nicht nur dazu geführt, dass Bahā'ī einen Beitrag zur Modernisierung des Iran geleistet haben, sondern das historische Modell lebt weltweit – in entwickelter Form – weiter. Daher gibt es in vielen Orten Bahā'ī-Schulen auf unterschiedlichen Ebenen, die durch die Vermittlung von Bildung dazu beitragen möchten, die Werte der Religion zur Hebung des moralischen und wirtschaftlichen Zustands einzusetzen. Entwicklungspolitisch wichtig sind dabei besonders Projekte zur Förderung elementarer Schulbildung in ländlichen Bereichen wenig entwickelter Länder. Sie wenden sich nicht nur an Grundschüler, sondern teilweise bieten solche Programme auch „Post-Alphabetisierungskurse" an. Damit ist gemeint, dass die in der modernen Gesellschaft keineswegs ausreichenden rudimentären Schreib- und Lesekenntnisse der ländlichen Bevölkerung durch Unterricht weiter ausgebaut werden, so dass die Dorfbevölkerung befähigt wird, aufgrund solcher Kenntnisse ihre materiellen Lebensgrundlagen zu verbessern. Denn durch Erziehung und Bildung ist nicht nur die allgemeine Gestaltung der Welt möglich, sondern der Einzelne kann dadurch aktiv am Erwerbsleben teilhaben.

---

52 Fozdar 2015: 286–288.
53 Vgl. für Details Hutter 2009a: 171–181; Stockman 2013: 12.

Damit ist auch eine Arbeitsethik verbunden, bei der alle Tätigkeiten, die im Geiste des Dienstes an der Gemeinschaft und der Menschheit geleistet werden, als Wege der Verehrung Gottes gelten. Somit ist Besitz nicht ein Wert an sich, den man horten und nur für sich verwenden soll. Vielmehr sollte Reichtum immer ein wirtschaftliches Gut sein, das man für soziale Projekte und zugunsten der Armen einsetzt. Ein solches Wirtschaftsverständnis impliziert dabei, dass Wirtschaften nicht zur Zerstörung der Schöpfung und des Menschen führen darf, weshalb sich der Umgang mit Natur und Umwelt am Wohl des Ganzen orientiert, so dass ein ökologisches Gleichgewicht sowie die Beachtung auch der zukünftigen Verfügbarkeit von Rohstoffen berücksichtigt werden müssen.

Dieser Anspruch auf Bildung bewirkt ein ethisches Engagement zur Initiierung von Entwicklungsprojekten, die als ein Beitrag zur Realisierung des Prinzips der Einheit der Menschheit verstanden werden. Genauso werden aber gesellschaftspolitische Themen im globalen Kontext auch durch die politischen Botschaften Bahā'u'llāhs begründet. In äußerst programmatischer Weise hat er dies in seinem „Sendschreiben an die Könige" (1867) formuliert.[54] Darin zeigt sich Bahā'u'llāhs universeller politischer Anspruch, demzufolge Politiker aufgefordert werden, sich in ihren Handlungen von Gottesvertrauen und Gottesfurcht leiten zu lassen. Implizit ermöglicht dieses Politikverständnis die Legitimität eines säkularen Staates, jedoch müssen individuelle und nationale Interessen zugunsten einer von Toleranz geprägten globalen Ausrichtung der Politik in den Hintergrund rücken. Vor diesem Hintergrund ist es zu sehen, dass Bahā'ī sich in Nicht-Regierungsorganisationen beteiligen und die Religionsgemeinschaft als Ganze auch in Aktivitäten zu Friedensstiftung, Friedenserziehung und Friedenssicherung involviert ist. Denn ein politisch-weltlicher Frieden – in der Bahā'ī-Terminologie als „Geringerer Friede" bezeichnet – ist die Voraussetzung für den „Größten Frieden" als zukünftiges Ziel.[55] Dieser Größte Frieden stellt für die Bahā'ī die Verwirklichung eines religiös erwarteten eschatologischen Friedensreichs dar, auf das sie bereits in der Gegenwart durch die Befolgung der Bahā'ī-Ethik sowie der aus der Religion abgeleiteten Vorschriften zur Gestaltung der Welt hinarbeiten.

---

54 Vgl. Hutter 2009a: 181–189.
55 Für eine detaillierte Untersuchung des Geringeren bzw. Größten Friedens sowie den daraus folgenden Konsequenzen für die Umsetzung von Bahā'ī-Werten in der Gesellschafts- und Weltgestaltung siehe Tober 2009: 90–109, 137–143; vgl. auch Schaefer 2007: 96–100; Stockman 2013: 62–67.

5.2.4.3 Ethik und der Umgang mit anderen Religionen

Die Verbreitung in verschiedenen Ländern und die damit verbundene Verflechtung mit oder auch Ausgrenzung von Seiten anderer Religionen macht das Verhältnis der Bahā'ī-Religion zu anderen Religionen immer auch zu einem Teil des gesellschaftspolitischen Diskurses. Dementsprechend engagieren sich Bahā'ī häufig in Aktivitäten von so genannten interreligiösen Dialogen oder in Arbeitskreisen der Religionen.[56] Aber auch die Häuser der Andacht symbolisieren mit ihren neun Türen, dass alle Menschen Zutritt zu diesen Häusern als Orte der Gottesbegegnung haben. Aus Bahā'ī-Sicht haben solche Aktivitäten den Zweck, eine Einheit trotz der Vielfalt der Menschen zu schaffen und so gesellschaftliche Spannungen zu überwinden oder Friedenserziehung zu leisten, weil die Angehörigen aller Religionen gemeinsam eine ethische Verantwortung für die Verbesserung der Welt haben. Daher hat im April 2002 das Universale Haus der Gerechtigkeit eine Botschaft „An die religiösen Führer der Welt" veröffentlicht, die an viele Religionsvertreter sowie an hochrangige Personen im öffentlichen Dienst oder an Akteure im interreligiösen Dialog verteilt wurde. Diese Botschaft legt eine Vision des Dialogs der Religionen dar, um den zukünftig erwünschten Einfluss der Religionen in der Gestaltung der Welt zu zeigen. Dieser Dialog resultiert aus der Bahā'ī-Überzeugung, „dass es nur einen Gott gibt, und dass, jenseits aller Unterschiede in kultureller Ausprägung und menschlicher Interpretation, auch die Religion nur eine ist".[57] Dieses Dokument des Universalen Hauses der Gerechtigkeit ist ein theologisches Zeugnis dafür, dass das interreligiöse Bemühen den innerweltlichen Frieden und die fortschreitende Höherentwicklung der Menschen fördern soll. Das Dokument erfordert aber auch einen theologischen Kompromiss, da die verschiedenen Religionen ihr jeweils eigenes Verständnis über Gott oder das Absolute haben, das theologisch nicht mit dem Gottesverständnis der Bahā'ī deckungsgleich ist. Das Bahā'ī-Modell der Einheit der Religionen ist eine Neubzw. Umdeutung der Vorstellungen älterer Religionen, die zwar eine „formale" Toleranz den anderen Religionen gegenüber an den Tag legt, was zu konkreten Kooperationen an einem „runden Tisch der Religionen" führen kann. Eine inhaltliche Toleranz gegenüber anderen religiösen Vorstellungen (inklusive deren daraus resultierenden innerweltlichen Umsetzungen) ist aber durch das inklusivistische Modell der Bahā'ī-Theologie nicht gegeben. Denn die Einheit der Religionen der Bahā'ī ist kein pluralistisches, sondern ein chronologisch-evolutives Modell einer Religionstheologie, das sich auch hemmend auf Angehörige anderer

---

56 Vgl. Towfigh, N. 2009.
57 Universales Haus der Gerechtigkeit 2002: 7.

Religionen auswirken kann, die stärker auf die Bewahrung der eigenen religiösen Identität mit Hilfe auch abgrenzender Strategien achten.[58]

5.2.5 Religion in Zeit und Raum

5.2.5.1 Der Festkalender

Als persische Religion bewahrt die Bahā'ī-Religion – im Unterschied zum Islam – einen modifizierten Sonnenkalender, in dem der Neujahrsbeginn (Naw-Rūz; neupers. Noruz) im Frühling liegt. Charakteristisch ist jedoch eine völlige Neuerung gegenüber anderen Kalendern, da von der Monatsstruktur entlang der Mondphasen (mit 28 bis 29 Tagen) bzw. der Aufrundung auf dreißig Tage abgewichen wird. Denn der Jahreslauf wird in 19 Einheiten („Monate") zu je 19 Tagen gegliedert (*Kitāb-i Aqdas* § 127). Die 19 Bahā'ī-Monate werden mit Namen bezeichnet, die sich auf verschiedene Attribute Gottes beziehen, wobei die Namen bereits auf den Bāb zurückgehen, der diese Benennungen aus der schiitischen Gebetssprache übernommen hat.[59] Um einen Ausgleich mit dem Sonnenjahr zu schaffen, werden vier bzw. gelegentlich fünf Tage (*ayyām-i hā'*) vor dem letzten Monat, dem Fastenmonat der Bahā'ī, eingeschoben (vgl. *Kitāb-i Aqdas* § 16), damit der Jahresbeginn im Wesentlichen unverändert bleibt.

Dieser Kalender wird als Badī'-Kalender bezeichnet.[60] Er wurde bereits vom Bāb eingeführt und von Bahā'u'llāh übernommen, der auch den Beginn der Bahā'ī-Jahreszählung auf den Naw-Rūz-Tag des Jahres 1844 (nach westlich-gregorianischem Kalender) wegen des Beginns des öffentlichen Wirkens des Bāb im Mai jenes Jahres festlegte. Am 10. Juli 2014 hat das Universale Haus der Gerechtigkeit eine Kalenderreform verkündet, derzufolge ab dem Naw-Rūz-Fest des Jahres 172 der Bahā'ī-Zeitrechnung, d. h. ab dem 21. März 2015, der Badī'-Kalender für die Festlegung der Bahā'ī-Feiertage für die Religionsgemeinschaft weltweit verbindlich ist. Da ein Sonnenjahr etwas mehr als fünf Stunden länger dauert als ein kalendarisches Jahr von 365 Tagen, kann Naw-Rūz gelegentlich bereits auf den 20. März fallen. Vom exakten Naw-Rūz-Termin abhängig sind dabei auch der Anfang der 19 Monate sowie die so genannten „neun heiligen Tage". Für die richtige Datierung und Durchführung von Bahā'ī-Feiern ist ebenfalls zu berücksichtigen, dass der Tag im Bahā'ī-Kalender jeweils mit Sonnenuntergang beginnt,

---

58 Vgl. Scharbrodt 2005: 55; Hutter 2009a: 211–213.
59 Mihrshahi 2004: 21 f.
60 Vgl. – noch ohne Berücksichtigung der neuen Veränderungen – zum Kalender Mihrshahi 2004; Keil 2005; Stockman 2013: 79.

d. h. auf den gregorianischen Kalender umgerechnet beginnen die Feiertage jeweils am Vorabend des gregorianisch-kalendarischen Tages.

Im Jahreslauf haben die „neun heiligen Tage" als Bahā'ī-Feiertage einen besonderen Platz im Kalender.[61] Diese Feste sind eng mit der Geschichte verbunden. Der *Kitāb-i Aqdas* (§ 110) hebt dabei zunächst folgende vier Feste hervor: Am wichtigsten ist das zwölftägige Riḍvānfest (21. April bis 2. Mai) zur Erinnerung an die Erklärung Bahā'u'llāhs im Jahr 1863, von dem der erste, neunte und zwölfte Tag besonders hervorgehoben werden. Eine analoge Bedeutung hat das Fest im Gedenken an die Erklärung des Bāb (22. Mai). Schließlich sind noch der Geburtstag des Bāb und der Geburtstag Bahā'u'llāhs zu nennen, auf die der *Kitāb-i Aqdas* an der genannten Stelle Bezug nimmt. Erweitert wird der Festkalender durch das Gedenken an die Hinrichtung des Bāb (10. Juli) und die Erinnerung an den Aufstieg Bahā'u'llāhs in das Königreich Abhā, d. h. den Tod Bahā'u'llāhs (29. Mai). Der letzte Bahā'ī-Feiertag, Naw-Rūz (21. März), markiert den Beginn des neuen Jahres, ohne dass dieser Tag mit einem besonderen Ereignis der Bahā'ī-Geschichte verbunden wäre. Der Andachtsteil dieser Feste ist durch Gebete und Lesungen aus Heiligen Schriften charakterisiert, wobei meist Texte ausgewählt werden, die auf den Inhalt des Festes Bezug nehmen. Auch eine Ansprache kann den religiösen Anlass des Festes würdigen. Am Ende des Festes findet eine Bewirtung der Gläubigen und der Gäste statt.

Die neun heiligen Tage gelten den Bahā'ī als Tage der Arbeitsruhe, wobei im deutschsprachigen Raum Kinder, deren Eltern der Bahā'ī-Religion angehören, an diesen Tagen auf Antrag vom Schulbesuch beurlaubt werden können. Das Datum der genannten Feste gilt für jene Jahre, in denen Naw-Rūz auf den 21. März fällt; wenn dieses einen Tag früher stattfindet, finden auch die anderen Feste einen Tag früher statt. Abweichend von diesen praktisch festen Feiertagen (mit einem Tag Schwankung) werden seit der Kalenderreform des Jahres 2014 die Geburtstage des Bāb und Bahā'ullāhs nunmehr gemeinsam als Zwillingsgeburtstag nach dem Badīʿ-Kalender gefeiert. Damit wird jene Praxis universell eingeführt, die bei Bahā'ī in islamisch geprägter Umgebung schon immer üblich war. Hinsichtlich der Kalenderdaten heißt dies, dass nicht mehr die (gregorianisch umgerechneten) Geburtstage 20. Oktober (1819) bzw. 12. November (1817) als Datum für das Fest gelten, sondern die Zwillingsgeburtstage werden alljährlich ausgehend von Naw-Rūz neu errechnet, nämlich der Geburtstag des Bāb am Tag nach dem achten Neumond nach Naw-Rūz und der Geburtstag Bahā'u'llāhs am darauf folgenden Tag. Aufgrund der Neu-

---

[61] Zusätzlich zu den „neun heiligen Tagen" kann man als weitere Feiertage noch den „Tag des Bundes" (26. November) und den Tag des Todes von ʿAbdu'l-Bahā (28. November) nennen, ferner auch den – nur von Bahā'ī im Westen gefeierten – so genannten Weltreligionstag, der am dritten Sonntag im Januar begangen wird; vgl. dazu Hutter 2009a: 138.

mondkonstellation können dadurch die Zwillingsgeburtstage in einen vierwöchigen Zeitraum zwischen dem 16. Oktober und dem 14. November fallen. Im Jahr 2019 fallen die Geburtstage auf den 29. und 30. Oktober (14. und 15. ʿIlm des Badīʿ-Kalenders).

5.2.5.2 Das Neunzehntage-Fest und die Bahāʾī-Gebete

Am jeweils ersten Tag eines Monats findet das so genannte Neunzehntage-Fest statt. Obwohl theologisch keine Verpflichtung zur Teilnahme am Neunzehntage-Fest besteht, wird die Teilnahme ausdrücklich empfohlen. Durch die Regelmäßigkeit im Jahreslauf ist das Neunzehntage-Fest phänomenologisch mit dem Freitagsgebet im Islam, dem Sabbatgottesdienst im Judentum und dem Sonntagsgottesdienst im Christentum vergleichbar, die ihrerseits ebenfalls den Zeitlauf religiös strukturieren. In seinen Grundzügen geht das Fest auf den Bāb und die Zeit Bahāʾuʾllāhs zurück, wobei zunächst die regelmäßige Zusammenkunft der Gläubigen als gemeinschaftsförderndes Mittel im Mittelpunkt des Festes stand; dieser Aspekt wurde unter ʿAbduʾl-Bahā und Shoghi Effendi insofern erweitert, als stärker auf die geistige Seite des Festes zur Vertiefung im Glauben hingewiesen wird.

Für den Festverlauf ist erwähnenswert, dass die Bahāʾī-Religion keine Spezialisten für kultische Handlungen kennt und konkrete Ritualanweisungen in den Schriften Bahāʾuʾllāhs völlig im Hintergrund stehen, da er sich von Ritualvorschriften, die für die Religionen seiner Zeit galten, distanziert hat. Dadurch ist die Bahāʾī-Religion eine ritualarme Religion, was sowohl für dieses Fest als auch für die Gestaltung der anderen Feiertage gilt. Der Ablauf des Neunzehntage-Festes folgt einem dreiteiligen Schema, das seit Shoghi Effendi festgelegt ist, der als die drei Hauptaufgaben des Festes die Andacht, die Beratung und die gemeinschaftsstärkende Geselligkeit und Bewirtung betont.[62] Der Andachtsteil hat die Form eines Lese- und Gebetsgottesdienstes, in dem Gebete und Texte aus den Schriften der Religion vorgetragen werden; gemeinsame Gebete und Predigten werden jedoch nicht gesprochen, allerdings ist eine musikalische Gestaltung möglich. Die Lektüre offenbarter Texte[63] ist es, durch die das Fest der religiösen Vertiefung dient. Einen interessanten Aspekt erwähnt ʿAbduʾl-Bahā,[64] wenn er das Fest mit dem „Abendmahl des Herrn" vergleicht. Diese Aussage ʿAbduʾl-Bahās ist an Bahāʾī im Westen ge-

---

[62] So etwa in zwei Briefen aus dem Jahr 1935 an den Nationalen Geistigen Rat der Vereinigten Staaten von Amerika und Kanada, vgl. dazu Universales Haus der Gerechtigkeit 1975: 36.
[63] Dazu zählen – nach einem Brief Shoghi Effendis aus dem Jahr 1948 – auch Bibel und Qurʾān, vgl. Universales Haus der Gerechtigkeit 1975: 41.
[64] Universales Haus der Gerechtigkeit 1975: 26f.

richtet, die in einer christlichen Umgebung beheimatet sind. Über diese religionssoziologische Gegebenheit hinaus verdient die Aussage aber grundsätzliches Interesse, weil sie unübersehbar die Theologisierung und Sakralisierung des ganzen Festes – und nicht nur des Andachtsteils – betont. Der so genannte Beratungsteil ist ein Spezifikum des Neunzehntage-Festes, bei dem es vor allem darum geht, in einer Form von Basisdemokratie gemeindeinterne Angelegenheiten aller Art zu besprechen und einmütig und einstimmig zu beschließen. Die Beratung als Teil des Gottesdienstes dient auch der Förderung der Einheit innerhalb der Gemeinde und – global – der Menschheit sowie der Erörterung von Fragen der innerweltlichen Verwirklichung theologischer Absichten. An diesem – vordergründig administrativen, de facto aber auch zentralen theologischen – Teil des Festes dürfen nur Angehörige der Religion – und keine Gäste[65] – teilnehmen. Der dritte und abschließende Teil des Festes ist ein geselliges Zusammensein mit Bewirtung. Dies war schon dem Bāb ein Anliegen, auch wenn die Bewirtung nur ein Glas Wasser wäre – ein Gedanke, den Bahā'u'llāh im *Kitāb-i Aqdas* § 57 wiederum aufgreift.

In allen Festen spielen Gebete[66] eine wichtige Rolle, die aber nicht gemeinschaftlich gebetet werden. Außerhalb der Feste ist die individuelle Gebetspraxis dadurch geprägt, dass der Gläubige zwischen dem 15. und dem 70. Lebensjahr zum täglichen Gebet verpflichtet ist. Es gibt drei Gebetszeiten am Morgen, Mittag und Abend (*Kitāb-i Aqdas* § 6), wobei diese religiöse Vorschrift das Erbe des Qur'ān (Sure 11:114; 17:78f.) durchscheinen lässt. Für das damit verbundene Pflichtgebet, bei dem sich der Gläubige zum Grabmal Bahā'u'llāhs in Bahjī als Gebetsrichtung (*qibla*) wendet, stehen dem Gläubigen drei unterschiedliche Gebetsformen zur Auswahl – ein kurzes, ein mittleres oder ein langes Pflichtgebet. Die beiden letzteren werden mit der Durchführung von *raka'āt* begleitet, d. h. Körperhaltungen, indem man sich verneigt oder die Hände im Gebet erhebt. Welche Gebetsform der Gläubige wählt, bleibt ihm überlassen, allerdings hat die Wahl Konsequenzen, zu welcher Gebetszeit bzw. wie oft diese Gebetsform dann gebetet werden muss. Trotz einer solchen Reglementierung erlauben die Wahlmöglichkeiten es dem Gläubigen, das Gebet seinen Bedürfnissen und Fähigkeiten oder Möglichkeiten optimal anzupassen. Dies führt auch dazu, dass das tägliche Pflichtgebet viel häufiger ist als die Teilnahme am Neunzehntage-Fest oder an den Gottesdiensten der „neun heiligen Tage". Neben dem Pflichtgebet ist der Gläubige angehalten, auch individuell zu beten, wofür Gebete, die vom Bāb, von Bahā'u'llāh oder 'Abdu'l-Bahā stammen, beliebt sind. Thematisch reichen diese Gebete vom Lob Gottes über Dank- und Bittgebete hin

---

65 Dies betont ausdrücklich Shoghi Effendi in einem Brief an den Nationalen Geistigen Rat von Deutschland und Österreich aus dem Jahr 1954, siehe Universales Haus der Gerechtigkeit 1975: 45. Zur Beratung vgl. auch Towfigh, E. 2006: 92–96.
66 Vgl. für Details Hutter 2009a: 139–142.

zu Gebeten für spezielle Anliegen, so dass kein Bereich des Lebens vom Beten ausgeschlossen ist.

In diese Formen religiöser Praxis ist der Einzelne ab jenem Zeitpunkt verantwortlich eingebunden, ab dem er ein Bahāʾī ist, da die Annahme der Religion ein bewusster Akt ist. Dies ist dann gegeben, wenn sich jemand „als Bahāʾī erklärt", wodurch man als volles Mitglied der Religionsgemeinschaft auch Wahlrecht für die Gremien der Religion hat, aber auch am Neunzehntage-Fest mit der Beratung teilnehmen darf.[67] Daher bleibt die Umsetzung des Glaubens in das religiöse Leben zum Großteil im individuellen Bereich und in der Entscheidung des Einzelnen, sich im selbstständigen Suchen nach Wahrheit um die Religion zu bemühen. Denn Bahāʾuʾllāh hat – wohl aufgrund von Erfahrungen, die er mit der schiitisch-islamischen Geistlichkeit, den ʿulamā, gemacht hat –, betont, dass es eines Priesters oder eines Klerus als Vermittler zwischen Gott und den Menschen nicht bedarf.[68] Dadurch können gemeinsame Kulthandlungen nicht durch einen Vermittler durchgeführt werden, sondern jeder Gläubige soll nach Möglichkeit an der Gestaltung der praktischen Seiten der Religionsausübung in der Organisation eines Neunzehntage-Festes oder der Feier eines anderen Festes mitwirken. Dennoch sind die zentralen Pflichten eines Gläubigen individuell zu erfüllen, d. h. er ist immer neu gefordert, dem Bund Gottes mit den Menschen entsprechend zu leben, so dass er sein Heil erlangt.

5.2.5.3 Die „Häuser der Andacht"

Weder die genannten Gebete noch Feste erfordern einen spezifischen Kultbau, sondern können an jedem Ort stattfinden. Die so genannten Häuser der Andacht[69] bzw. Mašriq al-aḏkār („Aufgangsort der Anbetung Gottes") dienen als Bauten jedoch ausschließlich der Verherrlichung Gottes in Gebet, Lobpreis und Meditation, so dass in diesen Häusern auch keine Predigten oder Lehrvorträge gehalten werden. Bereits im *Kitāb-i Aqdas* § 31 findet sich eine allgemeine Beschreibung solcher Bauten, die durch die beiden Nachfolger Bahāʾuʾllāhs konkretisiert wurde. Das Haus muss neunseitig mit runder Grundform sein, wobei die Zahl Neun dem Zahlenwert des arabischen Wortes *bahāʾ* „Herrlichkeit" entspricht. Die Türen des Bauwerks sollen offen sein, um so die Einheit der Menschheit unabhängig von Rasse, Nation oder Geschlecht symbolisch zu fördern. Das Konzept der Einheit und Gleichwertigkeit der Menschen bringt dabei mit sich, dass bei einem Haus der

---

67 Vgl. Towfigh, E. 2006: 113f.
68 Vgl. Schaefer 2009: 331 mit weiterer Literatur; Stockman 2013: 16.
69 Stockman 2013: 57f.; Hutter 2009a: 192–198; Towfigh, N. 2015.

Andacht in idealer Weise auch soziale Einrichtungen – z. B. ein Krankenhaus, Seniorenheim oder eine Bildungsstätte – errichtet werden sollen, was aber erst zum Teil in die Tat umgesetzt werden konnte.

Derzeit existieren acht „Kontinentale Häuser der Andacht": Wilmette (USA), Kampala (Uganda), Langenhain bei Frankfurt, Sydney, Panama City, West-Samoa, New Delhi und Santiago de Chile; letzteres wurde am 13. Oktober 2016 feierlich eingeweiht. Mit diesem Bau auf dem südamerikanischen Kontinent ist die Reihe der Kontinentalen Häuser vollständig, so dass – im Vorgriff auf diesen Abschluss – das Universale Haus der Gerechtigkeit in seiner Riḍvān-Botschaft des Jahres 2012 die Planung zur Errichtung von zwei „Nationalen Häusern der Andacht" in der Demokratischen Republik Kongo und in Papua-Neuguinea sowie von fünf „Lokalen Häusern der Andacht" bekannt gab, in Battambang (Kambodscha), Bihar Sharif (Indien), Matunda Soi (Kenia), Norte del Cauca (Kolumbien) und Tanna (Vanuatu).[70] Als erstes dieser Lokalen Häuser wurde am 1. September 2017 das Haus in Battambang mit einem Festakt eingeweiht, an dem über 2.000 Personen teilnahmen. Neben lokalen Bahā'ī und Bahā'ī-Repräsentanten aus anderen asiatischen Ländern nahmen auch Vertreter der verschiedenen Religionsgemeinschaften Kambodschas an der Feier teil. Der Bau erinnert von außen auf den ersten Blick an einen kambodschanisch-buddhistischen Tempel, was das Bahā'ī-Anliegen, dass ein Haus der Andacht als Ort des Gebets für die Angehörigen aller Religionen offen sein soll, symbolisch zeigt. Das Lokale Haus der Andacht in Kolumbien wurde am 22. Juli 2018 eingeweiht, und für weitere sind Bauvorbereitungen im Gange. Damit verdeutlichen diese Tätigkeiten das hinter den Häusern der Andacht stehende theologische Konzept: Als Orte der Meditation und Anbetung Gottes ist als Ziel anzustreben, dass in jeder Bahā'ī-Gemeinde zukünftig ein Haus der Andacht stehen soll.

5.2.5.4 Die Wallfahrt

Einige für die Bahā'ī wichtige Orte hängen mit der Erinnerung an Ereignisse der eigenen Religionsgeschichte zusammen.[71] Dazu gehört das (ehemalige) Haus des Bāb in Šīrāz. Dieser Bau aus der Mitte des 19. Jahrhunderts wurde 1980 von der iranischen Regierung zerstört. Sowohl im *Bayān* des Bāb als auch im *Kitāb-i Aqdas* § 32 ist dieses Haus als Wallfahrtsort genannt. Auch das Haus, in dem Bahā'u'llāh die meiste Zeit während seines Aufenthalts in Bagdad wohnte, gilt als – derzeit ebenfalls unzugänglicher – Pilgerort für Bahā'ī. Nach dem Tod Ba-

---

70 Vgl. Hutter 2015c: 162f.
71 Walbridge 1989.

hā'u'llāhs hatte 'Abdu'l-Bahā verfügt, dass auch das Grab Bahā'u'llāhs in Bahjī ein Pilgerort ist, den jeder Bahā'ī auf einer Wallfahrt (ḥaǧǧ) besuchen muss, vorausgesetzt, er ist dazu in der Lage. Die Bedeutung des Grabmals von Bahā'u'llāh wird zusätzlich auch dadurch hervorgehoben, dass es die Gebetsrichtung (qibla) der Bahā'ī markiert, nach der man sich beim Pflichtgebet und beim Totengebet zu orientieren hat.

Diese drei Wallfahrtsorte sind somit theoretisch Zielpunkte von Wallfahrtsritualen, auch wenn die historische und politische Praxis derzeit nur die Wallfahrt zum Grab Bahā'u'llāhs ermöglicht. Die Durchführung einer Wallfahrt dauert neun Tage.[72] Im Mittelpunkt des Verlaufs der Wallfahrt steht der Besuch der eng mit Bahā'u'llāhs Wirken in Bahjī, 'Akkā und Haifa verbundenen Stätten. Weitere wichtige theologische Stationen der Wallfahrt sind das Grabmal des Bāb, das Wohnhaus 'Abdu'l-Bahās und der Platz eines zukünftigen auf dem Berg Karmel geplanten Hauses der Andacht. Dazu kommen die Besuche von verschiedenen Bahā'ī-Institutionen, die in Haifa und Umgebung ihren Sitz haben. Die Wallfahrten finden regelmäßig in den Monaten von Oktober bis Juli statt, allerdings dürfen nur Bahā'ī sowie deren Ehepartner bzw. Ehepartnerin, falls er oder sie nicht der Bahā'ī-Religion angehört, an der Wallfahrt teilnehmen. Dabei ist es notwendig, die Wallfahrt zuvor beim Bahā'ī World Centre in Haifa zu beantragen, wobei – wegen der großen Nachfrage – zwischen zwei Wallfahrten mindestens fünf Jahre liegen müssen, bis man erneut an einer Wallfahrt zu den heiligen Stätten der Religion teilnehmen darf.

5.3 Die Religionsgemeinde in gesellschaftlichen Kontexten

5.3.1 Organisationsformen und Funktionsträger

Häufig wird betont, dass die Bahā'ī-Religion – aufgrund ihres Strebens nach Einheit – Spaltungen oder die Entstehung von voneinander getrennten Schulrichtungen nicht kennt. Historisch ist diese Aussage nicht vollkommen zutreffend, da es in Krisenzeiten – speziell jeweils nach dem Tod der vier zentralen Führungspersonen – zu Fraktionen gekommen ist, in denen die „richtige" Nachfolge diskutiert wurde, wobei es jeweils der Richtung, die sich in diesen Diskussionen durchgesetzt hat, auch gelungen ist, die konkurrierende Gruppe in

---

72 Vgl. Hutter 2009a: 145–149; Stockman 2013: 48 f.

der Folge in der Bedeutungslosigkeit verschwinden zu lassen.[73] Dadurch besteht in der Praxis eine einheitliche Bahā'ī-Gemeinde, wobei diese Einheitlichkeit durch das Konzept der Theologie des Bundes theologisch gestützt und durch rechtliche und administrative Strukturen umgesetzt wird. Um die Abfolge und Übergabe der Leitung sicherzustellen, hat Bahā'u'llāh in seinem Testament seinen Sohn 'Abdu'l-Bahā als Nachfolger ernannt und dieser wiederum testamentarisch die Führung der Religionsgemeinde an seinen Enkel Shoghi Effendi übertragen, indem er ihn zum „Hüter der Sache Gottes" ernannte.[74] Dadurch wurde Shoghi Effendi der Garant für die Geschlossenheit der Gemeinde und ihr geistiges Oberhaupt, dem auch die oberste Amts- und Lehrkompetenz zu Eigen war.

5.3.1.1 Organisationsstrukturen im „gestaltenden Zeitalter"

Mit Shoghi Effendis Wirken begann die Zeit der Organisation der Bahā'ī-Religion im größeren Stil, die er als „gestaltendes Zeitalter"[75] bezeichnete und in der die örtlichen, nationalen und internationalen Einrichtungen des Glaubens Gestalt annehmen. Eine wichtige Institutionalisierung bedeutete dabei zunächst die Ernennung der „Hände der Sache Gottes". Zwar hatte bereits Bahā'u'llāh vier Personen zu „Händen" ernannt, die zur Verbreitung des Glaubens beitragen sollten, aber erst Shoghi Effendi hat durch die Ernennung einer Reihe von herausragenden verstorbenen und lebenden Personen zu „Händen der Sache Gottes" dieses Amt maßgeblich entwickelt, so dass 1957 insgesamt 32 Personen mit diesem Titel und dieser Aufgabe betraut waren. Nach Shoghi Effendis Tod wurden keine neuen „Hände" mehr ernannt, so dass mit dem Tod von Dr. 'Alī Muḥammad Varqā (1911–2007) als letzter lebender „Hand der Sache Gottes" dieses Amt erloschen ist.

---

73 Dies zeigt sich am deutlichsten in der Frage der Nachfolge des Bāb zwischen seinem Tod bis zu dem letztendlich daraus folgenden Anspruch Bahā'u'llāhs, ein neuer Offenbarungsbringer zu sein, was zur Spaltung zwischen Bahā'u'llāhs und Ṣubḥ-i Azals Anhängern führte; letztere konnten von den Bahā'ī weitgehend marginalisiert werden. – Eine andere kurzfristige Spaltung der Religionsgemeinschaft entstand nach dem Tod Shoghi Effendis, als Charles Mason Remey (gest. 1974) im Jahr 1960 beanspruchte, der neue „Hüter" der Religion zu sein und sich der Installierung des Universalen Hauses der Gerechtigkeit widersetzte. Remey wurde zum „Bundesbrecher" erklärt und aus der Religion ausgeschlossen, konnte allerdings eine kleine Gruppe von Anhängern auf seine Seite ziehen, die sich als „Orthodoxe Bahā'ī" bezeichnet, aber kaum mehr als 1.000 Mitglieder haben dürfte; vgl. zu Remeys Aktivitäten Stockman 2013: 158–161.
74 Zum Hüteramt siehe Towfigh, E. 2006: 80–83.
75 McLean 2012: 20. Vgl. zur Institutionalisierung unter Shoghi Effendi ferner Stockman 2013: 147–150.

Für die organisatorische Struktur[76] der Religionsgemeinschaft und die Führungsgremien auf verschiedenen hierarchischen Ebenen ist eine Aussage Bahā'u'llāhs im *Kitāb-i Aqdas* § 30 wichtig, worin der Religionsstifter festgelegt hat, dass überall, wo wenigstens neun Bahā'ī leben, ein lokales „Haus der Gerechtigkeit" als Leitungsinstitution bestehen soll. Bislang wird für diese Institution jedoch die Bezeichnung „Lokaler Geistiger Rat" verwendet, wobei diese unterste Leitungsstruktur – mit ihren jeweils für die Funktionsperiode eines Jahres gewählten Mitgliedern[77] – Aufgaben zur Förderung der Religion auf der lokalen Ebene zu erfüllen hat.[78] Im *Kitāb-i Aqdas* (§ 42; § 52) wird auch auf die Etablierung eines weltweiten Leitungsgremiums für die Gemeinschaft verwiesen. Zu Lebzeiten der autoritativen Ausleger der Religion kam es noch nicht zur Einrichtung dieser Institution, allerdings hat 'Abdu'l-Bahā der Verbreitung der Religion Rechnung tragend mit der Einführung von „Nationalen Geistigen Räten" eine Zwischenstufe zwischen der lokalen und universalen Ebene eingeschoben und in seinem Testament Zusammensetzung, Wahlvorgang und Aufgaben dieser nationalen Räte geregelt.

5.3.1.2 Das „Universale Haus der Gerechtigkeit" und die „Geistigen Räte"

Die volle Entwicklung der Organisationsstrukturen geschah nach dem Tod Shoghi Effendis, wobei die damals 27 noch lebenden „Hände der Sache Gottes" mit Beratungen und Vorbereitungen für eine erstmalige Wahl des obersten Amtsgremiums der Religion, des so genannten Universalen Hauses der Gerechtigkeit begannen. Am 21. April 1963, dem ersten Tag des Riḍvān-Festes, haben Delegierte von 56 Nationalen Geistigen Räten neun männliche Bahā'ī für die Funktionsdauer von fünf Jahren als Mitglieder des Universalen Hauses der Gerechtigkeit gewählt. Das Datum war bewusst auf die einhundertste Wiederkehr der so genannten Erklärung Bahā'u'llāhs im Riḍvān-Garten in Bagdad gelegt worden. Dies drückte symbolisch die klare Kontinuität zwischen dem Wirken Bahā'u'llāhs und der neu gewählten Institution aus.

---

76 Vgl. Hutter 2009a: 156–160 mit Details und weiterer Literatur.
77 Prinzipiell sind in alle Bahā'ī-Institutionen alle männlichen und weiblichen Angehörigen der Religion ab dem 21. Lebensjahr wählbar und in der Regel dauern Funktionsperioden ein Jahr (mit der Möglichkeit der auch mehrmaligen Wiederwahl). Eine Ausnahme bildet die Wahl zum Universalen Haus der Gerechtigkeit mit der fünfjährigen Funktionsdauer und der Einschränkung, dass ausschließlich Männer in diese Institution gewählt werden können. Da Wahlen im Verständnis der Bahā'ī ein gottesdienstlicher Akt sind, ist Wahlwerbung untersagt.
78 Vgl. z. B. Artikel 2 der Satzung eines Geistigen Rates bei Schaefer 2000: 77f.

Die Aufgabe des Universalen Hauses der Gerechtigkeit besteht – neben der Förderung der Religion im Allgemeinen – besonders in der Setzung des allgemeinen Rechts für die Bahāʾī-Religion, das als mittelbar göttliches Recht gilt (im Unterschied zum unmittelbar göttlichen Recht, das direkt aus den Offenbarungsschriften Bahāʾuʾllāhs stammt).[79] Damit gewinnen die Erlässe des Universalen Hauses autoritativen Charakter, wobei „Recht" in diesem Zusammenhang in einem sehr weiten Sinn zu verstehen ist. Alles, was mit Organisation, Struktur, Verwaltung, Vertretung oder Entscheidungsvollmacht der Religion verbunden ist, fällt letztlich in den Aufgabenbereich dieser Institution. Im Unterschied zu den – als unmittelbar göttliches Recht geltenden – Gesetzen und Regelungen in den Schriften Bahāʾuʾllāhs sind die vom Universalen Haus erlassenen Gesetze veränderbar und gegebenenfalls durch neue Gesetze aufhebbar. In administrativ-judikativer Hinsicht institutionalisiert somit das Universale Haus der Gerechtigkeit die rechtsgebende Aufgabe des Hüteramtes. Im Unterschied zum (nicht mehr existierenden) Hüteramt besitzt das Universale Haus aber nicht die höchste Lehrautorität, da diese nur den Schriften und Auslegungen des Bāb, Bahāʾuʾllāhs, ʿAbduʾl-Bahās und Shoghi Effendis zukommt. Abstrakter formuliert bedeutet dies, dass das Universale Haus der Gerechtigkeit zwar die absolute Amtsgewalt, nicht aber die absolute Lehrgewalt besitzt.

Das dreistufige Modell – Lokaler Geistiger Rat, Nationaler Geistiger Rat, Universales Haus der Gerechtigkeit – prägt die organisatorisch-hierarchische Struktur der Religionsgemeinde, wobei die gewählten Personen nur Funktionsträger und nicht religiöse Spezialisten im Sinne eines allgemeinen oder besonderen Priestertums oder Kultpersonals sind. Neben diesen Einrichtungen gibt es auf organisatorischer Ebene noch weitere Ämter und Institutionen, die mit Teilaufgaben in speziellen Bereichen der Förderung der Religion betraut sind. Dazu gehört unter anderem das „Kontinentale Berateramt", das 1968 gegründet wurde, um die Tätigkeiten der „Hände der Sache Gottes" im Sinn der Verbreitung der Religion fortzusetzen. Genauso erwähnenswert ist das 1973 eingerichtete „Internationale Lehrzentrum" sowie das seit 2005 bestehende „Internationale Treuhänderamt der Huqūquʾllāh", dem die Verwaltung der von Bahāʾī zu entrichtenden Huqūquʾllāh, einer finanziellen Abgabe des eigenen finanziellen Gewinns an die Religionsgemeinschaft, obliegt. Während diese Einrichtungen religionsintern wirken, fungiert die „Internationale Bahāʾī-Gemeinde" („Bahāʾī International Community") als Vertretung der Bahāʾī-Religion nach außen, um – auch als Nicht-Regierungsorganisation – die Belange der Religion öffentlich zu vertreten.

---

79 Vgl. dazu die Zusammenfassung bei Schaefer 2000: 21 f.

5.3.2 Veränderungen und Herausforderungen im 20. und 21. Jahrhundert

5.3.2.1 Demographische Entwicklungen

Die weltweite Verbreitung der Religion kann als Umsetzung des universalen Anspruchs verstanden werden, wobei jeder Einzelne sich für die Verbreitung der Religion einsetzen soll. Neben (Reise-)Lehrern (neupers. *moballeq*), die nur kurzfristig an einem Ort für die Verbreitung der Religion wirken, gibt es die so genannten Pioniere (neupers. *mohāğer*; wörtlich „Migrant"), die einen Ort, an dem die Religion noch nicht bekannt ist, als Lebensmittelpunkt auswählen, um durch ihr Beispiel und Leben nach den Regeln der Religion andere auf die Religion aufmerksam zu machen.[80] Diese Idee bzw. Strategie zur Verbreitung der Religion geht auf ʿAbdu'l-Bahā zurück, der 1916 in einem Brief an Gläubige in Nordamerika diese aufforderte, die Religion in Ozeanien und Asien zu verbreiten. Damit setzte ein maßgeblicher Wandel der demographischen Verbreitung der Religion ein. Denn während des Wirkens Bahā'u'llāhs und ʿAbdu'l-Bahās lebte der Großteil der Bahā'ī im iranischen Kulturraum, auch wenn die Religion beim Tod ʿAbdu'l-Bahās bereits in 37 Ländern verbreitet war.

Shoghi Effendi hat diesen Weg der Propagierung der Religion aufgegriffen und ab 1928 mehrfach in Briefen auf diesen individuellen Dienst für die Religion verwiesen. Wesentlich zur konkreten Umsetzung der Verbreitungsstrategie trug schließlich der im Jahr 1937 von Shoghi Effendi verkündete Siebenjahresplan bei, in dem er als Ziel formulierte, Bahā'ī-Gemeinden in allen Bundesstaaten der USA und in allen Provinzen Kanadas sowie in den Ländern Südamerikas zu gründen. Man kann diesen Siebenjahresplan als systematischen Auftakt für die Etablierung der Religion weltweit bewerten, auch wenn zu Beginn der 1950er Jahre von den etwa 300.000 Bahā'ī insgesamt noch rund 90 % im Iran lebten, während die Zahl der Gläubigen in Europa und Nordamerika damals nicht mehr als 10.000 Personen betrug. Erst in den 1960er Jahren setzten Massenbekehrungen in Ländern der so genannten Dritten Welt ein, v. a. in Bolivien, Uganda und Indien. Auch in der Folge blieben die Zuwachsraten der Religion in Süd- und Südostasien, in afrikanischen Ländern südlich der Sahara, im pazifischen Raum und unter der indigenen Bevölkerung Lateinamerikas größer als in Westeuropa und Nordamerika.[81] Um die Verbreitung der Religion gezielt zu fördern, benennen sowohl das Universale Haus der Gerechtigkeit sowie die „Nationalen Geistigen Räte" immer

---

[80] Zum Konzept des Pionierens siehe Hutter 2015c: 154–159; Fozdar 2015: 282.
[81] Für exemplarische Hinweise auf die Verbreitungsgeschichte der Religion in Süd- und Südostasien siehe Hutter 2010: 228–231; 2015c: 159–163; für Afrika siehe Lee 2011.

wieder einzelne Orte bzw. Regionen als Pioniergebiete.[82] Einschränkend für die Verbreitung ist jedoch, dass in vielen islamisch geprägten Ländern der Umgang mit der Bahā'ī-Religion restriktiv ist, teilweise mit absoluten Verboten bzw. der Verfolgung der Religionsangehörigen verbunden.

In einem demographischen Überblick kann man sagen, dass es derzeit etwa 5,2 bis 5,5 Millionen Bahā'ī weltweit gibt. Davon leben je 100.000 in Europa und auf dem fünften Kontinent, 200.000 in Nord- und 800.000 in Lateinamerika; für Asien kann man mit etwa drei Millionen Bahā'ī rechnen, während eine Million Gläubige in Afrika leben. Bei der Bewertung solcher statistischen Daten sollte man aber auch bedenken, dass sie zum Teil nur auf Schätzungen beruhen und für manche ländlichen Gebiete Süd- und Südostasiens, Lateinamerikas und Afrikas keine sicheren Aussagen über die jeweilige aktive Ausübung der Religion möglich sind.

5.3.2.2 Die Situation der Bahā'ī im Iran

Der Iran ist – wegen der Geschichte – ein zentrales Land für Bahā'ī, sowohl in symbolischer Hinsicht[83] als auch wegen der immer wieder stattfindenden Verfolgung von Angehörigen der Gemeinde. Auch die zahlreichen Briefe, die Bahā'u'llāh und 'Abdu'l-Bahā an Bahā'ī in Iran schrieben, illustrieren klar die Bedeutung dieses Landes. Historisch ergibt sich daraus, dass der Iran während der zweiten Hälfte des 19. Jahrhunderts jenes Land war, in dem die meisten Bahā'ī lebten. In absoluten Zahlen ausgedrückt kann man für die 80er Jahre des 19. Jahrhunderts damit rechnen, dass mindestens 100.000 Bahā'ī im Iran lebten, d. h. zwischen ein und zwei Prozent der damaligen Gesamtbevölkerung des Landes. Allerdings haben die Bahā'ī trotz ihrer Verbindung zu diesem Land keine nationalistische Haltung in Bezug auf den Iran entwickelt, da eine solche mit der theologisch begründeten kosmopolitischen Einstellung der Religionsangehörigen nicht vereinbar ist. Aus der Perspektive eines iranischen Nationalismus werden daher Bahā'ī wegen ihrer globalen Orientierung und Verbreitung als „un-iranisch" angesehen. Denn ein (nationalistischer) Iraner muss zumindest kulturell seinem schiitischen Hintergrund verbunden bleiben, was bei Bahā'ī nicht zutrifft.

In diesem Unterschied zwischen einem iranischen (und schiitischen) Nationalismus und einer universell ausgerichteten Bahā'ī-Haltung kann man einen Grund dafür sehen, weshalb der Bahā'ī-Glaube in der konstitutionellen Verfas-

---

[82] Vgl. dazu z. B. eine Veröffentlichung des Internationalen Lehrzentrums im April 2013, in der Bahā'ī aufgerufen werden, sich als Kurz- oder Langzeitpioniere für die Verbreitung der Religion zur Verfügung zu stellen; siehe International Teaching Centre 2013: 9.
[83] Vgl. Hutter 2009a: 60–62 mit weiterer Literatur.

sung Irans aus dem Jahr 1906 nicht zu den anerkannten Religionen – Islam, Christentum, Judentum, Zoroastrismus – gezählt wurde. Diese Position hat die Verfassung der Islamischen Republik Iran beibehalten. Eine solche Nicht-Anerkennung bzw. das Verbot der Bahā'ī führt seit langem zur Verfolgung im Iran, allerdings unterbleibt in der Regel eine religiöse Argumentation, weil man dem Bahā'ī-Glauben den Status einer Religion abspricht. Eine religiöse Argumentation gegen die Bahā'ī würde nämlich indirekt die Anerkennung, dass es sich bei der Verkündigung Bahā'u'llāhs um eine nach-islamische Religion handelt, beinhalten. Das wollen islamische religiöse Autoritäten im Iran jedoch vermeiden, so dass sie die Benachteiligung des Bahā'ītums aus dem Un-Iranischen und dem Universalismus der Bahā'ī herleiten, was zu immer wieder auftretenden Wellen von Verfolgungen geführt hat.

In den 1930er und 1940er Jahren setzte eine erste Welle von Restriktionen ein, als Bahā'ī-Literatur der Zensur unterworfen und Bahā'ī-Schulen geschlossen wurden. Während der späteren Regierungszeit von Mohammad Rezā Šāh Pahlavi (reg. 1941–1979) schränkten Regierungskreise zwar die massivsten Anti-Bahā'ī-Aktivitäten von muslimischen Religionsführern ein, die 1955 unter Āyatollāh Hosein 'Ali Ahmadi Tabātabā'i Boruǧerdi ihren Höhepunkt erreicht hatten.[84] Allerdings entsprach die universelle Ausrichtung der Bahā'ī nicht der Nationalismus-Politik von Mohammad Rezā Šāh. Lediglich wegen der engen Beziehungen von Mohammad Rezā Šāh zu den Vereinigten Staaten von Amerika und einigen europäischen Staaten war ihm nicht an einer offenkundigen Unterdrückung der Bahā'ī gelegen, um nicht die Kritik seiner politischen Bündnispartner herauszufordern.

Eine neue Phase der Verfolgung der Bahā'ī setzte bereits im Zusammenhang mit den Unruhen während der beiden letzten Jahre der Herrschaft dieses Šāh ein,[85] die in den ersten Jahren der Islamischen Revolution ihren Höhepunkt hatte. Mit kurzen Zeiten einer gewissen Beruhigung dauert diese Phase der Unterdrückung bis zur Gegenwart in der Islamischen Republik Iran an.[86] Mitte des Jahres 1979 erließ der Erziehungsminister Mohammad 'Ali Raǧā'i ein Rundschreiben, das zur Entlassung aller Bahā'ī-Lehrer aufforderte. Genauso hatten Kleriker bereits zuvor begonnen, mit radikalisierter Rhetorik die Bahā'ī als politische Gruppierung mit Spionageverbindungen zu ausländischen Interessen darzustellen, so dass in den ersten chaotischen Monaten nach Ausbruch der Islamischen Revolution eine große Zahl von Bahā'ī den Tod fand. Zwischen dem Beginn der

---

84 Siehe Yazdani 2017: 73–78.
85 Yazdani 2017: 88–91.
86 Vgl. Afshari 2008; Uphoff 2012: 285–289; siehe auch die gut dokumentierte Analyse von UN-Stellungnahmen zur Verfolgung der Bahā'ī in den Jahren der Revolution bei Ghanea 2002: 97–193.

Islamischen Revolution und dem Jahr 2005 wurden dabei insgesamt 215 Bahā'ī hingerichtet bzw. sie sind verschollen. Dabei handelt es sich in vielen Fällen um hochrangige Bahā'ī, d. h. Mitglieder Geistiger Räte, Bahā'ī-Gelehrte oder Angehörige der Religionsgemeinde, die Führungspositionen in den Gemeinden innehatten. Dadurch ist in diesem Vierteljahrhundert der Verfolgung der Bahā'ī-Religion im Iran nachhaltiger Schaden entstanden.

Gewisse vorsichtige Anzeichen einer Entspannung ließen sich in den ersten Jahren des 21. Jahrhunderts unter Präsident Mohammad Ḫātami beobachten, dessen Politik – zumindest gelegentlich – in einem Gewähren-Lassen der Bahā'ī bestand. Bahā'ī-Bestattungen waren in diesen Jahren leichter möglich als zuvor, Bahā'ī-Versammlungen wurden geduldet und im April 2005 konnten sich einige Bahā'ī in einem öffentlichen Park in den Außenbezirken von Teheran unbehelligt zur Feier des ersten Tages des Riḍvān-Festes treffen. Gelegentlich war es Bahā'ī am Beginn des 3. Jahrtausends auch möglich, ihre Ehe offiziell anerkennen zu lassen. Die Wahl von Mahmud Ahmadineẓād zum Präsidenten Irans im Jahr 2005 hat die Situation wiederum verschärft.

Als Folge dieser erneuten Verschärfung der prekären Situation für die Bahā'ī setzten 2008 wiederum Verhaftungen ein. Nachdem am 5. März Frau Mahvaš Sābet in Mašhad festgenommen worden war, wurden am 14. Mai in Teheran zeitgleich weitere fünf Männer und Frau Faribā Kamālābādi festgenommen und im Evin-Gefängnis inhaftiert. Diese sieben Personen bildeten ein Führungsgremium der Bahā'ī im Iran, das religiöse und soziale Aktivitäten der Gemeinde im Iran landesweit informell koordinierte, da seit 1983 im Iran alle Bahā'ī-Institutionen verboten sind. Im August 2010 wurden sie schließlich zu zwanzigjährigen Haftstrafen verurteilt, die einen Monat später – aufgrund internationaler Proteste – jeweils auf zehn Jahre reduziert wurden. Zwischen September 2017 (Mahvaš Sābet) und Dezember 2018 ('Afif Na'eimi) wurden schrittweise alle sieben Personen freigelassen.

Als Reaktion auf die Festnahme der Bahā'ī hatte sich Āyatollāh Hosein 'Ali Montazeri (gest. 2009) zugunsten der Bahā'ī ausgesprochen. Montazeri betonte, dass die Bahā'ī – anders als die in der iranischen Verfassung genannten Juden, Christen und Zoroastrier – zwar keiner anerkannten Religion angehören und kein „himmlisches Buch" besitzen, dass sie allerdings als iranische Staatsbürger das Recht hätten, im Iran zu leben, und dass ihnen das vom Qur'ān geforderte Mitgefühl mit allen Menschen entgegengebracht werden müsse. Ein weiterer erwähnenswerter Fall stammt aus dem Jahr 2014, als Āyatollāh 'Abdol-Hamid Masumi-Tehrāni § 144 aus Bahā'u'llāhs *Kitāb-i Aqdas* kalligraphisch gestaltete und diese Kalligraphie der Bahā'ī-Gemeinde widmete, als Ausdruck seines Bemühens, die Akzeptanz und die Harmonie zwischen allen Religionen im Iran zu fördern.

Trotz solcher vereinzelten Stimmen theologischer Gelehrter kam es in der Folge zu weiteren Verhaftungen einzelner Bahā'ī sowie vielfältiger Benachteiligung. So hat im Juni 2011 der Minister für Wissenschaft, Forschung und Technik das „Bahā'ī Institut für Höhere Bildung" für illegal erklärt und damit zugleich eine nachträgliche Legitimation für die Verhaftung von 14 mit dem Institut verbundenen Personen im Mai geliefert. Dieses Institut war im Jahr 1987 gegründet worden, um Jugendlichen, die sich trotz der prinzipiell erfüllten Zugangskriterien für ein Universitätsstudium nicht an Universitäten einschreiben durften, eine akademisch anspruchsvolle Ausbildung zu ermöglichen. Ebenfalls sind Fälle bekannt geworden, dass Bahā'ī, die sich erfolgreich an einer Universität eingeschrieben hatten, nachträglich exmatrikuliert und vom Studium ausgeschlossen wurden.

Übergriffe auf Bahā'ī-Eigentum oder die behördliche Schließung von Geschäften, die Bahā'ī gehören, schädigen die ökonomischen Lebensgrundlagen von Religionsangehörigen. Andere Aktivitäten zielen durch die Zerstörung von Bahā'ī-Friedhöfen oder von Bauwerken, die mit der Geschichte der Bābīs oder Bahā'ī im Iran verbunden werden können, darauf ab, die Spuren der Religion im Iran zu tilgen. Diese Übergriffe auf die Religionsgemeinschaft sind Teil der staatlichen Politik, die durch die Bürokratie beginnend mit den Regierungsbehörden über regionale Behörden bis hinab zur lokalen administrativen Ebene unterstützt werden. Übergriffe von Privatpersonen auf Bahā'ī bleiben weitgehend außerhalb einer rechtlichen Ahndung.[87]

5.3.2.3 Die Bahā'ī-Institutionen und der Staat Israel

Auch Israel ist ein für die Bahā'ī und ihre Einbettung in gesellschaftspolitische Prozesse wichtiges Land, da weite Teile der Geschichte und Institutionalisierung der Religion auf dem Boden Palästinas bzw. Israels spielen.[88] Die Religion ist in Israel zwar offiziell anerkannt, so dass Bahā'ī-Ehen auch von Ausländern, die an den Stätten und Einrichtungen der Bahā'ī in Haifa geschlossen werden, nach israelischem Recht anerkannt sind.[89] Auch garantiert die staatliche Anerkennung

---

[87] Für laufende Aktualisierungen zur Situation im Iran siehe die Angaben auf der von der „Internationalen Bahā'ī Gemeinschaft" betriebenen Internetseite: https://www.bic.org/focus-areas/situation-iranian-bahais/current-situation. Vgl. auch den jährlich aktualisierten Bericht des US Department of State zur Religionsfreiheit in einzelnen Ländern, zuletzt im Herbst 2018 für das Jahr 2017 veröffentlicht unter https://www.state.gov/j/drl/rls/irf/religiousfreedom/index.htm#wrapper.
[88] Vgl. Hutter 2009a: 56–60.
[89] Zur Rechtssituation vgl. Günzel 2006: 63f., 251f.

der Religion einen Schutz der zentralen Einrichtungen und Bauten der Bahā'ī im Lande. Erwähnenswert ist allerdings, dass es in Israel keine lokalen Bahā'ī-Gemeinden gibt. Dies ist die Folge der Praxis, die schon Bahā'u'llāh einleitete, da er dadurch Spannungen zwischen den exilierten Bahā'ī in ʿAkkā und den anwohnenden Muslimen verhindern wollte. Shoghi Effendi hat im Jahr 1948 durch eine Vereinbarung mit dem neu gegründeten Staat Israel diese Praxis weiter gefestigt. Israelische Staatsbürger, die sich der Religion anschließen, sind daher verpflichtet, aus Israel auszuwandern. Dadurch leben – als Bedienstete oder freiwillige Mitarbeiter der verschiedenen Institutionen zwischen Haifa und ʿAkkā – nur ausländische Bahā'ī in Israel. Diese Institutionen mit ihren baulichen Einrichtungen sowie die historischen Stätten der frühen Geschichte der Religion erfahren dabei in Israel großes öffentliches Interesse als Touristenattraktionen, die ausländische und inländische Besucher sowie Bahā'ī-Pilger anziehen. Dazu gehören das Grabmal des Bāb auf dem Berg Karmel bei Haifa sowie das Grabmal Bahā'u'llāhs in Bahjī, die im Jahr 2008 von der UNESCO als Bauten des Weltkulturerbes anerkannt wurden. Ebenfalls für Touristen attraktiv ist die zwischen 1990 und 2001 errichtete und aus 19 Terrassen bestehende Anlage als ein in Gartenanlagen eingebettetes Bauensemble, das zum Grabmal des Bāb führt. Der ganze Baukomplex – einschließlich der verschiedenen administrativen Gebäude – spiegelt dabei auch das theologische Verständnis der Religion wider, demzufolge die Organisationsform nicht nur eine praktische, sondern zugleich eine wichtige religiöse Angelegenheit ist. Dadurch schaffen diese – älteren wie jüngeren – Bauwerke ein sichtbares Zeichen der Präsenz der Bahā'ī-Religion als Teil der Gesellschaft des Staates Israel, auch wenn die Bahā'ī-Gemeinde praktisch außerhalb des politischen Staates steht.

5.3.3 Die Bahā'ī im deutschsprachigen Raum

Die ersten Kenntnisse der Religion im deutschsprachigen Raum[90] reichen in das 19. Jahrhundert zurück, wobei zwei interessante Details erwähnenswert sind: Die Exilierung Bahā'u'llāhs von Edirne (Adrianopel) nach ʿAkkā im August 1868 geschah auf dem Seeweg mit einem Dampfer der österreichischen Lloyd Schifffahrtsgesellschaft. Ein weiteres nennenswertes Datum bezieht sich auf das Jahr 1874, als die Literatin Marie von Najmájer (1844–1904) das poetische Epos

---

90 Für einen Überblick zu Verbreitung und Aktivitäten der Bahā'ī im deutschsprachigen Raum siehe Hutter 2009a: 68–82; für Deutschland siehe auch Hartung 2010: 21–25; für Österreich die äußerst materialreiche Monographie von Käfer 2005.

„Gurret-ül-Eyn: Ein Bild aus Persiens Neuzeit in sechs Gesängen" in Wien veröffentlichte.[91] Allerdings haben sich im 19. Jahrhundert noch keine Personen im deutschsprachigen Raum der Religion angeschlossen.

Die erste Bahā'ī im deutschen Sprachraum dürfte Edith MacKeay (1879–1959) gewesen sein, die sich im Jahr 1902 in Sitten (Schweiz) niedergelassen hat. Drei Jahre später kehrte der Deutschamerikaner Dr. Edwin Fischer aus den USA nach Stuttgart zurück, wo er in den folgenden Jahren als Zahnarzt tätig war und 1906 die Publikation der ersten deutschsprachigen Bahā'ī-Broschüre initiierte.[92] Im Jahr 1907 kehrte – anscheinend auf Wunsch von 'Abdu'l-Bahā – die aus Bautzen stammende Alma Knobloch aus den USA nach Deutschland zurück, um sich der kleinen Gemeinde in Stuttgart anzuschließen. Durch sie lernte im Jahr 1910 Hans Petri in Wien die Religion kennen, der dadurch wahrscheinlich der erste Bahā'ī in Österreich wurde. Die Europa-Reise 'Abdu'l-Bahās, die ihn 1913 von Paris über Stuttgart, Budapest, Wien und wiederum Stuttgart über die Schweiz zurück nach Paris brachte,[93] trug ebenfalls zur Verbreitung der Kenntnis der Bahā'ī-Religion bei, wobei durch den Ausbruch des Ersten Weltkrieges diese erste Verbreitungsphase zum Erliegen kam.

In den 1920er Jahren entstanden die ersten administrativen Strukturen für die zahlenmäßig noch kleinen Gemeinden, wobei bereits im September 1922 erstmals der „Geistige Nationalrat" (so die damalige Terminologie) für Deutschland gewählt wurde; 1932 wurde dieser Nationale Geistige Rat für Deutschland ins Vereinsregister eingetragen.[94] Zwei Jahre danach wurde er zum Nationalen Geistigen Rat für Deutschland und Österreich erweitert, da die Zahl der Bahā'ī in Österreich noch nicht groß genug war, um eine eigene nationale Verwaltungsstruktur zu schaffen. Dies geschah erst im Jahr 1959. Auch in der Schweiz waren in der Zeit vor dem Zweiten Weltkrieg zu wenige Bahā'ī-Gemeinden, als dass sie die Schaffung eines Nationalen Geistigen Rates gerechtfertigt hätten. Die politische Situation weist allerdings den Schweizer Bahā'ī ab den späten 1930er Jahren eine wichtige Rolle zu: Da die Aktivitäten der Religion in Deutschland und Österreich durch den Nationalsozialismus weitgehend beschränkt und letztlich verboten wurden, versuchten deutschsprachige Bahā'ī in der Schweiz in jener Zeit, die Kontakte zwischen Deutschland, Österreich und der internationalen Bahā'ī-Welt aufrechtzuerhalten. Genauso konnten sie verfolgten oder geflohenen Gläubigen aus den

---

91 Käfer 2005: 2–4.
92 Schaal 2005: 64.
93 Käfer 2005: 25–34; Schaal 2005: 62f.
94 Die Aufgaben, Organisation, Zuständigkeit, Finanzierung und weitere rechtlich relevante Bereiche sind in der jeweiligen Satzung dieses Rates festgelegt; für die aktuelle Satzung des „Nationalen Geistigen Rates der Bahá'í in Deutschland e. V." siehe Schaefer 2000: 39–68.

beiden Nachbarländern materielle Unterstützung bieten und nach dem Ende des Krieges an der Wiedererrichtung der Bahā'ī-Strukturen in diesen beiden Ländern mitwirken. Trotz dieser Bedeutung der Schweizer Bahā'ī war es erst 1953 möglich, erstmals einen Nationalen Geistigen Rat für die Schweiz und Italien zu wählen, wobei die beiden Länder sich erst neun Jahre später durch je eine eigene nationale Struktur administrativ verselbstständigten.

Eine entscheidende Förderung erfuhr die deutsch(sprachig)e Gemeinde durch die Entscheidung von Shoghi Effendi, in Deutschland das europäische Haus der Andacht zu errichten.[95] Nach der Grundsteinlegung im Jahr 1960 konnte dieser Kultbau in Hofheim im Bundesland Hessen am 4. Juli 1964 eingeweiht werden. Der Durchmesser der Grundfläche des neuntorigen, überkuppelten Baus beträgt 48 Meter, wobei der Kuppelraum an der Grundfläche 25 m im Durchmesser misst; das ganze Gebäude erreicht eine Gesamthöhe von 28 m. Umgeben ist das Haus der Andacht von einem Informationszentrum für Besucher und den Verwaltungsgebäuden des Nationalen Geistigen Rates. Gemeinsam mit noch geplanten Einrichtungen im Umfeld des Hauses soll es zum Mittelpunkt einer geistigen, kulturellen und sozialen Begegnungsstätte werden, von der Impulse für die zukünftige Durchdringung der ganzen Gesellschaft im Geiste der Bahā'ī-Lehren ausgehen sollen.

In Deutschland leben derzeit 5.600 bis 6.000 Bahā'ī, die landesweit etwas mehr als 100 Lokale Geistige Räte bilden. In der deutschen Bahā'ī-Gemeinde sind insgesamt Angehörige von rund 70 verschiedenen Volksgruppen und Nationen vertreten, so dass diese vielfältige Zusammensetzung der Religionsgemeinde der Idee der „Einheit der Menschheit" entspricht. Eine wichtige rechtliche Aufwertung hat die Religion am 28. November 2012 durch ein Urteil des Bundesverwaltungsgerichts in Leipzig erfahren. Darin ist festgestellt worden, dass der Bahā'ī-Gemeinde in Deutschland der Status einer Körperschaft öffentlichen Rechts zuerkannt werden muss. Begründet wurde das Urteil – trotz der verhältnismäßig geringen Zahl von Bahā'ī in Deutschland – damit, dass die Religionsgemeinschaft lange in Deutschland anwesend ist und aufgrund der Altersstruktur auch eine dauerhafte Präsenz zu erwarten ist.

In Österreich leben rund 1.200 Bahā'ī verteilt auf die neun Bundesländer; insgesamt bestehen derzeit 17 Lokale Geistige Räte. Auch hier zeigt die demographische Zusammensetzung der Gemeinden die universale Ausrichtung der Religion. Denn es gehören sowohl ursprünglich aus dem Iran stammende Menschen und ihre Angehörigen, aus dem Gebiet der Türkei (Türken und Kurden) stammende Personen als auch gebürtige Österreicher (oder aus anderen euro-

---

95 Towfigh, N. 2015: 6 f.

päischen Ländern zugewanderte Personen) zu den Gemeinden. Bis 1998 konnten sich Bahā'ī lediglich aufgrund des Vereinsrechtes organisieren, durch das in jenem Jahr in Kraft getretene Gesetz über die „Rechtspersönlichkeit von religiösen Bekenntnisgemeinschaften" konnte die Religionsgemeinschaft jedoch den Status einer Rechtspersönlichkeit erwerben, wobei dieser Status jedoch niedriger ist als der Status einer staatlich anerkannten Religion, den etwa verschiedene christliche Kirchen, das Judentum, der Islam und der Buddhismus besitzen.

Ähnlich stellt sich die Situation in der Schweiz dar, wo einschließlich der Gemeinde in Liechtenstein rund 1.000 Bahā'ī leben, die aus rund 50 Ländern stammen und in ca. 18 Lokalen Geistigen Räten organisiert sind. Rechtlich können sich die Schweizer Bahā'ī-Gemeinden bzw. Lokalen Geistigen Räte nur im Rahmen des Zivilgesetzbuches als Vereine eintragen lassen. Denn in der Schweiz besitzen nur die Protestantischen Kirchen, die Römisch-Katholische Kirche und die Christkatholische Kirche den öffentlich-rechtlichen Status einer Religionsgemeinschaft.

6 Iranische Religionen im Vergleich: Ein kurzes Resümee

6.1 Gemeinsame Themen und der Zweck einer vergleichenden Perspektive

Die Religionen der Zoroastrier, Yeziden, Yāresān und Bahā'ī entstanden zu unterschiedlichen Zeiten innerhalb des geographisch weit gefächerten iranischen Kulturraums. Die Träger dieser Religionen nutzten unterschiedliche iranische Sprachen, mit denen sie Themen formulierten, die in weiten Teilen dieses Kulturraums bekannt waren. In der Formierungsphase der hier besprochenen Religionen wurden diese Themen aber zugleich neu akzentuiert, wobei Yeziden, Yāresān und Bahā'ī von Beginn an mit christlichen und muslimischen Vorstellungen in Berührung kamen, was bei Zoroastriern erst sekundär der Fall war. Wegen dieses historischen Prozesses ist nicht nur der „iranische Grad" der Religionen auf den ersten Blick unterschiedlich stark ausgeprägt, sondern auch aufgrund der religionsspezifischen Identität und des Selbstverständnisses zeigt sich das „iranische Kleid" in unterschiedlichem Ausmaße an der Oberfläche. Blickt man aus einer vergleichenden Perspektive von außen auf diese Religionen, so wird deutlich, dass es sich dabei um genuin iranische Religionen – allerdings mit einer chronologisch und geographisch bedingten Variationsbreite – handelt. Durch deren gemeinsame Betrachtung kann aber die Religionsgeschichte dieses Kulturraumes besser rekonstruiert werden, da der vergleichende Blick auf religiöse Traditionen deutlicher die Entwicklungen der iranischen Religionsgeschichte erkennen lässt.

Der religionsgeschichtliche Vergleich, der implizit in der weitgehend parallelen Darstellung der Religionen vorgenommen wurde, war somit nicht Selbstzweck. Einerseits liefert die vergleichende Methode das Proprium der Religionswissenschaft gegenüber Forschungen „über" Religionen in anderen Disziplinen.[1] Dadurch können nämlich Einzelheiten nicht nur in einen größeren Zusammenhang gebracht werden, sondern ermöglichen potenziell dadurch auch methodische „Korrekturen" gegenüber einer Einseitigkeit in der Betrachtung von religiösen oder mythologischen Themen. Die vergleichende Arbeitsweise vermag dabei religionsgeschichtliche Beziehungen und die Interaktion von Religionen miteinander implizit in dichter Form darzustellen. Andererseits ist die vergleichende Sicht der Punkt, in dem sich die Religionswissenschaft von primär phi-

---

1 Vgl. zu dieser Zugangsweise Hutter 2012: 184f.

lologisch-historisch ausgerichteten Regionalwissenschaften in Bezug auf die Religionsgeschichte unterscheidet. Die Erforschung iranischer Religionen berührt sich selbstverständlich mit Forschungen über den Islam im Iran und somit Fragestellungen der Islamwissenschaft.[2] Die Erforschung der Entstehung des Yezidentums oder des Bahā'ītums ist ohne Bezugnahme auf die (lokale) Religionsgeschichte des Islam nicht möglich, genauso wie die weitere Geschichte der iranischen Religionen zugleich auch eine Geschichte der (positiven und negativen) Interaktion mit der Geschichte des Islam ist. Auch hier vermag die methodische Beachtung von vergleichenden Sichtweisen Prozesse von religiösen Vernetzungen sowie davon inspirierte Dynamiken der Entwicklung von Religionen zu erhellen. Daher seien einige Themen, die den Religionen gemeinsam sind, kurz rekapitulierend genannt.

Die Schöpfungsmythologie beginnt mit der zunächst „unvollkommenen" Schöpfung, durch die erst schrittweise die Welt der Jetztzeit entsteht. Die Mythologie der Yeziden greift Themen auf, die bereits der ältere Zoroastrismus kennt, wobei die vergleichende Betrachtung zeigt, dass diese Themen innerhalb der beiden Religionen unterschiedlich ausgeformt werden. Das altiranische Motiv, dass sich die Schöpfung aus ihrem embryonalen Zustand in die jetzige Gestalt entwickelt, kennt auch die Bahā'ī-Religion. Der explizite Hinweis auf das aktive Eingreifen Gottes in diesen Ablauf der Schöpfung ist dabei jedoch eine Variante, die durch das exklusiv monotheistische Gottesbild der Bahā'ī bedingt ist. Ein weiterer Aspekt, den das Gottes- und Offenbarungsverständnis der Bahā'ī zeigt, ist das Konzept des Auftretens von göttlichen Manifestationen bzw. Offenbarungsbringern, die einerseits mit historischen Personen identifiziert werden, andererseits stehen diese Manifestationen auch über der Welt der Menschen. Auch wenn dieses Modell der Bahā'ī nicht vollkommen der yezidischen Mythologie der Sieben Mysterien und den zoroastrischen Aməša Spəntas entspricht, zeigt auch hier die vergleichende Beobachtung eine Gemeinsamkeit dieser Religionen, indem die höchste Gottheit innerweltlich durch das Wirken ihrer Engel oder ihrer Manifestationen erkannt werden kann. Im Zoroastrismus werden die Aməša Spəntas jedoch nie mit historischen Gestalten gleichgesetzt, so dass die Verwendung dieses Motivs in den einzelnen Religionen nicht in der vollkommen gleichen Weise geschieht. Dennoch kann man aus solchen Beobachtungen den Schluss ziehen, dass alle Religionen ein gemeinsames iranisches kosmologisches Substrat zeigen, das nachhaltig das Weltbild der jeweiligen Religion prägt.

Kultische Praktiken sind hingegen weniger aussagekräftig, da solche Praktiken grundsätzlich auch als äußere Formen von Religionen ideal geeignet sind,

---

[2] Vgl. Hutter 2012: 188 f.

sich damit sichtbar von anderen zu unterscheiden. Ebenso haben manche Kultpraktiken allgemeine anthropologische Wurzeln, die nicht einer einzigen Religion (oder Religionsgruppe) zugeschrieben werden sollten. Auffällig sind aber auch hier zwei Übereinstimmungen: Sowohl im Zoroastrismus als auch im Bahāʾītum wird man mit 15 Jahren religionsmündig, d. h. man ist nunmehr Vollmitglied der Religion, aber zugleich verpflichtet, die Religionsgesetze einzuhalten. Man kann darin ein gemeinsames iranisches Motiv erkennen, obwohl dieses genaue Aufnahmealter bei Yeziden und Yāresān keine Rolle spielt. Die Religionskompetenz der Laien hängt aber auch von der Zuordnung des Laienstandes auf den Priesterstand ab, so dass mittelpersische zoroastrische Texte häufig betonen, dass jeder zoroastrische Laie einen *dastwar* als spirituellen Führer haben muss, was grundsätzlich der exklusiven Verbindung eines yezidischen Mirîd mit seinem Şêx und seinem Pîr entspricht. Dass ein Mirîd zwei spirituelle Autoritäten haben muss, ist religionshistorisch aus der Einbeziehung der spirituellen Autorität von Šaiḫs aus dem Milieu der muslimischen Sufis und der Autorität der Pîrs aus dem kurdischen Clan-Milieu zu erklären. Entscheidend als iranisches Erbe ist aber die „heilsnotwendige" Verbindung des Laien mit seinem religiösen Führer. Wenn die Bahāʾī-Religion diese Zuordnung nicht kennt, so widerspricht dies im Vergleich nicht der Existenz einer solchen iranischen Vorstellung. Denn man kann die Absage an eine Priesterklasse innerhalb der Bahāʾī-Religion als Resultat der bewussten Distanzierung dieser Religion von der zeitgenössischen schiitischen Mollā-Hierarchie bewerten, die ihrerseits ebenfalls dieses iranische Modell der Notwendigkeit eines religiösen Führers für den Einzelnen rezipiert hatte.

Die hier angesprochenen Elemente betreffen strukturell einige zentrale Punkte der Religionen. Die Gemeinsamkeit und je religionseigene Nuancierung, die man bei einem vergleichenden Blick nicht übersehen darf, erlauben daher, die Religionen der Zoroastrier, Yeziden, Yāresān und Bahāʾī nicht nur aufgrund der geographischen und sprachlichen Verbindung mit der iranischen Welt, sondern wegen solcher typologischer Gemeinsamkeiten als iranische Religionen zu definieren. Während diese Charakterisierung hinsichtlich des Zoroastrismus nicht überraschend ist, ist sie für die religionshistorische Bewertung der Religionen der Yeziden, Yāresān und Bahāʾī, die aufgrund ihrer Genese auch zahlreiche Berührungspunkte mit dem Islam haben, relevant. Denn ihre Substanz stützt sich auf bereits vorislamische iranische Traditionen[3], auch wenn die formative Periode

---

[3] In Bezug auf die Bahāʾī-Religion macht diese Analyse bzw. Bewertung indirekt auch nochmals den Unterschied zwischen der Bahāʾī-Religion unter Bahāʾuʾllāh und der vorhergegangenen Religion des Bāb deutlich, auch wenn die Bahāʾī-Zeitrechnung mit dem Auftreten des Bāb im Jahr 1844 beginnt und der Bāb und Bahāʾuʾllāh als Zwillingsoffenbarer bezeichnet werden.

dieser drei Religionen erst in unterschiedlichen Phasen der islamischen Zeit eingesetzt hat.

6.2 Religion und (politische) Herrschaft

Die Frage nach der Zusammengehörigkeit von Religion und der Herrschaftsform des Staates formuliert die offizielle Staatsbezeichnung „Islamische Republik Iran" durchaus programmatisch.[4] Allerdings ist dies weder eine neue Erscheinung der Geschichte Irans noch eine Erscheinung der islamischen Geschichte Irans. Vielmehr reichen die Wurzeln dieses Phänomens in die vorislamische Zeit zurück, da die Politisierung von Religion schon in den Texten des Zoroastrismus fassbar wird. Der zoroastrische Priester Zādspram formulierte in seiner „Anthologie" den Zusammenhang zwischen Religion und Politik in der zweiten Hälfte des 9. Jahrhunderts folgendermaßen:[5]

> Das eine (gilt): Die Herrschaft ist von derselben Familie wie die Religion. Und das andere (gilt): Die Religion ist von derselben Familie wie die Herrschaft.

Dieser Verwandtschaftsbezug wird in verschiedenen Schriften mehrfach variiert. In Ferdousis *Šāhnāme* wird dieser Zusammenhang sogar in die Frühzeit der Menschheit transferiert, wenn Yima, dem ersten Menschen und Herrscher, Folgendes in den Mund gelegt wird:[6]

> Durch göttlichen Glücksglanz (*farr*) – sagte Ğamšid – habe ich sowohl die Herrschaft (*šahreyāri*) als auch das Priestertum (*mubadi*).

Damit soll die angebliche Altertümlichkeit der Verbindung zwischen Herrschaft und Priestertum legitimiert werden. Historisch lassen die verschiedenen Quellen den Schluss zu, dass es wohl seit den Sasaniden eine zumindest ansatzhaft systematische Verbindung zwischen Religion und Staatswesen gegeben hat, welche die zoroastrischen Priester nutzten, um religiös normierend die Gesellschaft zu gestalten, ohne dass der innerzoroastrische Pluralismus dadurch geschwunden wäre. Wichtig für unsere Überlegungen ist aber, dass die Idee der Verbindung von „Staat und Religion(spolitik)" somit ebenfalls ein vorislamisches iranisches Proprium ist, das in den folgenden Jahrhunderten auch von den islamischen Macht-

---

[4] Vgl. dazu auch Uphoff 2012: 92–94.
[5] Gignoux/Tafazzoli 1993: 56, § 4.2.
[6] Zit. nach Shaked 1995: VI 37 Anm. 29. Vgl. zum Ganzen ferner Stausberg 2002a: 233f. mit Literatur.

habern Irans aufgegriffen und für die eigene Religion(spolitik) genutzt wurde. In Variation ist diese Vorstellung aber auch in der Gesellschaftsordnung von Yeziden und Bahā'ī fassbar.

Die „doppelte Führungsspitze" der Yeziden durch den (weltlich-politischen) Mîr und den (religiös-autoritativen) Bavê Şêx spiegelt – unter Beachtung der historischen Notwendigkeit, die unterschiedlichen Interessen der verschiedenen Şêx-Linien zu verbinden – wider, wie man das Motiv der „Familienzusammengehörigkeit" von Religion und Politik erfolgreich gelöst hat. Aber die enge Verbindung beider Bereiche durchzieht das ganze Sozialsystem, da die Religionszugehörigkeit zugleich die Zugehörigkeit zur Gemeinschaft als politischem Körper bestimmt, wobei diese beiden Komponenten nicht voneinander getrennt werden können. Dies führt auch dazu, dass yezidische „Nationalisten" behaupten, dass ursprünglich alle Kurden Yeziden gewesen wären und muslimische Kurden die ursprüngliche Religion aufgegeben hätten. Dadurch distanzieren sich viele Yeziden in ihrem Identitätsdiskurs von den sunnitischen Kurden, indem sie sich als ethno-religiöse Gemeinschaft definieren – als Ergebnis des iranischen Motivs der Einheit von Religion und Gemeinwesen bzw. Staat.

Genauso basiert die „Staatsideologie" der Bahā'ī auf diesem iranischen – und im Entstehungskontext der Bahā'ī auch bereits islamisch etablierten – Modell. Zwar distanzierte sich die Bahā'ī-Vorstellung von einem islamischen Staat und Bahā'u'llāh zeigte Sympathie für demokratische Regierungsformen und konstitutionelle Monarchien. Allerdings thematisieren mehrere seiner Schriften die Rolle der Herrschenden, die ihre Herrschaft der Herrschaft Gottes unterordnen sollen.[7] D. h. die Herrschaft und die politische Gestaltung der Gesellschaft sollen nach einer Aussage ʿAbdu'l-Bahās durch „göttliche Politik" geschehen, durch die eine neue Weltordnung entstehen kann. Wenn diese von Bahā'ī für die Zukunft erwartete neue Weltordnung realisiert sein wird, werden Herrschaft und Religion wie Zwillinge miteinander die Welt gestalten.

6.3 Die Situation als religiöse Minderheiten im Iran

Das Modell der direkten Verbindung von Staat und Religion ist in der Islamischen Republik Iran verwirklicht, wobei jedoch zu berücksichtigen ist, dass der Iran religiös heterogener ist, als die Bezeichnung „Islamische Republik Iran" ausdrückt. Bei der Volkszählung im Jahr 2011 (= Jahr 1390 nach dem iranischen Sonnenkalender) standen bei der Frage über die Religionszugehörigkeit folgende

---

[7] Vgl. dazu Hutter 2009a: 181–185.

Antworten zur Auswahl:[8] Muslim; Christ: Assyrer, Chaldäer, Armenier, andere Konfession; Jude; Zoroastrier; andere Religion. Die offiziellen Ergebnisse nennen folgende Zahlen. Die Gesamtbevölkerung wird mit 75.149.669 Personen angegeben, von denen 99,4 Prozent Muslime sind (74.682.938 Personen). Die weiteren Religionsdaten sind wie folgt: 117.704 Christen, 8.756 Juden, 25.271 Zoroastrier, 49.101 andere. 265.899 Personen haben keine Angabe über ihre Religion gemacht. Gegenüber der detaillierteren Fragestellung in Bezug auf das Christentum unterlässt die Auswertung die genauere Differenzierung. Die überwältigende Mehrheit der Christen sind wohl Armenier, während Chaldäer und Assyrer kaum mehr als 10.000 Personen ausmachen; auch etwa 10.000 Protestanten dürften im Iran leben.[9]

Die in der Statistik erfassten Religionen betreffen die in den Religionsparagraphen 12–14 der Verfassung der Islamischen Republik Iran genannten Religionen.[10] Dazu gehört an erster Stelle die Zwölfer-Schia mit der Rechtsschule der Ǧaʿfarīya als offizielle Religion des Iran. Genauso sind die vier sunnitischen Rechtsschulen und die Rechtsschule der Zaidīya anerkannt, aber nachgeordnet gegenüber der Zwölfer-Schia. Ebenfalls religiös anerkannt sind jüdische, zoroastrische und christliche Iraner, wobei jedoch Paragraph 64 hinsichtlich des Christentums zumindest eine indirekte Einschränkung vornimmt, da nur das armenische Christentum mit zwei Abgeordneten und das assyrische und chaldäische Christentum mit einem gemeinsamen Abgeordneten im iranischen Parlament vertreten sind. Somit spiegeln die in der Verfassung genannten – und somit legalen – Religionen keineswegs die religiöse Heterogenität Irans wider.

Während daher der Zoroastrismus als anerkannte Religion statistisch erfasst wird, fehlen für Yeziden, Yāresān und Bahāʾī exakte Zahlenangaben, da die Angehörigen dieser Religionen sich bei der Volkszählung 2011 entweder der Kategorie „andere Religion" zugeordnet oder die Angabe der Religionszugehörigkeit vermieden haben. Die Yeziden sind dabei im Iran – im Unterschied zu den kurdischen Gebieten im Irak – eine zahlenmäßig unbedeutende Gemeinschaft, wobei Schätzungen sich auf wenige tausend Angehörige der Religion im Iran belaufen, die hauptsächlich in Kermānšāh und Umgebung wohnen und dabei auch ihre Religionszugehörigkeit zu verbergen versuchen.[11] Demgegenüber sind die Yāresān – vor Christen und Bahāʾī – die größte nicht-muslimische Minderheit Irans, auch wenn die Eigenangabe von zwei bis drei Millionen Anhängern im Iran

---

8 Statistical Centre of Iran 2013: 46; Statistical Centre of Iran 2012: 26.
9 Hutter 2013: 214; zu älteren Zahlen siehe Uphoff 2012: 314, 320, 325 f.; Sanasarian 2012: 313 f.
10 Vgl. zur verfassungsgemäßen Stellung der Religionen Uphoff 2012: 105–108; Sanasarian 2012: 311 f.
11 Vgl. Açıkyıldız 2010: 34; Uphoff 2012: 353, 361 f.

viel zu hoch sein dürfte, da ihre Zahl kaum über einer halben Million liegen dürfte.[12] Das Problem der exakten (fehlenden) Zahlenangaben hängt dabei auch mit unterschiedlichen Selbstwahrnehmungen der Yāresān in Bezug auf ihr Verhältnis zur Schia zusammen. Während „traditionelle" Yāresān in der Gorān-Region westlich von Kermānšāh betonen, eine vom Islam unabhängige Religion zu sein, charakterisieren „moderne" Religionsangehörige – auch auf Druck islamischer Behörden – ihre Religion als schiitische Richtung, wodurch sich bei der Volkszählung andere Auswahlmöglichkeiten bezüglich der Religionszugehörigkeit ergeben. Dieses unterschiedliche Selbstverständnis zeigt die schwierige Situation, mit der offiziell nicht anerkannte religiöse Minderheiten im Iran konfrontiert sind. Dies trifft auch auf die Bahā'ī-Religion zu. Die aktuelle Größe der Religionsgemeinschaft im Iran ist unklar. Zwar wird immer wieder pauschal von rund 300.000 Mitgliedern im Iran gesprochen, allerdings handelt es sich dabei um eine Zahl, die wahrscheinlich für die 1970er Jahre unter Mohammad Rezā Šāh Pahlavi zutrifft, für die Gegenwart jedoch niedriger kalkuliert werden sollte.[13]

Bei der Volkszählung 2011 haben exakt 315.000 Personen angegeben, einer anderen (d. h. nicht offiziell anerkannten) Religion anzugehören oder sie haben keine Angaben zur Religionszugehörigkeit gemacht. Man kann dabei vermuten, dass sich – zumindest teilweise – Yeziden, traditionelle Yāresān sowie Bahā'ī unter diesen 315.000 Personen befinden. Allerdings ergibt sich daraus eine relativ starke Diskrepanz zu den Schätzwerten über die Religionszugehörigkeit von Minderheiten, was den Schluss zulässt, dass Mitglieder von nicht anerkannten religiösen Minderheiten ihre Religionszugehörigkeit gelegentlich verbergen, um möglicher Diskriminierung zu entgehen.

Dies führt zu einer abschließenden Überlegung über eine mögliche Einbettung der hier behandelten iranischen Religionen in den politischen Diskurs. Den Ausgangspunkt kann dabei die Anerkennung des Zoroastrismus als legale Religion im Iran entsprechend der Verfassung § 13 bilden. In den Diskussionen zur Formulierung dieses Artikels der Verfassung war dabei unstrittig, dass der Zoroastrismus als iranische Religion einen wichtigen historischen Platz in der Kultur des Landes einnimmt. Wie sich zeigen ließ, teilen die Religionen der Yeziden, Yāresān und Bahā'ī eine Reihe von Gemeinsamkeiten mit dem Zoroastrismus als gemeinsames iranisches religionsgeschichtliches Erbe. Daher kann man argumentieren, dass diese Religionen trotz ihrer späteren Entstehung aufgrund dieses gemeinsamen iranischen Erbes ebenfalls einen wichtigen Beitrag zur Kultur Irans liefer(te)n. Wenn diese Religionen einen anderen rechtlichen Status als der Zo-

---

12 Vgl. zu den problematischen Zahlenangaben Uphoff 2012: 340; Hamzeh'ee 1990: 38 f.
13 Vgl. Sanasarian 2012: 315.

roastrismus in der iranischen Gesellschaft bekommen, ist dies aus einer vergleichenden religionshistorischen Perspektive unausgewogen, so dass sie als offizielle religiöse Minderheiten anerkannt werden sollten. Diese Anerkennung scheitert jedoch an realpolitischen – ethnischen wie nationalistischen – Gegebenheiten.[14] Die hier vorgenommene Charakterisierung der Religionen betonte, dass der Zoroastrismus eine gesamt-iranische Religion ist, Yeziden sowie Yāresān sich als Angehörige einer kurdischen Religion verstehen und das Bahā'ītum zwar ursprünglich als persische Religion zu charakterisieren ist, allerdings durch ihre noch unter Bahā'u'llāh einsetzende Internationalisierung den unmittelbaren ethnischen Bezug zu Persien aufgegeben hat. Die exklusive Bindung an die kurdische Identität in dem einen wie die transnationale Identität in dem anderen Fall entfernt dabei – trotz Beibehaltung der iranischen Grundlagen der Religion – Yeziden, Yāresān und Bahā'ī von einer gesamt-iranischen Identität, die der Zoroastrismus beibehalten hat. Für die politische Perspektive des schiitisch-iranischen Nationalismus[15] der Islamischen Republik Iran bleibt daher – trotz religiöser Unterschiede – der Zoroastrismus als iranische Religion akzeptierbar, nicht jedoch die anderen iranischen Religionen mit ihrem eingeschränkten ethnisch-religiösen oder überregional erweiterten transnational-religiösen Identitätsbezug.

---

14 Zum schiitisch-iranischen Nationalismus – mit den Implikationen für andere Religionen – vgl. auch Hutter 2009a: 62; Sanasarian 2012: 321–323.
15 Dieser schiitisch-iranische Nationalismus prägt auch das Verhältnis zu den anerkannten Religionen Christentum und Judentum, die trotz ihres Rechtsstatus immer dann mit Restriktionen zu rechnen haben, wenn politische Stimmen laut werden, die die nationale Loyalität von Juden oder Christen in Frage stellen oder Christen bzw. Juden Kooperation mit westlichen Nationen bzw. mit Israel vorwerfen – als Ausdruck der angeblichen Aufgabe ihrer national-iranischen Gesinnung.

7 Anregungen zu vergleichenden Betrachtungen und zum Studium

In der Einleitung sind unterschiedliche Zugänge zur Lektüre dieses Studienbuches genannt worden, je nachdem, ob das Interesse stärker auf einer einzelnen Religion oder auf Gemeinsamkeiten und Unterschieden der drei Religionen liegt. Um nach der Lektüre des Buches bzw. einzelner Abschnitte in kritischer Vertiefung ein fundiertes Verständnis iranischer Religion zu bewahren, sind im Folgenden Fragen formuliert, die wichtige Themen und Aspekte der iranischen Religionswelt nochmals in Erinnerung rufen sollen und zugleich ermöglichen, gemeinsame Strukturen der drei Religionen zu verdeutlichen und Zusammenhänge zwischen den besprochenen Themen herzustellen. Dadurch kann man sich die verschiedenen Gedankengänge nochmals klarer vergegenwärtigen, so dass ein umfangreiches Hintergrundwissen über iranische Religionen entsteht, wofür auch die Literaturempfehlungen hilfreich sind. Die Fragen können zur Vorbereitung auf Prüfungskontexte dienen, wichtiger ist jedoch, dass sie Impulse und Diskussionsanregungen geben, um zu vermeiden, dass nur eine Fülle von Einzelheiten aneinandergereiht wird, ohne Auseinandersetzung mit dem Stoff hinsichtlich von Religionskontakten und identitätsbegründenden Differenzierungen. Daher sind die Fragen in größeren thematischen Blöcken angeordnet als die Kapitelgliederung innerhalb des Buches, um so nochmals den Zusammenhang und die Wechselwirkung zwischen den einzelnen Themen zu verdeutlichen und das „Iranische" der Religionen in den Vordergrund treten zu lassen.

7.1 Religionen in der politischen Geschichte des Iran (zu Kap. 2; Kap. 6)

- Memorieren Sie die für die Entstehung der verschiedenen iranischen Religionen (Zoroastrismus, Manichäismus, Yezidentum, Yāresān, Bahā'ītum) wichtigsten Perioden der vor-islamischen und islamischen Geschichte Irans.
- Welche Rolle spielt der „Zoroastrismus" in der Achämeniden-Dynastie sowie im Sasanidenreich? Kann man dabei bereits von einer „dominierenden Staatsreligion" sprechen?
- Der Manichäismus hat in einem „iranischen" Kleid versucht, als einigendes Band für den Vielvölkerstaat der Sasaniden zu fungieren. Weshalb ist dieses Unternehmen nicht erfolgreich gewesen?
- Beschreiben Sie die schrittweise Islamisierung Irans mit ihren Auswirkungen auf den Zoroastrismus.

- Skizzieren Sie die Rolle der Schia bzw. schiitischer Theologie für die Ablehnung der Yeziden und deren angeblicher Verbindung mit dem sunnitischen Kalifen Yazīd I. bzw. für die Erwartung der Wiederkehr des 12. (verborgenen) Imāms als Hintergrund der Entstehung der Bābī- und Bahā'ī-Religion.
- Welche Konsequenzen hatten die politische Radikalisierung der Islamischen Revolution für die Bahā'ī bzw. die Ausbreitung des so genannten „Islamischen Staates" für die Yeziden?

Einführende Lektüreempfehlungen

Brunner, Rainer: 2013. Islam in Iran – von 1501 bis heute, in: Ludwig Paul (Hg.): Handbuch der Iranistik, Wiesbaden, 185–205.
Gronke, Monika: 2003. Geschichte Irans. Von der Islamisierung bis zur Gegenwart, München.
Hackl, Ursula/Jacobs, Bruno/Weber, Dieter (Hg.): 2010. Quellen zur Geschichte des Partherreiches. Textsammlung mit Übersetzungen und Kommentar. Bd. 1, Göttingen.
Hutter, Manfred: 2015. Manichaeism in Iran, in: Michael Stausberg/Yuhan Sohrab-Dinshaw Vevaina (Hg.): The Wiley Blackwell Companion to Zoroastrianism. With the Assistance of Anna Tessmann, Chichester, 477–489.
Kreyenbroek, Philip G./Omarkhali, Khanna: 2016. Introduction to the Special Issue: Yezidism and Yezidi Studies in the Early 21st Century, in: Kurdish Studies Journal 4, 122–130.
Sanasarian, Eliz: 2000. Religious Minorites in Iran, Cambridge.
Schippmann, Klaus: 1990. Grundzüge der Geschichte des sasanidischen Reiches, Darmstadt.
Wiesehöfer, Josef: 1994. Das antike Persien. Von 550 v. Chr. bis 650 n. Chr., München.

7.2 Entstehung, Abgrenzung und Identitätsstiftung (zu Kap. 3.1, 4.1, 5.1)

- Problematisieren Sie anhand von Zarathustra, Šaiḫ ʿAdī ibn Musāfir und Bahā'u'llāh in religionswissenschaftlicher Perspektive das Thema „Religionsstifter". Wo liegen die Grenzen des Wissens bezüglich der Historizität solcher Personen und welche Funktion haben (theologische) Legendenbildungen?
- Die Zuschreibung religiöser Texte („Heiliger Schriften") zu diesen Personen trägt zur jeweiligen Legitimierung der Religion bei. Wie relevant ist dies in theologischer Hinsicht und welche Texte des Zoroastrismus, Yezidentums bzw. Bahā'ītums sind aus literaturwissenschaftlicher Sicht nur bedingt geeignet, theologische Überhöhungen des Religionsstifters zu unterstützen?
- Gibt es eine „Mehrstufigkeit" bzw. eine „graduelle" Abstufung so genannter „Heiliger Schriften" in den iranischen Religionen? Beachten Sie dabei sowohl die theologische bzw. literaturgeschichtliche Unterscheidung als auch die

unterschiedlichen Genres dieser Schriften (Mythen, Erzähltexte, Ritualtexte, Rechtscorpora usw.).
- Welche Rolle spielt (bis zur Gegenwart) die Oralität im Yezidentum (und in früheren Zeiten auch im Zoroastrismus) im Unterschied zur Bahāʾī-Religion? Welche Probleme entstehen dadurch bei Migration und veränderten Lebensbedingungen für die Verbindlichkeit der religiösen Überlieferungen?
- Kann man die schriftlichen und mündlichen religiösen Überlieferungen der Zoroastrier bzw. der Yeziden mit der Bedeutung von Buchreligionen im islamischen Kontext vergleichen? Lassen sich daraus Rückschlüsse auf Identitäts- und Abgrenzungsdiskurse gegenüber der islamischen Umgebung ziehen?
- Selbstbezeichnungen und Fremdbezeichnungen drücken immer Fragen von Identität aus. Welche unterschiedlichen Nuancen klingen in den Begriffen Zoroastrier, Mazdayasnier und Parsen mit? Warum vermeidet der aktuelle (deutschsprachige) Diskurs unter den Yeziden weitgehend die Bezeichnung „Yeziden" und möchte die Namensformen Êzîden bzw. Êzîdismus/Êzîdentum durchsetzen. Überlegen Sie, welche programmatische Aussage die Bezeichnung Bahāʾītum gegenüber Bahāʾī-Religion beinhaltet.
- Weshalb sind Zoroastrismus, Yezidentum und Bahāʾītum „iranische" Religionen, obwohl Yeziden ethnisch praktisch exklusiv Kurden sind und Bahāʾī einen universellen Anspruch für ihre Religion erheben?

Einführende Lektüreempfehlungen

Afshari, Reza: 2008. The Discourse and Practice of Human Rights Violations of Iranian Baha'is in the Islamic Republic of Iran, in: Dominic P. Brookshaw/Seena B. Fazel (Hg.): The Baha'is of Iran. Socio-historical Studies, London, 232–277.

Aloian, Zorabê Bûdî: 2008. Religious and Philosophical Ideas of Shaikh ʿAdi b. Musafir. The History of the Yezidi Kurds in the Eleventh-twelfth Centuries, Spånga.

Cantera, Alberto: 2014. Vers une édition de la liturgie longue zoroastrienne: Pensées et travaux préliminaires, Paris.

Foltz, Richard: 2016. Co-opting the Prophet. The Politics of Kurdish and Tajik Claims to Zarathustra and Zoroastrianism, in: Alan Williams/Sarah Stewart/Almut Hintze (Hg.): The Zoroastrian Flame. Exploring Religion, History and Tradition, London, 321–337.

Hutter, Manfred: 2001. Prozesse der Identitätsfindung in der Frühgeschichte der Bahāʾī-Religion. Zwischen kontinuierlichem Bewahren und deutlicher Abgrenzung, in: Michael Stausberg (Hg.): Kontinuitäten und Brüche in der Religionsgeschichte, Berlin, 424–435.

Omarkhali, Khanna: 2017. The Yezidi Religious Textual Tradition. From Oral to Written. Categories, Transmission, Scripturalisation and Canonisation of the Yezidi Oral Religious Texts, Wiesbaden, 39–110.

Rose, Jenny: 2000. The Image of Zoroaster. The Persian Mage Through European Eyes, New York.
Saiedi, Nader: 2000. Logos and Civilization. Spirit, History, and Order in the Writings of Bahá'u'lláh, Bethesda.
Skjærvø, Prods O.: 2011. Zarathustra. A Revolutionary Monotheist?, in: Beate Pongratz-Leisten (Hg.): Reconsidering the Concept of Revolutionary Monotheism, Winona Lake, 317–350.

7.3 Lehrinhalte und theologische Systematisierungen (zu Kap. 3.2.1–3.2.3, 4.2.1–4.2.3, 5.2.1–5.2.3)

- Diskutieren Sie das Verhältnis von „Monotheismus" und „Polytheismus" unter Berücksichtigung von historischen Entwicklungen: Wie verhält sich die jeweils „höchste" Gottheit (Ahura Mazdā; Êzda bzw. Xwedê) bei Zoroastriern bzw. Yeziden zu anderen göttlichen Wesen in diesen Religionen bzw. zum strikten monotheistischen Gottesbild der Bahā'ī und den göttlichen „Manifestationen" (Offenbarungsbringern) in dieser Religion?
- Verschiedene kosmogonische Vorstellungen zeigen die Bewahrung unterschiedlicher indo-iranischer Schöpfungstraditionen. Welche Vorstellungen einer „unvollkommenen" Schöpfung sind bei Zoroastriern, Yeziden (und Yāresān) noch vorhanden?
- Was ist das Besondere des „Dualismus" im Zoroastrismus? Wie verändert sich die Wichtigkeit des dualistischen Denkens im Laufe der Geschichte dieser Religion?
- Die Religionen der Yeziden und der Bahā'ī entstanden in einer Umgebung, in der auch christliche und islamische Traditionen bekannt waren. Lassen sich Einflüsse davon in den Lehren über die Erschaffung der Welt oder des ersten Menschenpaares erkennen?
- Wie hängen die Vorstellungen der geistigen Komponente („Seele") eines Menschen mit den Jenseitsvorstellungen zusammen?
- Auch wenn jemand in einer Familie von Zoroastriern, Yeziden oder Bahā'ī geboren wird, gibt es Aufnahmerituale in die Religionsgemeinschaft. Welche Zusammenhänge bestehen zwischen ritueller Aufnahme, Eigenverantwortung und „Religionsmündigkeit"? Wie wirken sich diese auf den Status eines Religionsmitgliedes im Diesseits und Jenseits aus?
- Kann man bei den zoroastrischen Jenseitsvorstellungen Ähnlichkeiten zu anderen iranischen Religionen finden? Was passiert im Jenseits mit Frommen und was mit Frevlern?

- Was bedeutet die Lehre von der „Fortschreitenden Offenbarung" in der Bahā'ī-Religion und wie beeinflusst diese Lehre das Verhältnis der Bahā'ī zu anderen Religionen?

Einführende Lektüreempfehlungen

Hasenfratz, Hans-Peter: 1983. Iran und der Dualismus, in: Numen 30, 35–52.
Hasenfratz, Hans-Peter: 1986. Die Seele. Einführung in ein religiöses Grundphänomen, Zürich, v. a. 44–60.
Hintze, Almut: 2012. Monotheismus zoroastrischer Art, in: Jan Assmann/Harald Strohm (Hg.): Echnaton und Zarathustra, Paderborn, 63–92.
Hutter, Manfred: 2009. Handbuch Bahā'ī. Geschichte – Theologie – Gesellschaftsbezug, Stuttgart, 103–128.
Kreyenbroek, Philip G.: 1995. Yezidism – its Background, Observances and Textual Tradition, Lewiston.
Kreyenbroek, Philip G.: 2013. Teachers and Teachings in the Good Religion. Opera Minora on Zoroastrianism. Edited by Kianoosh Rezania, Wiesbaden, 103–173.
Omarkhali, Khanna: 2017. The Yezidi Religious Textual Tradition. From Oral to Written. Categories, Transmission, Scripturalisation and Canonisation of the Yezidi Oral Religious Texts, Wiesbaden, 111–136.
Scharbrodt, Oliver: 2005. Zwischen Verständigung und Vereinnahmung. Bahá'u'lláhs Manifestationstheologie und ihre Implikationen für den interreligiösen Dialog, in: Schriftenreihe der Gesellschaft für Bahá'í-Studien 8, 35–62.
Sundermann, Werner: 1992. Die Jungfrau der guten Taten, in: Philippe Gignoux (Hg.): Recurrent Patterns in Iranian Religions from Mazdaism to Sufism, Paris, 159–173.
Towfigh, Nicola: 1989. Schöpfung und Offenbarung aus der Sicht der Bahá'í-Theologie, Hildesheim.

7.4 Individuelles und kollektives religiöses Leben (zu Kap. 3.2.4–3.2.5, 4.2.4–4.2.5, 5.2.4–5.2.5)

- Welche Auswirkungen haben die Vorstellungen über die geistigen Komponenten eines Menschen auf die Lebensführung?
- In welcher Weise prägen Regeln zur Vermeidung von Unreinheit im Zoroastrismus bzw. die Tabu-Vorstellungen der Yeziden das Leben in der Gemeinschaft, indem dadurch Abgrenzungen gegenüber Außenstehenden und die Stärkung einer gruppenbezogenen Identität entstehen?
- Welche Konsequenzen haben solche Regeln und Tabus hinsichtlich der Möglichkeit von „Mischehen" bzw. Konversion und weshalb kennt die Bahā'ī-Religion solche Einschränkungen nicht?

- Die zoroastrische Formel „Gutes Denken – Gutes Reden – Gutes Tun" kann als prägnante Zusammenfassung zoroastrischer Ethik gelten. Wie konkretisieren Zoroastrier solche ethischen Ansprüche innerweltlich (inklusive von Sozialprojekten) und in welcher Weise kann man diese ethischen Grundlagen mit den Vorstellungen der Bahā'ī vergleichen, auch wenn diese dreiteilige Ethikformel in Texten der Bahā'ī-Religion nicht verwendet wird?
- Bereits im Zoroastrismus des vor-islamischen Iran spielte die Bereitstellung von Almosen, die als „Dienst für die Seele" bezeichnet wurden, eine wichtige Rolle. Was spricht dafür, dass diese Vorstellungen im Islam weitergewirkt haben und das soziale Engagement für die so genannten „frommen Stiftungen" beeinflusst haben?
- Das alt-iranische Neujahrsfest (Noruz) zur Tag- und Nachtgleiche im Frühjahr wird von Zoroastriern, Yeziden und Bahā'ī bis zur Gegenwart gefeiert. Wie unterscheidet sich die Bedeutung dieses Festes in den drei Religionen und wie wichtig ist es im Vergleich mit den anderen großen Festen dieser Religionen?
- Zoroastrier werden manchmal pejorativ als „Feueranbeter" bezeichnet. Worin liegt im theologischen Verständnis die Bedeutung des Feuers für den Zoroastrismus und welche hierarchische Abstufung von sakralen Feuern gibt es für Rituale und kultische Handlungen?
- Wie wichtig sind „private" Rituale und Gebete in der individuellen Religionsausübung der Bahā'ī? Liegt in der Notwendigkeit des Pflichtgebetes sowie der Wallfahrt eine Beeinflussung durch den Islam vor?
- Welche Rolle spielt die Wallfahrt nach Lališ für die Gemeinschaft der Yeziden? Kann man die Bedeutung der Wallfahrt nach Lališ mit der Wichtigkeit der Ḥaǧǧ nach Mekka vergleichen?

Einführende Lektüreempfehlungen

Açıkyıldız, Birgül: 2010. The Yezidis. The History of a Community, Culture and Religion, London, 99–195.

Cantera, Alberto: 2015. Ethics, in: Michael Stausberg/Yuhan Sohrab-Dinshaw Vevaina (Hg.): The Wiley Blackwell Companion to Zoroastrianism. With the Assistance of Anna Tessmann, Chichester, 315–332.

Choksy, Jamsheed: 2015. Religious Sites and Physical Structures, in: Michael Stausberg/Yuhan Sohrab-Dinshaw Vevaina (Hg.): The Wiley Blackwell Companion to Zoroastrianism. With the Assistance of Anna Tessmann, Chichester, 393–406.

Hutter, Manfred: 2009. Handbuch Bahā'ī. Geschichte – Theologie – Gesellschaftsbezug, Stuttgart, 163–189.

Kizilhan, Ilhan: 1997. Die Yeziden. Eine anthropologische und sozialpsychologische Studie über die kurdische Gemeinschaft, Frankfurt.

Palsetia, Jesse S.: 2017. Parsi Charity. A Historical Perspective on Religion, Community, and Donor-Patron Relations among the Parsis of India, in: Almut Hintze/Alan Williams (Hg.): Holy Wealth. Accounting for This World and the Next in Religious Belief and Practice. Festschrift for John R. Hinnells, Wiesbaden, 175–192.

Rose, Jenny: 2015. Festivals and the Calendar, in: Michael Stausberg/Yuhan Sohrab-Dinshaw Vevaina (Hg.): The Wiley Blackwell Companion to Zoroastrianism. With the Assistance of Anna Tessmann, Chichester, 379–391.

Towfigh, Nicola: 2015. Das Bahā'ī-Haus der Andacht, in: Michael Klöcker/Udo Tworuschka (Hg.): Handbuch der Religionen. Kirchen und andere Glaubensgemeinschaften in Deutschland, 43. Ergänzungslieferung I-24.3, München, 1–11.

7.5 Die gesellschaftliche Verortung der Religionsgemeinschaften im Ursprungsgebiet und in der Diaspora (zu Kap. 3.3, 4.3, 5.3)

– Das vererbbare Priestertum im Zoroastrismus hat sich im Laufe der Zeit gewandelt, wobei Grenzziehungen zwischen Priestern und Laien entstanden, da Priester mit der „weltlichen" Bildung von Laien oft nicht mehr mithalten konnten. Welche Fragen bezüglich des Priestertums und des Engagements der Laien wurden dabei ab der Mitte des 20. Jahrhunderts virulent?
– Wie wirken sich die sozio-religiösen Unterschiede, die zwischen Zoroastriern im Iran und denen in Indien im Laufe der Zeit entstanden sind, auf die Diaspora aus, wo aufgrund der geringen Zahl und der räumlichen Nähe Formen der Kooperation zwischen den aus Iran bzw. Indien stammenden Anhängern der Religion Zarathustras notwendig sind?
– Beschreiben Sie die sozialen und religiösen Netzwerke, die durch die dreiteilige gesellschaftliche Strukturierung der Yeziden (Şêx, Pîr, Mirîd) traditionell bestehen. Welche Veränderungen und Probleme haben sich durch Modernisierung und die Lebensbedingungen außerhalb der ursprünglichen Siedlungsräume in Kurdistan (Südost-Türkei; Nord-Irak) ergeben?
– Welche Aufgaben hat das „Universale Haus der Gerechtigkeit" der Bahā'ī und wie entsteht durch diese Aufgaben eine klar hierarchisch strukturierte Religionsgemeinschaft?
– Aus historischen Gründen befinden sich die wichtigsten Institutionen der Bahā'ī-Religion innerhalb des Staatsgebiets von Israel. Wie belastet diese Situation das Verhältnis der Bahā'ī zum Islam und zur Islamischen Republik Iran?

Einführende Lektüreempfehlungen

Hinnells, John R.: 2015. The Zoroastrian Diaspora, in: Michael Stausberg/Yuhan Sohrab-Dinshaw Vevaina (Hg.): The Wiley Blackwell Companion to Zoroastrianism. With the Assistance of Anna Tessmann, Chichester, 191–207.

Hutter, Manfred: 2005. Zoroastrismus in Deutschland, in: Michael Klöcker/Udo Tworuschka (Hg.): Handbuch der Religionen. Kirchen und andere Glaubensgemeinschaften in Deutschland, 10. Ergänzungslieferung VIII-21, München, 1–10.

Kreyenbroek, Philip G.: 2009. Yezidism in Europe. Different Generations Speak about their Religion, Wiesbaden.

Kreyenbroek, Philip G.: 2013. Teachers and Teachings in the Good Religion. Opera Minora on Zoroastrianism. Edited by Kianoosh Rezania, Wiesbaden, 175–210.

Nationaler Geistiger Rat der Bahá'í in Deutschland (Hg.): 2005. 100 Jahre Deutsche Bahá'í-Gemeinde 1905–2005, Hofheim.

Rose, Jenny: 2015. Gender, in: Michael Stausberg/Yuhan Sohrab-Dinshaw Vevaina (Hg.): The Wiley Blackwell Companion to Zoroastrianism. With the Assistance of Anna Tessmann, Chichester, 273–287.

Savucu, Halil: 2016. Yeziden in Deutschland. Eine Religionsgemeinschaft zwischen Tradition, Integration und Assimilation, Marburg, 187–334.

Towfigh, Emanuel V.: 2006. Die rechtliche Verfassung von Religionsgemeinschaften. Eine Untersuchung am Beispiel der Bahai, Tübingen.

Wettich, Thorsten: 2015. Die zivilgesellschaftlichen Potentiale der yezidischen Community, in: Alexander-Kenneth Nagel (Hg.): Religiöse Netzwerke. Die zivilgesellschaftlichen Potentiale religiöser Migrantengemeinden, Bielefeld, 147–163.

Literatur

'Abdu'l-Bahā: 1977. Beantwortete Fragen, 3. Aufl., Hofheim.
'Abdu'l-Bahā: 1992. Briefe und Botschaften, Hofheim.
'Abdu'l-Bahā: 1995. Ansprachen in Paris, 8., revidierte Aufl., Hofheim.
Açıkyıldız, Birgül: 2010. The Yezidis. The History of a Community, Culture and Religion, London.
Adambakan, Soraya: 2008. Qurrat al-'Ayn. Eine Studie der religiösen und gesellschaftlichen Folgen ihres Wirkens, Berlin.
Afshari, Reza: 2008. The Discourse and Practice of Human Rights Violations of Iranian Baha'is in the Islamic Republic of Iran, in: Brookshaw/Fazel 2008, 232–277.
Allison, Christine: 2001. The Yezidi Oral Tradition in Iraqi Kurdistan, Richmond.
Allison, Christine/Joisten-Pruschke, Anke/Wendtland, Antje (Hg.): 2009. From Daēnā to Dîn. Religion, Kultur und Sprache der iranischen Welt. Festschrift für Philip Kreyenbroek zum 60. Geburtstag, Wiesbaden.
Aloian, Zorabê Bûdî: 2008. Religious and Philosophical Ideas of Shaikh 'Adi b. Musafir. The History of the Yezidi Kurds in the Eleventh-twelfth Centuries, Spånga.
Álvarez-Mon, Javier/Garrison, Mark B. (Hg.): 2011. Elam and Persia, Winona Lake.
Amighi Kestenberg, Janet: 1990. The Zoroastrians of Iran. Conversion, Assimiliation, or Persistance, New York.
Amouzgar, Jaleh/Tafazzoli, Ahmad: 2000. Le cinquième livre du Dēnkard, Paris.
Andrés-Toledo, Miguel Á.: 2015. Primary Sources: Avestan and Pahlavi, in: Stausberg/Vevaina 2015, 519–528.
Aoki, Takeshi: 2015. Zoroastrianism in the Far East, in: Stausberg/Vevaina 2015, 147–156.
Arakelova, Victoria: 2002. Three Figures from the Yezidi Folk Pantheon, in: Iran and the Caucasus 6, 57–73.
Arakelova, Victoria: 2005. Sultan Ezid in the Yazidi Religion: Genesis of the Character, in: Studies on Persianate Societies 3, 198–202.
Arakelova, Victoria: 2010. Ethno-Religious Community: To the Problem of Identity Markers, in: Iran and the Caucasus 14, 1–18.
Asatrian, Garnik: 1999–2000. The Holy Brotherhood. The Yezidi Religious Institution of the „Brother" and „Sister" of the „Next World", in: Iran and the Caucasus 3–4, 79–96.
Asatrian, Garnik/Arakelova, Victoria: 2003. Malak-Tāwūs: The Peacock Angel of the Yezidis, in: Iran and the Caucasus 7, 1–36.
Asatrian, Garnik/Arakelova, Victoria: 2004: The Yezidi Pantheon, in: Iran and the Caucasus 8, 231–279.
Bahā'u'llāh: 1980. Ährenlese. Eine Auswahl aus den Schriften Bahā'u'llāhs, zusammengestellt und ins Englische übertragen von Shoghi Effendi, Hofheim.
Bahā'u'llāh: 1992. The Kitáb-i-Aqdas. The Most Holy Book, Wilmette.
Bahā'u'llāh: 2000. Der Kitáb-i-Aqdas. Das heiligste Buch, Hofheim.
Bahā'u'llāh: 2006. The Tabernacle of Unity. Bahā'u'llāh's Responses to Mānikchī Sāhib and Other Writings, Haifa.
Beck, Roger: 1991. Thus Spake not Zarathuštra. Zoroastrian Pseudepigrapha of the Greco-Roman World, in: Boyce/Grenet 1991, 491–565.
Bittner, Maximilian: 1913. Die Heiligen Bücher der Jeziden oder Teufelsanbeter (Kurdisch und Arabisch), Wien.

Boyce, Mary: 1969. Manekji Limji Hataria in Iran, in: The K. R. Cama Oriental Institute Golden Jubilee Volume, Bombay, 19–31.
Boyce, Mary: 1975. A History of Zoroastrianism. Vol. 1: The Early Period, Leiden.
Boyce, Mary: 1982. A History of Zoroastrianism. Vol. 2: Under the Achaemenians, Leiden.
Boyce, Mary/Grenet, Frantz: 1991. A History of Zoroastrianism. Vol. 3: Zoroastrianism under Macedonian and Roman Rule. With a Contribution by Roger Beck, Leiden.
Briant, Pierre: 1996. Histoire de l'empire perse de Cyrus à Alexandre, Paris.
Brookshaw, Dominic P./Fazel, Seena B. (Hg.): 2008. The Baha'is of Iran. Socio-historical Studies, London.
Brunner, Rainer: 2013. Islam in Iran – von 1501 bis heute, in: Paul 2013, 185–205.
Buck, Christopher: 1986. A Unique Eschatological Interference. Bahá'u'lláh and Cross-Cultural Messianism, in: Peter Smith (Hg.): In Iran, Los Angeles, 157–179.
Buck, Christopher: 1995. Symbol and Secret. Qur'an Commentary in Bahá'u'lláh's Kitáb-i Íqán, Los Angeles.
Bushru'i, Suheil: 1995. The Style of the Kitáb-i-Aqdas. Aspects of the Sublime, Bethesda.
Cantera, Alberto: 2004. Studien zur Pahlavi-Übersetzung des Avesta, Wiesbaden.
Cantera, Alberto (Hg.): 2012. The Transmission of the Avesta, Wiesbaden.
Cantera, Alberto: 2014. Vers une édition de la liturgie longue zoroastrienne: Pensées et travaux préliminaires, Paris.
Cantera, Alberto: 2015. Ethics, in: Stausberg/Vevaina 2015, 315–332.
Carter, Elizabeth: 2017. Anschan und Elam, in: Barbara Helwing (Hg.): Iran. Frühe Kulturen zwischen Wasser und Wüste, München, 138–151.
Cereti, Carlo G.: 1991. An 18th Century Account of Parsi History. The Qesse-ye Zartoštiān-e Hendustān, Napoli.
Cereti, Carlo G.: 2001. La letteratura Pahlavi. Introduzione ai testi con riferimenti alla storia degli studi e alla tradizione manoscritta, Milano.
Cereti, Carlo G.: 2015. Myths, Legends, Eschatology, in: Stausberg/Vevaina 2015, 259–272.
Choksy, Jamsheed: 1997. Conflict and Cooperation. Zoroastrian Subalterns and Muslim Elites in Medieval Iranian Society, New York.
Choksy, Jamsheed: 2015. Religious Sites and Physical Structures, in: Stausberg/Vevaina 2015, 393–406.
Cole, Juan: 1998. Modernity and the Millennium. The Genesis of the Baha'i Faith in the Nineteenth-Century Middle East, Columbia.
Crone, Patricia: 1991. Kavad's Heresy and Mazdak's Revolt, in: Iran 29, 21–42.
Danesh, Roshan: 2015. Some Reflections on the Structure of the Kitáb-i-Aqdas, in: The Journal of Bahá'í Studies 25/3, 81–94.
Dehghani, Sasha: 2011. Martyrium und Messianismus. Die Geburtsstunde des Bahā'ītums, Wiesbaden.
De Jong, Albert: 2009. The Peacock and the Evil One: Tawusi Melek and the Mandean Peacock, in: Allison/Joisten-Pruschke/Wendtland 2009, 303–320.
Doctor, Adi H.: 2002. Parsis and the Spirit of Indian Nationalism, in: Godrej/Mistree 2002, 492–507.
Dulz, Irene: 2016. The Displacement of the Yezidis after the Rise of ISIS in Northern Iraq, in: Kurdish Studies Journal 4, 131–147.
Ellerbrock, Uwe/Winkelmann, Sylvia: 2012. Die Parther. Eine vergessene Großmacht, Darmstadt.

Ende, Werner/Steinbach, Udo (Hg.): 2005. Der Islam in der Gegenwart. Fünfte, aktualisierte und erweiterte Aufl., München.
Eschraghi, Armin: 2004. Frühe Šaiḫī- und Bābī-Theologie. Die Darlegung der Beweise für Muhammads besonderes Prophetentum (Ar-Risāla fī Iṯbāt an-Nubūwa al-Ḫāssa), Leiden.
Eschraghi, Armin: 2010. Baha'u'llah. Brief an den Sohn des Wolfes. Lauḥ-i Ibn-i Dhib, Berlin.
Foltz, Richard: 2016. Co-opting the Prophet. The Politics of Kurdish and Tajik Claims to Zarathustra and Zoroastrianism, in: Williams/Stewart/Hintze 2016, 321–337.
Fozdar, Farida: 2015. The Baha'i Faith: A Case Study of Globalization, Mobility and the Routinization of Charisma, in: Journal for the Academic Study of Religion 28, 274–292.
Frenschkowski, Marco: 2015. Christianity, in: Stausberg/Vevaina 2015, 457–475.
Ghanea, Nazila: 2002. Human Rights, the UN and the Bahá'ís in Iran, The Hague.
Giara, Marzban J.: 1998. Global Directory of Zoroastrian Fire Temples, Mumbai.
Gignoux, Philippe: 1991. Les quatre inscriptions du mage Kirdīr. Textes et concordances, Paris.
Gignoux, Philippe/Tafazzoli, Ahmad: 1993. Anthologie de Zādspram. Édition critique du texte pehlevi traduit et commenté, Paris.
Godrej, Pheroza J./Mistree, Firoza Punthakey (Hg.): 2002. A Zoroastrian Tapestry. Art, Religion and Culture, Ahmedabad.
Grenet, Frantz: 2015. Zarathustra's Time and Homeland. Geographical Perspectives, in: Stausberg/Vevaina 2015, 21–29.
Gronke, Monika: 2003. Geschichte Irans. Von der Islamisierung bis zur Gegenwart, München.
Günzel, Angelika: 2006. Religionsgemeinschaften in Israel. Rechtliche Grundstrukturen des Verhältnisses von Staat und Religion, Tübingen.
Hackl, Ursula/Jacobs, Bruno/Weber, Dieter (Hg.): 2010. Quellen zur Geschichte des Partherreiches. Textsammlung mit Übersetzungen und Kommentar. Bd. 1, Göttingen.
Hamzeh'ee, M. Reza: 1990. The Yaresan. A Sociological, Historical, and Religio-Historical Study of a Kurdish Community, Berlin.
Hamzeh'ee, M. Reza: 2009. Kurdische Religionen und die Authentizität ihrer oralen Tradition, in: Allison/Joisten-Pruschke/Wendtland 2009, 321–331.
Hartung, Constance: 2010. Bahā'ī, in: Michael Klöcker/Udo Tworuschka (Hg.): Handbuch der Religionen. Kirchen und andere Glaubensgemeinschaften in Deutschland, 25. Ergänzungslieferung V-3, München, 1–29.
Henkelman, Wouter F. M.: 2008. The Other Gods Who Are. Studies in Elamite-Iranian Acculturation Based on the Persepolis Fortification Texts, Leiden.
Henkelman, Wouter F. M.: 2011. Parnakka's Feast: šip in Pārsa and Elam, in: Álvarez-Mon/Garrison 2011, 89–166.
Hinnells, John R.: 2005. The Zoroastrian Diaspora. Religion and Migration, Oxford.
Hinnells, John R.: 2015. The Zoroastrian Diaspora, in: Stausberg/Vevaina 2015, 191–207.
Hintze, Almut: 2012. Monotheismus zoroastrischer Art, in: Jan Assmann/Harald Strohm (Hg.): Echnaton und Zarathustra, Paderborn, 63–92.
Hintze, Almut: 2015. Zarathustra's Time and Homeland: Linguistic Perspectives, in: Stausberg/Vevaina 2015, 31–38.
Hintze, Almut: 2016. A Zoroastrian Vision, in: Williams/Stewart/Hintze 2016, 77–96.
Hintze, Almut/Williams, Alan (Hg.): 2017. Holy Wealth. Accounting for This World and the Next in Religious Belief and Practice. Festschrift for John R. Hinnells, Wiesbaden.
Hoffmann, Karl/Forssman, Bernhard: 1996. Avestische Laut- und Flexionslehre, Innsbruck.

Holkar, Shalin Devi/Dwivedi, Sharada: 2002. Jamva Chalo. The Eating Habits of the Parsis, in: Godrej/Mistree 2002, 520–533.
Hosseini, Seyedehbehnaz: 2016. Life after Death in Manichaeism and Yārsān, in: Firillaria Kurdica. Bulletin of Kurdish Studies 13–14, 4–34.
Hosseini, Seyedehbehnaz: 2017. Yārsāni's Origin in „*Dālāhoo* Mountain", in: Khalid El-Abdaoui/Yunus Valerian Hentschel (Hg.): Die Vielfalt islamischer Wirklichkeiten. Neue Ansätze in den islamischen Studien an der Universität Wien, Berlin, 99–107.
Huff, Dietrich: 2004. Archaeological Evidence of Zoroastrian Funerary Practices, in: Michael Stausberg (Hg.): Zoroastrian Rituals in Context, Leiden, 593–630.
Hultgård, Anders: 2000. Das Paradies. Vom Park des Perserkönigs zum Ort der Seligen, in: Martin Hengel/Siegfried Mittmann/Anna Maria Schwemer (Hg.): La Cité de Dieu/Die Stadt Gottes, Tübingen, 1–43.
Humbach, Helmut: 1991. The Gāthās of Zarathushtra and the Other Old Avestan Texts. Part I: Introduction, Text and Translation. In Collaboration with Josef Elfenbein and Prods O. Skjærvø, Heidelberg.
Humbach, Helmut/Faiss, Klaus: 2016. Avestica, Dettelbach.
Hutter, Manfred: 1996. Religionen in der Umwelt des Alten Testaments I. Babylonier, Syrer, Perser, Stuttgart.
Hutter, Manfred: 1998. Gedanken – Worte – Werke: Zarathustras Ethik in der Umformung Manis, in: Peter Anreiter/Hermann M. Ölberg (Hg.): Wort – Text – Sprache und Kultur. Festschrift für Hans Schmeja zum 65. Geburtstag, Innsbruck, 23–32.
Hutter, Manfred: 2001. Prozesse der Identitätsfindung in der Frühgeschichte der Bahā'ī-Religion: Zwischen kontinuierlichem Bewahren und deutlicher Abgrenzung, in: Michael Stausberg (Hg.): Kontinuitäten und Brüche in der Religionsgeschichte, Berlin 2001, 424–435.
Hutter, Manfred: 2005. Zoroastrismus in Deutschland, in: Michael Klöcker/Udo Tworuschka (Hg.): Handbuch der Religionen. Kirchen und andere Glaubensgemeinschaften in Deutschland, 10. Ergänzungslieferung VIII-21, München, 1–10.
Hutter, Manfred: 2009a. Handbuch Bahā'ī. Geschichte – Theologie – Gesellschaftsbezug, Stuttgart.
Hutter, Manfred: 2009b. Das so genannte Pandnāmag ī Zardušt. Eine zoroastrische Auseinandersetzung mit gnostisch-manichäischem Traditionsgut?, in: Desmond Durkin-Meisterernst/Christiane Reck/Dieter Weber (Hg.): Literarische Stoffe und ihre Gestaltung in mitteliranischer Zeit. Kolloquium anlässlich des 70. Geburtstages von Werner Sundermann, Wiesbaden, 123–133.
Hutter, Manfred: 2009c. The Impurity of the Corpse (nasā) and the Future Body (tan ī pasēn): Death and Afterlife in Zoroastrianism, in: Tobias Nicklas/Friedrich V. Reiterer/Joseph Verheyden (Hg.): The Human Body in Death and Resurrection, Berlin, 13–26.
Hutter, Manfred: 2010. Bahā'u'llāh, Buddha und Krishna in Südasien. Die phänomenologische Einheit der Religionsstifter in der Bahā'ī-Theologie, in: Adelheid Herrmann-Pfandt (Hg.): Moderne Religionsgeschichte im Gespräch. Interreligiös – Interkulturell – Interdisziplinär. Festschrift für Christoph Elsas, Berlin, 227–238.
Hutter, Manfred: 2011. Die Parsen und ihre Toten. Traditionelle Praxis vor den Herausforderungen der Gegenwart, in: Hans G. Hödl/Veronica Futterknecht (Hg.): Religionen nach der Säkularisierung. Festschrift für Johann Figl zum 65. Geburtstag, Wien, 138–149.

Hutter, Manfred: 2012. Vergleichende Religionswissenschaft als Kulturwissenschaft, in: Stephan Conermann (Hg.): Was ist Kulturwissenschaft? Zehn Antworten aus den „Kleinen Fächern", Bielefeld, 175–198.
Hutter, Manfred: 2013. Minderheitenreligionen im Iran. Buddhismus, Judentum, Christentum, Baha'itum, in: Paul 2013, 206–221.
Hutter, Manfred: 2014. Religionsgeschichtliche Beobachtungen zur Verwendung der Bibel durch Bahā'u'llāh, in: Friedmann Eißler/Jürgen Schnare (Hg.): Bahai. Religion, Politik und Gesellschaft im interreligiösen Kontext, Berlin, 28–38.
Hutter, Manfred: 2015a. Probleme iranischer Literatur und Religion unter den Achämeniden, in: Zeitschrift für die Alttestamentliche Wissenschaft 127, 547–564.
Hutter, Manfred: 2015b. Manichaeism in Iran, in: Stausberg/Vevaina 2015, 477–489.
Hutter, Manfred: 2015c. Pioneering to Build a Global Religion: Mobilising Bahā'ī Faith in Cambodia, in: Stephan Conermann/Elena Smolarz (Hg.): Mobilizing Religion. Networks and Mobility, Berlin, 151–165.
Hutter, Manfred: 2016. Die Weltreligionen, 5. aktualisierte Aufl., München.
Hutter, Manfred: 2017. Die Materialisierung des Heiligen im Umzug der Götterstatue, in: Thomas Schreijäck/Vladislav Serikov (Hg.): Das Heilige interkulturell. Perspektiven in religionswissenschaftlichen, theologischen und philosophischen Kontexten, Ostfildern, 273–282.
IGFM [Internationale Gesellschaft für Menschenrechte]: 2016. Die Verfolgung der Jesiden durch den Islamischen Staat. Persönliche Berichte und Interviews, in: Jahrbuch Religionsfreiheit 2016, 156–181.
International Teaching Centre (Hg.): 2013. Insights from the Frontiers of Learning. A document prepared by The International Teaching Centre, Haifa [https://docs.google.com/file/d/0B0f3yQRUsb_hdDh4ZkFsRTV1VUE/edit?pli=1; cf. also http://messagesbahaiworldcentre.blogspot.de/].
Issa, Chaukeddin: 2004. Gedanken zu Scheich Adi (11./12. Jh.), dem Reformer des Yezidentums, in: Erhard Franz (Hg.): Yeziden. Eine alte Religionsgemeinschaft zwischen Tradition und Moderne, Hamburg, 45–53.
Jacobs, Bruno: 2010. Die Religion der Parther, in: Hackl/Jacobs/Weber 2010, 145–164.
Joseph, Isya: 1909. Yezidi Texts, in: The American Journal of Semitic Languages and Literatures 25, 111–156. 218–254.
Käfer, Alex A.: 2005. Die Geschichte der österreichischen Bahá'í-Gemeinde, Berlin.
Karanjia, Ramiyar P.: 2010. The Bāj-Dharnā (Drōn Yasht), Mumbai.
Kartal, Celalettin: 2016. Deutsche Yeziden. Geschichte, Gegenwart, Prognosen, Marburg.
Keil, Gerald: 2005. Die Zeit im Bahā'ī-Zeitalter. Eine Studie über den Badī'-Kalender, Hofheim.
Kellens, Jean: 1989. Les Fravaši, in: Julien Ries/Henri Limet (Hg.): Anges et Démons, Louvain-la-Neuve, 99–114.
Kellens, Jean: 1998. Considérations sur l'histoire de l'Avesta, in: Journal Asiatique 286, 451–519.
Kellens, Jean: 2000. Essays on Zarathustra and Zoroastrianism. Translated and Edited by Prods Oktor Skjærvø, Costa Mesa.
Kellens, Jean: 2015. The Gāthās, Said to Be of Zarathustra, in: Stausberg/Vevaina 2015, 44–50.
Kizilhan, Ilhan: 1997. Die Yeziden. Eine anthropologische und sozialpsychologische Studie über die kurdische Gemeinschaft, Frankfurt.

Kizilhan, Ilhan: 2014. Verortete Erinnerungen in der Gegenwart. Das religiöse und kulturelle Gedächtnis der Yeziden in der Türkei, Berlin.

Koch, Heidemarie: 2011. Teil 1: Iran, in: Volkert Haas/Heidemarie Koch: Religionen des Alten Orients. Hethiter und Iran, Göttingen, 15–144.

König, Götz: 2015. Zur Frage „ewiger" Feuer im Avesta und in der zoroastrischen Tradition, in: Iran and the Caucasus 19, 9–68.

Kotwal, Firoze M.: 2017. The Divine and Exalted Status of the Consecrated Fire in Zoroastrianism, in: Hintze/Williams 2017, 165–173.

Kotwal, Firoze M./Boyd, James W.: 1982. A Guide to the Zoroastrian Religion. A Nineteenth Century Catechism with Modern Commentary, Chico.

Kotwal, Firoze M./Boyd, James W.: 1991. A Persian Offering. The Yasna: A Zoroastrian High Liturgy, Paris.

Kotwal, Firoze M./Kreyenbroek, Philip G: 1992. The Hērbedestān and Nērangestān. Vol. 1: Hērbedestān, Paris.

Kotwal, Firoze M./Kreyenbroek, Philip G: 1995. The Hērbedestān and Nērangestān. Vol. 2: Nērangestān. Fragard 1, Paris.

Kotwal, Firoze M./Kreyenbroek, Philip G: 2015. Prayer, in: Stausberg/Vevaina 2015, 333–344.

Kreyenbroek, Philip G.: 1995. Yezidism – its Background, Observances and Textual Tradition, Lewiston.

Kreyenbroek, Philip G.: 2005. Yezidism and its Sacred Literature. Eastern and Western Perceptions, in: Dieter Weber (Hg.): Languages of Iran. Past and Present. Iranian Studies in Memoriam David Neil MacKenzie, Wiesbaden, 69–80.

Kreyenbroek, Philip G.: 2009. Yezidism in Europe. Different Generations Speak about their Religion, Wiesbaden.

Kreyenbroek, Philip G.: 2013. Teachers and Teachings in the Good Religion. Opera Minora on Zoroastrianism. Edited by Kianoosh Rezania, Wiesbaden.

Kreyenbroek, Philip G.: 2014. The Yāresān of Kurdistan, in: Omarkhali 2014, 3–11.

Kreyenbroek, Philip G./Rashow, Khalil Jindy: 2005. God and Sheikh Adi are Perfect. Sacred Poems and Religious Narratives from the Yezidi Tradition, Wiesbaden.

Lample, Paul: 2016. In Pursuit of Harmony between Science and Religion, in: The Journal of Bahá'í Studies 26/4, 23–58.

Langer, Robert: 2008. Pīrān und Zeyāratgāh. Schreine und Wallfahrtsstätten der Zarathustrier im neuzeitlichen Iran, Leuven.

Lankarany, Firouz-Thomas: 1985. Daēnā im Avesta. Eine semantische Untersuchung, Reinbek bei Hamburg.

Lawson, Todd: 2012. Gnostic Apocalypse and Islam. Qur'an, Exegesis, Messianism, and the Literary Origins of the Babi Religion, New York.

Lecoq, Pierre: 2017. Les livres de l'Avesta. Textes sacrés des Zoroastriens, Paris.

Lee, Anthony A.: 2011. The Baha'i Faith in Africa. Establishing a New Religious Movement, 1952–1962, Leiden.

Lommel, Herman: 1927. Die Yäšt's des Awesta, Göttingen.

Lüddeckens, Dorothea/Karanjia, Ramiyar: 2011. Days of Transition. The Parsi Death Rituals, Göttingen.

MacEoin, Denis M.: 1992. The Sources for Early Bābī Doctrine and History. A Survey, Leiden.

MacEoin, Denis M.: 2009. The Messiah of Shiraz. Studies in Early and Middle Babism, Leiden.

MacKenzie, David N.: 1971. A Concise Pahlavi Dictionary, London.

Maisel, Sebastian: 2013. Syria's Yezidis in the Kūrd Dāgh and the Jazīra. Building Identities in a Heterodox Community, in: The Muslim World 103, 24–40.

McLean, Jack A.: 2012. A Celestial Burning. A Selective Study of the Writings of Shoghi Effendi, New Delhi.

Meier-Floeth, Gisa: 2005. Das Bahá'í-Frauen-Forum, in: Nationaler Geistiger Rat der Bahá'í in Deutschland (Hg.): 100 Jahre Deutsche Bahá'í-Gemeinde 1905–2005, Hofheim, 135–141.

Mihrshahi, Robin: 2004. Symbolism in the Badi' Calendar, in: Bahá'í Studies Review 12, 15–31.

Mistree, Firoza P.: 2002. Hues of Madder, Pomegranate, and Saffron, in: Godrej/Mistree 2002, 552–575.

Moazami, Mahnaz: 2004–2005. Evil Animals in the Zoroastrian Religion, in: History of Religions 44, 300–317.

Mokhtarian, Jason: 2015. The Boundaries of an Infidel in Zoroastrianism. A Middle Persian Term of Otherness for Jews, Christians, and Muslims, in: Iranian Studies 48, 99–115.

Molé, Marijan: 1967. La légende de Zoroastre selon les textes pehlevis, Paris.

Momen, Moojan (Hg.): 1997. Scripture and Revelation, Oxford.

Momen, Moojan: 1999–2000. Jamál Effendi and the Early Spread of the Bahá'í-Faith in South Asia, in: Bahá'í Studies Review 9, 47–80.

Mossaki, Nodar: 2014. Yezidis in Censuses in the USSR and Post-Soviet Countries, in: Omarkhali 2014, 97–135.

Murad, Nadia: 2017. Ich bin eure Stimme. Das Mädchen, das dem Islamischen Staat entkam und gegen Gewalt und Versklavung kämpft, München.

Narten, Johanna: 1982. Die Aməša Spəṇtas, Wiesbaden.

Nyberg, Henrik S.: 1975. Monumentum H. S. Nyberg IV, Leiden.

Omarkhali, Khanna (Hg.): 2014. Religious Minorities in Kurdistan. Beyond the Mainstream, Wiesbaden.

Omarkhali, Khanna: 2016. Transformations in the Yezidi Tradition after the ISIS Attacks. An Interview with Ilhan Kizilhan, in: Kurdish Studies Journal 4, 148–154.

Omarkhali, Khanna: 2017. The Yezidi Religious Textual Tradition. From Oral to Written. Categories, Transmission, Scripturalisation and Canonisation of the Yezidi Oral Religious Texts, Wiesbaden.

Palsetia, Jesse S.: 2017. Parsi Charity. A Historical Perspective on Religion, Community, and Donor-Patron Relations among the Parsis of India, in: Hintze/Williams 2017, 175–192.

Panaino, Antonio: 2015. Cosmologies and Astrology, in: Stausberg/Vevaina 2015, 235–257.

Panaino, Antonio: 2016. Kirdēr and the Re-organisation of Persian Mazdeism, in: Vesta Sarkhosh Curtis et al. (Hg.): The Parthian and Early Sasanian Empires: Adaptation and Expansion, Oxford, 53–58.

Paul, Ludwig (Hg.): 2013. Handbuch der Iranistik, Wiesbaden.

Pithavala, Behram D.: 1996. Zoroastrian Religious Year. Dini Saal Immutable Principles Governing it, Bombay.

Raffaelli, Enrico G.: 2014. The Sīh-rōzag in Zoroastrianism. A Textual and Historico-Religious Analysis, London.

Rashow, Khalil Jindy: 2009. Lāliš aus mythologischer, sprachlicher, sakraler und historischer Perspektive, in: Allison/Joisten-Pruschke/Wendtland 2009, 357–374.

Reck, Christiane: 2013. Der Manichäismus als iranische Religion, in: Paul 2013, 171–184.

Rekel, Sören: 2015. Jesus Christus die Manifestation Gottes. Das Jesusbild der Bahá'í-Religion, Hamburg.
Rezakhani, Khodadad: 2017. ReOrienting the Sasanians. East Iran in Late Antiquity, Edinburgh.
Rezania, Kianoosh: 2010. Die zoroastrische Zeitvorstellung. Eine Untersuchung über Zeit- und Ewigkeitskonzepte und die Frage des Zurvanismus, Wiesbaden.
Rollinger, Robert: 2010. Das medische Königtum und die medische Suprematie im sechsten Jahrhundert v. Chr., in: Giovanni B. Lanfranchi/Robert Rollinger (Hg.): Concepts of Kingship in Antiquity, Padova, 63–85.
Rose, Jenny: 2000. The Image of Zoroaster. The Persian Mage Through European Eyes, New York.
Rose, Jenny: 2015a. Festivals and the Calendar, in: Stausberg/Vevaina 2015, 379–391.
Rose, Jenny: 2015b. Gender, in: Stausberg/Vevaina 2015, 273–287.
Rossi, Adriano V.: 2017. „"… how Median the Medes were?" État d'une question longuement débattue, in: Wouter F. M. Henkelman/Céline Redard (Hg.): Persian Religion in the Achaemenid Period. La religion perse à l'époque achéménide, Wiesbaden, 461–496.
Russell, James R.: 2016. On the Image of Zarathustra, in: Williams/Stewart/Hintze 2016, 147–178.
Sagaster, Klaus: 2016. Der mongolische Buddhismus, in: Manfred Hutter (Hg.): Der Buddhismus II. Theravāda-Buddhismus und Tibetischer Buddhismus, Stuttgart, 379–466.
Saiedi, Nader: 2000. Logos and Civilization. Spirit, History, and Order in the Writings of Bahá'u'lláh, Bethesda.
Saiedi, Nader: 2008. Gate of Heart. Understanding the Writings of the Báb, Waterloo.
Sanasarian, Eliz: 2012. Nationalism and Religion in Contemporary Iran, in: Anh Nga Longva/Anne Sofie Roald (Hg.): Religious Minorities in the Middle East. Domination, Self-Empowerment, Accommodation, Leiden, 309–324.
Savucu, Halil: 2016. Yeziden in Deutschland. Eine Religionsgemeinschaft zwischen Tradition, Integration und Assimilation, Marburg.
Schaal, Stefan: 2005. Herausragende Persönlichkeiten der deutschen Bahá'í-Geschichte, in: Nationaler Geistiger Rat der Bahá'í in Deutschland (Hg.): 100 Jahre Deutsche Bahá'í-Gemeinde 1905–2005, Hofheim, 61–69.
Schaefer, Udo: 1995. Beyond the Clash of Religions. The Emergence of a New Paradigm, Praha.
Schaefer, Udo (Hg.): 2000. Die Verfassung der Bahá'í-Gemeinde. Die Statuten der gewählten Institutionen, Hofheim.
Schaefer, Udo: 2007. Bahá'í Ethics in Light of Scripture. An Introduction, Vol. 1: Doctrinal Fundamentals, Oxford.
Schaefer, Udo: 2009. Bahá'í Ethics in Light of Scripture. An Introduction, Vol. 2: Virtues and Divine Commandments, Oxford.
Scharbrodt, Oliver: 2005. Zwischen Verständigung und Vereinnahmung. Bahá'u'lláhs Manifestationstheologie und ihre Implikationen für den interreligiösen Dialog, in: Schriftenreihe der Gesellschaft für Bahá'í-Studien 8, 35–62.
Schmermbeck, Beate: 2008. Persische zarathustrische *monāğāt*. Edition, Übersetzung, Tradition und Analyse, Wiesbaden.
Schmidt, Hanns-Peter: 1980. The Sēmurw. Of Birds and Dogs and Bats, in: Persica 9, 1–85.
Schmitt, Rüdiger: 2009. Die altpersischen Inschriften der Achaimeniden, Wiesbaden.
Schmucker, Werner: 2005. Sekten und Sondergruppen, in: Ende/Steinbach 2005, 712–732.

Shaked, Shaul: 1995. From Zoroastrian Iran to Islam. Studies in Religious History and Intercultural Contacts, Hampshire.
Sheffield, Daniel J.: 2015. Primary Sources. New Persian, in: Stausberg/Vevaina 2015, 529–542.
Shoghi Effendi: 1997. Gott geht vorüber, 3. revidierte Aufl., Langenhain.
Simmons, Shirin: 2002. Entertaining the Zoroastrian Way, in: Godrej/Mistree 2002, 508–519.
Skjærvø, Prods O.: 2011. Zarathustra. A Revolutionary Monotheist?, in: Beate Pongratz-Leisten (Hg.): Reconsidering the Concept of Revolutionary Monotheism, Winona Lake, 317–350.
Skjærvø, Prods O.: 2012. The Zoroastrian Oral Tradition as Reflected in the Texts, in: Cantera 2012, 3–48.
Skjærvø, Prods O.: 2013. Avesta and Zoroastrianism under the Achaemenids and Early Sasanians, in: D. T. Potts (Hg.): The Oxford Handbook of Ancient Iran, Oxford, 547–565.
Smith, Peter: 1996. A Short History of the Bahá'í Faith, Oxford.
Smith, Peter: 2000. A Concise Encyclopedia of the Bahá'í Faith, Oxford.
Smith, Peter: 2008. An Introduction to the Bahā'ī Faith, Cambridge.
Sours, Michael: 2000. Without Syllable or Sound. The World's Sacred Scriptures in the Bahá'í Faith, Los Angeles.
Spät, Eszter: 2002. Shahid bin Jarr, Forefather of the Yezidis and the Gnostic Seed of Seth, in: Iran and the Caucasus 6, 27–56.
Spät, Eszter: 2004. Changes in the Oral Tradition of the Yezidis of Iraqi Kurdistan, in: The Journal of Kurdish Studies 5, 73–83.
Spät, Eszter: 2005. The Yezidis, London.
Spät, Eszter: 2013. Religion and Oral History. The Origin Myth of the Yezidis, in: Christine Allison/Philip G. Kreyenbroek (Hg.): Remembering the Past in Iranian Societies, Wiesbaden, 33–45.
Spät, Eszter: 2018. „Your Son Will Be the Scourge of Islam". Changing Perceptions of Yazīd ibn Muʿāwiya in Yezidi Oral Tradition, in: Numen 65, 562–588.
Spuler, Bertold: 1952. Iran in frühislamischer Zeit, Wiesbaden.
Statistical Centre of Iran (Hg.): 2012. Selected Findings of National Population and Housing Census, 2011, Teheran (= https://www.amar.org.ir/Portals/1/Iran/90.pdf).
Statistical Centre of Iran (Hg.): 2013. 1390 National Census of Population and Housing. The Technical Report, [Teheran] (= https://unstats.un.org/unsd/demographic/sources/census/wphc/Iran/Iran_2013.pdf).
Stausberg, Michael: 1998. Über religionsgeschichtliche Entwicklungen zarathuštrischer Ikonographien in Antike und Gegenwart, Ost und West, in: Peter Schalk (Hg.): „Being Religious and Living through the Eyes". Studies in Religious Iconography and Iconology. A Celebratory Publication in Honour of Professor Jan Bergmann, Uppsala, 329–360.
Stausberg, Michael: 2002a. Die Religion Zarathushtras. Geschichte – Gegenwart – Rituale. Bd. 1, Stuttgart.
Stausberg, Michael: 2002b. Die Religion Zarathushtras. Geschichte – Gegenwart – Rituale. Bd. 2, Stuttgart.
Stausberg, Michael: 2004. Die Religion Zarathushtras. Geschichte – Gegenwart – Rituale. Bd. 3, Stuttgart.
Stausberg, Michael: 2015. Zoroastrians in Modern Iran, in: Stausberg/Vevaina 2015, 173–190.
Stausberg, Michael/Vevaina, Yuhan Sohrab-Dinshaw (Hg.): 2015. The Wiley Blackwell Companion to Zoroastrianism. With the Assistance of Anna Tessmann, Chichester.

Stausberg, Michael/Vevaina, Yuhan Sohrab-Dinshaw: 2015a. Introduction: Scholarship on Zoroastrianism, in: Stausberg/Vevaina 2015, 1–18.
Steinbach, Udo: 2005. Iran, in: Ende/Steinbach 2005, 246–263.
Stewart, Sarah: 2016. Ideas of Self-Definition among Zoroastrians in Post-Revolutionary Iran, in: Williams/Stewart/Hintze 2016, 353–370.
Stockman, Robert H.: 2013. The Bahá'í Faith. A Guide for the Perplexed, London.
Stümpel, Isabel: 1998. Tāhira Qurrat al-'Ain, in: Johann Ch. Bürgel/Isabel Schayani (Hg.): Iran im 19. Jahrhundert und die Entstehung der Bahā'ī-Religion, Hildesheim, 127–143.
Sundermann, Werner: 1973. Mittelpersische und parthische kosmogonische und Parabeltexte der Manichäer, Berlin.
Sundermann, Werner: 1992. Die Jungfrau der guten Taten, in: Philippe Gignoux (Hg.): Recurrent Patterns in Iranian Religions from Mazdaism to Sufism, Paris, 159–173.
Tagay, Şefik/Ortaç, Serhat: 2016. Die Eziden und das Ezidentum. Geschichte und Gegenwart einer vom Untergang bedrohten Religion, Hamburg.
Tavadia, Jehangir C.: 1956. Die mittelpersische Sprache und Literatur der Zarathustrier, Leipzig.
Teufer, Mike: 2018. Der Baktro-Margianische Archäologische Komplex und die Oxus-Zivilisation, in: Matthias Wemhoff et al. (Hg.): Margiana. Ein Königreich der Bronzezeit in Turkmenistan, Petersberg, 75–81.
Tober, Tajan: 2009. Ein föderaler Weltrechtsstaat am Ausgang der Zeit? Staat und religiöse Ordnung in der Bahá'í-Theologie, Frankfurt.
Toulany, Ghasem/Orthmann, Eva: 2013. Lehrbuch der persischen Sprache, Hamburg.
Towfigh, Emanuel V.: 2006. Die rechtliche Verfassung von Religionsgemeinschaften. Eine Untersuchung am Beispiel der Bahai, Tübingen.
Towfigh, Nicola: 1989. Schöpfung und Offenbarung aus der Sicht der Bahá'í-Theologie, Hildesheim.
Towfigh, Nicola: 2009. Interreligiöser Dialog: Bahá'í, in: Michael Klöcker/Udo Tworuschka (Hg.): Handbuch der Religionen. Kirchen und andere Glaubensgemeinschaften in Deutschland, 21. Ergänzungslieferung II-4.2.7, München, 1–9.
Towfigh, Nicola: 2015. Das Bahá'í-Haus der Andacht, in: Michael Klöcker/Udo Tworuschka (Hg.): Handbuch der Religionen. Kirchen und andere Glaubensgemeinschaften in Deutschland, 43. Ergänzungslieferung I-24.3, München, 1–11.
Universales Haus der Gerechtigkeit (Hg.): 1975. Bahá'í-Versammlungen und Neunzehntagefest. Aus den Schriften Bahá'u'lláhs, 'Abdu'l-Bahás und Shoghi Effendis, Hofheim.
Universales Haus der Gerechtigkeit (Hg.): 2002. An die religiösen Führer der Welt, in: Bahā'ī-Nachrichten Juni 2002, 4–7.
Uphoff, Petra. 2012. Untersuchung zur rechtlichen Stellung und Situation von nichtmuslimischen Minderheiten in Iran, Frankfurt.
Vahman, Fereydun: 2008. The Conversion of Zoroastrians to the Baha'i Faith, in: Brookshaw/Fazel 2008, 30–48.
Vallat, François: 2011. Darius, l'héritier légitime, et les premiers Achéménides, in: Álvarez-Mon/Garrison 2011, 263–284.
Vaziri, Mostafa: 2012. Buddhism in Iran. An Anthropological Approach to Traces and Influences, New York.
Voskanian, Vardan: 1999–2000. Dewrēš E'rd. The Yezidi Lord of the Earth, in: Iran and the Caucasus 3–4, 159–166.
Walbridge, John: 1989. Bahai Shrines, in: Encyclopaedia Iranica 3, 464–465.

Waters, Matt: 2014. Ancient Persia. A Concise History of the Achaemenid Empire, 500 – 330 BCE, Cambridge.
West, Edward W.: 1892. Pahlavi Texts IV, Oxford.
Wettich, Thorsten: 2015a. Die Yeziden in Deutschland, in: Michael Klöcker/Udo Tworuschka (Hg.): Handbuch der Religionen. Kirchen und andere Glaubensgemeinschaften in Deutschland, 46. Ergänzungslieferung VI-1.1, München, 1 – 16.
Wettich, Thorsten: 2015b. Die zivilgesellschaftlichen Potentiale der yezidischen Community, in: Alexander-Kenneth Nagel (Hg.): Religiöse Netzwerke. Die zivilgesellschaftlichen Potentiale religiöser Migrantengemeinden, Bielefeld, 147 – 163.
Wiesehöfer, Josef: 1994. Das antike Persien. Von 550 v. Chr. bis 650 n. Chr., München.
Wießner, Gernot: 1984. „… in das tötende Licht einer fremden Welt gewandert." Geschichte und Religion der Yezidi, in: Robin Schneider (Hg.): Die kurdischen Yezidi, Göttingen, 31 – 46.
Williams, Alan: 2009. The Zoroastrian Myth of Migration from Iran and Settlement in the Indian Diaspora. Text, Translation and Analysis of the 16th Century Qeṣṣe-ye Sanjān ‚The Story of Sanjan', Leiden.
Williams, Alan/Stewart, Sarah/Hintze, Almut (Hg.): 2016. The Zoroastrian Flame. Exploring Religion, History and Tradition, London.
Wolff, Fritz: 1910. Avesta. Die heiligen Bücher der Parsen, Straßburg.
Writer, Rashna: 1994. Contemporary Zoroastrians. An Unstructured Nation, Lanham.
Writer, Rashna: 2016. Charity as a Means of Zoroastrian Self-Preservation, in: Iranian Studies 49, 117 – 136.
Yazdani, Mina: 2017. Towards a History of the Baha'i Community of Iran during the Reign of Mohammad Reza Shah (1941 – 1979), in: Iran Namag 2/1, 66 – 93.
Zaehner, Robert Ch.: 1955. Zurvan. A Zoroastrian Dilemma, Oxford.

Namens- und Sachregister

Abbasiden 17 f.
Abdu'l-Bahā 158, 161, 164, 166, 168, 194, 200
abhängige Propheten 173
Achämeniden 7 f., 12, 31
Adawiyya 20, 106 f., 145
Aŋgra Mainiiu 46 f., 50, 53, 57, 83
Ṭāhirā Qurratu'l-'Ayn 158
ahl al-kitāb 108, 113
Ahl-e Haqq 21
Ahreman 48, 53
Ahura Mazdā 7, 10, 13, 15, 46 f., 50, 53, 72
Ahuras 51
Alī Muḥammad 24, 156 f.
Amǝša Spǝntas 50, 72, 118, 124, 204
Anāhitā 11, 15, 18, 51, 62
Apostolische Kirche des Ostens 15
Ardaxšīr 14, 39
Armenien 12 f., 104, 112
Artaxerxes II. 75
Ātaš Bahrām 75 f., 84
Avesta 30, 36, 38 f., 86
Avesta-Schrift 39

Bāb 25, 155, 157–159, 161, 184, 189, 199
Bābī-Religion 25, 158–160, 166
Badašt 158, 160
Badī'-Kalender 184
Bagdad 159
Bahā'ī 2, 26 f., 73, 116, 204, 209
Bahā'ī Institut für Höhere Bildung 198
Bahā'ī International Community 193
Bahā'u'llāh 3, 25, 157–159, 161–163, 165, 167, 169 f., 172, 176, 182, 190, 207
Bahjī 161, 199
Baktrisch-Margianischer Archäologischer Komplex 6
barašnūm ī nō šāb 79, 88
Bavê Şêx 147 f., 151, 207
Bayān 161, 189
Beschneidung 128
Bestattung 132, 177
Beyt 111 f., 114

bisk birîn-Ritual 128
Bombay Parsi Panchayat 90
Brautpreis 130, 134
Buchstaben des Lebendigen 157 f.
Bundestheologie 175, 191

Cejna Cimayê 138
Cilvê 109, 123
Činuuaṱ-Brücke 61
Çîrok 111 f., 114, 117

daēnā 59, 61
Daēuuas 46, 51
Daiva-Inschrift 10
Darbe Mehr 83
Dareios I. 6 f., 9
dastwar 86, 205
daxma 62 f.
Deutscher Zarathustrischer Verein 99
Deutschland 98, 104, 150, 200
dhimmis 17
Drei-Zeiten-Lehre 14, 49
Drōn-Ritual 78
Dualismus 14, 51, 53 f.

Ehe 69, 119, 130, 133, 135, 146, 176
Eheverbote 149
Einheit der Menschheit 176, 188, 201
Einheit der Religionen 167
Elam 7, 9
Emanation 118, 170
Engel 55
Eschatologie 49
Ethik 65 f., 133, 178
êzîdî 114

Fasten 140
Feuer 50, 55, 62, 75, 81 f.
Feuertempel 44, 76, 80–83
fortschreitende Offenbarung 173, 176
frašō.kǝrǝti 47, 49, 61
frauuaši 33, 59, 72
Friedhof 64

ğabarūt 168 f.
Gāθās 31, 37 f., 52, 56
Gavanê Zerzan 127
Gebet 112, 141, 171, 187 f.
Geschwisterehe 119
Großbritannien 97
Großes Avesta 36, 40, 42
Gujarat 16, 20, 71
Gut und Böse 51–53, 61, 66
Gutes Denken, Reden, Tun 65

haft sin 73
hāhūt 167, 170 f.
Hände der Sache Gottes 191, 193
Handschrift Bahā'u'llāhs 163
Haoma 77 f.
Haus der Andacht 183, 188, 201
Hebräische Bibel 29
Heilige Schriften 109 f., 113 f., 162, 180
hērbed 86
Herr Weisheit 50
Hüter der Sache Gottes 191

Ibn 'Arabī 168
Ibn Sīnā 169
Imām Hosein 18, 85
indo-iranische Mythologie 45, 49, 57, 77, 118
Initiation 60
innere Liturgie 76
Irak 24, 101, 131
Islam 16, 24, 55–57, 107, 115, 136 f., 158, 165, 204
Islamische Republik Iran 2, 6, 26, 94, 196, 206 f.
islamische Revolution 26
Islamischer Staat (IS) 101, 104, 151

Jahreszeitenfeste 72, 74
Jenseitsgericht 59, 66, 130
Jenseitsgeschwister 128 f., 131 f.
Jenseitsvorstellungen 60–62, 65, 131, 177

Kākā'ī 21
Kalender 73 f., 156
Kanîya Sipî 129, 144
Kerdīr 14 f., 75

kerîf 128
Khomeini 26
Kitāb-i Aqdas 162, 178, 189
Kitāb-i Īqān 160, 165
Kleidungsvorschriften 134
Kommagene 13
Konversion 3, 19, 68–70, 93, 99, 105, 137, 145
Kopfsteuer 17, 25
Kurden 3, 23, 44, 101, 103, 115, 148, 207
Kurmancî 101
Kyros II. 8, 29

lāhūt 168, 170
Laien 88 f., 116, 127, 146 f., 149, 205
Lališ 20, 101, 105, 107, 129, 138, 141, 143
lange/große Liturgie 41, 76, 82
lawḥ 162
Leichenaussetzung 63 f.
Leichendämonin 62
Liturgisches Avesta 36 f., 40, 42
Lokaler Geistiger Rat 192 f.
Lüge 10, 50, 52

Magier 29, 86
magu 29, 86
malakūt 168 f.
man yuẓhiruhu 'llāh 159 f.
Mānekği Limği Hātaryā 25, 67, 89, 165
Manichäismus 1, 14, 120, 122
Manifestationen 121, 126, 168, 172–175, 204
marğa' al-taqlīd 24
Mazdā-verehrende Religion 44
Mazdaismus 4, 44 f.
Mazdak 16, 19
Meder 8
Menschenbild 52, 58, 119, 127, 168, 174, 176
Menschenschöpfung 49, 57, 118
Mesopotamien 7, 9, 13
Miθra 13, 15, 35, 51, 72, 138 f.
Miθra-Religion 1
Mîr 106, 134, 142, 146–148, 207
mirîd 127, 146, 205
Mīrzā Ḥusain 'Alī Nūrī 156 f.
Mīrzā Yaḥyā Nūrī 157, 159

Mischehen 69f., 93, 146
Mișûr 110
Mittelpersisch 39, 42
Mohammad Rezā Šāh 26, 94, 98, 196
Mondkalender 72, 156
Monotheismus 55f., 123, 171
mor kirin-Zeremonie 129
Mosul 101, 105, 143
Mullā Ḥusain 157, 161
mündliche Überlieferung 103, 108, 111, 113
Murad, Nadia 151

Nask 40
nāsūt 168f.
Nationaler Geistiger Rat 193
Nationaler Geistiger Rat für Deutschland 200
Nationalismus 24, 26, 151, 195, 210
Neujahrsfest 73f., 85, 125, 138f., 156, 184
neun heilige Tage 184f.
Neunzehntage-Fest 186, 188
Nicht-Regierungsorganisation 182, 193
Nirangdin-Ritual 79
Nordamerika 97, 166
Noruz 73f., 85, 138f., 184

Ohrmazd 7, 48, 53
Orthopraxie 178
Osmanen 22–24, 134, 159f.

Pahlavi-Dynastie 26
Pahlavi-Übersetzungen 36
Pakistan 92, 94
panthaky 88
Paradies 62, 65, 119, 132, 177
Parsen 3f., 20, 22, 25, 43, 45, 56, 67, 73, 79, 83, 88, 90, 95
Parther 11f.
Parthien 75
Perle 117, 125
Persepolis 9, 82, 86
Pfau 121, 123
Pîr 107, 128, 131, 146, 205
Pîr Memê Şivan 127
Pîra Fat 126
Polytheismus 51, 55f.

Priester 77, 85f., 93, 188, 193, 205
Priesterin 88

Qāğāren 24f.
Qesse-ye Sanjān 18, 43, 45, 75, 83
Qewal 111, 138, 141
Qewl 111, 113f.

Religion und Wissenschaft 166, 175, 179
Religionsgelehrte 22, 27, 87
religionsgeschichtlicher Vergleich 203
Religionskontakte 71, 84f., 137, 165, 183, 203
Religionsmündigkeit 60, 175, 205
Religionspolitik 10, 14f., 22, 27, 94, 114, 198, 206f., 209
revāyat 22, 87
Rind 47
Ringsymbol 172
Ritualdichtung 38
Ritualhemd 60, 79f.
Ritualschnur 60, 80
Riḍvān 159, 161, 185, 192, 197
Ruhi-Kurse 180

Šābuhr I. 14, 39
Šābuhr II. 15, 39
Saddam Hussein 103, 148, 150
Safawiden 2, 22
Šāhnāme 19, 74, 206
Šahr Bānu 18, 85
Šaiḫ Adī ibn Musāfīr 20, 102, 104
Šaiḫ Aḥmad al-Aḥsā'ī 25, 157
Šaiḫīya 155, 157f., 168, 170
Saošiiant 47f.
Sasaniden 13, 51
Schalttag 74
Schia 17, 22, 155, 165, 195, 209
Schöpfung 46, 48, 53f., 78, 116, 118, 125, 137, 168–170, 179, 204
Schreine der „großen pirs" 84
Schriften Bahā'u'llāhs 161–163, 170
Schwarzes Buch 109, 119, 125, 136
sed û hed 133
Seele 57, 59, 118, 122, 147, 177
Seelenwanderung 131, 145
Sencaq 122, 141f.

Şêşims 106, 125, 139, 141, 145
Şêx 107, 128 f., 131, 145, 205
Şêxadî 20, 106, 121, 125, 139, 143
Şexîd bin Cerr 119, 121
Şêxisin 108, 125, 145
Shoghi Effendi 161, 164, 166, 186, 191, 194
Sieben Heilige 118, 124, 126 f., 138, 144, 204
Siltan Êzîd 121
Simury 122
Šīrāz 156
širk 55
Soltān Sahāk 21
Sonnenkalender 72
Speisetabus 134, 136
Stiertötung 139
Sufi(tum) 105 f., 115, 143, 159, 165
Sündenbewusstsein 68

Tag- und Nachtgleiche 73, 138
Tansar-Brief 14
Taḫt-e Soleimān 86
Taufe 128 f., 144
tawḥīd 171
Tawûsî Melek 107, 118, 121–123, 125, 139
Teheran 24 f., 94
Teufelsanbeter 123
tiwaf 141
Tod 58 f., 61
tofan 120, 126
Türkei 103, 150

Ṣubḥ-i Azal 159 f., 191
Udwada 83
Umayyaden 17, 20, 105
Umschriftregeln 2, 28, 102, 154
Universales Haus der Gerechtigkeit 161, 191–193

Unreinheit 62, 64, 68, 83, 137
Ur-Mensch 48, 57

Vervollkommnung der Welt 47, 49

Wahrheit 10, 50, 52, 175
Wallfahrt 83, 144, 189 f.
waqf 68
Wiedergeburt 125, 131, 145
World Zoroastrian Organisation 91

x^varənah 10, 57
Xatûna Ferxa 126
xrafstra 47, 68
Xwadāy Nāmag 19
Xwedê 121–123

Yāresān 1 f., 15, 21, 27, 73, 117, 124, 131, 208 f.
Yasna Haptaŋhāiti 37
Yasna-Liturgie 77
yazata 114
Yazatas 33, 46, 51, 55
Yazd 18, 25, 64, 74 f., 83 f., 94
Yazīd ibn Mu'āwiya 106, 115, 121
Yeziden 1 f., 15, 20, 22 f., 73, 204, 208 f.

zand 39, 42, 86
Zarathustra 28, 31 f., 38, 115, 173
Zarātoštnāme 34, 43
Zentralrat der Êzîden in Deutschland 153
Zōroastrēs 28, 32
Zoroastrier 166
Zoroastrismus 2, 21, 25–28, 45, 52, 115 f., 137, 175, 204
Zurvanismus 53
Zwölfter Imām 24, 157

www.ingramcontent.com/pod-product-compliance
Lightning Source LLC
Chambersburg PA
CBHW051611230426
43668CB00013B/2060